가짜 여명

False Dawn

가짜 여명
전 지구적 자본주의의 환상

존 그레이 지음 · 김승진 옮김

이후

차례

일러두기

1. 한글과 외래어 표기는 〈국립국어원〉 표준국어대사전 표기 및 '외래어 표기법'을 따랐다. 단, 원칙대로 표기할 경우 현실과 지나치게 동떨어진 음이 나오면 실용적 표기를 취했다.

2. 단행본, 정기간행물에는 겹낫쇠(『』)를, 논문이나 기고문, 에세이, 시 등에는 홑낫쇠(「」)를, 단체나 기업, 영화 명의 경우 꺾쇠(《》)를 사용했다.

3. 본문 및 미주에서 옮긴이의 설명이 필요하다고 생각되어 첨언한 부분은 〔 〕로 표시했다.

역사는 계속된다

개츠비는 그 초록 불빛을 믿었다. 우리 앞에서 해마다 멀어지는 그 황홀한
미래를. 그때는 우리 손에서 빠져나가 버렸지만, 무슨 문제랴. 내일 우리는
더 빨리 뛰고 더 멀리 팔을 뻗을 것이다. (…) 그러면 어느 좋은 아침
이…….
그러니 물살을 거슬러 가는 배처럼, 우리는 끊임없이 과거로 밀리면서도
앞으로 나아가는 것이다.

F. 스콧 피츠제럴드F. Scott Fitzgerald[1]

이제 곧 기억에서 가물가물해질 자유시장의 시대에 과거는 거의 존
재하지 않았다. 오직 현재만이 실재했고 그 현재는 끊임없이 모양이 다
시 잡히면서 새로워졌다. 시장의 명령에 따라 새로운 산업, 새로운 직
업, 새로운 삶이 계속해서 생겨나고 또 버려졌다. 불과 몇 안 되는 나라
에서 도입됐던 '자유시장 자본주의'가 곧 다른 경제체제를 모두 누르
고 승리하리라는 믿음을 뒷받침하기 위해 거창한 교리들이 생겨났다.
  정치인이건 기자건, 경제학자건 은행가건, 학자건 (냉철의 대명사여
야 할) 기업인이건 할 것 없이, '긴 호황long boom'이니 '무게 없는 경

제weightless economy'니 '대안정기great moderation'니 '신경제new paradigm'니 '평평한 세계flat world'니 하는 대담한 환상들을 마치 확고한 진리인 양 되풀이해서 이야기했다.[2] 이들에 따르면, 경제가 갑작스럽게 내파하면서 통화가치가 붕괴하는 일도, 정부가 무너지고 사회가 통째로 사라지는 일도 더 이상은 없을 터였다. 지정학적 분쟁으로 지도가 자꾸만 바뀌는 일도 없을 것이었다. 무엇보다도, 1930년대에 일어났던 것과 같은 붕괴는 다시 오지 않을 터였다. 그런 걱정스런 사건은 모두 과거의 일로 치부됐으며 비슷한 일이 미래에도 발생할지 모른다는 생각은 종말론적이라고 묵살됐다.

하지만 전 지구적인 경제 붕괴가 더 이상 발생할 수 없으리라는 생각이야말로 정말 종말론적이다. 역사는 멈추지 않는다. 변화해 가는 기술이 인간의 불변하는 본성과 결합해 가면서, 역사는 계속되고 옛 갈등은 새로운 반전으로 이어진다. 오늘날의 정부가 예전보다 정보는 더 많이 가지고 있을지 모르지만 더 현명해진 것은 아니다. 호황이 영원히 지속되리라고 믿는 정치인들은 역사 감각을 잃었기 때문에 그럴 수 있는 것이다. 자본주의는 이제까지 존재했던 경제체제 중에서 가장 생산적일지는 몰라도 늘 몹시 불안정했다. 정부 규제에서 벗어나기만 하면 시장이 스스로를 안정시킬 수 있으리라는 생각은, 공산주의 붕괴 이후의 20년 동안 퍼졌던 어처구니없이 비현실적인 세계관에서만 설명이 가능하다.

대체로 공포정치를 통해 70년 넘게 권력을 이어 가던 소비에트 정권이 이렇다 할 폭동도 없이 불과 2, 3년 사이에 무너졌다. 끄떡없을 것만 같던 정권이 이렇게 갑작스럽게 붕괴했다. 이는 안정적인 미래가 뒤이어 오리라는 전망은 비현실적이라는 경고로 받아들여졌어야 마땅했다. 공산권의 몰락은 평화의 시대를 열어젖히는 신호가 아니라 격변의 시대를 알리는 전조였다. 현재 미국의 금융 자본주의가 겪고 있는 위기도 소비에트 붕괴만큼이나 세계를 뒤흔들 사건이다. 물론 미국이 소비에트처럼 내파해 사라지지는 않을 것이다. 그보다는 아르 헨티나의 경우처럼 오랜 시간에 걸쳐 쇠퇴할 가능성이 더 커 보인다. 하지만 미국은 아르헨티나보다 세계에 미치는 파급력이 훨씬 크므로 미국이 각국에 강요했던, 또 가끔은 미국 자신이 도입하기도 했던 자 본주의 모델이 붕괴하면 세계 질서는 근본적으로 재구성될 것이다.

1998년 3월에 출간된 이 책의 초판에서 나는 이렇게 언급했다. "오 늘날의 전 지구적인 자유방임 체제는 1차 세계대전의 와중에 끝나 버 린 '벨 에포크Belle Epoque' 시기(1870~1914)보다도 짧을 것이다." 이 러한 이야기는 당시만 해도 엉뚱한 주장으로 여겨졌지만, 그 이후에 전 지구적 자유방임 자본주의가 쇠락하고 있음을 시사하는 사건이 많 이 발생했다. 1990년대 말에 러시아 정부는 모라토리엄을 선언했고 높은 차입 자본 비율로 운영되던 헤지펀드 '롱텀 캐피탈 매니지먼트' 가 파산했다. 세계 금융 시스템은 구제되긴 했는데, 미국 〈연방준비제 도이사회〉의 의장 앨런 그린스펀Alan Greenspan이 숱하게 거품을 유 발해 가며 금리를 굉장히 낮춘 덕분이었다. 그리고 그 결과 미국 자체 가 차입 자본 비율이 높은 헤지펀드가 되었다. 미국의 지불 능력이 외 국 투자자로부터 자본이 지속적으로 유입되느냐 아니냐에 달려 있게 된 것이다.

이제 미국의 거품경제가 터지면서 글로벌 시장도 재편되고 있다.

미국은 세계화의 과정이 각국에서 미국식 자본주의를 재생산하는 것처럼 보이는 한에서만 세계화를 받아들일 준비가 되어 있었다. 2007년 금융 위기가 닥쳤을 때 미국 당국자들이 보인 반응은 충분히 예상이 가능했다. 그들은 미국이 글로벌 시장에 내맡겨지는 것을 제한하기 시작했다. 오바마 정부가 2009년에 〔소비와 고용을 촉진하기 위해〕 내놓은 '바이 아메리카, 하이어 아메리카Buy America, Hire America' 경기 부양책은 유서 깊은 미국의 보호무역주의와 맥을 같이하는 정책이었다. 미국은 1930년에 '스무트-홀리 법Smoot-Hawley Act'으로 수입 관세를 인상했는데, 이것이 다른 나라의 보복 조치를 촉발시켜서 대공황이 심화된 바 있었다. 1930년대처럼 열강이 전쟁을 벌이는 상황으로까지 가지야 않겠지만, 오늘날에도 세계경제의 혼란은 그때처럼 긴 지정학적 격변으로 이어질 것이다.

전 지구적 위기가 전개되어도 인간 행동에 기적적으로 변화가 일어나는 일은 없을 것이다. 사람들은 폭풍을 피하기 위해 정부에 의지하려 하겠지만 언제나처럼 정부의 주된 관심사는 자기 자신의 생존일 것이다. 은행에 대한 구제금융이 금융 시스템의 붕괴를 막았고 통화 팽창 정책이 경제 위축의 속도를 늦추어 주기는 했다. 하지만 거품 시기의 경제성장은 지속될 수 있는 것이 아니었다. 그리고 거품경제를 한 번 더 일으키려는 시도는 자멸로 이어질 것이다. 결국에는 인플레이션과 (충돌 직전에 가시화되곤 하는) 자원 고갈을 일으킬 것이고 그 와중에 각국 정부는 더 불안정해질 테니 말이다. 물론 이런 상황이 과거에 겪었던 것을 똑같이 복제한 형태로 나타나지는 않을 것이다. 현재의 위기는 전적으로 새로운 특징들을 보이며, 따라서 역사를 단순히 되풀이하는 것 이상의 변화를 가져올 것이다.

정보가 24시간 실시간으로 전파되면서 시장 변동이 더 빨라질 것이라는 의미만이 아니다. 몇 가지 근본적인 점에서 세상 자체가 달라졌다. 우선 지정학적인 상황이 크게 바뀌었다. 1930년대에는 중국과 인도가 서구 지배하에 있었고 러시아는 스탈린 치하였으며 브라질은 아직 잠들어 있었다. 자원이 고갈되고 기후변화가 심해지면서 물리적인 풍경도 달라졌다. 산업화가 자연환경의 제약에 부닥치는 현상은 전간기에는 없던 일이다. 신념과 가치관의 양상도 달라졌다. 지난 세기의 이데올로기들은 대체로 다 무너졌다. 한편으로 보면 좋은 일이다. 적어도 나치즘이나 공산주의가 대대적으로 발흥하고 있지는 않으니 말이다. 하지만 다른 한편으로는, 거대 기획들이 쇠퇴하면서 우리는 현재의 문제에 손쓰기가 더 어렵게 되었다. 거대 기획의 자리에 이제 수많은 근본주의 조류들이 들어섰다. 자신이 세상의 문제에 해결책을 갖고 있다고 확신하는 전투적인 운동들 말이다. 꼭 종교 근본주의만을 말하는 것은 아니다. 종교 근본주의자들이 인류가 모두의 개종을 통해 고난을 쫓아 버릴 수 있다고 강하게 확신한다면, 녹색 근본주의자들은 인류가 지속 가능한 발전과 재생 가능한 에너지를 통해 안정된 세계를 건설할 수 있다고 그만큼이나 강하게 확신한다.

하지만 오늘날의 세계가 처한 문제에 완전한 해결책이란 존재하지 않는다. 지난 20년간 확산된 종류의 세계화는 되돌릴 수 없는 붕괴의 길을 가고 있다. 전 지구적 자유시장은 그것이 자기 조절적이라는 가정하에서만 안정적이었다. 하지만 각국 경제가 이토록 긴밀하게 연결되어 있으면 전체 시스템이 위험할 만큼 불안정해진다. 예전 시스템은 지금보다 더 분절적이어서 한 국가나 한 영역에서 발생한 충격이 다른 곳으로 빠르게 전파될 수 없었기 때문에 더 견고했다. 하지만 상호 연결된 시스템은 어느 한 부분에서라도 기능이 멎으면 시스템 전체가 위험에 빠진다. 2007년 미국의 서브프라임 모기지 위기가 바로 그런 경우였다. 뒤이어 2008년 말에는 주요 투자은행이 파산하거나 구제금융으로 겨우 연명하게 되면서 미국 금융 시스템 전체가 흔들렸다. 얼마 지나지 않아 실물경제도 침체로 돌아섰다. 미국뿐 아니라 미국으로 수출을 하는 다른 나라들의 경기도 침체됐고 세계 곳곳에서 실업률이 치솟기 시작했다. 이와 동시에 미국 금융 시스템이 휘청거리자 전 세계에서 시장들이 흔들렸다.

전 지구적 자유방임주의는 늘 유토피아적인 기획이었고 스스로가 가진 모순에 부닥쳐 좌초했다. 빅토리아시대 초기 영국의 자유방임 체제가 그랬듯이, 오늘날의 전 지구적 자유방임주의는 어떤 자생적인 발달 과정에서 나온 것이 아니라 국가권력의 행사를 통해 인위적으로 만들어진 것이었다. 하지만 곧 어느 국가도 통제할 수 없을 정도로 커져 버렸다. 전 지구적 자유방임 체제가 정말로 완전하게 전 지구적이었던 적은 없지만(이를테면 중국 정부는 경제를 통제하는 역할에서 손을 뗀 적이 없다), 특정한 규제 당국이 영향력을 미칠 수 있는 범위에서는 훨씬 벗어나 있다. 과거에는 자국 내의 경제적 자산을 통해 성장했던 은행들이 국가 경제의 자산 규모를 훨씬 능가하는, 그리고 전 세계에서 조달되는 부채를 통해 성장했다. 그러다가 2008년에 아이슬란드 경제가 붕괴했고, 이와 비슷한 양상이 영국, 스위스 등 다른 나라에서도 나타나고 있다. 이런 불균형은 전 지구적이다. 금융 규제가 풀리면서 부채의 규모가 세계의 실물경제 규모를 훨씬 능가하게 되었기 때문이다. 원래는 리스크가 너무 커지지 않도록 파생 상품에 제한을 두려 했지만, 작동 양식을 당최 알 수 없는 파생 상품들은 과거에 존재하지 않았던 종류의 시스템적 리스크를 만들어 냈다. 이런 식으로 생겨난 악성 부채의 규모가 얼마인지 정확히 추산할 방법은 없다. 파생 상품이라는 불가사의한 자산의 가치는 대체로 [실물과 유리된] 관념상의 가치이기 때문이다. 그렇더라도, 경제의 쇠퇴와 함께 자산 가치도 하락하면서 블랙홀이 커지고 있다는 점만큼은 분명하다. 세계경제는 1930년대처럼 부채 디플레이션(증가하는 부채와 하락하는 자산 가치의 치명적 조합)의 수렁에 빠질 상황에 처해 있다.

그 결과가 1930년대와 동일하지는 않을 것이다. 2009년 런던에서 열린 G20 회담처럼 여러 나라가 단합해 해결책을 찾으려는 시도들도 있긴 했지만, 현 위기를 어떻게 다뤄 나갈지에 대한 각국의 입장은 기본적으로 분열돼 있다. 설령 합의를 도출해 낸다 해도 안정성을 되살려 낼 수 있는 실질적인 역량이 부족하다. 통화와 신용을 확대해 유효수요를 진작시킨다는 케인스주의적 조치는 2차 세계대전 직후처럼 각국 경제가 상대적으로 '닫힌 경제'이던 때는 효과가 있었다. 그때는 한 나라의 경제에 유동성을 늘리면 경제활동이 활발해졌다. 하지만 오늘날처럼 '열린 경제'에서 한 나라의 경제에 통화를 공급하는 것은 접시에 물 붓기나 마찬가지다. 부은 물은 대부분 국가 바깥으로 흘러넘치며 거기에서 예측 못 했던 영향들을 낳는다. 오늘날과 같은 양상으로 세계화가 진행되는 한, 케인스주의 정책은 잘해야 미미한 성공밖에 거둘 수 없다. 하지만 정부들은 돈을 사실상 무제한으로 찍어 낼 수 있고, 나중에 통제를 못 하게 되기 십상일 텐데도 인플레이션을 유도하려 안달이 난 듯하다. 그렇게 해서 인플레이션을 일으키면 부채 디플레이션은 피할 수 있을지 모르지만 전 지구적 자유시장의 붕괴는 계속 진행될 것이다.

전 지구적 자유방임주의는 시장이 근본적으로 합리적이라는 믿음에 기반하고 있다. 시장 참여자들은 과학적인 방법에 의거해 투자 결정을 내릴 능력이 있으며, 따라서 시스템의 불균형은 스스로 교정된다는 것이다. 하지만 이는 합리성의 의미를 불합리하게 좁혀서 생각하는 것이다. 시간성을 고려하지 않는 경제 모델에서는 수학 공식이 작동할지 모르지만, 시간의 흐름 속에 있는 실제 상황에서는 시장 움직임을 예측할 수 있게 해 주는 모델이 존재하지 않는다. 경제학자들은 어떤 일이 얼마나 일어날 법한지 확률로 말할 수 있는 '리스크'와 그런 식으로 확률을 부여할 수 없는 '불확실성'을 구분한다. 이론상으로는 타당한 구분이지만, 실제 인간사에서는 이 둘을 확실히 구분할 수 없다는 것이 문제다. 일어날 법한 사건들에 대해 확률을 계산하는 이론들이 있기는 하다. 하지만 일어날 법한 사건 목록을 아무리 상세하게 만들더라도 실제로 벌어질 결정적인 사건들이 누락될 가능성은 언제나 존재한다.

오늘날의 경제학자들은 역사적 관점이라는 것을 잃어버렸다. 경제학이라는 학문은 본래 역사를 고려하는 관점 속에서 생겨났다. 애덤 스미스Adam Smith, 존 스튜어트 밀John Stuart Mill, 카를 마르크스Karl Marx, 존 메이너드 케인스John Maynard Keynes 등 정치경제학을 창시하고 발전시킨 사상가들은 경제활동을 연구할 때 자연과학적 방법론들을 기반으로 하지 않았다. 그들은 경제와 정치의 경계가 분명치 않음을 잘 알고 있었다. 물리법칙같이 딱 떨어지는 법칙으로 지배되는 시장 교환의 영역은 존재하지 않는다. 시장이 유용한 도구인 것은 사실이지만, 시장이 오류를 많이 품고 있으며 사람들의 집단적인 환상에 크게 영향 받는다는 것 또한 사실이다.

요즘은 거의 잊혀졌거나 무시되고 있지만 위대한 정치경제 이론가들은 그러한 사실들을 잘 알고 있었다. 하지만 자연과학을 모든 인간 지식의 모델로 간주하는 실증주의의 영향으로 경제학은 현실에서 유리되었다. 경제학에서 이러한 변화는 2차 세계대전 이후부터 생기기 시작했지만 그때 바로 실질적인 영향을 미친 것은 아니었다. 전후의 경제학자들이 거시 경제 모델에 너무나 큰 기대를 걸었다는 것은 사실일지 모르지만, 케인스의 가르침을 명심하는 한 그들은 어떤 확률 계산으로도 미래를 확실하게 그려 낼 수는 없다는 것 역시 잘 알고 있었다. 그러나 자유시장 이데올로기의 근본주의적 교리가 시카고학파의 실증주의 방법론과 결합하면서 그런 통찰은 사라졌다. 그 결과 과학의 탈을 쓴 신앙적 경제학이 등장했다.

1998년~2000년에 파산한 헤지펀드 '롱텀 캐피탈 매니지먼트'의 창업자 중에 경제학자가 두 명 있었다. 마이런 숄즈Myron Scholes와 로버트 머튼Robert Merton으로, 옵션 가격 결정 공식을 개발한 공로로 노벨 경제학상을 받은 사람들이었다. 이상화된 조건에서라면 이런 종류의 수학 공식이 잘 작동할 것이다. 하지만 극단적인 사건들이 일어나서 그 공식이 가정하고 있는 이종 자산 간 상관관계가 더 이상 성립하지 않게 되면 공식은 무용해진다. 그런 사건이 '언제' 벌어질지를 예견할 수는 없지만, 긴 역사의 흐름에서 보면 그런 일이 꽤 자주 일어난다는 것만큼은 알 수 있다.

역사를 무시하는 것은 호황기의 핵심 특징이었다. '롱텀 캐피탈 매니지먼트'의 경우에는 거짓말처럼 안정적이었던 가까운 몇 년간만을 정상적인 상태로 간주해서 그것만 고려에 넣었다. 펀드가 채택한 거래 모델은 작은 가격 변동에서 큰 수익을 올리도록 되어 있었다. 그렇게 하기 위해 차입 자본 비율을 크게 높였는데, 이는 예상보다 큰 폭의 가격 변동에는 극도로 취약해졌다는 의미다. 그런데 거래를 수행하는 컴퓨터에 입력된 데이터는 최근 1, 2년치 정도였다. 1997년의 동아시아 금융 위기와 러시아 모라토리엄 같은 사건들은 전혀 예견되지 못했고 이런 사건들로 펀드는 파산했다. 하지만 시점이 언제일지는 알 수 없었으되 폭발은 불가피했다. 이 펀드가 무너진 것은 미래 예측에 실패해서가 아니었다. 미래가 과거와 완전히 다를 것이라고 믿은 나머지, 과거에 늘 일어났던 일이 다시 일어날 것에 대비해 두지 않아서 무너진 것이었다.

인간이 미래를 알지 못한다는 것은 어쩔 수 없는 문제다. 귀납의 과제, 즉 과거의 데이터에서 미래를 유추해 낼 수 있는 합리적인 방법론을 찾는 것은 아직 미해결로 남아 있다. 20세기의 위대한 경제학자 존 메이너드 케인스는 『확률론*A Treatise on Probabilities*』(1921)을 집필하기도 했고 "신념이 합리적일 수 있는 정도"에 대한 이론을 만들고자 평생을 노력했다. 하지만 『고용, 이자, 화폐에 관한 일반이론*General Theory of Employment, Interest and Money*』(1936)에서 케인스는 유럽의 전쟁, 구리 가격, 20년 뒤의 이자율, 어떤 발명이 노후화되는 기간과 같은 문제들에 대해 이렇게 결론 내렸다. "〔그런 문제들에 대해〕 계산 가능한 확률을 도출해 낼 수 있는 과학적인 기반은 없다. 다시 말해, 그런 것들을 우리는 그냥 모르는 것이다!" 케인스의 회의적인 결론은 블레즈 파스칼Blaise Pascal을 연상시킨다. 17세기 종교 저술가이자 근대 확률론을 창시한 사람 중 하나인 파스칼은 이렇게 물었다. "하지만 확률이 확실성을 가져다줄 확률이 있는가?"[3] 통렬한 아이러니가 담긴 파스칼의 질문에는 아직 대답이 나오지 않았다.

2007년의 경제 붕괴는 단지 욕심이 과해서만 생긴 것이 아니었다. 더 근본적으로는 교만의 결과였다. 그것은 예측이 원천적으로 불가능한 사건이 전혀 아니었다. 이미 2006년에 나심 탈레브Nassim Taleb는 『블랙 스완The Black Swan』에서 위기가 어떻게 시작될 것인가에 대해 이렇게 묘사했다. "국책 금융기관 〈패니 메이Fannie Mae〉의 리스크를 보면, 다이너마이트 통에 올라 앉은 것처럼 조금만 건드려도 터질 것 같아 보인다."[4] 설령 폭발이 예견될 수 없는 것이었다 해도(그러니까 정말 '블랙 스완'이었다 해도) 폭발이 미칠 영향에 어느 정도 대비할 수는 있었다. 가령 투자자들은 펀드 중 일부만 투기 시장에 내놓고 나머지는 안전하게 저축해 둘 수 있다. 정부는 은행이 투기성 투자를 하는 기능과 일반 고객의 예금을 받는 기능을 분리하도록 하는 법을 만들 수 있다. (대공황 때 제정된 '글래스-스티컬 법Glass-Steagall Act'이 1999년에 폐지될 때까지 미국에도 이런 법이 존재했다.) 안전을 무엇보다 최우선시하라는 말이 아니다. 재앙에 대비해 보험을 들어 놓고 나면, 나머지에 대해서는 오히려 과감한 투기를 할 수 있는 여지가 생긴다. 일반 예금자들이 맡긴 돈은 사용하지 않을 것, 그리고 투자가 실패했을 때 정부가 구제해 주지 않을 것을 분명히 하고 나면, 투자 은행들은 얼마든지 차입 자본 비율이 높은 펀드를 운영해도 좋을 것이다.

전 지구적 자유시장의 유토피아적 속성을 보여 주는 특성 하나는 인간의 지식에 대해 비현실적인 가정을 한다는 점이고, 또 하나는 권력관계와 갈등을 고려하지 않는다는 점이다. 시장은 한 번 형성되면 영원히 작동하는 영속 운동 기계가 아니다. 시장은 시장을 만든 사람들이 가진 오류와 분열을 모두 담고 있다. 시장은 벼락 호황과 침체의 경기변동을 겪기 쉬울 뿐 아니라 시장 참여자들이 가진 상충하는 가치관과 목적들도 고스란히 반영한다. 무엇보다, 시장 시스템은 그것을 지탱해 주는 권력보다 오래갈 수 없다. 재화와 용역을 거래하는 경향(애덤 스미스가 "나르고 교환하고 거래하는 경향"이라고 부른 것) 자체는 인간의 보편적인 속성일 것이다. 시장 교환은 쇼핑몰뿐 아니라 수용소에서도 나타나니 말이다. 하지만 고도로 발달된 시장 제도는 재산권이 보호되고 계약이 지켜지는 한에서만 존재할 수 있고, 이런 것의 실행은 국가만이 보장할 수 있다. 정권이 무너지고 국가가 붕괴하면 국가가 감독하고 유지하는 시장 시스템도 무너진다.

무엇보다도 전 지구적 자유시장은 미국의 기획이었다. 미국은 〈국제통화기금(IMF)〉과 〈세계은행(WB)〉 같은 기구를 도구 삼아 워싱턴 컨센서스를 세계 여러 나라에 강요했다. 워싱턴 컨센서스는 다른 나라들, 특히 가난한 나라들이 추구해야 할 기본적인 경제 덕목으로 균형 재정과 통화 안정을 처방했다. 미국은 물론 예외였다. 매년 막대한 재정 적자를 내는 등 미국 경제는 경제학의 교리를 따른 적이 거의 없다. 워싱턴 컨센서스는 자유 무역도 강요했는데 이 역시 주로 개발도상국에만 해당되는 명령이었다. 이런 식의 비일관성은 강대국의 행동에서 흔히 나타나는 일이며, 미국이 패권을 유지하는 동안에는 그러한 행보가 도전받지 않았다.

그런데 은행 규제 완화로 미국의 금융 시스템이 휘청거리게 되자 상황이 달라졌다. (은행 규제 완화는 미국이 자국에 적용한 몇 안 되는 신자유주의 교리 중 하나다.) 이제 불안정성은 '주변(개발도상국과 저개발국)'에서 '중심(선진국)'으로 이동했고, 미국은 개발도상국들에 익히 존재했던 종류의 위기를 겪게 되었다. 이 책의 2002년판 서문에도 썼듯이, "예측 가능한 아이러니를 하나 말하자면, 미국은 자신이 만들었던 정책의 피해자가 될 것이다. 신자유주의 시대에 미국은 전 지구적 자유방임주의의 주된 설계자였다. 이제 자유방임 시대가 거의 끝났으므로 미국은 규제 풀린 금융시장이 가하는 충격에 다른 나라보다 취약한 모습을 보이게 될 것이다(p. xxi)."

몇십 년 전 미국은 선진 경제였지만 지금은 많은 면에서 신흥 국가를 더 닮았다. 산업 기반은 매각됐거나 해외로 이전돼 거의 사라졌고 공공 인프라는 눈에 띌 정도로 유지 보수가 미비하다. 부동산 시장이 무너지면서, 버려진 건물이 늘었고 한때는 융성했지만 슬럼이 되어 버린 마을도 많아졌다. 하지만 몇몇 신흥 국가의 혼란스러운 조건을 더 분명하게 볼 수 있는 영역은 경제보다는 정치 쪽이다. 조지 부시 George Bush 정부 시절에 시작된 은행 구제금융은 오바마 정부에서도 이어졌고 더 확대되었는데, 구제금융은 미국이 신흥 시장들에 대해 맹렬히 비난했던 정실 자본주의crony capitalism의 대표적 사례다.

소비에트 붕괴 이후 러시아에서 사유화의 전리품을 나누던 것과 비숫한 모습도 발견된다. 구제금융은 운영 방식이 모호하고 비밀에 싸여 있으며, 표방된 목적을 달성하는 데는 부적절하고 비효율적이었다. 그리고 경기 위축을 역전시키는 데는 별로 한 일이 없으면서 연방 정부를 사실상 파산시켜 버리는 결과만 가져왔다. 구제금융의 정치적 과정은 금융 엘리트들이 좌지우지했는데, 앞으로도 정책에 변화가 있을 것 같아 보이지는 않는다.

금융 위기는 미국이 세계에서 차지하던 지위에도 명백하게 영향을 미쳤다. 해외에서 돈을 너무 많이 끌어온 나머지, 이제 미국의 지불 능력은 해외 투자자에게 달려 있게 되었다. 그 결과 미국의 위치도 돌이킬 수 없이 달라졌다. 채무국이 취할 수 있는 행동의 자유도는 채권국의 전략적 목적에 제약을 받는 법이다. 1956년 이집트가 수에즈운하 국유화를 선언하자 영국, 프랑스, 이스라엘이 군을 동원해 수에즈운하를 점령했다. 그런데 그것이 미국의 이익에 해가 된다고 생각한 드와이트 아이젠하워Dwight Eisenhower 대통령이 자국이 보유한 영국 화폐와 국채를 팔겠다고 위협했고, 운하 점령은 끝이 났다. 그 위협대로 됐더라면 파운드화 가치가 폭락해 영국은 필수 수입품들에 대해 대금을 지불할 수 없었을 것이다. 그래서 영국 정부는 운하에서 군을 철수시킬 수밖에 없었다. 오늘날 미국의 정책이 중국의 이익에 배치될 경우, 중국이라고 그런 거부권을 행사하지 말라는 법은 없다.

여기에서 오늘날의 새로운 특징 중 하나를 발견할 수 있다. 2차 세계대전 이전에는 영국이, 냉전 직후에는 미국이 스스로를 세계 초강대국으로 여길 수 있었지만, 21세기의 지정학적 지형에서는 서구 어느 국가도 그런 위치에 있지 않다. 강대국인 미국, 중국, 인도, 일본,

러시아 중 서구는 미국뿐이고 그마저도 급격하게 기울고 있다. (상당히 확장됐지만 내부적으로 분열된 유럽은 세계의 정치와 경제에서 중요한 영향력을 갖는 행위자가 아니게 된 지 오래다.) 미국이 빠르게 기울고 있는 이유 중에는 부시 정부 시절의 정책 실패도 있다. 이라크 전쟁이 그러한 사례인데, 이라크 국가의 붕괴와 그에 따른 이란의 영향력 상승을 포함해 여러 가지 재앙적 결과를 낳았고 이는 앞으로 몇 세대에 걸쳐 미국에 영향을 미칠 것이다.[5] 하지만 미국이 기울게 된 더 큰 요인은 세계화다. 세계화는 경제적 에너지를 분산시키고 그와 함께 지정학적 권력도 분산시키는 경향이 있다. 영국의 세계 패권이 최종적으로 무너진 것은 2차 세계대전 때였지만 그 지위를 지탱할 수 없게 된 것은 그보다 한참 전이었다. 마찬가지로 미국도 권력이 가차 없이 약화되고 있는데도 여전히 세계를 이끌 수 있는 양 행동한다.

오바마 정부의 정책은 이 점을 잘 보여 준다. 미국은 초저금리와 확장 재정, 그리고 양적 완화(정부가 금융자산을 사들여 시중에 통화를 공급하는 것)를 통해 신용 붕괴를 막고 경제성장에 다시 시동을 걸려고 한다. 영국처럼 미국도 부채를 화폐화하는 쪽을 택했다. 인플레이션을 유발해 부채 규모를 줄여 버리는 것이다. 어느 면에서는 이런 전략이 분명 효과가 있을 것이다. 물론 세계경제의 디플레이션 압력이 얼마나 강력할지는 아무도 모른다. 막대한 부가 이미 사라졌으며 기업이 파산하고 실업이 증가하면서 유효수요도 엄청나게 줄었다. 이 모두가 인플레이션을 유발하기 위한 정부의 노력을 압도할 수 있는 요인들이다. 하지만 금본위제 시대와 달리 화폐가치가 어떤 실물 자산과도 연결되어 있지 않은 명목화폐의 시대에는 정부가 만들어 낼 수 있는 통화량에 제한이 없다. 현재의 노력이 기대한 만큼의 효과를 내지 못하면 정부는 계속해서 화폐를 더 많이 찍어 낼 수 있다. 중앙은행들은 자국 화폐의 가치를 낮추려고 할 것이고 이는 각국의 경쟁적인 평가 절하로 이어질 것이다. (영국과 스위스에서는 이런 일이 벌써 벌어지고 있다.) 곧 인플레이션이 다시 유발되고 부채 규모는 줄게 될 것이다. 그러면 현재의 위기는 (적어도 과도한 부채로 인한 부분만이라도) 해결될 것이다.

그러나 이런 정책이 안정성을 가져다주지는 못할 것이다. (후대의 추종자들보다 훨씬 현명했던) 케인스라면 이 점을 지적했을 것이다. 외국 자본에 크게 의존하는 국가에서 그런 정책은 생산성을 떨어뜨릴 수 있다. 영국이 아이슬란드처럼 국가 파산에 이르리라는 우려는 과장이겠지만(영국은 경제 규모가 아이슬란드보다 훨씬 크고 여전히 세계의 주요 금융 중심지다) 영국 자산의 안정성과 건전성에 의구심이 제기되는 상황은 충분히 있을 법하다. 그리고 전례가 없다고도 할 수 없다. 1970년대에 영국은 〈국제통화기금〉의 구제금융을 받았고 1930년대에는 일부 국채가 지급 불능이 된 적도 있다. 오늘날이라고 이런 일이 또 벌어지지 말라는 법은 없다.

달러가 세계의 준비통화 역할을 할 날도 얼마 남지 않은 것 같다. 미국의 해외 채권자 입장에서 보면, 정부가 화폐가치를 떨어뜨리는 데에 여념이 없어서 내가 투자한 자산의 가치가 불안한 나라에 왜 계속 돈을 빌려 주어야 한단 말인가? '대안이 없어서' 라는 대답도 나옴직하다. 가령 미국을 주요 수출 시장으로 삼고 있는 중국은 자신이 보유한 미국 국채의 자산가치가 날아가는 것을 어느 정도는 용인할 것이다. 중국이 미국에서 돈을 빼기 시작하면 자본 도피가 심화되면서 달러 가치가 더 떨어질 테니 말이다. 이에 대해서라면 실제로 중국은 대안이 없을 수도 있다. 〔하지만 문제는 그렇게 간단하지 않다.〕 이번 금융 위기가 중국에는 피해를 주지 않았다고 흔히들 생각하지만, 중국 당국자들도 그렇게 생각할지는 의문이다. 20세기 중국의 역사는 끊임없는 폭동의 역사였으며 향후 몇 년 안에 대규모 폭동이 또 벌어질 가능성도 없지 않다. 노동시장에 매년 새로이 유입되는 사람들을 흡수하기 위해서라도 중국은 연 7퍼센트 정도의 성장률을 올려야 한다. 중국 당국자들은 중국 재정에 여유가 있다면 〔미국 국채를 보유하는 쪽보다는〕 실업 증가를 막고 폭동의 위험을 없애는 쪽에 써야 한다는 압력을 받고 있을 것이다. 어쨌거나, 중국은 이번 금융 위기에서 승자 중 하나로 부상할 것으로 보인다. 중국 당국자들이 현재의 위기가 제기하는 커다란 위험들을 서구 당국자들보다 더 잘 인식하고 있기 때문에라도 말이다.

미국이 일본의 '잃어버린 10년'의 전철을 밟을지 모른다고 보는 사람들도 있다. 미국이 그 정도에서 그치면 참 다행일 것이다. 미국의 상황은 1990년대 일본보다 나쁘다. 일본은 가계 저축이 많아서 장기간의 디플레이션을 견딜 수 있었다. 또 일본 경제는 그때도 지금도 세계적인 수준의 제조업을 가지고 있다. 미국에는 이러한 강점이 없으므로 10년 넘게 지속되는 디플레이션을 견딜 수 있을 것 같지 않다. 따라서 더 공격적인 양적 완화 정책이 불가피한데, 그렇게 되면 부채가 지금보다도 더 통제 불가능한 수준으로 증가할 것이고 결국에는 달러 매도 사태를 초래할 수 있다.

경기하강이라는 개념 자체가 오늘날에는 금기다. 경고의 징후가 발견되면 즉시 그 경향을 뒤집을 수 있으리라고 믿는 것이다. 하지만 언제나 그래 왔듯이 강대국은 흥망을 계속할 것이고 금융 위기가 미치는 영향은 화폐와 시장의 영역을 넘어설 것이다. 전례 없는 채무 규모를 가진 미국이 2차 세계대전 직후와 같은 군사 권력을 어떻게 유지할 수 있을지는 상상하기 어렵다. 중국이 미국 국채를 계속해서 사 주지 않는다면 미국이 아프가니스탄에서 벌이는 군사 정책의 비용을 감당할 수 있을까? 방대한 방위산업을 유지하는 데 드는 비용은? 경제 권력이 사그라들면 보통 군사 권력도 사그라든다.

미국의 '소프트파워'는 이미 많이 줄었다. '전 세계가 따라야 할 미국식 경제 모델'의 미덕에 대한 설교는 최근 몇십 년 동안 숱하게 반박에 부딪쳤고 미국이 금융 리더십을 가지고 있다는 주장을 진지하게 듣는 사람은 이제 거의 없다. 냉전의 종말도 미국의 리더십을 약화시켰다. 냉전의 종말 자체가 서구 이데올로기의 쇠퇴를 상징하는 것이기 때문이다. 공산권의 몰락은 미국의 승리라고 환호받았고 어느 면에서는 맞는 말이기도 했다. 로널드 레이건Ronald Reagan의 스타워즈 프로그램은 과학적으로는 허풍이었을지 모르지만 소비에트를 파산시키는 데는 대단히 효과가 있었다. 하지만 공산주의도 서구 이데올로기였으며, 러시아에서 그 자리를 신자유주의 같은 또 다른 서구 견해가 차지하게 되리라고 믿을 근거는 전혀 없었다. 공산주의의 붕괴는 서구의 쇠퇴를 보여 주는 사건이었고, 아이러니하게도 서구의 쇠퇴를 촉진시킨 것이 서구의 강대국이었을 뿐이다. 소비에트 붕괴의 장기적인 결과는 반反서구적인 러시아가 될 가능성이 크다. 블라디미르 푸틴

Vladimir Putin 정권의 인기는 러시아가 서구를 비웃을 수 있게 해 주었다는 데서 나오는 면이 크다.

푸틴의 러시아에는 어두운 점도 많다. 스탈린 시절에 저질러진 명백한 범죄를 숨기고 집단 기억에서 지워 버리려는 시도의 징후들이 있다. 지배층은 정보기관 출신이거나 아직도 정보기관에서 일하고 있는 '실로비키siloviki' 들이다. (러시아 정보기관은 공산주의가 무너진 이후에도 여전히 활발하게 활동하고 있다.) 그렇더라도 푸틴의 러시아는 전체주의 정권이라기보다는 권위주의 정권이며 이 정권이 가진 야심은 소비에트 정권이 가졌던 것보다는 제한적이다. 물론 러시아는 조지아, 우크라이나와 영토 분쟁이 있고 중앙아시아, 아프가니스탄, 이란과는 제정러시아로까지 거슬러 올라가는 복잡한 이해관계도 갖고 있다. 하지만 마르크스-레닌주의의 보편 목표는 폐기되었고, 전 세계를 러시아 정교로 개종시키겠다는 목적을 추구하고 있지도 않다. 중요한 자유 중에 보장되지 않는 것들도 있지만(이를테면 러시아는 탐사 보도 기자에게 매우 위험한 나라) 억압의 정도는 공산 정권 시절보다 덜하다. 러시아 사람들은 해외여행을 할 수도 있고 종교의 자유도 있으며 사생활도 가질 수 있다는 점에서 소비에트 시절보다 자유롭다. 또 상당수가 물질적으로도 더 풍족하다. 서구 논평가들은 러시아에 진정한 민주주의가 도입되면 더 친親서구적이 되리라고 보지만 이는 오해다. 푸틴이 민주주의 실험을 할 것 같지도 않지만, 민주주의가 제대로 기능한다면 푸틴의 권위를 더 높여서 러시아가 서구에 맞서야 한다고 주장할 수 있는 푸틴의 역량을 강화해 줄 수 있다.

러시아가 석유 국가라는 것은 사실이다. 이 점 때문에 서구의 많은 논평가들은 러시아가 세계 무대에서 중심 행위자로 남을 수 없을 것이라고 생각했다. 물론 유가가 몇 년 동안 계속해서 하락한다면 러시아 정권은 타격을 받을 것이다. 하지만 10년 정도의 장기간을 놓고 생각해 보면 유가는 오를 수밖에 없다. 전 지구적 자유방임주의는 절뚝거리고 있지만 전 세계적인 산업화(이것이야말로 세계화의 핵심이다)는 멈추지 않았다. 산업화는 중국, 인도, 브라질 등의 신흥 경제국에서 계속되고 있으며 그 때문에라도 에너지 값은 계속 오를 것이다. 언젠가 피크오일(석유 생산이 최대가 되는 시점으로, 그 이후 석유 생산량은 줄어들게 된다)에 도달하게 될 것이고, 따라서 앞으로 몇십 년 뒤에 러시아는 세계 지정학에서 중심 위치를 차지하게 될 것이다. 가늠할 수 없는 것은 러시아의 가까운 미래다.

이 불확실성은 매우 중요한 사실 하나를 말해 준다. 공산주의가 붕괴했다고 해서 미국식 금융 자본주의가 유일하게 작동 가능한 경제 시스템으로 등극하지는 않았듯이, 미국 주도의 전 지구적 자유시장이 쇠퇴한다고 해서 현존하는 다른 경제 시스템이 자동적으로 세계를 제패할 것으로 보이지는 않는다. 지금 진행되고 있는 위기는 역사상 가장 규모가 크고 역사상 최초로 진정 전 지구적인 현상이다. 이 위기는 모든 나라의 경제를 흔들 것이고 그 결과 많은 나라에서 정권 교체나 국가 붕괴가 벌어지게 될 것이다. 미국의 지배는 사라지고 있지만 그 뒤를 이을 것은 아직 나타나지 않았다. 중국은 떠오르는 권력이기는 하지만 글로벌 헤게모니를 행사할 정도는 아니다.[6] 전 지구적 자유시장의 종말 뒤에 새로운 세계 질서가 나타나리라는 징후는 아직 보이지 않는다. 그러기는커녕 무질서한 세계화의 시기가 시작됐다. 지정학적 분쟁들이 계속해서 벌어지는 속에서, 산업화는 지구 환경의 반격으로 제동이 걸릴 때까지 계속될 것이다.

아이슬란드와 발트해 연안 국가들에서는 정부가 무너졌고, 몰도바, 우크라이나, 태국에서도 요동이 있었다. 경제 붕괴와 이슬람 테러로 연타를 입으면 파키스탄은 〔국가 기능을 수행할 수 없을 정도로 국가권력이 공백인〕 '파탄 국가failed state' 상태가 될 수도 있다. 이는 국가권력이 늘 취약했던 아프가니스탄, 그리고 인도, 중국, 이란 등에도 시사점을 준다. 또 몇몇 나라에서는 경제가 디플레이션에서 하이퍼인플레이션으로 널을 뛰면 익숙한 정치적 병폐들이 뒤따라 발생할 것이다. 과도한 부채와 무역 감소로 타격을 받은 구공산권 유럽 지역에서는 배타적 민족주의와 반反유대주의라는 오랜 악덕이 다시 등장하지 않는다면 이상한 일일 것이다. 부유한 서구 유럽 국가들에서도 경제 위기가 계속되면 극우가 부활하고 이민자들이 공격 대상이 될 것이다. 물론 우리가 예측할 수 없는 결과들도 나오겠지만, 분명한 것은, 경제 붕괴가 이 정도 규모로 진행되면 중대한 정치적 격동을 낳으리라는 점이다.

인류가 직면할 가장 심각한 위협들은 전 지구적인 속성이 있지만 그것들을 효과적으로 다룰 수 있는 전 지구적 거버넌스가 생겨날 조짐은 보이지 않는다. 그러한 위기가 오면 국제 협력이 커지는 것이 아니라 오히려 각 국가의 정부 당국만 강화되는 결과를 낳을 것이다. 하지만 정부들은 위기로 피해를 입은 상태일 테고, 자국민을 보호하려는 각국의 논리는 모두에게 더 큰 불안정성과 안보 위협을 초래하게 될 것이다. 침체가 계속되면 정치적 충돌이 생겨날 것이고 이 때문에라도 각국 정부는 성장을 촉진하려 할 것이다. 하지만 성장이 다시 시작된다 해도 오래갈 수는 없을 것이다.

재생 가능한 에너지에 대해 숱한 논의가 있었지만 산업의 기초는 여전히 탄화수소(석유, 천연가스, 석탄)다. 그런데 석유와 천연가스 공급량이 곧 정점에 도달하리라는 데는 의심의 여지가 없다. 석유는 이미 피크오일에 도달했는지도 모른다. 석유를 다 써 버려서 석탄으로 옮겨 가게 되면 기후변화의 속도는 더욱 빨라질 것이다. 산업의 주요 에너지원이 될 만한 다른 대체 에너지가 존재하지 않기 때문에 이는 불가피하다. 현재 알려져 있는 재생 가능 에너지는 90억 인구(40년 후 세계 인구 추산치)가 사는 세계에 에너지를 댈 수 없다. 녹색 에너지들을 어떻게 합해도 이렇게 인구가 많은, 그리고 인구가 계속 증가하는 세계의 산업화에는 보조를 맞출 수 없다.

그 결과, 분쟁이 더 심해질 것이다. 인구는 지구가 감당할 수 있는 수준을 이미 넘어섰다. 그리고 기후변화가 진전되면 생태 용량 초과가 가져올 충격은 더 극단적이 될 것이다. 이렇게 인구가 급증하면 석유만이 아니라 물이나 토지를 놓고도 자원 전쟁이 심화될 것이다. 또 기후변화가 빨라지면 그 자체가 분쟁을 촉발할 수 있다. 기후 재난은 난민을 발생시킬 것이고, 기후 변화로 극지방이 녹으면 새로이 채굴 가능해진 석유와 광물자원을 둘러싸고 각축이 일어날 수도 있기 때문이다.

2007년에 시작된 금융 위기는 가상 경제와 실물 자원 간의 괴리를 드러냈다. 사이버 경제는 실물경제와 관련이 약하거나 실물경제와의 관련을 파악할 수 없는 자산과 부채로 가득했다. 미국을 포함한 많은 나라에서 더 많은 부채를 일으켜서 경제를 다시 성장시키려고 하지만, 그러한 경제정책은 이 괴리를 심화시킬 것이다. 한편, 성장의 한계를 받아들인다고 주장하는 녹색 운동은 사실 성장의 한계가 부과하는 제약들을 고려하지 않고 있다. 녹색주의자들은 정치적 변화에서 희망을 찾는다. 하지만 2백 개 가까운 주권국가가 있는 세상에서, 그리고 그중 상당수가 국가 기능을 제대로 수행할 수 없거나 범죄 조직화했고 또 상당수가 분쟁에 휘말려 있는 세상에서, 친환경 정책을 전 지구적으로 실행하기란 불가능하다.

이러한 상황에서, 인류의 과제는 지속 가능한 발전을 독려하는 것이 아니라 지속 가능한 후퇴[7]의 길을 찾는 것이어야 한다. 여기에서 기술은 매우 중요한 역할을 할 것이다. 물론 기술로 고칠 수 없는 병폐도 많다. 기술은 생태계 파괴를 되돌릴 수 없고 인간을 더 합리적으로 만들 수도 없다. 인간 조건이나 지구를 기술적으로 수선할 수 있는 방법은 없다. 그렇다 해도 (많은 녹색주의자들이 반대하는 핵에너지, 유전자 조작 식품, 비교적 청정한 석탄 등을 포함한) 하이테크 해법들은 이제 피할 수 없게 된 환경적 혼돈을 헤쳐 나가는 데 꼭 필요할 것이다.

우리가 목표로 삼아야 할 것은 탄소 발자국을 줄이는 것이 아니라 (오늘날 기후변화의 궁극적 원인인) 인간이 지구에 미치는 영향을 줄이는 것이다. 이는 더 자연 친화적으로 보이는 삶의 양식을 채택한다고 되는 일이 아니다. 그런 종류의 녹색 정책은 기껏해야 땅이란 땅에 온통 유기농 농장과 풍력 터빈이 들어찼을 뿐 여전히 복작대는 인구에 정복당한 지구를 만들게 될 것이다. 다행히도 이런 악몽이 현실이 될 가능성은 없다.

금융시장 붕괴는 전례 없이 막대한 부를 없애 버리는 것 이상의 영향을 미쳤다. '끊임없이 확장되는 생산과 소비를 통한 신자유주의적 진보'라는 신념도 파괴했다. 불안해하며 그것을 대신할 새 신념을 찾으려는 움직임들이 보인다. 종교 근본주의도 그렇고 녹색 유토피아주의도 그렇다. 하지만 근본적인 해결책을 추구하는 것보다는 영리한 임시방편(예를 들면 인간이 지구에 미치는 영향을 줄이기 위한 기술적인 조치들)을 사용하는 쪽이 더 나은 결과를 가져다줄 가능성이 크다. 그러나 현실적인 사고는 인간의 기질에 맞지 않는다. 인간에게는 손쓰기 어려운 현재를 어떻게든 다뤄 나가는 것보다 상상 속의 미래에 사는 편이 더 쉽다. 벼락 호황의 시기는 우리 모두가 더 빨리 뛴다면 과거를 뒤에 떨쳐 놓고 갈 수 있으리라는 믿음에 기반해 있었다. 하지만 결국 우리에게 온 것은 호황의 붕괴였고, 역사는 계속되었으며, 소모되어 사라진 쪽은 미래였다.

2009년 8월*

존 그레이

---

* 이 책의 초판은 1998년에 출간되었고, 1999년에 곧바로 개정판이 출간되었다. 2009년에 새로운 서문을 실은 개정판이 다시 출간되었고, 이 책은 2009년판을 번역한 것이다. 338페이지에는 1999년판 후기가 실려 있다.

False Dawn

1장
'거대한 전환'에서
'전 지구적 자유시장'까지

글로벌 시장의 붕괴는 상상도 못 할 결과를 낳는 충격적인 사건이 될 것이다. 하지만 현재의 체제가 지속되는 것을 상상하는 것보다는 이 편이 더 상상하기 쉽다.

조지 소로스George Soros[1]

이 재앙의 기원은 자기 조절적인 시장 시스템을 만들겠다는 경제 자유주의의 유토피아적 시도에 있었다.

칼 폴라니Karl Polanyi[2]

전 지구적 자유시장의 탄생

19세기 중반의 영국은 대대적인 사회공학의 실험 대상이었다. 이 실험의 목적은 경제활동을 사회적·정치적 통제에서 벗어나게 하는 것이었는데, 사회적 관계에 뿌리 박은 채로 수 세기간 영국에 존재했던 기존 시장들을 해체하고 '자유시장'이라는 새로운 제도를 만들어서 이를 달성하려 했다. 자유시장은 상품들의 가격이 사회에 미치는 영향을 고려하지 않은 채로 변동하는 새로운 종류의 경제를 만들어냈다. '노동'도 그러한 상품이었다. 예전에는 경제활동이 사회적 결속을 유지하려는 필요에 의해 제약받았다. 경제활동은 '사회적 시장', 즉 사회에 뿌리 박고 내포되어embedded 여러 종류의 규제와 제약을 받는 시장에서 수행됐다. 그런데 19세기 빅토리아시대 중기에 시도된 실험은 사회적 시장들을 없애고 사회의 필요와는 상관없이 작동하는 탈규제적 시장을 세우려 했다. 그런 자유시장이 생겨나면서 영국의 경제적 삶은 커다란 단절과 파열을 겪었는데 이를 '거대한 전환Great Transformation'이라고 부른다.[3]

오늘날 〈세계무역기구(WTO)〉, 〈국제통화기금(IMF)〉, 〈경제협력개발기구(OECD)〉와 같은 초국가 기구들도 이와 비슷한 전환을 최우선 목표로 삼고 있다. 이 혁명적 기획을 진전시키도록 초국가 기구들을 이끄는 것은 마지막 남은 계몽주의 강대국 미국이다. 토머스 제퍼슨 Thomas Jefferson, 톰 페인Tom Paine, 존 스튜어트 밀, 카를 마르크스 등 계몽주의 사상가들은 세계 모든 나라의 미래가 모종의 서구 제도와 서구 가치를 받아들이는 데 달려 있다고 굳게 믿었다. 다양한 문화가 존재하는 것은 인간의 삶에서 불변하는 조건이 아니라 단일한 보편 문명으로 가는 길에 거치게 되는 한 단계라고 보았다. 이러한 사상가들은 모두 하나의 세계 문명을 만들자고 주장했으며, 그 보편 문명이 도래하면 과거에 있었던 다양한 전통과 문화들은 이성을 토대로 새로이 건설된 보편 공동체에 자리를 넘겨주게 되리라고 생각했다.[4]

미국은 이런 계몽주의 이론을 기초로 정책을 세우는 마지막 강대국이다. 워싱턴 컨센서스에 따르면, 곧 전 세계가 '민주적 자본주의'를 받아들일 것이다. 전 지구적 자유시장이 실현될 것이다. 이제까지 세상에는 많고도 다양한 경제 문화와 경제 제도가 있었지만 모두 불필요해지고 하나의 자유시장으로 통합될 것이다.

이런 철학에서 생겨난 초국가 기구들은 세계 여러 나라의 경제에 자유시장을 도입하는 프로그램을 시행했다. 궁극적인 목적은 세상에 존재하는 다양한 경제들을 하나의 전 지구적 자유시장으로 통합하는 것이었다. 하지만 이것은 결코 실현될 수 없는 유토피아이며 이 유토피아를 추구하는 과정에서 이미 막대한 사회 혼란과 정치적·경제적 불안정이 발생했다.

미국에서 자유시장은 어느 선진국도 겪어 본 적이 없는 규모로 사회를 붕괴시켰다. 미국은 어떤 나라보다도 가족이 취약하다. 사회질서는 대규모 투옥을 통해 지탱된다. 공산주의 이후의 러시아를 제외하면, 선진 산업국가 중에서 질서 유지의 수단으로 미국처럼 사람을 많이 잡아 가두는 나라가 없다. 자유시장, 가족과 공동체의 해체, 사회 붕괴를 막기 위해 마지막 남은 수단으로 쓰이는 형사 처벌, 이 세 가지는 서로 관계가 깊다.

자유시장은 미국이 사회 결속을 위해 의존해야 할 다른 제도들도 약화시키거나 파괴했다. 자유시장은 긴 호황을 가져왔지만 대다수의 미국인은 득을 보지 못했다. 미국의 불평등 수준은 유럽보다는 남미 국가들과 더 비슷하다. 자유시장이 가져온 직접적인 결과가 이런 마당인데도 자유시장에 대한 신념과 지지는 약해지지 않았다. 미국 정치에서 자유시장은 여전히 신성하게 여겨지며 '미국이 곧 보편 문명의 모델'이라는 주장과 동일시된다. 자유시장과 계몽주의 기획은 운명적으로 얽혀 버렸다.

전 지구적 단일 시장은 이러한 계몽주의 기획이며 아마 마지막 형태의 계몽주의 기획일 것이다. 숱한 가짜 유토피아로 점철된 20세기에는 이것 말고도 계몽주의 기획이 많았다. 구소련도 자유시장 기획에 못지 않은 계몽주의 유토피아 기획을 시도했는데, 여기에서 보편문명으로 상정된 것은 중앙 계획이 시장 제도를 대신하는 경제였다.

이 유토피아를 건설하려는 과정에서 인간이 치러야 했던 비용은 가늠해 볼 수도 없을 만큼 막대했다. 전체주의 정권의 공포정치, 만연한 부패, 종말론적인 환경 파괴로 수백만 명이 목숨을 잃었다. 이렇게 막대한 고통을 초래하고도 소비에트의 기획은 러시아를 근대화하겠다던 약속을 이루지 못했다. 어떤 면에서 소비에트 말기의 러시아는 제정 말기의 러시아보다도 근대화와 거리가 멀었다.

아직까지 전 지구적 자유시장 유토피아가 초래한 인간의 희생은 공산주의 유토피아가 저지른 만큼 크지는 않았다. 하지만 시간이 더 지나면 고통의 규모가 공산주의 시절과 맞먹게 될지도 모른다. 이미 전 지구적 자유시장 기획은 중국에서 수억 명의 농민을 이주 노동자 처지로 내몰았고 선진국에서 수천만 명을 노동시장과 사회적 참여에서 배제했다. 또 몇몇 구공산권 국가에서는 자유시장 유토피아 기획이 국가를 거의 무정부 상태로 만들면서 범죄 조직이 지배력을 행사하는 상황을 초래했고 환경을 한층 더 파괴했다.

전 지구적 자유시장과 계획경제는 융합이 불가능할 만큼 서로 다른 체제이지만, 우리에게 더 근본적인 시사점을 주는 것은 이 둘의 차이점보다는 공통점이다. 두 유토피아 모두 이성과 효율성을 신봉하고, 역사를 모르거나 무시하며, 소멸돼야 마땅하다고 간주된 삶의 양식을 경멸한다는 점에서, 계몽주의의 핵심 특징인 이성론자의 교만과 문화적 제국주의를 드러낸다.

전 지구적 자유시장은 경제 근대화가 모든 나라에서 동일한 것을 뜻한다고 전제한다. 또 경제의 세계화(상호 연결된 시장경제들을 통해 산업 생산이 전 세계로 퍼지는 것)를 서구 자본주의의 유일한 유형, 즉 미국식 자유시장이 멈출 수 없는 전진을 해 나가는 것이라고 해석한다.

하지만 우리 시대의 실제 역사는 그 반대에 더 가깝다. 경제 근대화는 미국식 자유시장이 세계 각지에서 복제되는 형태로 이뤄지지 않았다. 오히려 자유시장을 거스르면서 이뤄졌고 어떤 서구 모델과도 다른 토착적 자본주의 경제들을 만들어 냈다. 동아시아에서 시장경제는 국가마다 매우 다르다. 이를테면 중국의 시장경제와 일본의 시장경제는 상이한 유형의 자본주의를 대표적으로 보여 준다. 마찬가지로 러시아 자본주의도 중국 자본주의와 근본적으로 다르다. 이 새로운 유형의 자본주의들은 어떤 서구 모델로도 수렴하지 않는다는 한 가지 점에서만 공통적이다.

진정으로 전 지구적인 경제가 등장한다고 해서 이를 서구의 가치와 제도가 전 세계 인류에게 확장되리라는 뜻으로 받아들이면 안 된다. 오히려 이는 서구가 세계 패권을 쥐던 시대가 끝났음을 의미한다. 영국, 서부 유럽, 북미에서 발생한 초기의 근대 경제들은 오늘날 글로벌 시장이 만들어 내는 자본주의 경제들이 본보기로 삼는 모델이 아니다. 자국 경제를 앵글로색슨식 자유시장을 본떠 재구성하려는 국가는 근대화를 달성하고 유지하기 어려울 것이다.

전 지구적 단일 시장이라는 오늘날의 유토피아는 모든 나라의 경제가 미국식 자유시장의 이미지를 본떠 재구성될 수 있으리라고 가정한다. 하지만 미국에서 자유시장은 프랭클린 D. 루스벨트Franklin D. Roosevelt의 뉴딜에 기초해 전후의 번영을 가져다주었던 자유주의적 자본주의 문명을 뒤흔들었다. 미국은 더 일반적인 진리의 한 가지 사례일 뿐이다. 후기 근대 사회에서 탈규제적 시장이 촉진되면 늘 새로운 종류의 자본주의를 낳게 된다는 사실 말이다. 중국에서는 전 세계 화교들이 수행하는 것과 비슷한 종류의 새로운 자본주의가 생겨났다. 러시아에서는 소비에트 제도의 붕괴가 자유시장이 아니라 '아나코-자본주의anarcho-capitalism' 라는 새로운 변종을 낳았다.

또한 세계경제가 성장한다고 해서 서구식 자유민주주의 정치가 전 세계에 확산되는 것도 아니다. 러시아에서는 강한 대통령 권한을 핵심으로 하는 혼합형 민주 정치체제가 생겨났다. 싱가포르와 말레이시아에서는 자유민주주의의 보편적 권위를 인정하지 않는 정부가 사회적 결속을 깨뜨리지 않으면서도 경제 근대화와 성장을 이뤄 냈다. 운이 좋다면, 공산주의를 완전히 벗어나게 되었을 때 중국에서도 이와 비슷한 정부가 생겨날 수 있을 것이다.

세계경제는 '민주적 자본주의' 라는 하나의 체제를 보편적인 것이 되도록 만들지 않는다. 세계화된 경제는 새로운 종류의 자본주의들을 만들어 내면서 새로운 유형의 체제들을 낳는다. 현재 진행되고 있는 경제 세계화는 자유시장의 미래를 보장해 주지 않는다. 경제의 세계화는 남아 있는 사회적 시장과 자유시장 사이에 새로운 경쟁을 촉발할 것이다. 사회적 시장들은 근본적으로 스스로를 개혁하지 않으면 파괴될 것이다. 그렇다고 자유시장 경제들이 승자가 되지도 않을 것이다. 글로벌 경쟁 속에서 자유시장 경제들 또한 원래의 모습을 알아볼 수 없을 만큼 커다란 변형을 겪고 있기 때문이다.

1980년대와 1990년대에 자유시장을 주창한 정부들은 목표한 바를 상당 부분 달성하지 못했다. 이를테면 영국에서 대처 집권기 18년이 지난 뒤의 조세와 정부 지출 수준은 노동당을 누르고 처음 집권했던

1979년과 비슷하거나 오히려 더 높았다.

자유시장 정부들은 19세기 중반의 자유방임주의 시절을 본따 정책을 수립한다. 자유방임주의 시절에 정부는 경제활동에 개입하지 않는다고 주장했다. 사실 자유방임 경제, 즉 시장이 규제를 받지 않고 정치적·사회적 통제에서 벗어나 있는 경제는 다시 만들어 낼 수 없다. 그리고 정점에 있었을 때도 '자유방임'이라는 말은 맞지 않았다. 자유방임 경제는 정부의 강제를 통해 만들어졌고 모든 작동 지점에서 정부 권력에 의존하고 있었다. 자유방임 경제는 인간의 욕구들을 충족시키지 못했기 때문에(심지어 개인의 자유에 대한 욕구도 충족시키지 못했다) 1차 세계대전 무렵이 되면 가장 순수한 형태로는 존재하지 않게 되었다.

그런데 오늘날의 자유시장 정책은 국가 개입의 규모를 줄이지도 못하고 빅토리아시대에 자유시장을 지탱해 주었던 다른 제도들을 강화하지도 못하면서, 소득, 부, 노동시장 접근성, 생활수준 등의 면에서 불평등은 막대하게 증가시켰다. 불평등 수준은 훨씬 더 가난했던 19세기 중반과 맞먹을 정도가 되었다.

19세기 영국에서 자유시장은 사회제도와 인간의 후생에 커다란 피해를 입혔고 이는 정치적인 저항운동을 일으켰다. 그 결과 자유시장 자체가 크게 바뀌었다. 자유시장의 작동이 발생시킨 여러 문제에 대응하기 위해 법안들이 잇따라 만들어지면서, 시장은 사회제도와 인간의 후생에 미치는 악영향을 완화하기 위해 다시 규제됐다. 빅토리아시대 중기의 자유방임주의는 자유시장과 사회적 안정이 오랫동안 함께 갈 수는 없다는 사실을 보여 주었다.

빅토리아시대 중기의 짧은 자유방임 시절 이전에도, 또 그 이후에도, 영국에는 시장이 존재했다. 그리고 이전과 이후 모두에서 시장은 사회적 안정에 해를 덜 끼치면서 작동하도록 규제되었다. (19세기 중반 영국, 그리고 1980년대와 1990년대 일부 국가에서 나타난) 짧았던 자유방임 시기에만 자유시장이 다른 사회제도들 위에 군림했다.

2차 세계대전 이후에 나타난 '관리경제'는 점진적인 개선의 결과가 아니라 막대한 사회·정치·군사적 갈등을 겪은 뒤에 나온 것이었다. 영국의 경우에도 정부의 역할에 대해 케인스식 개입 국가와 베버리지식 복지국가라는 합의가 이뤄진 것은 전쟁으로 이전의 사회구조가 뿌리째 흔들린 이후 국가의 생존을 모색해야 하는 절박성이 있었기 때문에 가능했다.

19세기 영국에서는 자유시장이 경제적 안전을 원하는 인간 본연의 욕구에 부닥쳐 좌초했다. 20세기 초에는 자유주의 국제경제 질서가 전쟁과 1930년대 전체주의 정권의 등장으로 거칠게 파괴됐다. 이런 재앙이 2차 세계대전 이후에 도래한 경제적 번영과 정치적 안정의 전제 조건이었다. 1930년대에 자유시장은 본질적으로 불안정한 제도임이 판명 났다. 자유시장은 인위적인 기획으로 세워졌고 혼란과 혼돈 속에서 부서졌다. 우리 시대의 전 지구적 자유시장이 가게 될 길도 크게 다르지는 않을 것이다.

영국이 케인스주의 경제정책으로 돌아갈 것 같지도 않고, 미국이 루스벨트의 뉴딜을 다시 추진할 것 같지도 않으며, 대륙 유럽 국가들(노르웨이나 덴마크 정도는 예외일 수도 있겠지만)이 예전에 사회민주당이나 기독민주당이 추진했던 만큼 복지 지출을 확대할 수 있을 것 같지도 않다. 전후 독일에 호황을 가져다준 대륙 유럽식 사회적 시장은 전 지구적 자유시장의 주요 피해자가 될 것이다. 2차 세계대전 이후 한 세대 동안 미국와 세계 여러 곳에 번영을 가져다준 미국의 자유주의적 자본주의도 마찬가지다. 사회적 결속에 필요한 것들과 전 지구적 자유시장이 가하는 압력을 정책적으로 어느 정도 조화시켜 낼 수 있는 여지를 아직 가진 나라도 있을 것이다. 하지만 정책 개선의 작은 가능성이 열려 있다고 해서 그런 나라들이 과거의 번영으로 돌아갈 수 있지는 않을 것이다.

오늘날 세계경제를 감독하는 초국가 기구들은 케인스주의가 물러간 후에 정통 교리로 자리잡은 경제 사상을 촉진하는 핵심 도구다. 그 경제 사상에 따르면, 개별 국가 수준에서는 정부가 수요 창출을 통해 경제를 관리하는 것이 가능하지도 않고 바람직하지도 않다. 자유시장이 경제활동을 조정할 수 있도록 정부는 통화와 재정의 안정성만 보장하면 된다. 2차 세계대전 이후에 도입된 케인스주의 정책들은 불필요하거나 해로운 것이다. 또한 이 사상에 따르면 전 지구적 수준에서는, 자유시장이 충분히 스스로를 안정시킬 수 있다. 따라서 자유시장은 사회적·경제적 혼란을 막기 위한 전반적인 거버넌스에 종속될 필요가 없다.

하지만 경제 세계화(자본 이동과 무역 거래의 제약 없는 자유가 촉진한 산업 생산과 신기술의 세계적인 확산)는 미국 주도의 초국가 기구들이 만들고 있는 전 지구적 단일 시장의 안정성을 위협한다. 이 점에서 우리 시대의 역설 하나를 보게 된다. 경제 세계화가 현재의 전 지구적 자유방임 체제를 강화하는 것이 아니라 뒤흔들고 있는 것이다. 오늘날의 전 지구적 시장에는 국가 간, 그리고 국가 내의 불균등한 경제 발전이 야기하는 사회적 긴장과 갈등에서 스스로를 지킬 수 있는 요소가 존재하지 않는다. 산업과 생계가 급격하게 부침을 겪고, 생산시설과 자본이 갑작스럽게 이동하며, 도박에 가까운 통화 투기가 벌어지는 상황은 전지구적 자유시장의 기본 원칙들에 도전하는 저항운동을 촉발한다.

빅토리아시대 중기 영국에는 자유시장을 서서히 사라지게 할 수 있었던 정치적 견제와 균형이 있었지만 오늘날의 전 지구적 자유시장에는 그런 것이 없다. 어떤 나라에서는 정부가 현명한 정책을 펴서 자유시장이 사람들에게 어느 정도 참을 만한 것이 되도록 만들 수 있을지 모르지만, 이런 부분적인 개선이 전 지구적 자유시장 자체를 더 안정적인 제도로 만들어 주지는 못할 것이다. 오늘날의 전 지구적 자유방임 체제는 1차 세계대전으로 끝난 '벨 에포크'(1870~1914)보다도 수명이 짧을 것이다.

빅토리아시대 초기, 영국의 자유시장 만들기

19세기 중반에 영국에서 발달한 자유시장은 우연히 생겨난 것이 아니었다. 뉴라이트[이 책에서 뉴라이트는 영국 대처 정부, 미국 레이건 정부의 정책 기조를 이룬 사상을 의미한다.] 사상가들이 이야기하는 신비로운 역사와는 달리, 계획되지 않은 진화의 긴 과정을 통해 등장한 것도 아니었다. 자유시장은 국가권력과 정책이 만들어 낸 인공물이었다. 일본, 러시아, 독일에서도, 그리고 보호무역주의 시절의 미국에서도, 국가의 개입이야말로 경제 발전의 핵심 요인이었다.

자유방임은 성공적인 산업화나 지속적인 경제성장의 필수 조건이 아니다. 대부분의 국가에서 빠른 산업화와 지속적인 경제성장은 발전 국가적 정책을 통해 이뤄졌다. 산업화가 자유방임, 자유무역과 함께 진행됐던 영국이 예외적인 경우였다고 봐야 한다.

사실 19세기 영국에서도 자유방임 경제가 작동하기 위해서는 대대적인 국가 개입이 필요했다. 국가권력을 사용해 공유지를 사유지로 전환한 것이 19세기 영국 자유시장의 선결 조건이었다. 이는 영국 내전 때부터 빅토리아시대 초기까지 진행된 인클로저를 통해 이뤄졌다. 인클로저를 통한 토지 전유의 결과 18세기 말에서 19세기 초 무렵이 되면 영국 농업 경제의 주도권이 중소 독립 자영농에게서 대토지 소유자에게로 넘어가게 된다. 프리드리히 폰 하이에크Friedrich von Hayek 같은 사상가들은 시장경제가 느리고 꾸준한 진화의 과정을 통해 나타났으며 정부는 아주 작은 역할만 했을 뿐이라고 주장한다. 하지만 이는 단 하나의 사례에서 무리하게 일반화를 한 것일 뿐 아니라 그 하나의 사례마저도 잘못 해석한 것이다.

배링턴 무어Barrington Moore는 영국 인클로저 운동의 역사를 이렇게 요약했다. "궁극적으로 인클로저의 과정을 좌지우지한 것은 의회였다. 공식적으로는 지주가 법안을 발의해 인클로저를 진행했으므로 공적이고 민주적인 과정을 거쳤으나, 사실 이 과정은 처음부터 끝까지 대토지 소유자들이 지배했다. (⋯) 인클로저가 가장 빠르고 전면적으로 이뤄진 시기가 언제였는지는 명확히 말하기 어렵다. 하지만 나폴레옹 전쟁 기간에 가장 빠르게 진행된 뒤 1832년 이후에 수그러들었다고 보면 타당할 것이다. 인클로저가 대체로 마무리된 1832년 무렵이면 영국 농촌은 완전히 달라져 있었다."[5]

인클로저가 영국을 농촌 사회에서 시장경제 사회로 탈바꿈시켰다는 무어의 주장은 과장된 측면이 있다. 시장경제는 인클로저가 있기 수백 년 전부터 존재했으니 말이다. 그렇더라도 인클로저가 19세기 대토지 소유자 중심의 농업 자본주의 경제를 형성하는 데 큰 역할을 했다는 점만큼은 분명하다. 빅토리아시대 중기의 자유시장은 수세대에 걸쳐 정부의 강제를 통해 진행된 인공물이었다. 그 과정에서 의회에 의해 재산권이 만들어졌고 또 파괴됐다.

오늘날 자유시장을 도입하고 있는 많은 국가들과 달리, 19세기의 영국은 민주주의 이전의 사회였다. 선거권은 제한적이었고 인구 대다수가 정치 참여에서 배제돼 있었다. 민주적 제도가 작동하고 있었다면 자유시장이 과연 만들어질 수 있었을지 의심스럽다. 대다수의 인구가 정치에 참여할 수 있게 되면서 자유시장이 쇠락하기 시작했다는 것은 역사에 기록된 사실이다. 제약 없는 시장은 민주적 정치제도와 함께 갈 수 없다.

20세기 말의 자유시장 실험은 경제활동을 민주적으로 통제할 수 있는 범위를 크게 제한하면서 동시에 이를 민주적 제도를 통해 정당화하려는 시도다. 민주주의가 존재하지 않았다는 점이 빅토리아시대 중기 자유시장의 전제 조건이었다는 사실은, 오늘날 자유시장을 도입하려는 정부들이 정치적 정당성을 획득할 수 있을 것인가의 문제와 관련해 시사하는 바가 크다.

자유시장을 만들어 낸 정부 정책 중에 가장 중요한 것을 꼽으라면 농업 자유무역을 형성시킨 '곡물법 폐지'를 들 수 있다. 곡물법은 17세기부터 다양한 형태로 존재했던 보호무역주의 법들의 연장선상에서 1815년에 제정됐는데, 1846년에 자유무역주의자들이 극적으로 승리하면서 폐지됐고 이로써 농업 분야에서 자유무역이 성립됐다.

곡물법 폐지는 자유방임주의가 지주의 이해관계를 누르고 승리했음을 보여 준다. 곡물법 폐지 이전까지는 사회적 결속을 위해 시장경제가 궁극적으로 정치적 감독과 통제을 받으며 존재해야 한다는 생각이 정치권(적어도 토리당)의 상식이었다. 자유무역주의는 그저 하나의 급진 이론에 불과했다. 하지만 곡물법 폐지 이후로 상황이 달라졌다. 자유무역은 정당을 막론하고 모두가 동의하는 견해가 되었고 보호무역주의는 이단 취급을 받았다. 보호무역주의가 다시 대두된 것은 1930년대의 파국을 겪고 나서였다.

자유시장을 성립시킨 핵심 조치로 빈민법 개혁도 빼놓을 수 없다. 1834년에 제정된 신빈민법이 결정적으로 중요했다. 이 법은 구호 보장 수준[최저 생계 수준]을 노동시장에서 정해지는 최저임금보다 낮게 책정했고 심하게 모욕적이고 험한 조건에서 구호를 받도록 강요함으로써 구빈 대상자들을 낙인찍었다. 또 가족제도도 크게 약화시켰다. 신빈민법은 개인의 후생에 대한 책임을 공동체와 나누는 것이 아니라 개인 자신이 온전히 짊어져야 하는 자유방임 체제를 성립시켰다.

에릭 홉스봄Eric Hobsbawm은 1830년대에 영국에서 이뤄진 복지 개혁의 배경, 특성, 효과에 대해 이렇게 설명했다.

농촌 사회의 모든 계급에서, 그리고 노동자 계급의 내부적인 관계에서 왜 곡된 형태로나마 아직 남아 있는 전통적 견해에 따르면, 인간은 생계를 위해 소득을 올릴 권리가 있으며 그렇게 할 수 없을 경우에는 공동체의 도움을 받을 권리가 있다. [하지만] 중산층 자유주의 경제학자들의 견해에 따르면, 인간은 시장이 제공하는 일자리를 시장이 제공하는 장소에서 시장이 제시하는 임금으로 받아들여야 하며, 합리적인 인간이라면 개인 저축과 보험, 혹은 자발적으로 참여하는 공공 저축과 보험을 통해 사고, 질병, 노후 등에 대비할 것이다. 이렇게 하지 못하고 남겨진 부랑자들은, 물론 굶어 죽게 내버려 두어서는 안 되겠지만 그들에 대한 보조는 절대적으로 최소 수준이어야 하며(즉 시장에서 제시되는 최저임금보다 낮은 수준이어야 한다) 그들이 구호받으러 오는 것을 가능한 한 꺼리게 되도록, 최대한 주눅들게 하는 상황에서 이뤄져야 한다. 빈민법은 불행한 사람들을 돕기 위한 법이었다기보다 스스로 인정한 사회의 실패자들에게 낙인을 찍기 위한 법이었다. (…) 1834년의 신빈민법보다 더 비인간적인 법은 찾아보기 힘들 것이다. 이 법은 모든 빈민 구호를 [수급자 입장에서] 시장에서 주는 최저임금보다 '덜 유리한 조건이 되게' 만들고, 감옥 같은 〈구빈원〉에서만 구호를 제공하며, 남편, 아내, 자녀를 강제로 갈라놓음으로써, 가난에 대해 그 가난을 겪는 사람들에게 벌을 주었다."[6]

빅토리아시대 중기에는 영국 인구 중 적어도 10퍼센트가 신빈민법의 적용을 받았다. 이 법은 1차 세계대전이 벌어질 때까지 계속 유효했다. 신빈민법의 핵심은 경제적 불안정과 불운에서 보호해 줄 책임을 공동체로부터 개개인에게로 돌리고 사람들이 시장에서 제시되는 어떤 가격에서라도 일자리를 받아들이도록 강제하는 것이었다. 20세기 말에 자유시장을 다시 만들어 내려 한 국가들 상당수도 이와 동일한 원칙에 따라 복지 정책을 수정했다.

빅토리아시대 중기에도, 뉴라이트 시절에도, 영국에서는 그 이전의 복지 제도가 일으켰던 부작용이 너무 심각했기 때문에 정치적으로나 실질적으로나 개혁이 불가피하고 필요했다. 19세기에는 지방세로 임금을 보조해 주던 원외 구호가 무한정 지속될 수 없는 상황이었다. 그리고 뉴라이트 시절이 시작되던 1980년 무렵에는 베버리지식 복지 제도가 후기 근대 사회의 노동 양식이나 가족 양상과 맞지 않았다. 이런 제도들은 빈곤을 종식하기는커녕 빈곤을 제도화할 위험이 있었다. 뉴라이트 정치인들은 이런 위험을 적극적으로 이야기하면서 탈규제된 시장의 압력에 따라 복지 제도를 개혁하려 했다.

노동 가격이 아무 방해 없이 시장에서 결정될 수 있게 한 조치도 신빈민법 못지 않게 19세기 중반 자유시장의 형성에 중요한 역할을 했다. 데이비드 리카도David Ricardo는 "임금의 결정은 시장에서의 공정하고 자유로운 경쟁에 맡겨져야 하며 입법 기관의 간섭을 받지 않아야 한다"[7]고 주장했는데, 이는 고전 경제학의 정통 견해였다.

이러한 자유방임주의적 고전 사상을 등에 업고서 도제 조례(14세기 흑사병 이후에 제정됐다)를 포함해 임금을 규제하던 제도들이 1830년대까지 모두 폐지됐다. 1833년, 1844년, 1847년에 제정된 (아동 노동 금지를 위한) 공장법마저도 자유방임의 원칙과 정면으로 충돌하는 것은 피했다. (역사학자) A. J. 테일러A. J. Taylor는 이렇게 설명했다. "(당시에) 고용주와 피고용인 사이의 자유 계약에 어떤 간섭도 있어서는 안 된다는 원칙은 너무나 신성화되어서, 성인 남자(노동자)와 고용주 사이의 관계에 대해서는 어떤 직접적인 법적 개입도 존재하지 않게 되었다. (…) 그로부터 반세기가 더 지날 때까지도, 설득력이 점점 떨어지기는 했지만, 이러한 불간섭의 원칙은 침해할 수 없는 것이라고 주장할 수 있었다."[8]

농업에서 보호무역이 폐지되고 자유무역이 성립된 것, 가난한 사람들이 노동시장에 나가 일자리를 받아들이도록 빈민법이 개혁된 것, 그리고 노동시장의 임금 결정을 통제하던 규제들이 폐지된 것, 이 세 가지 조치는 19세기 중반에 영국에서 자유시장을 형성하는 데 결정적인 역할을 했다. 이 조치들은 1830년대의 시장경제로부터 빅토리아시대 중기의 탈규제된 자유시장 체제를 이끌어 내었고 훗날 모든 신자유주의 정책의 모델이 되었다.

복지 제도를 개혁해 가난한 사람들이 시장에서 제공되는 일자리는 무엇이건 받아들이게 만들고, '임금 심의회'를 포함해 소득을 관리하던 규제들을 없애며, 규제 풀린 전 지구적 자유무역에 국가 경제를 개방하는 것은 1980년대와 1990년대에 세계 여러 나라에서 도입된 신자유주의 정책의 근간을 이뤘다. 모든 경우에, 이렇게 해서 만들어진 자유시장의 핵심은 규제받지 않는 노동시장이었다. 영국, 미국, 뉴질랜드에서, 그리고 초국가 금융기구에 의해 구조 조정을 강요받은 멕시코 같은 나라들에서 공히 드러난 결과는 노동이 상품으로서 자유롭게 거래되는 자유시장이었다.

여러 가지 면에서 19세기 영국에서 자유시장이 성립된 것은 역사적으로 매우 독특한 경우였다. 자유시장 형성에 유독 우호적이었던 역사적 상황 덕에 자유시장이 생겨나고 짧은 기간이나마 성공할 수 있었던 것이다. 유럽의 다른 나라에서는 영국의 자유시장 같은 것이 시도되지 않았다. 거대한 경제적 · 기술적 변화가 함께 있지 않았더라면 19세기 영국의 자유시장 기획은 그 정도로 진전될 수 없었을 것이고, 이 점은 오늘날의 자유시장 기획도 마찬가지다.

영국에서 자유시장을 만들어 낸 정부는 이전 수 세기간 이뤄져 온 변화를 자신의 목적에 맞게 활용했다. 이러한 역사적인 변화를 거치면서 시장은 경제 영역에서뿐 아니라 사회 영역에서도 지배적인 힘이 되었다. '시장 교환'은 인류 역사 내내 존재해 왔고 영국에서는 '시장 경제'도 수백 년간이나 존재해 왔지만, 진정한 자유시장이 생겨나 '시장 사회market society'를 만들어 낸 것은 바로 이 시점이었다.

칼 폴라니는 이렇게 언급했다. "궁극적으로 (…) 시장이 경제 시스템을 통제하게 되면 사회의 전반적인 조직에도 막대한 영향을 초래한다. 이는 사회를 시장의 부속물쯤으로 다룬다는 것을 의미한다. 이제 경제가 사회적 관계에 내포되지 않고 사회적 관계들이 경제체제에 내포되었다."[9] 여기에서 폴라니는 경제활동(우리가 시장 교환이라는 범주에 넣는 모든 현상을 포함한다)의 영역이 다른 사회적 활동의 영역과 분리되지 않는 사회, 그리고 시장이 다른 모든 영역들과 분리되어 독립적인 영역을 형성하는 사회를 구분하고 있다.

근대 이전의 전통사회에서는 가격이 관습의 지위를 갖고 있는 경우가 많았고, 매매의 대상이 될 수 없는 물건도 많았으며, 교환은 지역이나 부족과 연결되어 있었고, 시장은 아직 별도의 사회문화적 제도로 성립돼 있지 못했다. 이런 사회에서는 '시장제도'라고 부를 만한 것이 존재하지 않았다. 이와 달리 '시장 사회'에서는 경제활동이 그 밖의 사회적 삶에서 분리될 뿐 아니라 전체 사회를 조건 짓고 지배하게 된다. 정도의 차이는 있었지만 근대 초기에 북서유럽의 몇몇 국가에서도 시장이 발달해 중세부터 내려오던 사회적 통제를 벗어났다. 하지만 영국을 제외한 다른 어떤 나라에서도 자유시장이라는 사회적 제도가 형성되지는 않았다. 대륙 유럽 국가들은 '시장경제'였지만 '시장 사회'는 아니었고, 이는 오늘날에도 마찬가지다.

폴라니가 주장했듯이, '시장 사회'는 우연이나 진화의 산물이 아니라 체계적이고 지속적인 정치적 개입으로 만들어진 인공의 산물이었다.

서로 고립돼 있던 개별 시장들을 하나의 시장경제로, 규제받던 시장들을 자기 조절적인 시장으로 통합한 것은 실로 중요한 조치였다. 19세기에는 (…) 순진하게도 이런 변화가 시장들이 확산되면서 생기는 자연스런 결과라고 믿었다. 시장이 자기 조절적인 시스템이 된 것은 시장이 내재적으로 가진 경향성에서 나온 결과가 아니라 (…) 기계의 등장이라는 인위적인 현상이 만들어 낸 상황에 맞추기 위해 사회에 고도로 인위적인 자극을 부여한 개입의 결과였음을 당시 사람들은 인식하지 못했다.[10]

여기에서 폴라니의 마르크스주의적 설명은 다소 수정될 필요가 있다. 우리는 19세기 초 영국 사회의 예외적인 특징들을 모두 고려해야 한다. 다른 유럽 국가들과 달리 영국에는 재산권과 관련해 매우 개인주의적인 법 문화가 존재했다. 토지는 오래전부터 상품으로 거래되었고 노동도 오래전부터 이동성이 있었다. 유럽 사람들은 이동을 많이 하지 않고 대체로 자신이 태어난 마을 공동체에서 생활했지만 영국은 그렇지 않았다. 또 영국의 가족은 전근대 시대의 대가족보다는 오늘날의 핵가족에 더 가까웠다. 유럽 국가들과 달리 19세기 영국은 농촌 사회가 아니었다.

이런 점에서 앨런 맥팔레인Alan Macfarlane의 다음 주장은 타당성이 있다. "경제인류학의 주류 이론 중 하나는 영국이 16세기에서 19세기 사이에 비非시장경제인 농촌 사회에서 근대적 시장자본주의 체제로 '거대한 전환'을 했으며, 그에 따라 경제 영역이 사회적 관계에 '내포'되어 있던 사회에서 경제 영역과 사회 영역이 분리된 체제로 바뀌었다고 본다. 하지만 이 설명은 잘못되었다. 그 이론을 개진한 대표적 학자로 칼 폴라니를 들 수 있다. (…) 〔폴라니에 따르면〕 애덤 스미스는 보편적인 인간 본성을 묘사한다고 착각하면서 '경제적 인간'이라는 합리적 행위자를 상정해 고전 경제학을 만들었지만, '경제적 인간'은 관습적·정치적·사회적 필요들을 벗어 버리면서 막 나타난 새로운 현상이었다. (…) 하지만 적어도 영국에 대해서라면 스미스가 옳고 폴라니가 틀렸다. 영국에 호모 이코노미쿠스Homo economicus와 시장 사회는 애덤 스미스보다 몇 세기나 앞서서 이미 존재했다." 그럼에도 맥팔레인은 다음과 같이 결론 내린다. "애덤 스미스가 영국의 매우 독특했던 사회적 여건을 기초로 경제 이론을 개진했다는 점에 대해서는 폴라니의 통찰이 정확하다. 아주 오랫동안 영국은 우리가 알고 있는 다른 농촌 사회들과는 크게 달랐다.[11]

자유시장은 앵글로색슨 특유의 제도였고 지금도 그렇다. 자유시장은 유럽의 다른 사회에서는 찾아볼 수 없었던 영국의 특수한 여건에서 만들어졌으며 그나마 성숙한 형태로 존재한 기간은 겨우 한 세대 정도였다. 19세기 영국처럼 소유권과 경제활동이 완전히 개인주의적으로 조직된 곳이 아니면 자유시장은 만들어질 수 없었다. 영국의 자유시장은 예외적일 정도로 우호적인 환경에서 수행된 사회공학 실험이었다.

폴라니의 '거대한 전환' 이론에 일부 수정이 필요하다고 해서 우리에게 주는 시사점이 달라지지는 않는다. 오히려 더 유의미한 시사점을 제공한다. 폴라니의 이론은, 여러 자본주의 중 하나에 불과하며 역사적으로도 짧은 기간 동안에만 존재했던 제도를 전 세계에 이식하려고 하는 기획이 얼마나 교만한 것인지를 명백하게 드러내 준다.

자유시장은 19세기에 영국에서 가장 전형적인 형태로 존재했고 1980년대에 영국, 미국, 호주, 뉴질랜드가 신자유주의 정책을 도입하면서 다시 한 번 존재했다. 긴 역사적 관점에서 보면 자유시장이 짧게나마 존재했던 나라들이 다 앵글로색슨 국가였다는 것은 이상한 일이아니다. 맥팔레인도 지적했듯이 "소작농이 존재하지 않았던 나라는 영국 식민지였던 나라들(호주, 뉴질랜드, 캐나다, 미국)뿐"[12]이었기 때문이다. 이들 앵글로색슨 국가에는 산업화에 앞서 개인주의적인 농업 문화와 개인주의적인 농업 경제가 존재했고 여기에서부터 자유시장을 가능하게 한 경제 문화가 태동할 수 있었다. 여기에 더해 시장에 매우 유리한 법적·사회적·경제적 조건이 마련됐고 강력한 국가가 가차없이 권력을 행사했다. 하지만 이렇게 우호적인 조건에서도 자유시장은 인간에게 너무나 막대한 비용을 초래했고 너무나 큰 사회적 혼란을 유발했기 때문에 안정적일 수가 없었다. 느린 진화의 과정에서 나온 결과였다고 설명할 수 있는 쪽은 19세기 자유시장의 '등장'이 아니라 '쇠퇴'였다. 그리고 자유시장이 쇠퇴하는 그 진화의 과정에서 결정적인 역할을 한 것은 민주적 정치제도들의 자생적인 작동이었다.

1840년대부터 1870년대까지 영국에 존재했던 자유시장을 다시 만들어 낼 수는 없다. 생산성 향상과 국부의 증가라는 경제지표로만 보자면 빅토리아시대 중기는 호황기였다. 하지만 그 호황기는 정치적으로 지탱할 수 없는 사회적 비용을 수반했다.[13)]

대중의 참정권이 확대되면서 경제에 대한 국가의 개입도 확대됐다. 1870년대부터 1차 세계대전이 일어날 때까지 수많은 개혁 조치가 실행돼 사회적 결속을 위해(때로는 경제적 효율성을 위해) 시장의 자유를 제약했다. 1870년에는 '명백하게 개입주의적인' 초등교육법이 제정됐다.[14)] 이 개혁들은 어떤 종합적인 기획에 따른 것이 아니었다. 하지만 19세기 말 무렵이면 이러한 개혁들이 자유방임이라는 짧은 에피소드에 종지부를 찍게 된다. 그리고 1차 세계대전의 발발과 함께 영국에는 복지국가의 토대가 마련된다.

자유무역은 이데올로기적 유용성이 소진된 뒤에도 경제 신조로 계속 유지되면서 영국에 대공황이 닥칠 때까지 살아남았다. 국제무역에서 더 이상 버틸 수 없을 정도로 비교 유위를 상실하고 나서야 영국에서 자유무역 신조가 버려질 수 있었다. 코렐리 바넷Corelli Barnett이 지적했듯이 "또 하나의 대대적인 위기가 닥치고서야, 즉 전 세계적인 공황이 오고서야 영국에서 자유주의 경제 신조가 깨질 수 있었다. 자유무역 자체는 1931년에 포기됐다. 영국이 [자유무역으로] 해외 시장과 해외 수입품에 막대하게 의존하도록 길을 튼 지 거의 백 년 만이었다."[15)] 1800년대 중반에 영국에서 자유무역이 받아들여졌던 데는 여러 가지 이유가 있었다. 그중 하나는 최초로 산업화를 이룬 국가로서 영국이 세계시장에서 점하고 있던 비교 우위였다. 자유방임이라는 개념이 영국에서 그렇게 강력했던 것은 이런 비교 우위를 반영하고 있었다.

자유방임주의가 물러간 자리에 L.T. 홉하우스L.T. Hobhouse, J.A. 홉슨J.A. Hobson, 버나드 보즌켓Bernard Bosanquet, T.H. 그린T.H. Green, 케인스 등이 주창한 '사회자유주의New Liberal' 사상이 자리를 잡았다. 이들은 시장의 압력이 미치는 악영향을 완화하고, 빈곤을 줄이며, 사회복지를 증진하기 위해 국가권력을 사용할 준비가 되어 있었다. 그리고 20세기의 첫 10년 동안 사회자유주의자들은 영국 수상 로이드 조지Lloyd George를 통해 처음으로 그들의 사상을 정치적으로 실현시킬 수 있었다.

19세기의 마지막 30년 정도 동안 복지 법안들이 서서히 증가했고 그 이후에 영국은 빠르게 복지국가로 전환했다. 자유시장을 만들었던 철학도 정책도 모두 버려졌다. 자유시장의 경제적 불안정성과 새로 등장한 민주주의에서 벌어진 정당 간 경쟁이 맞물리면서 자유방임주의의 정치적 영향력은 사그라들었다.

그럼에도 자유시장이 자기 조절적인 시스템이라는 자유주의의 고전적인 환상은 전간기에도 계속 남아 있었다. 그 영향으로 디플레이션을 유발하는 재정 긴축이 시행됐는데 이 때문에 대공황이 심해졌다. 1차 세계대전 후 유럽 경제의 혼란을 양분 삼아 성장한 파시스트 운동도 자기 조절적인 시장이라는 신념을 흔들기에는 역부족이었다. 주류 사조에 정신이 번쩍 드는 충격을 줘서 케인스주의적 개념으로 선회하게 만드는 데는 2차 세계대전이라는 재앙이 한 번 더 필요했다.

전후 관리경제의 등장은 단지 이론적인 입장 변화에서 나온 결과가 아니었다. 관리경제는 2차 세계대전을 가져온 경제 붕괴와 전체주의 정권들에 대한 공포, 그리고 전간기 사회질서로 회귀하는 것에 대한 영국 유권자들의 강한 거부의 결과로 나타난 것이었다.

'스스로를 안정화하는 국제경제 질서'라는 개념은 전체주의적 독재 정권, 강제 이주, 연합군의 폭격, 나치 학살의 충격 등을 거치며 사라졌다. 영국에서는 이 개념이 전시경제를 경험하면서 사라졌다. 영국 전시경제는 나치 독일보다도 효율적이었으며, 그 기간 동안 영국에 실업은 존재하지 않았고 대다수 인구의 영양이나 보건과 같은 지표도 평화 시기보다 더 높았다.

1980년대와 1990년대에 자유방임주의는 정치 무대에 시대착오적으로, 그리고 짧게 귀환했다. 영국 조합주의 체제에서 생산성이 떨어지고 사회적 · 산업적 갈등이 불거지면서 1976년에 〈국제통화기금〉이 영국 경제에 개입했다. 이를 계기로 케인스주의적 전후 합의가 뒤흔들렸고 1979년에는 마거릿 대처Margaret Thatcher가 정권을 잡았다.

대처 정부는 시대가 요구하는 바를 알고 있었고 당시 영국 사회에 꼭 필요했던 몇 가지 조치를 실행했다. 대처 집권 초기에 토리당은 조합주의 와해를 완수했다. 당시 영국 경제의 근대화를 위해서는 꼭 필요했지만 노동당 정부는 해내지 못한 일이었다. 하지만 영국이라는 특정한 국가가 가진 특정한 문제를 해소하기 위해 도입된 정책이 얼마 지나지 않아 보편 이데올로기로 변질됐다. 대처는 전 지구적 자유시장의 상징이 되었고 세계 곳곳에서 대처 정부의 정책을 따라 했다.

1980년대에 많은 나라에서 도입된 규제 완화와 시장화 체제의 운명도 19세기 영국 자유시장의 운명과 비슷할 것이다. 하지만 오늘날에는 자유시장의 사회적 비용을 완화하는 것이 그때보다 어렵다. 정부가 자국 경제에 행사할 수 있는 영향력이 전보다 훨씬 약하기 때문이다. 사회적 시장이 살아남거나 다시 만들어질 수 있으려면 더 유연한 새로운 제도들 속에서 구현되어야 할 것이다.

막대하고 점점 더 증가하는 불평등은 국내적으로도 세계적으로도 자유시장의 정치적 안정성을 위협한다. 오늘날 전 지구적 시장은 미국이 주도하는 강대국 간의 조정에 의존하고 있는데 세계경제의 장기 침체 속에서도 이것이 유지될 수 있을지는 의심스럽다. 가까운 과거에 재앙을 피할 수 있게 해 주었던 위기관리 위주의 정책은 더 이상 적절하지 않을 것이다.

현재의 정책 때문에 전 지구적 경제체제가 붕괴할 수도 있다. 커다란 정책 오류들은 역사에서 되풀이되지 않는다고 생각한다면 역사의 교훈을 아직 배우지 못한 것이다. 어떤 교훈도 머지않아 잊혀진다는 교훈 말이다. 우리는 지금 유토피아적인 사회공학 실험의 한복판에 있으며 그것이 가져올 결과를 **알 수 있다.**

전 지구적 자유시장의 가짜 여명

19세기 영국에서 '거대한 전환'을 만들어 냈던 자유방임주의 정책들은 시장의 자유가 자연스러운 것이고 시장에 정치적인 제약을 가하는 것은 인위적이라는 이론에 기반하고 있었다. 하지만 자유시장이야말로 국가권력이 인위적으로 만들어 낸 것이다. 그리고 경제적 위험의 통제와 안전을 원하는 인간의 욕구가 정치적으로 표출되는 것을 국가권력이 저지할 수 있는 한에서만 자유시장은 유지될 수 있다.

자유주의적 경제 기획에 헌신하는 강력한 국가가 없으면 시장은 수많은 사회적 제약과 규제에 둘러싸일 수밖에 없다. 그러한 제약과 규제들은 큰 기획의 일환으로서가 아니라 구체적인 문제들에 대한 대응으로서 자생적으로 생겨난다. 1860년대와 1870년대에 공장법을 제정한 의원들은 어떤 하나의 계획에 따라 사회나 경제를 구조 조정하던 중이 아니었다. 노동자들이 처한 문제(위험, 비위생, 비효율 등)를 인식해서 여기에 대해 해결책을 찾는 중이었을 뿐이다. 이렇게 일관된 조정 없이 등장한 수많은 대응들의 예기치 못한 결과로, 자유방임주의는 사라져 없어졌다.

어느 사회건 제약에 둘러싸인 시장이 정상적이다. 반면 자유시장은 인위적으로 만들어지는 것이며 정치적 계획과 강제가 있어야 존재할 수 있다. 자유방임에는 중앙 계획이 필요한 반면 규제된 시장은 그냥 생겨난다. 뉴라이트 사상가들의 주장과 달리 자유시장은 사회적 진화의 자연스런 산물이 아니라 사회공학적 기획과 가차 없는 정치적 의지의 산물이다. 19세기 영국의 자유시장은 민주적 제도가 없었기 때문에, 그리고 민주적 제도가 없는 한에서만 존재할 수 있었다.

이러한 사실은 민주 정부의 시대에 전 세계적 자유시장을 건설하려는 오늘날의 기획에 대해 매우 중요한 시사점을 가진다. 자유시장이 이루어지려면 시장의 게임 규칙이 민주적 숙고와 정치적 조정의 대상에서 제외되어야 한다. 민주주의와 자유시장은 동반자가 아니라 경쟁자다.

자유시장 경제의 동반자는 불안정성의 정치다. '자본주의'가 '자유시장'을 의미하는 것이라면 미래가 '민주적 자본주의'에 달려 있다는 믿음보다 더 큰 착각은 없다. 민주적 정치가 작동하는 환경에서 자유시장은 늘 수명이 짧았다. 자유시장의 사회적 비용이 너무 커서 어떤 민주주의 체제에서도 오랫동안 정당화될 수가 없기 때문이다. 이는 영국 자유시장의 역사가 분명히 보여 주는 사실이다.

이 사실을 잘 알고서, 자유시장을 세계 규모로 확장하려 하는 신자유주의 사상가들은 시장을 만들고 강화하는 법적 틀이 어떤 민주적 입법 기관의 영향력에서도 벗어나 있어야 한다고 늘 주장해 왔다. 〈세계무역기구〉에 가입할지 말지는 각 국가의 의회에서 결정하지만 무엇이 자유무역에 해당하고 무엇이 자유무역의 침해에 해당하는지는 어느 국가의 의회도 아닌 〈세계무역기구〉가 결정한다. 시장의 게임 규칙은 민주적 선택에 의해 수정될 가능성을 벗어나 있어야 한다.

〈세계무역기구〉와 같은 초국가 기구의 역할은 모든 사회의 경제 영역에 자유시장을 투사하는 것이다. 그렇게 하기 위해 초국가 기구들은 사회적 시장으로부터 자유시장을 자유롭게 풀어놓을 규칙을 도입하라고 각국에 압력을 넣는다. 그리고 민주 정치가 부과하는 압력에서 자유로울 수 있는 한에서만 초국가 기구들은 그렇게 압력을 넣을 수 있다.

19세기에 시장경제를 만들기 위해 필요했던 법적 조치들은 오늘날 전 지구적인 자유시장을 만드는 데도 똑같이 필요하다. 폴라니는 19세기 시장경제의 조건을 이렇게 설명했다.

시장의 형성을 방해하는 것은 어느 것도 허용되어서는 안 된다. 판매를 통하지 않고 다른 형태로 버는 소득도 허용되어서는 안 된다. 시장 여건의 변동에 따라 가격이 변동하는 것이 방해되어서도 안 된다. 재화의 가격이든 노동의 가격이든 토지의 가격이든 화폐의 가격이든 마찬가지다. 즉 산업의 모든 요소에 대해 시장이 존재해야 할 뿐 아니라 이들 시장의 작동에 영향을 미칠 수 있는 조치나 정책은 거부되어야 한다. 가격, 공급, 수요는 규제되거나 고정되어서는 안 된다. 이러한 정책들이어야만 시장 원리가 경제 영역을 조직하는 유일한 힘이 되게 만들어서 자기 조절적 시장을 확립하는데 기여할 수 있다.[16]

하지만 분명히 이는 실현될 수 없는 환상이다. 초국가 기구가 자유시장을 도입하려고 했던 나라들에서는 각국의 여러 차이점에도 불구하고 경제적 혼란, 사회적 불안, 정치적 불안정이 공통적으로 초래됐다.

20세기 말의 여건에서 자유시장을 다시 만들려던 시도는 대규모의 야심찬 사회공학 기획이었다. 뉴라이트 정책이 야기하고 가속화하고 강화한 변화 중 많은 것들이 돌이킬 수 없는 것임을 인식하지 못하면 어떤 개혁 프로그램도 성공할 수 없을 것이다. 마찬가지로 자유시장 정책이 끼친 피해에 반대하는 정치 운동은 그러한 정책이 동원할 수 있었던 경제적·기술적 변화들을 잘 이해해야만 효과를 거둘 수 있을 것이다.

자유시장을 다시 만들려는 시도가 행해진 나라들에서는 막대한 사회적 파열과 단절이 초래됐다. 자유시장이 파괴한 사회적·정치적 안정성(영국에서는 베버리지식 안정성, 미국에서는 뉴딜의 안정성)은 이제 다시 만들어 낼 수 없다. 유럽의 사회적 시장경제도 2차 세계대전 직후의 기독민주당이나 사회민주당을 연상시키는 수준으로는 되살릴 수 없다. 전후처럼 정치가 경제를 관리하던 '정상 정치normal politics' 로 되돌아갈 수 있다고 믿는다면 자신과 남을 모두 속이는 것이다.

그렇기는 하지만, 자유시장도 기대했던 패권을 차지하지는 못했다. 민주주의 국가에서는 자유시장이 정치적 우세를 차지한다 해도 그 우세가 불완전하고 아슬아슬하며 곧 와해된다. 자유시장은 경제 침체가 장기화되면 정치적으로 살아남기 어렵다. 영국에서 신자유주의 정책이 유발한 부작용은 뉴라이트의 정치권력을 약화시켰고, 뉴라이트가 자신의 정책을 추진하기 위해 동원했던 아슬아슬한 선거 연합과 경제적 지지 기반은 곧 깨져 버렸다.

뉴라이트의 정책이 사회에 악영향을 가져왔다는 사실이 한 이유일 것이고 세계경제가 끼치는 압력이 증가했다는 사실이 또 하나의 이유일 것이다. 뉴라이트 정책들은 그것을 지지한 사람들에게 계층 상승을 가능하게 해 주었다. 하지만 시간이 지나면서 계층 상승의 열망 자체를 가능하게 했던 사회구조가 망가져 버렸다. 게다가 부동산을 소유하고 싶어 한 사람들은 막대한 비용과 위험을 안게 됐다. 담보 잡힌 주택의 가격이 갚아야 할 대출금보다 낮아져 옴짝달싹 못 하게 된 사람들은 규제 완화로 자신의 가계 경제를 이렇게 어렵게 만든 정권을 열렬히 지지하지는 않을 것이다. 뉴라이트 정책으로 악화된 경제적 불안정성은 당초에 그 정책을 지지하고 거기에서 득을 보았던 선거 연합을 약화시킬 수밖에 없었다. 1997년 5월에 노동당이 압승할 수 있었던 이유 중 하나는 토리당의 뉴라이트 정책이 스스로를 갉아먹는 효과를 냈기 때문이었다.

그러나 오늘날의 사회적·경제적 혼란이 자유시장만으로 촉발된 것은 아니다. 궁극적으로 그러한 혼란은 기술의 진부화에서 발생한다. 선진국에서 발생한 기술혁신도 곧 세계 모든 곳에서 모방된다. 자유시장 정책이 아니었더라도 전후 시기의 관리경제는 살아남지 못했을 것이다. 기술의 발전이 관리경제가 지탱될 수 없게 만들었을 테니 말이다.

새로운 기술은 전통적인 방식의 완전고용 정책을 무용지물이 되게 한다. 정보기술의 발달은 사회의 분업을 끊임없이 변화시킨다. 많은 직업이 사라지고 있으며 모든 직업이 전보다 덜 안정적이다. 오늘날 사회적 분업은 산업혁명 이래로 가장 불안정하다. 게다가 전 지구적 시장은 이 불안정성을 전 세계의 모든 경제로 확산시키고, 그러면서 전 세계 모든 곳에서 경제 불안정성에 기반한 새로운 정치가 생겨나게 한다.

세계경제에 의해 사람들 대부분의 경제 안정성이 줄어든 시대에, 자유시장은 오래 지속될 수 없다. 자유방임주의는 시장의 압력을 거부하는 저항운동을 촉발한다. 대중 추수주의든지 타인종 혐오주의든지 근본주의든지 신공산주의든지 간에, 그런 운동은 자신이 목적하는 바는 거의 달성할 수 없을 테지만 전 지구적 자유방임주의를 지탱했던 허약한 구조들에 계속해서 충격을 줄 수는 있다. 그렇다면 우리는 세계경제가 보편 자유시장으로 조직될 수도 없고, 전 지구적인 거버넌스가 작동하는 좀 더 나은 체제를 달성할 수도 없다고 인정해야만 하는 것일까? 후기 근대의 아나키 상태가 우리의 역사적 숙명인 것일까?

세계경제는 문화, 체제, 시장경제의 '다양성'이 인간 사회의 영원한 실재라는 사실을 받아들이는 방식으로 개혁되어야 한다. 전 지구적 자유시장은 서구의 패권이 보장되는 것처럼 보이던 시절에나 가능한 이야기다. 보편 문명을 추구하는 모든 계몽주의 기획이 그랬듯이 이것도 서구의 우월성을 전제하고 있다. 하지만 어느 강대국도 과거에 영국이나 미국이 행사했던 패권을 가질 수 없게 된 다원화된 세계에는 계몽주의 기획이 부합하지 않는다. 계몽주의 기획은 서구의 제도와 가치가 보편적인 권위를 갖지 않는 시대의 요구들을 충족시킬 수 없다. 계몽주의 기획은 세계의 다양한 문화들이 자신의 역사와 상황, 그리고 각자의 특수한 필요에 맞게 근대화를 성취해 나가도록 해주지 못한다.

전 지구적 자유시장은 국가들이 자원을 놓고 지정학적 각축을 벌이게 만든다. 국가가 경제에 개입하는 것을 경멸하는 자유방임주의 철학을 실행한 결과, 국가들이 자원에 대한 통제를 놓고 싸우게 된 것이다. 그러는 한편, 자원 보존의 책임을 담당할 제도는 존재하지 않는다.

전 지구적 자유시장으로 조직된 세계경제가 안정성에 대한 인간의 보편적인 욕구를 충족시켜 주지 못한다는 점은 분명하다. 어느 곳에서든 정부의 존재 근거는 국민을 불안정성에서 지켜 줄 수 있는 능력이다. 그런데 전 지구적 자유방임주의는 정부가 이러한 보호의 기능을 하지 못하게 막으면서 한층 더 큰 정치적·경제적 불안정성의 조건을 만들어 낸다.

경쟁력 있고 수완 있게 관리되는 몇몇 선진 경제에서는 세계시장이 국민에게 부과하는 위험을 완화할 방법을 찾을 수 있을지도 모른다.

하지만 가난한 나라들에서는 전 지구적 자유방임주의가 근본주의적인 체제들을 만들어 내면서 근대국가를 해체시키고 있다. 국가 수준에서와 마찬가지로, 전 지구적인 수준에서도 자유시장은 안정성이나 민주주의를 촉진하지 않는다. 전 지구적인 민주적 자본주의는 세계 공산주의만큼이나 실현 가능성이 없다.

False Dawn

2장

사회공학으로서의
자유시장

자유시장으로 가는 길을 열고 그 길이 계속 열려 있게 한 것은, 중앙에서 조 직하고 통제하며 지속적으로 작동하는 국가 개입의 어마어마한 증가였다.

칼 폴라니[1]

전 지구적 단일 시장이라는 정치적 기획

1994년 12월 20일 아침, 세계에서 가장 야심차게 추진됐던 자유시 장 실험 하나가 무너졌다. 취임 후 겨우 3주가 지나서 멕시코의 에르 네스토 세디요Ernesto Zedillo 대통령은 페소화 평가절하를 단행했다. 〈피델리티Fidelity〉, 〈스커더Scudder〉, 〈골드만 삭스Goldman Sachs〉, 〈살 로먼 브라더스Salomon Brothers〉 같은 회사가 운용하는 펀드에 저금을 맡겨 놓았던 미국 투자자들은 300억 달러 이상을 잃었다. 1995년 말 까지 멕시코에서 25만~100만 개의 일자리가 사라졌고, 전례 없는 규 모의 자본 도피가 발생했으며, 인플레이션은 연 50퍼센트를 상회했 고, 모기지와 대출 금리는 인플레이션보다 훨씬 더 올라서 기업과 은 행이 도산하고 일부 주 정부마저 파산 위험에 처했다.[2]

그날 무너진 것은 통화가치만이 아니었다. 경제 발전 모델 하나가 통째로 무너진 것이었다. 페소화 평가절하가 있기 전에, 멕시코의 실 험은 모든 개발도상국이 따라 마땅한 모범으로 떠받들어지곤 했다. 초국가 기구들은 워싱턴 컨센서스(작은 정부와 자유시장이 세계 모든 곳 에서 바람직하며 달성 가능하다는 신조)에 의거해 멕시코에 미국식 자유 시장을 이식하려 했다. 비슷한 프로젝트가 1980년대에 대처 정부의 영국과 노동당 정부의 뉴질랜드에서도 시도됐다. 멕시코, 영국, 뉴질랜드는 서로 많이 다르지만 자유시장 프로젝트의 결과는 비슷했다. 세 나라 모두에서 자유시장 실험은 기껏해야 아주 부분적으로만 성공했고 그 와중에 사회를 돌이킬 수 없이 변형시켜 버렸다.

전 지구적 단일 시장은 20세기 말의 **정치적** 기획이다. 이 점을 염두에 두면 '전지구적 단일 시장global single market'과 '세계화globalization'를 구분할 수 있게 된다. 15세기에 유럽에서 시작돼 앞으로도 몇백 년간 이어질 경제적·문화적 세계화에 비하면 전 지구적 단일 시장이라는 정치적 기획은 왔다가 사라질 찰나적인 사건이다. 후기 근대를 살아가는 인류에게 세계화는 역사적 운명이다. 세계화의 기본적인 메커니즘은 새로운 기술들이 전 세계에 가차 없이 퍼져 나가는 것이다. 전 지구적 자유시장이 어찌되든 간에, 기술이 주도하는 세계경제의 변화는 계속 진행될 것이다. 경제적 상호 연관성이 커지는 현상은 〈국제통화기금〉의 교리에 따라 이뤄지는 것이 아니며, 환경적 재앙만이 그것을 멈추거나 늦출 수 있다.

세계화, 즉 현대적 생산수단 및 통신 기술의 전 세계적 확산의 결과는 워싱턴 컨센서스가 자신만만하게 예견한 것과는 반대 양상을 보이고 있다. 미국식 자유시장의 전 세계적인 복제가 아니라 그것의 변형을 유발할 것이다. 세계화의 결과로는 조화롭(다고 여겨지)던 19세기가 다시 돌아오는 것보다 새로운 국제적 아나키 상태가 오는 것이 더 있을 법한 일이다. 세계화는 새로운 종류의 자본주의가 생겨나게 할 것이고 이들 대부분은 자유시장과는 크게 다를 것이다. 다음 세기에 가장 성공적인 경제를 이룩하는 나라들은 미국식 자유시장을 자국 문화에 이식하려 한 나라가 아니라 토착적인 근대화를 이뤄 낸 나라일 것이다.

20세기 말의 여건에서 자유시장을 만들어 내려 했던 최근의 시도 중에서 영국, 뉴질랜드, 멕시코는 특히 주목할 만하다. 이들 사례는 후기 근대 세계에서 자유시장이 갖는 역설을 각국의 구체적인 정치적 · 문화적 맥락에서 보여 준다.

세 나라 모두에서 자유시장 실험을 추동한 당초의 동기는 조합주의적 경제구조가 더 이상 지탱될 수 없다는 인식이었다. 더불어, 이 시기에 신자유주의 이데올로기가 강력한 영향력을 발하기 시작했다. 경제 세계화가 신자유주의 실험을 일으킨 촉매였지만, 세계경제의 확장으로 악화된 불안정성은 당초 이 실험에 힘을 실어 주었던 이해관계 연합을 뒤흔들었고 이 실험을 실행했던 정치적 도구를 파괴하거나 약화시켰다.

자유시장은 자신의 목적을 달성하기 위해 국가권력을 이용했지만 중요한 몇 가지 측면에서 국가 제도들을 약화시켰다. 세 나라 모두에서 자유시장 정책은 정치적 정당성을 잃었고, 그와 동시에 민주적 선택을 통해서는 되돌릴 수 없을 만큼 경제와 사회를 변모시켜 버렸다.

대처주의 실험

마거릿 대처는 20세기 말에 영국에서 자유시장을 되살리려 했다. 그의 실험은 어떤 전략으로 어떻게 성공했는지뿐 아니라 어떤 원인에서 어떤 방식으로 무너졌는지도 우리에게 많은 시사점을 준다. 한편으로 대처주의 정책은 당시 영국 경제에 절실히 필요했던 근대화를 시행하려는 시도였다. 다른 한편으로는, 되살릴 수 없는 과거를 답습해 제도를 재구성하려는 시도이기도 했다. 대처주의의 이러한 두 측면은 뗄 수 없이 긴밀하게 연결되어 있다.

대처는 핵심 정책들(노조 약화, 지방 당국이 소유한 공공 주택 매입 유도, 직접세 축소 등)을 추진하기 위해 구성한 선거 연합을 통해 연달아 세 번이나 선거에서 승리했다. 한편 대처는 전후의 〔관리경제-복지국가적〕 합의를 무너뜨렸는데 이는 노동당이 대대적으로 변화하는 계기가 되었고 그 결과 노동당은 1997년 5월 선거에서 압승하면서 정권을 잡게 된다.

대처주의는 이데올로기가 중심인 정치 기획으로서 시작되지는 않았다. 대처 이전에 제임스 캘러헌James Callaghan의 노동당 정부도 이미 영국 조합주의에 균열을 내기 시작했다. 캘러헌 정부는 1976년에 〈국제통화기금〉이 구제금융의 조건으로 부과한 제약들 때문에 케인스주의적 정책으로 경제를 관리해 완전고용을 달성하는 것이 더 이상 가능하지 않다고 선언했다. 하지만 캘러헌 정부는 영국의 전후 합의를 깨뜨리기 시작한 것에서 더 많이 나아가지는 못했다. 영국의 산업 관계를 개혁해 내지는 못했던 것이다.

대처주의는 영국이 처한 구체적이고 특정한 문제에 대처하려는 노력에서 시작됐다. 초기에 가장 중요한 의제는 노조 개혁이었다. 대처는 영국의 조합주의(정부, 고용주, 노조 세 축이 참여해 경제정책을 조정하는 것)가 부를 창출하거나 사회적 결속을 이끄는 기능을 하기보다는 국민소득의 분배를 둘러싼 분쟁과 산업 갈등을 유발하는 주 요인이 되었음을 파악하고 있었다. 1980년대의 상당 기간 동안 '대처주의'는 이러한 인식을 의미했다.

대처 시절 초기의 정책은 어떤 일관된 정치적 교리를 따라 이뤄진 것이 아니었다. 정치사상으로서의 대처주의는 어쩌면 좌파에 의해 규정된 것인지도 모른다. 대처 정부가 영국의 전후 사회민주주의를 돌이킬 수 없이 무너뜨렸다고 기억되리라는 것을 일찌감치 파악한 사람들 중에 몇몇 마르크스주의자(예를 들면 『오늘날의 마르크스주의Marxism Today』의 편집자인 마틴 자크Martin Jacques 등)를 꼽을 수 있으니 말이다.

그런데 대처 말기 무렵이면 엉성한 뉴라이트 이데올로기가 대처 정부의 지배적인 이념이 되었고 이는 인두세〔1988년 통과된 지역 주민세. 이전에는 소득과 재산에 따라 차등적으로 부과하던 세금을 모든 성인에게 동일하게 부과한 것으로, 강력한 조세 저항을 야기했다.〕와 같은 치명적인 정책에서 명백하게 드러났다. 대처와 그 측근들은 어리석음과 교만에 파묻혀서, 주요 정책이 (인두세뿐 아니라 대對유럽연합 정책 같은 더 중요한 정책들도) 영국 사회가 실질적으로 필요로 하는 바가 아니라 이데올로기에 의해 추진되고 있다는 대중과 산업계의 경고를 듣지 못했다.

1990년에 대처의 뒤를 이은 존 메이저John Major 정부는 대처의 정책들을 완화하지 않았고 오히려 더 기계적으로 적용했다. 철도 민영화로 영국의 철도망은 약 80개의 민간 기업에 분할 매각됐는데 이는 소수의 객차 임대 업체 이외에는 아무도 환영하지 않는 정책이었다. 철도 민영화는 존 메이저 정부의 선거 연합을 더 꼬이게 했을 뿐이었다. 어쨌든, 대처가 권력에서 물러난 다음에도 자유시장을 다시 만들려는 기획은 주춤해지지 않았고 오히려 두 번째 바람을 탔다. 그래서 영국은 거의 20년간 자유시장 정책의 지배를 받게 되었다.

다음과 같은 결과는 뉴라이트에게 불명예를 안겼다. 우선 영국에서 정부의 규모는 작아지지 않았다. 대처 시절에도 영국 정부는 1970년 대와 비슷한 정도로 경제적 자원을 통제하고 있었고 노동당 정부 시절이던 1945년보다는 훨씬 더 심했다. 국민 대다수의 입장에서 보면 조세 수준도 대처 초기보다 말기에 더 높아졌다. 노조 약화를 비롯한 일부 정책은 경제 영역에서 실제로 벌어진 중대한 변화에 힘입어 목적을 달성했다. 하지만 전반적으로 대처주의는 자신의 정치적 패배를 가져올 조건들을 배양하는 결과를 낳았다.

대처주의 정책은 영국 정치에서 보수당이 한 세기 넘도록 우세를 점하는 데 기반이 되었던 계급 문화를 잠식했다. 일련의 정책으로 광범위한 산업, 지역, 직업군들이 뒤섞이고 흔들리면서, 당초에 그 정책들을 정치적으로 가능하게 했던 선거 연합을 되살릴 수 없게 되었다. 대처주의 정책이 영국의 제도에 강제한 변화는 그것을 추진하는 정치적 수단이었던 보수당을 삼켜 버릴 위험 또한 가지고 있었다. 사회적·경제적 삶의 거의 모든 면에 급격한 변화를 강제하는 정당은 그 변화가 자신에게도 영향을 미치는 것을 피해 갈 수 없는 법이다.

보수당은 1950년대 이래로 내리막이었다. 사실 이 내리막의 과정은 권력이 거의 도전받지 않았던 1980년대에 극적으로 빨라졌다. 옛 당원들은 사망했고 새 당원들은 들어오지 않았다. 대처주의가 정점이던 영예의 시기에 대해 의미심장한 후기 하나를 덧붙이자면, 1997년 선거에서 대패했을 때 보수당 당원의 평균 나이는 60대 중반이었다.

대처 본인은 헌정 구조를 개혁하는 것에 강하게 반대했지만 영국의 국가 제도는 대처주의 정책의 예기치 못한 결과로서 근본적인 변화를 겪게 된다. 특히 중요한 것은 중앙정부로의 전면적인 권력 집중이었다. 앨버트 V. 다이시Albert V. Dicey가 19세기의 자유방임주의 실험을 언급하며 짚어 냈듯이, "자유방임주의를 진심으로 믿는 사람들은 자신의 목적을 달성하려면 국가기구를 증진시키고 강화하는 것이 절대적으로 필요하다고 생각한다."[3]

영국이 특수했다기보다 보편적인 역설이 영국의 구체적인 상황에서 나타난 것이라고 봐야 한다. 정상적인 상황에서라면 시장은 사회적 삶에 내포된다. 즉 시장의 작동은 중개적 제도들에 의해 제약받고 사회적 관습과 암묵적인 지식들에 둘러싸인다. 중개적 제도들 중에서도 특히 노조와 업종별 협회는 오랫동안 시장의 힘과 개인 사이에서 중요한 조정 역할을 해 왔다. 하지만 자유시장을 건설하려면 이러한 사회적 제도들이 약화되거나 파괴돼야 했다. 노조와 업종별 협회는 보편적인 소비자 이익을 침해하는 특정한 생산자 이익집단이라는 이유로 물리쳐져야 했다. 그리고 그렇게 강력한 중개적 제도들을 물리치려면 권력이 집중된 강한 국가가 필요했다.

대처 시기의 중앙집권화는 어찌 하면 피할 수도 있었을 정책적 오류가 아니었다. 중앙집권화는 자유시장을 만들기 위한 필수 요소였다.

곧 영국의 국가구조는 대처가 처음 집권했던 1979년과는 완전히 딴판으로 달라졌다. 이전까지 암묵적인 이해와 불문헌법의 관습 속에서 지켜져 내려왔던 국가, 정부, 그리고 보수당 사이의 경계가 흐려지거나 약해졌다. 한때는 당연한 것으로 여겨졌던 공무원의 정치적 중립성은 의심스런 것이 되기 시작했다. 준정부기관들은 토리당 인사들이 장악했다. 한때는 독립적인 자율 조직이었던 중개 조직들이 토리당 특권층의 자산이 되었다. 불문헌법이 정당성을 갖기 위한 필수 조건인 통치자와 피통치자 사이의 신뢰 관계가 사라졌다. 그 결과, 심각하게 균형이 깨어진 국가구조가 생겨났고, 보수당이 선거에서 패배하면서 그 또한 지탱될 수 없게 되었다.

대처주의 정책은 영국 사회와 제도에 중대하고 때로는 돌이킬 수 없는 변화를 많이 일으켰다. 하지만 민영화는 그런 변화로 제일 먼저 꼽을 수 있는 것이 아닐지 모른다. 최초의 민영화는 토리당이 추진한 것도 아니었다. 첫 민영화는 데니스 힐리Denis Healey가 〈영국석유공사British Petroleum〉의 정부 지분을 팔겠다고 선언한 것이었는데 이는 노동당이 추진한 것이었다. 대처주의 초기에 민영화는 그다지 두드러진 요소가 아니었다. 1979년 선거 공약에는 등장하지도 않았고 토리당 정부에서 처음 등장한 것도 1982년이 되어서였다.

1982년에 정부는 영국 통신 산업을 현대화하는 데 필요한 자금이 너무 부족해서 주요 공공서비스 중 하나인 통신 분야를 민영화한다는, 당시로서는 획기적인 조치를 진지하게 고려할 수밖에 없었다. 이때 민영화는 이론적 교리가 아니라 상황 논리에 따라 전개됐다. 긴급하게 대규모 자금이 필요한 산업에 세금으로는 자금 조달이 불투명해지자 정부 기금은 자본시장에 가는 수밖에 없었고, 그러려면 민영화가 필요했다. 이 시기에 흔히 발견되는 아이러니 중 하나로, 〈영국텔레콤British Telecom〉의 민영화는 너무나 성공적이어서 막상 하고 보니 기술 현대화에 필요한 돈을 자기 자금으로 다 조달할 수 있었다.

민영화는 1983년에 처음으로 토리당 선거 공약에 등장했다. 그 이후 신자유주의 정책이 수행된 몇 년 동안 민영화된 정부 자산의 목록은 매우 길고 주요 산업을 많이 포함하고 있다. 1979년에는 석탄, 철강, 가스, 전기, 수도, 철도, 항공, 통신, 핵발전, 조선 분야 기업을 정부 기관이 전부 혹은 대부분 소유하고 있었고 석유, 은행, 해상 운송, 도로 운송 등에도 정부가 상당한 지분을 가지고 있었다. 하지만 1997년이 되면 대부분이 민간의 손에 들어간다. 더불어 지방 당국 소유였던 공공 임대주택의 세입자 중 100만 명 이상이 집을 매입했다.

정부 자산이 대대적으로 민영화되는 한편으로, 지방정부와 중개적 제도들은 대대적으로 중앙 집중화되었다. 국민보건제도National Health Service, 대학, 학교, 사법기관, 감옥, 경찰 등이 모두 재조직됐다. 원래 이러한 조직들은 선출직 지방 당국의 통제하에 있었지만 이제 임명직 준정부기관과 '넥스트 스텝'(Next Steps. 영국 정부가 1988년 이후 추진한 행정 개혁 프로그램. 행정 업무를 각종 대행 기관에 대폭 이관하는 등의 내용을 담고 있다.) 기관들의 통제에 놓이게 되었다. 이 기관들은 어디에 대해서도 책무성을 지지 않거나 진다 해도 중앙정부에 대해서만 지고 있었다. 1995년 무렵이 되면 이들 준정부기관은 이전의 지방정부보다 더 많은 사람을 고용하고 더 많은 돈을 지출하게 된다. 그리고 경쟁입찰 의무화, 성과 관리, 수익과 연계된 보상 체계 등 시장 메커니즘이 모든 공공서비스 영역에 도입된다.

영국에서 오랫동안 권력의 분산을 가능하게 했던 다양한 통치 기구들이 전쟁 때를 제외하고는 어느 시기에서도 볼 수 없었던 정도로 중앙 집중화되었다. 그리고 그 모두에 시장 메커니즘, 혹은 시장 메커니즘의 모사품이 강제되었다.

대처 시절에 진행된 "영국 기관의 국유화nationalization of Britain"[4]
는 노동시장에서의 변화와도 맥을 같이하는 것이었다. 노조 권력을
약화시키고 더 개인주의적인 노동시장을 확립하는 것은 대처 1기에
명확하게 설정된 몇 안 되는 목표 중 하나였다. 어떤 사회적 · 경제적
비용을 무릅쓰더라도 가격 안정화에 주력하는 통화주의 정책과 함께,
이러한 노동시장 정책은 영국의 전후 합의를 끝장냈다.

전후의 케인스-베버리지식 합의는 완전고용을 안정적인 복지국가
의 필수 조건으로 보았을 뿐 아니라 정부의 최우선 의무로 삼았다. 대
처 시절에 완전고용을 정부의 의무에서 명시적으로 저버린 것은 단지
경제 원칙이 케인스에서 밀턴 프리드먼Milton Friedman으로 옮겨 간
것만을 의미하지 않았다. 국가의 역할에 대한 이해 자체가 근본적으
로 달라졌음을 의미했다. 이러한 변화에 결정적이었던 글은 하이에크
의 『자유헌정론Constitution of Liberty』도, 다른 어떤 신자유주의 사상
가들의 저작도 아니었고, 노조 권력을 어떻게 다룰지와 노동에 대해
어떻게 자유시장을 만들지를 연구한 존 호스킨스John Hoskyns의 미출
판 보고서 「스테핑 스톤Stepping Stones」이었다.[5]

대처주의가 상정한 국가의 역할에 따르면 국가의 임무는 (노동시장
도 포함해서) 자유시장이 자기 조절적이 될 수 있도록 기본 규칙들을
설정하는 것이었다. 이러한 견해에서 보자면 시장과 노동자 사이에
있는 중개적 제도로서의 노조의 역할은 바뀌어야 했고 약화되어야 했
다. 따라서 고용 관련 법이 재구성됐다. 이러한 변화에는 동시대 미국
노동시장이 본보기가 되었다. 미국 노동시장은 높은 수준의 노동 이

동성, 임금의 하방 유연성, 고용주 입장에서의 저비용이 특징이었다.

부분적으로는 이러한 정책들의 결과로 시간제와 계약직 노동이 급증했다. '경력 관리'라는 부르주아적 제도는 점점 더 많은 사람들의 직업 생활에서 사라졌다. 저숙련 노동자들 상당수가 가족 부양에 필요한 최저 수준도 안 되는 소득밖에 올리지 못했다. 결핵이나 구루병 같은 빈곤의 질병이 다시 돌아왔다.[6] 이전의 중산층들은 이제 어떤 특정한 회사나 기관에도 긴밀한 소속감을 느끼지 않는 '포트폴리오 인간'이 되라고 독려받았다. 1996년에 수행된 한 조사는 이렇게 결론을 내렸다. "전통적인 의미에서의 경력 관리는 이제 사라져서 추억 속의 한 조각이 되었다."[7]

그와 동시에, 시장 임금 수준에서 일자리를 받아들이도록 수급자를 노동시장으로 내몰기 위해 고안된 실업 수당(1996년의 구직자 수당 등)이 도입되면서, 복지 혜택을 받을 수 있는 자격이 대거 축소되었다. 1830년대의 신빈민법과 비슷하게 들린다면 옳게 본 것이다. 두 정책 모두 노동자들이 경제적인 협상력을 크게 잃어버리는 결과를 낳았다.

자유시장이 내재적으로 가진 가장 근본적 모순은 자신이 의존하고 있었던 전통적인 사회제도를 약화시킨다는 점이다. 대표적인 것이 가족제도인데, 전통적인 의미에서의 가족은 대처 시기에 크게 취약해졌다. 18세~49세 여성 중 결혼한 여성의 비율은 1979년 74퍼센트에서 1990년에는 61퍼센트로 줄었고 동거는 11퍼센트에서 22퍼센트로 늘었다. 혼외 출산도 1980년대 동안 두 배 이상 늘었다. 편부모 가정도 1979년에는 12퍼센트였다가 1992년에는 21퍼센트가 되었는데, 가장 큰 증가폭을 보인 범주는 결혼을 한 번도 하지 않은 여성이 혼자 아이를 키우는 편모 가정이었다.

1991년 무렵 영국 부부 두 쌍 중 한 쌍은 이혼을 했다. 유럽연합 국가 중 가장 높은 이혼율이었고 여기에 비견될 만한 나라는 미국 정도였다.[8] 영국만 빼고 유럽연합의 다른 국가들은 노동시장에 미국식 규제 완화를 적용하지 않았다는 것이 우연일까? 영국에서 노동시장 규제 완화 정책이 실업률을 성공적으로 낮춘 도시들은 이혼율과 가정 해체 비율이 가장 높은 도시이기도 했다.[9]

더 놀라운 것은 최하층계급underclass의 증가다. 연금 수급 가구를 제외하고 영국에서 일자리를 가진 사람이 아무도 없는 가구(즉 가족 구성원 중 아무도 생산적 경제활동에 참여하지 않고 있는 가구)의 비중은 1975년 6.5퍼센트에서 1985년에는 16.4퍼센트로 늘더니 1994년에는 19.1퍼센트가 되었다.[10] 이러한 증가 추세는 존 메이저 정부에서도 계속됐고 어쩌면 증가세가 더 빨라졌을 수도 있다. 1992년에서 1997년 사이에 일자리가 없는 편부모 가구는 15퍼센트포인트 증가했다.[11]

다시 말해서, 오늘날 영국에서 다섯 가구 중 하나는 가족 중 아무도 소득을 올리지 못하고 있다. 이 정도 규모의 사회적 배제는 다른 유럽 국가에서는 찾아볼 수 없지만 미국에서는 오래도록 익숙했던 현상이다. 영국에서 최하층계급이 급증한 것은 신자유주의적 복지 개혁, 특히 그것이 주거에 미친 영향의 직접적인 결과였다. 공공 임대주택을 세입자가 매입하도록 유도한 것은 흔히 대처주의의 성공 스토리로 칭송받는다. 실제로 이 정책은 (1990년대에는 보수당에게 불리하게 작용했을지 모르지만) 1980년대에 대처주의가 정치적 지지를 얻을 수 있었던 주 요인이기도 했다. 하지만 사회적·경제적 측면에서 공공주택의 대거 축소는 신자유주의적 복지 의존 문화가 생겨난 핵심 요인 중 하나였다.(사유화로 공공주택이 대거 줄면서 많은 사람들이 공공주택의 세입자가 되지 못하고 민간 주택에 세를 들어야 했다. 민간 주택의 집세를 감당하지 못한 사람들은 최하층계급으로 떨어져 정부 보조의 수급자가 되어야 했다.) 1996/1997년에 주거 수당에 들어가는 정부 지출은 110억 파운드가 넘는 것으로 추정됐다. 이는 영국 국내 총생산의 1.5퍼센트였고 대처 집권 초기인 1979/1980년 주거 수당 지출의 열 배도 넘는 것이었다.[12] 공공주택에 쓰이던 정부 지출이 주택 자금과 임대료 보조 정책으로 수차례에 걸쳐 대체되었다. 공공주택 사유화는 복지 의존 인구가 엄청나게 증가하는 결과를 낳았다.

영국의 경험이, 신자유주의 정책이 오래 지속되지 않았던 다른 유럽 국가들과는 달랐던 반면 미국과는 놀라운 유사점을 보인다는 사실에 주목할 필요가 있다. 형사 정책에서도 영국과 미국은 매우 비슷한 양상을 보인다. 영국의 수감률은 미국보다는 낮지만 유럽 국가들보다는 훨씬 높고 빠르게 증가하고 있다. 1992년~1995년에 영국의 수감자 수는 거의 3분의 1이 증가해 5만 명이 넘게 되었다.

범죄율은 자료를 구하기도, 해석하기도 더 어렵지만 전반적인 경향은 충분히 파악할 수 있다. 1970년에는 잉글랜드와 웨일스에서 중범죄가 160만 건이었는데 1991년에는 280만 건이 되었다.[13] 그리고 1990년 말에는 430만 건, 1992년에는 560만 건으로 늘었다. 게다가 1992년의 '영국 범죄 조사British Crime Survey'는 실제 범죄 건수가 제시된 공식 수치의 세 배는 될 것이라고 언급했다.[14]

그와 동시에 경찰력 유지와 운영에 들어간 정부 지출은 계속 증가했다. 1978/1979년과 1982/1983년 사이에 경찰에게 지급된 실질 임금 비용은 25퍼센트 가까이 증가했고 경찰 수는 대처 정부 1기 동안 약 1만 명에서 12만 명 이상으로 늘었다.(존 메이저 정부 시기에는 경찰 수와 경찰 인건비 지출 증가가 두드러지지 않았다.) 전반적으로, 대처 시기에 모든 종류의 범죄가 증가했고 경찰력 유지에 들어간 정부 지출 항목 대부분이 증가했다. 이런 양상은 신자유주의가 실험되었던 시기의 뉴질랜드, 그리고 레이건 정부 시절의 미국과 비슷했다.

최근에 나온 어느 사회학적 분석은 대처주의가 사회질서와 범죄에 미친 영향을 이렇게 요약했다.

범죄 일반에 대해 말하자면, 지난 10년간의 대표적 범죄 유형들, 그리고 법질서가 부재하는 상황의 증가 둘 다 거의 20년간 영국 사회에서 벌어져 온 장기적 변화의 맥락에서 가장 잘 이해될 수 있다. (⋯) 전통적인 가족과 공동체의 사회적 유대가 점점 약화되고, 공립 초중등학교의 기능이 교육을 통해 사회질서를 유지하는 것에서 학생들에게 경쟁적으로 (그리고 사회를 분열시키는 방식으로) 지식과 기술을 습득하게 하는 쪽으로 완전히 변화한 것과 관련이 있다. 금세기까지 초등 교육의 모델 역할을 했던 빅토리아시대 공립 초등학교의 기능은 잊혀졌다. (⋯) 공원 관리인, 버스 차장, 학교 복지 담당관 등 사회질서 유지를 위한 보조자 역할을 맡았던 사람들이 사라지면서 경찰 업무가 과도해졌고 그러느라 범죄를 다루는 데 충분한 자원을 할당할 수 없게 되었다. (⋯) 잡아 가두는 방식에 점점 더 의존해 사회문제를 해결하려고 하는 것은 효과도 없거니와 비용도 많이 들었다. (⋯) 영국이 겪고 있는, 그리고 많은 후기 산업사회가 겪고 있는 종류의 범죄는 더

뿌리 깊은 문제를 반영한다.[16]

자유시장과 '법 질서law and order' 정책이 연관되는 것은 결코 우
연이 아니었다. 중개적 사회제도들, 그리고 공동체의 비공식적인 사
회 통제가 시장이 주도한 변화 때문에 약화되면 국가의 훈육적 기능
은 강화된다. 이러한 과정의 종착점은 사회질서를 지탱하는 수단으로
남은 것이 형벌밖에 없는 상태일 것이다. 미국에서는 이 지점에 도달
하는 것이 멀지 않았는지도 모른다.

정치적 기획으로서의 대처주의는 예기치 못한 사회적 결과들을 낳
으면서 스스로의 기반을 갉아먹었다. 산업과 공동체를 급속히 쇠락시
킨 경제정책을 유권자들이 오래 신뢰할 리 없었다. 지지 정당과 계급
문화가 늘 긴밀하게 연결되어 있던 영국에서는 특히 더 그랬다. 대처
주의 정책들은 이전의 계급 문화를 점점 더 빠르게 해체하면서 정당
의 지지 기반을 약화시켰다. 처음에는 대처의 보수당에 유리했다. 노
동당의 오랜 지지자들이 토리당으로 넘어왔기 때문이다. 하지만 장기
적으로는 중산층의 지지를 갉아먹으면서 보수당도 우위를 유지하기
어렵게 되었다.

대처주의 정책은 경제적 불평등을 엄청나게 심화시켰다. 권위 있는
「소득과 부에 관한 라운트리 보고서Rowntree Report in Income and
Wealth」에 따르면 1977년~1990년에 영국에서는 비교 가능한 나라
중 하나만 빼고 다른 모든 나라보다 불평등이 빠르게 증가했다. 1979
년 이후로 가장 낮은 소득 집단에 속하는 사람들은 경제성장의 혜택
을 보지 못했다. 1977년 이래로 소득이 평균 소득의 절반에 못 미치는

인구 비중이 세 배 넘게 늘었다.[17] 한편 1984/1985년 무렵 세후 소득 중 상위 20퍼센트가 차지하는 비중(43퍼센트)은 전후 어느 시기보다 높았다.[18]

다른 선진국들에서도 불평등 지표가 증가한 곳이 많기는 하지만 영국의 불평등 규모와 증가 속도는 거의 모든 나라를 훨씬 능가한다. 신자유주의 정책이 더 대대적으로 진행됐고 그전에는 평등주의적인 유산이 더 강했던 뉴질랜드에서만 불평등의 증가 속도가 영국보다 빨랐다.

1997년 5월 총선에서 보수당의 득표율은 1832년의 선거법 개정 이래 최저였다. 보수당은 대처주의 혁명으로 난파했다. 토리당이 무너진 원인에는 여러 가지가 있다. 어떤 것들은 피할 수도 있었을 정책 오류였다. 또 어떤 것들은 일어나지 않을 수도 있었을 역사적 우연이었다. 인두세는 피할 수 있었던 정책 오류의 대표적인 사례다. 또 정권 말기에 대처는 유럽연합에 대해 매우 국수주의적인 태도를 보였는데, 대처로서는 근본적인 정책 변화를 뜻한 것이 아니었을지 모르지만 보수당과 기업계에서 유럽친화적이던 사람들을 경악시켰다. 또 존 메이저 정부까지 괴롭힌 광우병 위기도 (발생 자체는 우연이었는지 모르지만) 잘못 인도된 정책의 결과였다.

정치에서 늘 볼 수 있듯이 행운이 때로 결정적인 역할을 했다. 대처는 웨스트랜드 위기 때 거의 무너질 뻔했고 그랬다면 자유시장 실험이 끝날 수도 있었다.[19] 아르헨티나와의 포클랜드 전쟁에서 후퇴한 것도 정치적인 반발을 가져올 수 있었다. 하지만 다른 모든 정치인들처럼 대처는 운에 의지했고 1990년에 보수당 내에서 대처에 반대하는 움직임이 불거질 때까지 행운이 작용했다.

1992년 총선에서 놀랍게도 존 메이저가 승리하면서 대처주의는 다시 한 번 생명력을 얻었다. 그 무렵이면 유권자들은 좋은 경제 성적표는 정부가 정책을 잘 운용한 결과가 아니라 세계시장의 변동에 따라 부수적으로 오는 효과라는 점을 받아들이기 시작했다. 1980년대까지만 해도 영국 정부는 경기변동을 선거 주기와 연결시키려고 노력하면서 〔긴축과 팽창 정책을 그때그때 사용하는〕'스톱-고stop-go' 정책으로 경기 순환을 정치적 이해관계에 맞게 조절하려고 했다. 그런데 뉴라이트는 유권자들이 경기변동과 정부 역량을 분리해서 생각하게 만들고자 했고, 그렇게 해서 정부가 경제에 대한 책임을 세계시장 탓으로 돌릴 수 있게 하는 문화를 구성해 냈다.

1992년 총선 결과는 경제 성과와 정부 역량을 유권자들의 생각 속에서 분리하려는 뉴라이트의 전략이 성공했음을 보여 준다. 하지만 이 승리는 수명이 짧았고 역설적인 결과를 가져왔다. 1993년에 영국이 '유럽환율메커니즘(ERM)'에서 탈퇴했을 때 유권자들은 정부 역량과 경제 성과를 다시 연관지어 생각하기 시작했다. 이러한 재연관은 보수당에 치명적이었다. 하지만 1980년대에 뉴라이트가 사람들의 인식 속에서 정부 역량과 경제 성과를 분리하려 했던 것은 여전히 영향력을 발휘했고, 〔이 또한 보수당에게 불리하게 작용해〕 1990년대 중반의 경제 호황에 대해 보수당은 별로 인정을 받지 못했다.

영국 사람들은 시장경제를 당연한 것으로 받아들인다. 영국 대중이 계획경제라는 사회주의 기획에 수긍한 적이 설령 있었다 해도 더 이상은 아니다. 하지만 영국 사람들은 속박 풀린 시장이 사회를 뒤흔드는 것도 좋아하지 않는다. 영국 대중은 기본적인 의료, 교육, 범죄 예방 등이 시민권으로서 모든 국민에게 제공되기를 원한다. 수도와 같은 공공서비스의 민영화를 의심쩍은 눈으로 바라보고 노인 복지와 같은 것까지 시장화하는 것에 반대한다. 또 영국 대중은 미국만큼의 노동 이동성을 받아들이지 않을 것이다. 영국 성인 중 태어난 곳에서 5마일〔약 8킬로미터〕이내에 살고 있는 사람의 비중은 60퍼센트에 달하는데, 이는 19세기보다도 높은 비중이다.

대처주의는 이러한 영국인의 태도를 바꾸는 데 명백히 실패했다. 영국에 오래도록 뿌리내리고 있었던 공정성과 상호부조의 가치는 영국에서 자유시장이 완전히 복귀하는 것을 막았다. 자유시장에 대한 대중적 정당성은 대처주의 정책이 촉진한 사회의 변화와 함께 사그러들었다. 빅토리아시대 중기에 자유시장이 활용할 수 있었던 믿음과 실천이 1979년에는 약했거나 존재하지 않았고 보수당이 정권을 잃게 되는 1997년 무렵에는 더더욱 그랬다. 자유시장은 보수당에 그나마 남아 있던 것을 없애 버렸다. 자유시장이 발생시킨 사회적 혼란은 강한 정치적 반감을 불러왔고 이는 보수당의 정치적 야망을 꺾는 요인 중 하나가 되었다.

크게 보아서, 대처주의 정책이 수행한 경제 구조 조정은 이후에 어떤 정부가 들어선다 해도 되돌려 놓을 수 없다. 대처주의적 구조 조정은 영국의 장기 침체를 극복하지 못했다. 통신이나 엔터테인먼트 등 한두 개 산업 분야를 제외하면 자유시장 사상가들이 말하는 '기업가 문화'를 일으키는 데도 실패했다. 하지만 영국 경제가 계속 취약하다는 바로 그 이유 때문에, 그리고 해외에서 오는 투자와 세계시장에 너무 크게 의존하고 있기 때문에, 영국에 어떤 정부가 들어서도 이제는 민영화를 주워 담을 수 없고 증가하는 불평등을 해소하기 위해 조세를 비중 있게 활용할 수도 없다.

1997년에 당선된 노동당 정부는 사회민주주의를 가능케 했던 제도와 정책들이 사라진 시대에 사회민주주의적 가치를 촉진해야만 한다.[20] 토니 블레어Tony Blair 정부는 유럽 최초의 포스트-사회민주주의 정권으로서 규제 풀린 시장과 사회적 결속을 조화시켜 내야 한다. 그리고 이 일을 자유시장 정책이 지울 수 없는 흔적을 남겨 놓은 상황에서, 그리고 계속해서 진행되고 있는 경제 세계화를 막을 수 없는 상황에서 해내야만 한다.

대처주의는 보수주의인가

대처주의 경제정책은 전통적인 가족과 공동체를 해체시킬 사회경제적 요인들을 강화했으며 그 변화를 가속화했다. 이런 정책들은 영국 사회를 후기 근대로 향해 가도록 강제했다.

대처주의가 〔이전 사회를 바꾸어 내는〕 근대화 기획으로서 수행한 역할은 흔히 간과된다. 과거를 회고하기 좋아하는 시장 자유주의 이데올로기는 우리를 오도하기 쉽다. 20세기 말에 영국에서 자유시장을 다시 만들어 내려던 시도는 19세기에 자유시장을 지탱해 주었던 사회질서 중에서 마지막으로 남아 있던 것들을 해체했다. 전통적인 가족은 물론이거니와 자유시장에 꼭 필요한 요소였던 공경과 책임에 기반한 영국식 계급 문화도 대체로 사라졌다.

대처주의를 목청 높여 외치는 사람들은 대처주의 정책이 노동당이 시도했던 어떤 정책보다도 영국의 계급 문화를 강도 높게 근대화하는 효과를 냈음을 인식하지 못하고 있다.

영국적 삶의 많은 부분에 전면적인 근대화를 강요한 대처주의는 정치적 경쟁자들의 정치 기획을 한물간 것으로 만들었다. 보수당의 '일국토리주의One Nation Toryism'와 1980년대 초에 노동당에서 탈당한 중도파 사회민주당은 주변으로 밀려났다. 둘 다 당시에 영국에서 진행되던 변화의 규모를 분명하게 파악하지 못하고 있었다. 또한 방식은 달랐지만 둘 다 대처주의가 잠식한 계급 문화에 의존했다. 경합하던 정치 기획들이 이렇게 궤멸됐으니 뉴라이트가 성공한 것이라고 볼 수도 있을 것이다. 하지만 대처주의는 그런 기획들을 영국 정치의 중심에서 제거함으로써 자신의 몰락을 가져올 조건 또한 만들고 있었다.

대처주의가 가진 많은 아이러니 중 하나를 대처주의와 국가와의 관계에서 볼 수 있다. 신자유주의 경제정책은 국가가 자국 경제에 영향력을 미칠 수 있는 수단을 벗겨 버렸다. 그런데 대처주의의 공공연한 화법은 이 벌거벗은 국가를 케케묵은 권위의 베일로 덮는 것이었다. 즉 국가가 무엇보다도 중요하며 공통된 국민 문화가 사회질서에 너무나 중요하다고 주장한 것이다. 하지만 신자유주의 경제정책은 영국 경제를 세계시장에 전에 없이 심하게 노출시켜 놓았다.

가차 없는 경제 세계화라는 수사는 공통된 국민 문화가 꼭 필요하며 그것만이 유일한 권위를 가진다는 주장과 결합했다. 토리당의 신자유주의자들은 어떤 국가의 정부도 세계시장에 저항할 수는 없다고

하면서도 유럽연합과 더 긴밀한 관계를 맺는 것에 대해서는 주권 침해라며 반대했다. 주권을 가진 국민국가라는 개념은 그것이 경제적으로 불필요하다고 치부된 바로 그 시기에 그 불필요성을 주장한 똑같은 사람들에 의해 영광스런 것으로 찬사받기 시작했다.

대중매체에서 대처주의 정책은 세계화를 통해 국민 문화가 분절되는 것을 적극적으로 촉진했다. 〈BBC〉 같은 국민 매체는 가차 없이 공격을 받은 반면 미디어의 상업적 국제화가 본격적으로 시작되었다. 국민 문화를 되살리는 일에서마저도 국민 국가는 핵심 행위자로서의 역할이 부정됐다.

빅토리아시대 중기에 자유시장이 의존하고 있었던 완충적 사회제도들이 20세기 말에는 구조 조정에 방해물이 되었다. 업종별 협회, 지방정부, 상호부조 공동체, 안정적인 가족 등은 속박받지 않는 시장이 요구하는 개인주의와 이동성을 저해했다. 그런 제도들은 시장이 사람들 위에 군림할 수 있는 힘을 제약했다. 후기 근대의 맥락에서 자유시장을 다시 만들어 내려면 그런 완충적 구조들을 약화시키거나 파괴해야 했고, 영국에서는 그렇게 되었다.

희한하게도, '자유시장'과 '사회적 혼란'이 함께 가는 것이 이상하다고 생각하는 사람들이 아직도 많다. 하지만 설령 자유시장 자체가 안정적일 수 있다 치더라도 자유시장은 사회적 결속을 보호해 온 다른 제도들을 파괴한다. 그런 결과를 피하면서 자유시장으로 갈 수 있는 사회는 없다.

자유시장을 다시 만들어 내려는 것은 보수주의적인 기획이 아니다. 자유시장 기획은 문화적·제도적 연속성을 지키는 것이 아니라 끊어 버린다. 현재 상황에서 문화적 전통을 보호하는 것은 우파의 기획이 될 수 없다. 우파는 진보를 추구한다고 주장하지만 그것은 어떤 정해진 목적도 없는 진보다. 뉴라이트 사상가 중 통찰력 있고 솔직한 사람들은 진보를 '운동 자체를 위한 운동'이라고 정의했다.[21]

진정한 보수주의자라면 이것을 보수주의가 아니라 목적 없는 변화를 주창하는 니힐리즘의 한 표현이라고 여길 것이다. 구체적인 맥락에서 쓰일 때, '진보'라는 말은 자유시장의 명령에 따라 그치지 않고 이뤄지는 사회 변화를 의미한다.(신자유주의자들이 의미하는 바가 이것이다.) 여기에서 해결될 수 없는 모순들이 발생하고 그 모순들에 부닥쳐 자유시장 기획은 침몰하게 된다.

자유시장의 영속 혁명은 과거에 있었던 어떤 것의 권위도 거부한다. 전례를 무화시키고 기억의 연결들을 끊어 버리며 전해 내려오는 지역적 지식들을 흩어 버린다. 어떤 공공선보다도 개인의 선택을 우선시함으로써 '관계'를 언제라도 무효가 될 수 있는 임시적인 것으로 만든다. 개인의 선택이 지고의 유일한 가치로 여겨지고 욕망이란 절대로 충족될 수 없이 무한하다고 여겨지는 문화에서, 이혼을 하는 것과 중고차를 매매하는 것이 다를 바가 무엇인가?

자유시장주의자들은 모든 관계를 소비재로 만드는 자유시장의 논리를 펄쩍 뛰며 부인한다. 하지만 이 논리는 자유시장이 지배하는 모든 사회에서 너무나 명백하게 드러나고 있다.

프랜시스 후쿠야마Francis Fukuyama는 "만약 민주주의와 자본주의가 자유주의적이지 않은 원천에서 나온 문화적 전통들로 활성화될 때 가장 잘 작동할 수 있다고 말한다면, 이는 전통과 근대가 오랫동안 안정적인 균형을 이루면서 공존할 수 있다고 말하는 것이나 마찬가지"
라고 주장했다.[22] 물론 카를 마르크스와 막스 베버Max Weber가 공히
파악했듯이 전통과 근대가 부드럽게 조화될 수는 없다. 후기 근대의
세계화는 초기 근대에서 내려온 전통들을 제거하면서 작동한다. 후기
근대에서 어느 국가가 세계시장을 위해 애쓴다면 이는 전통들을 내버
리기 위해 애쓰는 것이나 마찬가지다. 토리당이 어떤 사회공학 기획
을 동원해 얼마나 애를 쓰더라도 새로운 기술과 속박되지 않은 시장
이 뒤흔들어 놓은 전통들의 섬세한 망을 다시 엮어 낼 수는 없다.

오늘날에는 보수주의를 자처하는 정부가 도리어 근대화에 박차를
가하고 있다. 충분히 예상 가능했던 일이었는지도 모른다. 또한 신보
수주의 사상가들이 자유시장이 지배하는 사회가 빠져 있는 딜레마를
파악할 능력이 없다는 것도 예상 가능한 일이었을 것이다.

개인주의적 자본주의 정부가 다른 어떤 정부보다도 문화적 전통을
성공적으로 뒤엎을 수 있다는 것은 자유시장이 행사하는 힘의 위력과
축소되어 버린 국가의 영향력을 말해 준다. 국가가 자국 경제에 영향
력을 미칠 수 없다고 주장하는 바로 그 우파 사상가들이 사회공학자
로서 국가에 대해 거대한 희망을 갖고 있다는 점은 흥미롭다. 또한 마
르크스주의자들처럼 경제적 변화가 인간의 행동을 변화시킬 것이라
생각하는 뉴라이트 사상가들이 결혼, 가족, 범죄율 등에 자유시장이
체계적으로 영향을 미친다는 점을 인정하지 않는 것도 앞뒤가 맞지
않는 일이다.

오늘날 우파의 딜레마는 문화적 보수주의가 그들의 선택지에 존재
하지 않는다는 데 있다. 오늘날의 우파는 어떤 문화적 비용을 치르면

서라도 자유시장을 촉진하는 것과 문화적 엘리트주의의 입장을 취하는 것 사이를 왔다 갔다 할 운명이다. 자유시장이 안정적인 균형에 도달할 수 없듯이 이 시계추의 움직임도 안정적인 균형에 도달할 수 없다. 그들은 가까운 과거에 대한 불합리한 비관과 가까운 미래에 대한 불합리한 낙관 사이에서 불확실해하며 끊임없이 왔다 갔다 하게 될 것이다.

오늘날 우파는 자신이 과거의 목소리를 대변한다고 생각하기를 좋아한다. 하지만 사실 그들은 야단스레 주장하는 급진성, 그리고 과거에 대한 시대착오적 향수 때문에 '현재'의 혼란과 풀 길 없이 얽혀 버린다.[23]

우파의 반동적인 유토피아주의는 비용이 크고 위험한 모험이다. 이런 유토피아주의가 지배하는 사회에서 평화와 안정은 거의 기대할 수 없다. 전통적인 가족 형태를 가까스로 지탱하고 최악의 범죄를 억누를 수 있는 정책이라 해도 자유시장이 해체해 버린 공동체와 제도를 복원하는 데는 별반 소용이 없을 것이다. 후기 근대 사회에서 우파가 하는 일은 과거의 것들을 되살리려는 헛된 시도 속에서 사실상 그나마 남아 있는 것들을 파괴하는 것이다.

미래에 대한 전망 중에서 헤르베르트 마르쿠제Herbert Marcuse나 미셸 푸코Michel Foucault가 말하는 '자본주의가 사회를 속속들이 완벽하게 통제하는 상황'만큼 기만적인 것은 없다. 물론 후기 근대의 자본주의는 사람들을 최첨단 감옥에 집어넣고 일터나 거리에서 카메라로 계속 감시할 것이다. 하지만 사람들을 관료제의 철창이나 세분화된 분업 중 하나에 영원히 가두지는 못할 것이다. 그보다는 사람들을 분절적인 삶과 무의미한 선택지의 홍수로 내던질 것이다.

우리가 직면한 디스토피아는 전체주의적인 통제 사회가 아니다. 찰나적인 유행 변화와 허무한 반사 작용이 결합한 영화 〈아메리칸 사이코American Psycho〉 쪽이 프란츠 카프카Franz Kafka의 『성The Castle』보다 후기 근대 사회를 더 잘 나타낸다.

현대 세계에서 자유시장은 가장 강력한 전통 해체제다. 자유시장은 새로움에 가중치를 부여하고 과거를 평가절하한다. 그리고 미래란 현재를 무한히 다시 돌리는 것이라고 간주한다. 자유시장이 만드는 사회는 도덕이 존재하지 않으며 프롤레타리아적인 세계다.

자유시장은 산업이 단기적 투자에만 치중하게 만든다고 공격받곤 한다.[24] 하지만 자유시장이 가장 단기적인 접근을 하는 영역은 한때 자신이 의존했던 미덕들을 없애 버리는 데 있다. 이제 그러한 미덕들(저축, 시민적 자부심, 존경, '가족 가치' 등)은 수익도 못 내는 박물관 물건이나 마찬가지다. 우파 미디어가 때때로 먼지를 털어서 대중에게 전시하지만, 잠깐 쓰고 버리는 것들에 기반해 세워진 경제에서 그것들을 사용하는 사람은 거의 없다.

20세기 말 자유시장의 상징은 대처가 아니라 마돈나일 것이다.

뉴질랜드의 실험: 거대한 전환의 축소판

뉴질랜드의 신자유주의 실험은 자유시장을 사회제도로서 건설하려던 금세기의 시도 중 단연 야심찬 것이었다. 뉴질랜드 사례는 20세기 말의 맥락에서 자유시장을 다시 만들어 내는 것이 갖는 한계와 비용을 영국 대처주의 실험보다 더 명확하게 보여 준다. 신자유주의 정책이 뉴질랜드에 새로이 야기한 여러 결과 중에서도, 전에는 존재하지 않았던 최하층계급의 발생이 특히 주목할 만하다.

뉴질랜드의 신자유주의 기획은 거의 실험실과 같은 환경에서 자유시장을 도입하는 것과 마찬가지였다. 신자유주의 이데올로기를 타협 없이 적용해 주요 사회제도를 하나도 남김없이 구조 조정하는 급진적 개혁이 추진되었다. 이 개혁은 사회민주당이 시작했고 곧 양당 모두에서 초당적으로 지지를 받았으며 한동안 정치적으로 도전받지 않았다. 단원제 내각책임제에서 의회가 여타 정부기관으로부터 제약을 받지 않고 막강한 권위와 행동의 자유를 누릴 수 있었던 덕분에 뉴질랜드는 이제껏 어떤 개입주의 국가도 하지 못했던 대대적인 전환을 시도할 수 있었다.

가장 포괄적인 사회민주주의 국가로 꼽히던 뉴질랜드가 신자유주의 국가가 되었고 그와 함께 뉴질랜드 사회는 심대한 변형을 겪었다. 뉴질랜드의 실험이 남긴 결과와 피해는, 불길한 전철이라고까지는 할 수 없더라도, 우리에게 많은 시사점을 준다.

뉴질랜드의 자유시장 실험은 초국가 기구들이 개발도상국에 구제금융의 조건으로 강요한 구조 조정 프로그램과 비슷한 점이 많다. 하지만 뉴질랜드는 제3세계 국가가 아니라 선진 사회민주주의 국가였다. 뉴질랜드는 사회적 결속을 지키기 위해 국가가 경제에 개입하는 전통이 서구 국가치고도 매우 강했다.

그러나 1980년대 초반 무렵이면 대대적인 정책 변화가 불가피했다.

뉴질랜드가 선진국 경제에서 미끄러질지도 모른다는 우려는 충분히 현실성이 있었다. 영국의 대처주의도 그랬듯이, 뉴질랜드의 실험을 처음 촉발한 것은 이론적 교리가 아니라 실질적인 문제였다. 시작한 주체도 정치권이 아니라 공무원들이었다. 경제의 측면에서 제1세계 국가로서의 지위를 지탱하는 것이 어려워지고 있다는 인식이 재무부에서 대두됐다. 이 문제는 경제 세계화의 부산물이었고, 특히 제3세계 국가였던 싱가포르 같은 나라가 매우 성공적인 근대 경제로 떠오르는 것과 관련이 있었다.

신자유주의적 구조 조정이 뉴질랜드 경제의 급속한 쇠퇴를 막는 유일한 해법이었거나 가장 전망 있는 해법이었던 것은 아니다. 하지만 뉴라이트 사상은 더 이상 방치할 수 없는 경제문제에 급진적인 해결책을 제시해 주는 것처럼 보였기 때문에 호소력이 있었다.

그래서 1984년과 1990년 사이에는 노동당 정부가, 그 이후에는 국민당 정부가 신자유주의 개혁을 추진했고, 그 결과 뉴질랜드의 평등 지향적 사회민주주의와 사회적 결속을 지탱해 주었던 케인스식 관리경제는 뿌리째 뽑히고 말았다. 현재 뉴질랜드는 다른 어느 서구 국가보다도 작은 정부와 자유시장이라는 순수한 신자유주의 모델에 가깝다.

1984년에 노동당이 집권하고 얼마 지나지 않아 환율 통제가 폐지되어 통화가치가 변동했고, 가격, 임금, 금리, 임대료, 신용에 대한 규제도 없어졌다. 수출 보조와 수입 면허가 철폐되고 모든 관세가 크게 줄었다. 국영기업과 국유 자산은 대부분 민영화되었다. 그리고 가격 안정화라는 통화주의적 목적을 위해 완전고용이 정책 목표에서 제거되면서 케인스주의적 유산과 결정적으로 단절했다. 이런 조치들은 다른 나라의 우파 정부, 특히 영국의 대처 정부가 추진하던 것과 매우 비슷하게 '국가 역할을 거두어들이고' 규제를 완화하는 조치들이었다.

뉴질랜드의 독특한 점으로 농업 보조의 철회를 꼽을 수 있다. 1984년에서 1987년 사이에 농업에 대해 거의 모든 정부 보조와 보호무역 정책이 폐지됐다. 노동시장의 탈규제 역시 대처 시기 영국에서 노조를 약화시킨 것보다 훨씬 더 멀리 나갔다는 점에서 독특했다. 1991년이 되면 공공 영역과 민간 영역 모두에서 전국적인 단체교섭 체제는 개개인이 노동 계약을 맺는 방식으로 완전히 바뀐다. 이로써 어느 나라보다도 더 시장 주도적이고 더 개인주의적인 노동시장이 생겨났다. 그리고 가격 안정화를 유일한 목적으로 삼는 독립적인 중앙은행이 세워졌다.

뉴질랜드 정부는 경제 전체적으로 고용의 수준을 유지하는 책임을 저버렸다. 사실 뉴질랜드 자유시장주의자들은 완전고용 정책을 포함해 그 어떠한 거시 경제 정책의 여지도 없애려고 했고, 대체로 그 목적이 달성됐다.

공공서비스에도 신자유주의가 광범위하게 적용됐다. 아마도 칠레를 제외하면 신자유주의적 공공 개혁이 뉴질랜드처럼 광범위하게 이루어진 나라는 없을 것이다. 공립 병원은 상업적 기업으로 바뀌어 민간 의료 사업가와 경쟁하도록 내몰렸다. 교육 분야도 구조 조정되어 교육 서비스 제공의 책임이 지역 교육위원회로 넘어갔다. 학교는 학생들에게 수업료를 부과했고 부족한 예산은 영리 활동을 통해 메꾸도록 강요받았다. 사회보장 혜택도 거의 모든 영역에서 엄격하게 축소되었다. 국민들은 소득 범주에 따라 나뉘어서 그에 따라 받을 수 있는 보조

수준이 결정되었다. 모든 공공서비스가 시장화되었고 국가가 수행하던 모든 사회복지 기능이 축소되었다. 동시에 제인 켈시Jane Kelsey가 언급했듯이 "경찰, 법원, 감옥에 들어가는 지출은 계속 늘었다."[25]

켈시는 뉴질랜드에서 벌어진 실험의 결과를 이렇게 요약했다. "십 년간 진행된 급진적 구조 조정의 결과 사회가 깊이 분열됐다."[26] 더 일반적으로 말하면, "십 년도 안 되는 동안 뉴질랜드는 사회보장적 개입주의의 성채에서 신자유주의의 낙원으로 바뀌었다. 실질적인 정치적·경제적 권력은 중앙정부의 영역 밖으로 옮겨 갔다. "권력의 민영화"라 할 만한 이 과정에서 시민은 정치 시장이 아니라 경제 시장에서의 소비자로 전락했다."[27] 이러한 평가를 뒷받침하는 자료도 많다. 이를테면, 한 추정치에 따르면 1991년에 뉴질랜드에서 빈곤선 이하로 살아가는 인구가 17.8퍼센트에 달했다.[28]

통화주의적 목적을 위해 거시 경제 정책에서 케인스주의를 포기하면서 실업자가 증가했는데, 이런 상황에서 선별 복지가 도입되었고 복지 수급 자격을 대대적으로 축소하는 정책이 진행됐다. 완전고용의 종말은 더 많은 사람들을 사회복지에 의존하게 만들었지만 복지국가 자체도 작은 정부의 취지에 따라 축소됐다. 그 결과 보편 복지국가 시절에는 존재하지 않았던 사회계층이 생겨났다. 경제 영역에서 밀려나고 사회에서 배제된, '복지 의존자'라는 최하층계급이 생겨난 것이다.

뉴질랜드의 신자유주의 실험에 영감을 준 미국 우파의 이론과 화법에 익숙한 사람이라면 최하층계급의 급증이 매우 이상하게 보일 것이다. 미국 우파는 빈곤과 최하층계급 문제가 복지 정책이 사람들의 노동 의욕을 북돋지 못해서 생기는 것이지, 자유시장의 문제가 아니라고 늘 주장해 왔으니 말이다. 또한 그들은 자유시장의 미덕과 혜택이 전 세계 보편적인 것이듯이 복지국가에서 발생하는 도덕적 해이도 인간 심리의 불변 법칙에서 나오는 보편적인 현상이라고 말한다.[29]

하지만 사실 이런 주장은 미국 아닌 다른 나라의 상황에 대해서는 설명력이 없었다. 복지가 미국보다 훨씬 풍부하고 종합적이었던 대륙 유럽 국가들에는 미국에 존재하는 최하층계급이 없었다. 다른 앵글로 색슨 국가들도 마찬가지다. 오스트리아나 노르웨이에 최하층계급이 있는가? 캐나다에 있는가? 신자유주의 개혁 이전의 뉴질랜드에 있었는가? 뉴라이트의 미국 중심적인 세계에서는 이런 질문에 답이 나오기는커녕 질문 자체가 제기되지도 않는다.

뉴질랜드에서 미국 뉴라이트 이론은 아주 드물고도 흥미로운 위업을 이뤘다. 실제로 적용해 보니 스스로의 논리를 뒤집는 결과를 낸 것이다. 뉴라이트의 자신만만한 주장과는 달리, 보편 복지를 없애고 복지 혜택을 선별적으로 적용하기 위해 인구를 소득수준으로 나눈 결과, 신자유주의적 빈곤의 덫이 나타났다.

1990년대 말의 최하층계급은 보편 복지로 인한 도덕적 해이에서 나온 것이 아니었다. 물론 복지 의존 문화가 영향을 미쳤지만, 그러한 문화 자체가 신자유주의적 복지 개혁과 탈규제된 노동시장에서 나온 것이었다. 뉴질랜드에서 최하층계급이 급증한 것은 신자유주의 국가가 어떻게 빈곤을 만들어 내는지를 보여 주는 교과서적 사례다.

최하층계급이 증가했을 뿐 아니라 모든 종류의 경제적 불평등도 증가했다. 노동시장을 개개인의 계약에 기반하도록 만드는 법령들이 도입되면서 고용주에 대한 노동자의 협상력이 약화됐다. 소득세는 약간 감면되었는데 소득이 높은 사람만 누릴 수 있는 혜택이었다. 그 결과 뉴질랜드의 소득 불평등은 서구 어느 나라에서보다도 크게 증가했다.[30]

뉴질랜드에서 권력이 중앙정부에서 시장 제도로 넘어간 것은 자생적인 일이 아니었다. 빅토리아시대 중기 영국에서처럼, 국가권력을 체계적이고 종합적이며 방대하게 행사한 결과였다. 영국처럼 의회주권주의 국가인 뉴질랜드에서 의회의 강력한 권력이 경제와 사회적 삶을 재구성하는 데 사용됐다. 켈시는 이렇게 설명했다. "10년 동안 강력한 국가가 민주적 과정과 다원주의적 정치를 거의 완전히 무시하면서, 그리고 기업계 인사들의 지지를 받아서, 뉴질랜드 경제와 뉴질랜드 사람들의 삶을 송두리째 바꾸어 놓았다."[31]

이러한 급진적 변화의 과정에는 다음과 같은 것들이 포함됐다. 사회민주주의적이던 노동당에 신자유주의자들이 침투했고, 1990년 이후로는 신자유주의 정책에 초당적인 합의가 이뤄지면서 정치적으로 가능한 행동의 여지가 축소됐다. 1989년에는 중앙은행이 민주적 책무성을 면제받으면서 경제가 처한 상황과는 관계 없이 가격 수준만 안정시키는 임무를 부여받았다. 또한 국내 경제정책은 "관세 및 무역에 관한 일반 협정(GATT)"이나 〈세계무역기구〉의 조항에 맞추기 위해 신자유주의 정책으로만 한정됐고 여기에는 어떤 정치적 반대도 있을 수 없게 되었다.

결정적으로 뉴질랜드의 경제 구조 조정은 규제 없는 자본 유입을 야기했는데, 이렇게 흘러든 초국적 자본은 정부의 공공 정책에 효과적으로 거부권을 행사할 수 있게 되었다. 어떤 정책이 기업 경쟁력이나 이윤 수준, 수익 안정성 등에 악영향을 준다고 여겨지면 자본을 빼내겠다고 위협할 수 있게 된 것이다. 그 결과 신자유주의적 개혁은 정치적인 방법을 통해서 되돌릴 수가 없는 것이 되었다. 이전의 사회민주주의적인 공공 정책은 버려졌고 역행되었을 뿐 아니라 민주적 실행의 선택지에서 아예 사라져 버렸다. 이러한 변화는 신자유주의 정책을 민주적 책무성에서 영영 면제시키기 위한 것이었다.

신자유주의 개혁을 위해 이렇게 대대적으로 정부 역량을 사용하는 것은 권력이 광범위하게 분산된 나라에서였다면 효과를 발휘하지 못했을 것이다. 가령 이런 변화가 독일에서 일어날 수 있었으리라고는 상상하기 어렵다. 독일은 공공 정책이 지방정부의 권한에 의해 크게 제약받기 때문이다. 이런 점에서 뉴질랜드의 실험은 (대처가 집권한 1980년대와 1990년대, 그리고) 19세기 영국에서 벌어진 '거대한 전환'과 매우 비슷하다.

신자유주의 기간 동안 뉴질랜드의 사회적 · 경제적 삶에서 벌어진 많은 변화들은 되돌릴 수 없다. 경제적인 면에서만 보자면 신자유주의 실험은 목적한 바를 많이 달성했다. 이를테면 경제 구조 조정을 강제해 낼 수 있었다. 꼭 그렇게 많은 사회적 비용을 발생시키는 신자유주의 정책을 써야만 했느냐의 문제는 있지만, 어쨌든 당시에 경제 구조 조정은 불가피했을 것이다.

뉴질랜드의 실험은 사회적 결속을 훼손시켰다는 점에서 가장 비용이 컸다. 그 정치적인 후폭풍으로 선거제도 개혁에 대한 여론이 일었고 주요 정당들이 모두 분열됐다. 1996년 총선에서 보수 국민당은 이민자에게 매우 적대적인 윈스턴 피터스Winston Peters의 극우 정당과 불안정한 연합을 구성하고서야 겨우 승리할 수 있었다.

이 새로운 정치적 맥락에서 자유시장 기획은 민주적 정당성에 도전을 받게 될 것이다. 그렇더라도 1980년대와 1990년대에 진행된 신자유주의 개혁이 뒤집힐 수 있을 것 같지는 않다. 그러기에는 세계 자본 시장에 대한 의존도가 너무 높기 때문이다.

뉴질랜드에서 추진된 신자유주의 정책의 극단성을 보건대, 대중의 불만에 반응할 의지가 있는 정부여야만 앞으로 (적어도 가까운 미래에) 조금이나마 행동의 여지를 갖게 될 것이다. 그러면 시장 근본주의가 남긴 영향이 향후 몇 년간 조금씩 완화될 수 있을지도 모른다. 거의 모든 정당이 신자유주의 화법을 버리게 될 것이고 정치인들은 사회적 안정성을 고려하지 않는 경제 근본주의자들을 거부할 것이다. 새롭게 도출될 정치적 합의에서는 과도한 신자유주의 실험에 대한 비판이 핵심 요소가 될 것이다.

하지만 기본적인 구조는 남을 것이다. 뉴질랜드에서 뉴라이트 정책을 거두어들일 수는 없을 것이다. 옛 뉴질랜드에 대한 대중의 향수는 계속 존재하겠지만 정치적으로는 무력할 것이다. 뉴질랜드도, 뉴질랜드가 속해 있는 세계도, 신자유주의 개혁 이전의 상황으로 돌아갈 수 있기에는 너무나 많이 달라져 버렸다.

멕시코의 딜레마, 시장 개혁이냐 경제 발전이냐

페소화에 대한 평가절하가 단행되고 멕시코가 외채에 디폴트를 선언할지도 모르는 위험이 닥친 지 불과 몇 주 만에 빌 클린턴Bill Clinton 대통령은 400억 달러 규모의 구제금융을 제안했다. 여기에는 200억 달러의 미국 대출담보가 포함되어 있었는데, 이는 미국이 구 공산권 국가 어느 나라에 대해서도 고려해 본 적이 없는 큰 규모의 구제금융 이었다. 여기에 더해 미국은 〈국제통화기금〉이 멕시코에 180억 달러 를 우선 지원해야 한다고 주장했다. 〈국제통화기금〉이 집행한 구제금 융 중 최대 규모였다. 1997년 1월에 클린턴 대통령은 멕시코에 대한 구제금융이 전례 없이 성공적이었다고 자찬했다. 1997년 1월 15일에 멕시코는 1995년 2월에 지원받은 긴급 대출 125억 달러 중 남아 있던 부분을 다 갚았다. 그와 동시에 멕시코 재무장관 기예르모 오르티스 Guillermo Ortiz는 멕시코가 〈국제통화기금〉과 3년짜리 새 대출 프로 그램을 협상 중이라고 발표했다.[32]

　1995년 1월에 클린턴 대통령이 이례적인 신속성을 발휘해 대대적인 구제금융을 추진한 이유로 네 가지 정도를 꼽아 볼 수 있다. 첫째, 멕 시코의 금융 위기가 다른 나라로 전파되는 '데킬라 효과'가 남미를 넘 어 동유럽과 동남아시아로까지 확산되는 것을 막아야 했을 것이다. 전 세계 금융기관이 위기에 처하는 것을 막으려면 멕시코를 지원하는 것 이 매우 중요했다. 둘째, 많은 미국인들의 연금 저축이 멕시코에 투자 된 터라 자국민이 추가적으로 입을 손실을 막는 데 구제금융이 도움이 되리라고 기대했을 것이다. 그러면 〈살로먼 브라더스〉 같은 미국 기업 들이 입을 피해도 어느 정도 제한될 수 있을 터였다. 셋째, 멕시코에 정치적 혼란이 가중되는 것을 막으려면 구제금융이 불가피하다고 여 겨졌을 것이다. 클린턴 대통령은 1992년에 멕시코와 체결한 "북미자유무역협정(NAFTA)"에 정치 운명을 걸었기 때문에 멕시코에서 정치적 혼란이 심화되면 1996년의 대선에서 크게 불리해질 수 있었다. 멕시코는 미국 입장에서 전략적 중요성이 매우 큰 나라였다. 미 상무부에 따르면 "북미자유무역협정"을 비준하고 나서 1년 뒤에 멕시코는 미국의 세 번째로 큰 교역 상대국이 되었고(캐나다와 일본의 중간쯤이었다) 러시아, 중국, 그리고 유럽 대부분이 구매하는 양을 다 합한 것보다 더 많은 미국 상품을 구매하고 있었다.

멕시코가 미국과 맞대고 있는 2,000마일〔약 3,200킬로미터〕의 국경은 상당히 듬성듬성해서 미국에 불법 마약과 불법 이민자가 들어오는 주요 통로 노릇을 한다. 미국 당국자들은 멕시코 경제가 무너지면 불법 이민이 늘고 이것이 미국 내에서 정치적인 악영향을 줄 것을 우려했다. 15년~20년 안에 미국에 거주하는 멕시코인은 미국 흑인의 수를 능가하면서 미국 내에서 가장 큰 인종 집단이 될 것으로 예측된다. 오늘날에도 이들은 이미 강력한 정치 세력 중 하나다. 북미 사람들은 멕시코를 남미 국가로서는 특이하게도 '어떤 일도 일어나지 않는', 정치적으로 안정된 국가로 여겨 왔다. 그런데 1994년 새해 첫날 치아파스에서 시작된 마야 토착민들의 저항은 멕시코의 정치적 안정성이라는 신화에 의문을 제기했다. 그리고 멕시코 경제의 붕괴는 더 많은 저항의 촉매가 될 수 있었다. 그러면 1982년에 있었던 남미 외채 위기 같은 것이 또 벌어질 수 있고, 이번에는 더 큰 규모에 더 통제할 수 없는 양상으로 전개될 터였다. 멕시코에서 대대적인 정치 혼란이 발생하면 미국에도 막대한 비용을 초래할 가능성이 컸다.

넷째, 멕시코는 신자유주의 시장 개혁의 시연장이었고 전 세계에 미국식 자유시장을 만드는 프로젝트의 핵심 장소였다. 아마도 이 네 번째 이유가 다른 모든 이유를 능가하는 중요성을 가지고 있었을 것이다. 멕시코에는 1980년대 초부터 미국의 자유시장 교리에 따라 움직이는 초국가 기구들에 순종적인 당국자들이 있었다. 〈국제통화기금〉의 비호를 받으면서, 미겔 데 라 마드리드Miguel de la Madrid 재무장관 시절의 행정부(1982~1988)는 정부 지출 축소, 임금 및 가격 통제 축소, 국유 산업 민영화와 같은 신자유주의적 긴축 프로그램을 시작했다.[33]

1985년 멕시코의 "관세 및 무역에 관한 일반 협정" 가입은 60년간 집권해 온 '공룡' 여당인 제도혁명당을 근대화주의 세력이 장악했음을 보여 준다. 멕시코의 근대화주의자들은 준독재적이었던 과거의 경제정책이 앞으로 다가올 세계화된 경제 환경에서는 점점 큰 비용을 초래하게 될 것이라고 생각했다. 카를로스 살리나스 데 고르타리 Carlos Salinas de Gortari 대통령 정부(1988~1994)는 미국의 거의 모든 정치 분파로부터 성공적인 근대화를 해냈다고 칭찬받았다. 1993년 말에 미국 시사 잡지 『뉴스위크Newsweek』는 '일반 통념Conventional Wisdom'이라는 코너에서 "북미자유무역협정" 가입으로 멕시코가 미국의 새로운 주가 되었다고 언급했는데, 과연 이는 널리 받아들여진 일반 통념이었다.[34]

미국 정·재계 고위 인사들은 멕시코가 근대화되었다고 확신했다. 그들은 멕시코의 경제 근대화가 미국식 기업 문화와 비슷해지는 것 이외의 길을 갈 수도 있다고는 전혀 생각하지 못했다. 1994년~1995년에 멕시코에 닥친 외환 위기는 미국식 자유시장 체제하에서 두 나라를 연동시키는 과정 중에 나타난 일시적 어려움이라고 여겨졌다. 멕시코는 실패가 허용되지 않는 신자유주의 실험으로 자리매김되어 있었다.

살리나스 정부는 미국과의 자유무역을 위해 기존의 국가주의와 보호무역주의를 저버렸는데, 이는 멕시코의 준독재적 경제가 더 이상 지탱될 수 없음을 인식했다는 의미만을 가진 것이 아니었다. 살리나스 정부는 멕시코 경제에서 신자유주의 모델이 작동할 수 있다는 쪽에 판돈을 걸면서 정치적 안정성 자체를 도박판에 올려놓았다. (멕시코의 어느 신랄한 정치사상가의 말을 빌리면) "미국과는 전적으로, 실질적으로, 아예, 다른 나라"인 멕시코가 10년 만에 미국식 모델을 따라 근대화할 수 있다고 믿는 불합리한 생각이 확고한 사실로서 받아들여지고 있었다.

한 연구서[36]에 따르면, 미국의 비디오점 〈블록버스터〉는 멕시코에 새 지점을 내면서 남미 영화와 유럽 영화는 외국 영화로 분류하고 미국 영화와 멕시코 영화는 같은 코너에 진열했다. 미국과 멕시코가 실질적으로나 문화적으로나 모든 면에서 하나로 합쳐졌다는 미국의 믿음을 단적으로 보여 주는 사례였다.

자유시장과 민주 정부가 자연스런 균형 상태를 이루며 굴러갈 수 있다고 믿는 사람들로서는 신자유주의 경제 개혁이 정치적 위험성을 갖고 있다고 상상하기 힘들 것이다. 그래서 미국에서는 이런 위험이 거의 파악되지 못했다. 하지만 멕시코는 이를 진작부터 잘 알고 있었다. 멕시코에 자유시장을 도입한 주역 카를로스 살리나스 대통령도 이 점을 잘 인식하고 있었다.

1991년 말의 어느 인터뷰에서 살리나스는 미하일 고르바셰프 Mikhail Gorbachev의 소비에트 개혁 프로그램에서 경제 구조 조정(페레스트로이카)과 정치 자유화(글라스노스트)가 함께 갈 수 있다고 본 것은 잘못이었다고 언급하면서 그 점이 소비에트 붕괴의 원인이 됐을 수 있다고 암시해 눈길을 끌었다. "글라스노스트라고 부르는 종류의 자유는 멕시코에 수십 년간 존재했다. (…) 강한 경제 개혁을 도입할 때는 그것에 대해 정치적인 합의가 이뤄지도록 해야 한다. 강한 경제 개혁을 도입하면서 동시에 급격한 정치 개혁까지 도입하려 한다면 아무런 개혁도 하지 못하고 끝나게 될 것이다. 우리는 산산조각 난 국가를 원하는 것이 아니라 개혁을 원한다."[37] 이런 언급을 보면 살리나스가 1989년 말까지만 해도 미국과의 자유무역 협정을 반대했던 이유를 알 수 있다. (살리나스는 이듬해 2월에 미국과 자유무역을 추진할 것이라고 발표한다.)[38] 살리나스는 멕시코에서 시장 개혁이 가져올 정치적 위험들을 잘 알고 있었다. 하지만 그의 미국 선생님들은 그러지 못했다. 이 위험들은 미국이 대對멕시코 경제정책을 결정할 때 토대로 삼은 경제철학에는 나오지 않는 것이었다.

살리나스의 우려는 현실이 되었다. 자유시장 실험을 했던 다른 나라에서와 마찬가지로 이 실험을 지지하고 추진한 정권은 그 실험의 피해자가 되었다. 1997년 7월 선거에서 제도혁명당은 좌파 민주혁명당의 쿠오테목 카르데나스Cuauhtemoc Cardenas에게 멕시코시티 시장 자리를 내줬을 뿐 아니라 하원의 다수당 자리도 잃었다. 국가 전체적으로 민주혁명당은 보수 국민행동당에 맞먹는 핵심 야당으로 부상했다. 제도혁명당은 상원 다수당을 유지했고 가장 큰 단일 정당으로 남아 있기는 했지만 집권했던 68년 내내 잃었던 의석 수를 다 합한 것보다도 많은 의석을 잃었다. 제도혁명당 정권은 자유시장 정책이 촉발한 경제적 불안정성 때문에 무너졌다.

자유시장 실험은 가뜩이나 불평등한 사회였던 멕시코에서 경제적·사회적 불평등을 더 심화시켰다. 1992년에 멕시코의 가장 부유한 10퍼센트는 국민소득의 38퍼센트를 차지한 반면 가난한 절반은 겨우 18퍼센트를 차지했다. 국민소득의 3분의 2가 인구의 30퍼센트에게 돌아갔고(이는 레이건 시절 직후의 미국보다도 심한 것인데, 그때 미국에서는 국민소득의 55퍼센트가 상위 20퍼센트에게 돌아갔다) 하위 30퍼센트에게 돌아간 몫은 8퍼센트뿐이었다. 1993년의 최저임금은 1975년 수준의 절반에도 못 미쳤다.[39] 한편 멕시코는 초거대 부호가 많은 나라로도 꼽힌다. 어느 조사에 따르면, 멕시코에서 가장 부유한 열두 명이 가진 부를 다 합하면 멕시코 연간 총생산의 10퍼센트에 달하는 것으로 추정되기도 했다.[40]

멕시코에서 초거대 부호가 가진 부의 규모보다 더 중요한 것은 중산층의 규모가 작다는 것이고 신자유주의 정책이 추진된 15년간 중산층이 더 줄었다는 사실이다. 1940년에서 1980년 사이에 경제가 서서히 성장하면서 멕시코의 중산층도 점점 두터워지기는 했다. 하지만 멕시코 정치사상가 호르헤 카스타네다Jorge Castaneda는 이렇게 설명했다.

물론 멕시코에도 중산층이 있다. (…) 하지만 소수다. 인구의 4분의 1에서 3분의 1 정도에 불과하다. 대다수의 인구는 가난하고, 도시 슬럼에 거주하며, 유색 인종이고, 미국 등 산업화된 국가 사람들이 누리는 현대적 생활(공공 교육, 양질의 의료와 주거, 공식적인 일자리, 사회복지, 투표하고 공직에 진출하고 배심원으로 참여할 권리 등)에서 배제되어 자기들끼리 엉켜 생활한다. 그들은 매우 부유한 소수의 사람들, 그리고 그보다 다수이긴 하지만 진입하기에는 여전히 어려운 중산층 사람들과는 완전히 분리된 채로 살고, 일하고, 잠자고, 미사를 본다. (…) 멕시코 혁명 이후 몇십 년 동안(아마도 1950년대까지)에는 계층의 상향 이동이 어느 정도 가능했다. 성공한 기업가들이 생겨나고 중산층이 성장하면서 서로 다른 계급 출신의 사람들이 섞이는 것이 가능했다. 하지만 1980년대에 멕시코는 다시 한 번 세 개의 나라가 되었다. 우선, 세련되고 풍요롭게 사는 소수의 크리오요(유럽계 백인) 상류층과 중상층. 다음으로 인구 대다수를 차지하는 가난한 메스티소(유럽계와 남미 원주민의 혼혈). 마지막으로 식민지 시절 '인디언 지역'이라고 불렸고 오늘날 '엘 멕시코 프로푼도(깊은 멕시코)'라 불리는 지역(치아파스, 오아하카, 미코아칸, 게레로, 페우블라, 치와와, 소노라)에 사는 극심하게 가난한 토착민들.[41)]

1980년대 초부터 진행된 멕시코의 시장 개혁은 경제 불평등을 확대하고 40년간 이어져 오던 중산층의 증가 추세를 거꾸로 돌려놓았다. 이 과정은 "북미자유무역협정"으로 가속화되었고 1994년 위기 때 도입된 긴축 정책으로 한층 더 속도가 빨라졌다. 로더릭 아이 캠프 Roderic Ai Camp는 이렇게 언급했다. "한 나라의 경제, 그리고 그것이 취하고 있는 경제 모델이 사람들에게 계층의 상향 이동을 가능하게 해서 중산층을 늘릴 수 있느냐는 사회 전체에 파급 효과가 매우 큰 사회적 이슈 중 하나다. 세디요 대통령이 도입한 긴축 정책은 (…) 많은 멕시코인들이 중산층의 지위를 잃을 가능성이 크며 노동자 계급에서 중산층으로 진입할 수 없을 가능성은 더 크다는 점에서 위험하다."[42]

멕시코에서 신자유주의 정책이 가져온 사회 불안정성은 중산층을 무너뜨린 데서만 그치지 않았다. 가난한 사람들의 처지는 더 심각하게 악화됐다. 신자유주의 기획이 본격적으로 시도되기 전인 1984년에는 하위 50퍼센트가 국민소득의 20.7퍼센트를 차지했는데 1992년에는 이 수치가 18.4퍼센트로 떨어졌다.[43] 정확한 통계 자료는 없지만 국민소득이 정체되었거나 하락한 1995년~1996년에는 가난한 사람들에게 돌아간 몫이 분명히 더 낮아졌을 것이다.

"북미자유무역협정"이 촉진한 무역 개방의 결과로 1990년대 중반이 되면 멕시코 사람들의 식료품 구매 중 40퍼센트가 미국식 슈퍼마켓으로 집중된다. 〈월마트〉나 〈K마트〉 같은 미국 유통 업체가 들어오면서, 멕시코의 소규모 상점이 수천 개씩 사라졌다.[44] 경제 자유화 정책들이 전통적으로 내려오던 토지 보유권을 사유화하고 농산물에 대한 가격 보조를 없애면서, 커피 가격 폭락 사태에서 본 바와 같이 농민과 농촌 공동체는 시장 변동에 더 취약해졌다.

여기에다 1994년 통화 위기 이후에 강제된 긴축 정책은 농촌과 도시 빈민 모두의 상황을 더 악화시켰다. 1995년에 멕시코 경제는 7퍼센트나 위축되었다. 인구 증가와 연령 구조상 매년 백만 명이 노동시장에 새로 들어오는 나라에서 백만 개의 일자리가 사라졌다. 미국 신용 평가 기관 〈스탠다드앤푸어스Standard and Poor's〉에 따르면 통화 평가절하에 이은 은행 위기로 1996년에 멕시코의 국내총생산이 12퍼센트에 해당하는 비용을 발생시켰다. 이는 1991년~1992년 은행 민영화로 확보한 금액의 두 배도 넘는 것이다. 또한 한 추정치에 따르면 공식적 · 비공식적 실업으로 영향을 받은 사람들이 노동 가능 인구의 4분의 1에 달한 것으로 보인다.[45]

최하층계급이 인구의 절반 이상이라는 점도 멕시코의 신자유주의 개혁이 얼마나 불합리했는지를 보여 준다. 시장 개혁으로 국가의 부가 증가했다 해도 그 부는 빈민층은 고사하고 중산층으로도 흘러 들어가지 않았다. '낙수 효과'는 미국이나 영국 같은 선진국에서도 잘 일어나지 않는 일이다. 하물며 멕시코에서는 보르헤스류의 환상문학 속에서나 가능할 이야기일 뿐이다.

1994년 1월 1일에 식민지 시대 도시 산 크리스토발 데 라스 카사스에서 시작된 농민과 토착민의 반란에는 지역적인 원인도 많이 작용했다. 그들의 핵심 요구는 개혁적인 것이었지 혁명적인 것은 아니었다. 많은 마야 토착민을 고통스럽게 한 토지 보유권의 부당함이 주된 쟁점이었다. 하지만 그날 〈사파티스타 민족해방군Zapatista Army for National Liberation〉(멕시코의 혁명적인 지도자 에밀리아노 사파타 Emiliano Zapata를 기리며 지어진 이름이다)이 일으킨 봉기는 멕시코의 신자유주의에 대한 저항이기도 했다.

그렇다고 〈사파티스타 민족해방군〉이 멕시코 경제에 대해 일관된 종합 프로그램을 가지고 있는 것은 아니었다. 베일에 싸인 신비로운 지도자 마르코스 부사령관(Subcommander Marcos, 나중에 알려지기로, 대학교수였던 라파엘 세바스티안 기엔 비센테Rafael Sebastian Guillen Vicente라고 한다)은 마오주의와 포스트모던주의를 섞은 듯한 이념을 지지했다. 그래도 사파티스타 운동은 멕시코 정권을 심각하게 흔들 역량이 있음을 보여 주었다. 하지만 멕시코 정권을 몰아낼 만한 역량은 없었다.

이 점에서 사파티스타는 그 이전 20년간 남미에서 발흥했던 여타 게릴라 운동들과 다르지 않다. 1996년 12월 29일 과테말라의 반정부 게릴라 단체 〈민족혁명연합(URNG)〉은 알바로 아르수Alvaro Arzu 대통령 정부와 평화협정을 맺었다. 이로써 1960년 11월부터 이어진 내전이 끝났다. 내전으로 15만~25만 명이 숨졌고 100만 명가량이 터전을 잃었다. 남미 최후의 전면적 게릴라 전쟁은 끝났지만 이 저항을 일으켰던 불만들이 사라졌다는 의미는 아니었다. 그보다는 1980년대 초에프라인 리오스 몬트Efrain Rios Montt 군부독재 정권의 초토화 정책이 성공한 결과로 보아야 한다. 1996년 체결된 평화협정에 이어 마야 토착민 차별을 막기 위해 효과적인 조치가 뒤따르리라고 기대한 사람은 거의 없었다. 사파티스타 운동의 운명도 이와 크게 다르지 않을 것이다.

1982년 이래로 생활수준이 거의 줄곧 정체 상태였던 데다 자유시장 실험까지 진행되면서, 60년간 멕시코를 지배했던 정치 담합이 무너졌다. 하지만 그것을 대신할 민주적 제도들이 생겨나지는 못했다. 1997년 7월 선거에서 야당이 승리한 것은 제도혁명당이 약화됐음을 보여주지만, 민주주의가 강하다는 것을 증명한다고 볼 수는 없다. 게다가 신자유주의 기간 동안 국가기구가 부패하면서 민주주의 건설에 막대한 장애를 만들어 냈다.

카를로스 살리나스 대통령 시절에 유명 인사가 암살되는 사건이 여러 차례 발생했는데 이는 멕시코 정치를 암묵적으로 규율했던 오랜 관습들이 깨졌음을 나타내는 징후였다. 1995년 5월 과달라하라 공항에서는 포사다스 추기경Cardinal Posadas이, 1994년 3월 티후아나에서는 살리나스 대통령이 직접 지명한 제도혁명당 대선 후보 루이스 도날도 콜로시오Luis Donaldo Colosio가, 1994년 9월에는 에르네스토 세디요가 집권했을 때 새로운 다수당 대표로 유력시되었으며 제도혁명당 사무총장을 지낸 호세 프란시스코 루이스 마시에우(Jose Francisco Ruiz Massieu, 살리나스의 매형이기도 하다)가 살해됐다. 이 사건들이 정치 자유화 조치에 반대하는 제도혁명당 기득권의 소행인지, 살리나스 정부가 이제까지의 암묵적 묵인을 배신한 데 대한 마약 카르텔의 보복인지는 알 수 없다.[46]

1995년 2월에 살리나스 대통령의 형 라울 살리나스Raul Salinas가 호세 프란시스코 루이스 마시에우의 살해를 공모한 혐의로 수감되고 같은 해 11월에 라울 살리나스의 아내가 남편 계좌에서 가명으로 8천만 달러를 인출하려다 스위스 경찰에 체포되자, 멕시코 사람들 사이에서 살리나스 대통령과 그의 형이 민영화 입찰을 사적인 이익에 따라 조작한 것이 아니냐는 의심이 증폭됐다. 1997년 2월에 저명한 멕시코 주간지 『프로세소Proceso』는 라울 살리나스, 전 법무차관 마리오 루이스 마시에우(Mario Ruiz Massieu, 살해된 호세 프란시스코 루이스 마시에우의 동생), 그리고 멕시코의 마약 카르텔 사이에 관련이 있다고 주장했다. 이에 대해 살리나스의 변호사는 보도 내용이 사실이 아니라고 강력하게 부인했다.[47] 진실이 무엇인지는 알기 어려울 것이다.

멕시코가 '마약 민주주의narco-democracy'가 될지 모른다는 위험도 있다. 1997년 2월에 마약 수사 고위 당국자가 멕시코에서 가장 강력한 마약 집단으로부터 돈을 받은 혐의로 체포됐다. 여기에 멕시코 북서부에 있는 소노라의 주지사를 포함해 고위 당국자가 여럿 관여되어 있다는 주장도 제기됐다. 멕시코 정치가 '콜롬비아화' 될지 모른다는 것은 매우 현실적인 우려다.[48]

제도혁명당 정권의 근대화 기획으로 도입된 신자유주의 정책은 제도혁명당을 근대화시키기는커녕 그 기반만 무너뜨렸다. 카를로스 살리나스 대통령이 멕시코의 신자유주의 개혁을 고르바셰프의 페레스트로이카에 비교하면서 우려했던 정치적 위험이 현실화된 것이다.

멕시코에서 신자유주의 경제 개혁을 이루려 했던 미국의 정책은 살리나스가 자유시장을 진심으로 지지할 것이라는 확신에 기반해 있었던 것 같다. 어떤 근거로 이런 신념을 가질 수 있었는지 모르겠다. 속임수가 미덕인 정치 문화에서 어떻게 카를로스 살리나스가 갱생한 신자유주의 신봉자가 되어 시카고학파 신앙의 열렬한 사도가 되리라 믿을 수 있단 말인가? 하지만 미국은 살리나스가 정권을 잡은 동안에는 물론이고 그 이후에도 얼마간 살리나스를 일관되게 〈세계무역기구〉 총재 후보로 지지했다.

미국의 정책 입안자들은 자신이 바꾸어 낼 수 있다고 생각한 멕시코 정치 문화의 모호성을 보지 못했다. 숱하게 차이점이 드러났는데도 자신이 상대하는 문화가 자기 문화와 크게 다르지 않다고 믿었던 모양이다. 위대한 멕시코 작가 옥타비오 파스Octavio Paz가 말했듯이 "멕시코의 핵심은 유럽적이지 않고 인디언적"이라는 점을 그들은 이해하지 못했다.[49]

멕시코 문화가 유럽적이라 쳐도, 그렇다면 더더욱 멕시코에서 미국적 가치에 대한 저항이 유럽 국가들에서보다 덜하리라 기대할 이유는 없을 것이다. 미국의 정책 입안가들은 이런 점을 인식하지도 못했지만, 인식했다 해도 멕시코의 만성적인 저개발 탓이라고 해석했다. 워싱턴 컨센서스는 멕시코도 세계의 다른 모든 나라들과 함께 '우리처럼 될 것'이라고 확신했다.

멕시코 시장 개혁의 결과는 미국 입장에서 보더라도 뒤틀린 효과를 가져왔다. 미국의 이해관계가 멕시코의 정치적 안정에 매우 크게 달려 있다는 점은 분명히 고려되기는 했다. 그런데도 신자유주의 정책은 멕시코를 독특하게 안정적인 남미 국가에서 매우 심각한 혼란에 빠진 나라로 변화시켰다. 이런 면에서, 미국의 정책을 이끄는 경제철학은 미국의 전략적 이해관계와 상충한다.

페소화 평가절하 이전에 멕시코에 투자한 펀드 매니저들은 자신의 막대한 이윤이 큰 리스크를 감수하는 데서 온다고 보았다. (그런데 구제금융의 결과 중 하나는 그 리스크의 비용을 멕시코 경제로 떠넘겨 버린 것이었다.) 하지만 그 리스크의 많은 부분이 멕시코 경제를 미국식 자유시장으로 만들겠다며 추진한 근대화 기획의 내재적인 불합리에서 온 것임은 이해하지 못했다.

신자유주의 이후에 멕시코의 정책이 어디로 가게 될지는 알 수 없지만, 과거의 경제 국수주의로 회귀하는 것은 가능하지 않을 것이다. 멕시코에서 자유시장 정책은 공공연히 실패했다. 그러면서 자신이 황폐화시킨 사회에 긍정적인 선택의 여지는 거의 남겨 놓지 않았다.

자유시장 만들기 이후

영국, 뉴질랜드, 멕시코라는 아주 다른 세 나라에서 자유시장 정책이 가져온 결과가 무척 비슷했다는 것은 우연이 아니다. 세 나라 모두에서 자유시장은 중산층을 축소시키고 아주 소수의 사람들만 부유하게 만들었으며 사회와 경제에서 배제된 최하층계급을 증가시켰다. 또 자유시장을 추진했던 바로 그 정치적 체제를 무너뜨렸다. 자유시장의 실험은 국가권력을 거리낌없이 사용하면서 그것을 부패시켰고 어떤 면에서는 국가 제도의 정당성 자체를 훼손해 버렸다. 초기의 정치적 연합은 분열되거나 무너졌다. 사회도 분열됐다. 그리고 자유시장 실험이 남겨 놓은 사회적·경제적 조건들은 그 이후에 다른 정당들이 취할 수 있는 행동의 여지도 크게 제한해 버렸다.

경제적 성과는 조금씩 달랐다. 영국에서는 자유시장이 강요한 대대적인 구조 조정이 영국 경제의 경쟁력을 강화시켜 주었다. 하지만 지난 한 세기간 이어졌던 경제의 하강을 되돌려 놓지는 못했고 사회적 배제의 비용을 막대하게 발생시켰다. 뉴질랜드에서도 신자유주의 정책은 경제 구조 조정을 이뤄 냈지만 사회적 결속을 크게 훼손했다. 멕시코에서 이루어진 신자유주의 실험은 막대한 사회적·정치적 피해를 야기했으면서 경제적인 성과 또한 거의 내지 못했다.

세 나라 모두에서 신자유주의 정책을 실행한 정당들은 권력을 잃었고 분열됐다. 뉴질랜드에서는 양당이 초당적으로 지지한 자유시장 정책에 대중들이 불만을 가져 선거제도가 개혁됐고 두 개의 주요 정당이 모두 분열됐다. 멕시코에서는 제도혁명당이 권력 기반을 잃었다.

영국에서는 노동당의 정치 의제에 의회 및 정치제도의 대대적인 개혁이 포함되었다.

하지만 신자유주의 정책은 그것에 맞설 만한 정치적 기획들을 제거해 버렸다. 영국의 일국토리주의나 사회민주주의, 멕시코의 경제 국수주의나 보호무역주의, 뉴질랜드의 케인스주의적 관리경제 등은 모두 과거에 속한 정치적 기획이었다. 자유시장은 테크놀로지의 변화, 그리고 세계경제의 흐름과 맞물리면서 세 나라 모두에서 정치와 경제를 되돌릴 수 없는 수준으로 변화시켰다. 짧았던 한동안은, 자유시장이 자신의 목적을 위해 테크놀로지와 세계경제의 변화를 동원해 내는 것 같아 보였다.

뉴라이트는 세계 수준에서 벌어지고 있던 기술과 경제 변화를 활용해 권력을 유지할 수 있었다. 정점이던 시절에 자유시장주의자들은 경제 세계화의 압력을 동원해 많은 나라에서 정책을 통제할 수 있었다. 하지만 다음 단계로 들어가면 세계화는 전 지구적 자유시장 자체를 삼켜 버릴 것이다.

False Dawn

3장
세계화는 무엇이 아닌가

자본주의는 경제적으로 안정된 동안에도, 혹은 안정성이 더 높아지는 동안에도, 인간 정신을 합리화함으로써 자기 자신의 근본적인 조건, 동기, 사회 제도와는 부합하지 않는 삶의 양식과 태도를 만들어 낸다.

조지프 슘페터Joseph Schumpeter,
「자본주의의 불안정성The Instability of Capitalism」[1)]

세계화가 의미하는 것

'세계화globalization'는 많은 것을 의미할 수 있다. 우선, 세계화는 산업 생산과 커뮤니케이션의 모든 현대 기술이 교역, 자본, 생산, 정보에서 국경을 넘어 전 세계에 확산됨을 의미한다. 국경을 넘는 이동이 많아진 것 자체도 전근대 사회였던 곳에 새로운 기술이 전파된 결과다. "우리는 세계화의 시대에 살고 있다"고 말한다면, 이는 이제 거의 모든 사회가 산업화되었거나 산업화에 착수했다는 뜻이다.

또한 세계화는 거의 모든 경제가 다른 곳의 경제와 연결돼 있다는 의미이기도 하다. 북한처럼 바깥 세계로부터 자국 경제를 고립시키고자 하는 나라도 있기는 하다. 이런 나라들은 세계시장으로부터 독립성을 유지하는 데는 성공했지만 그러느라 막대한 경제적 · 인적 비용을 들여야 했다. 세계화는 역사적인 과정이다. 세계화가 꼭 전 세계 모든 경제가 동일하게 집중적으로 연결되도록 만드는 것은 아니다. 세계화에 대한 어느 초창기 연구는 이렇게 설명했다. "세계화는 단일한 조건도, 직선적인 과정도, 사회 변화의 유일한 종착점도 아니다."[2)]

세계화는 모든 경제가 수렴해 가는 최종 상태도 아니다. 모든 국가가 세계경제에 동등하게 통합된 상태야말로 세계화가 의미하지 않는 것이다. 경제활동이 전 세계적으로 더 긴밀하게 연결되면 오히려 국가 간의 불균등한 발전이 가속화된다. 멕시코 같은 '주변부' 개발도상국들은 미국 같은 '중심부' 국가들에서 오는 투자에 의존성이 높아진다. 경제 세계화는 국가 사이에 존재했던 경제적 위계를 약화시키거나 뒤엎기도 하지만(이를테면 중국과 서구 국가들의 관계를 생각해 보라), 동시에 기존의 위계를 강화하기도 하고 새로운 위계를 만들어 내기도 한다.

경제 세계화가 더 진전된다고 해서 어느 한 사회가 가진 경제활동의 **모든** 측면이 전 세계 경제와 긴밀히 연결되리라는 것을 의미하지도 않는다. 경제 세계화가 얼마나 깊숙히 진전되든 간에 한 사회의 경제생활 중 세계시장의 영향을 받지 않고 남아 있는 면은 존재하게 마련이다. 어느 면이 세계시장의 영향을 받고 어느 면이 안 받을지는 시간이 지남에 따라 계속 달라지겠지만 말이다.

몇몇 상품에 대해 세계시장 가격이 설정된 것은 세계화의 시작에 불과하다. 오늘날 생활의 많은 부분이 먼 나라의 경제활동과 연결돼 있지 않은 사회는 거의 없다. 19세기 내내, 그리고 20세기 상당 기간 동안에도 글로벌 시장은 대부분의 사회를 거의 손대지 않고 남겨 두었다. 하지만 이제 전통 사회는 사라졌거나 글로벌 시장의 관계망에 저항할 수 없이 끌려 들어와 있다.

중국에서는 몇십 년 전만 해도 수억 명의 사람들이 세계시장과 간헐적이고 약하게만 관련된 채로 농촌 공동체에 살았다. 농촌 공동체는 농업 집단화와 문화대혁명 시대를 겪고도 살아남았지만, 이제는 강요된 시장경제가 가난한 농민들을 먼 곳이나 도시로 일자리를 찾아 떠나게 내몰면서 와해되고 있다. 인도에서는 시장 개혁이 영국 식민 통치가 끝난 뒤에도 40년이나 유지돼 온 카스트와 결혼 전통을 위협하고 있다. 그와 동시에 이런 변화는 인도의 근대화가 서구화를 의미한다는 개념에 반대하는 급진적 힌두 운동을 촉발시켰다. 또 구소련에서는 시장화 과정이 사회에 일종의 근대화(빈곤과 문화적 분열이라는 측면에서의 근대화이지만)를 성공적으로 강제해 내고 있다. 이는 공산주의도 하지 못했던 일이다. 이렇듯 예전에는 세계시장 외부에 존재했던 전통 사회와 사회주의 사회들이 이제는 더 이상 그렇게 존재할 수 없다.

세계화는 사회가 다양한 방식으로 세계시장에 연결되고 의존하게 되면서 발생하는 문화적 변화를 의미하기도 한다. 현대 정보 통신 기술이 등장한 이래로 각국의 문화는 이전보다 훨씬 깊이 영향을 받게 되었다. 많은 소비재 브랜드가 이제 어느 한 국가에 속하기보다는 글로벌 브랜드의 속성을 가진다. 기업은 전 세계에서 판매할 목적으로 제품을 생산한다. 거의 모든 사회의 대중문화가 동일한 원천에서 나오는 이미지로 채워진다. 유럽연합 국가들은 다른 유럽 국가 문화의 어느 면보다도 할리우드 영화에서 온 이미지를 많이 공유한다. 동아시아 국가들도 마찬가지다.

세계화가 뜻하는 이 모든 '의미들'의 기저에는 하나의 기본 개념이 있다. 바로 **탈지역화**다. 활동과 관계가 지역적인 원천과 문화에서 떨어져 나오는 것이다. 세계화는, 얼마 전까지만 해도 지역적이었던 활동을 지역에서 떼 내어서 먼 곳, 혹은 전 세계에 미치는 관계망 속에 갖다 놓는다. 앤서니 기든스Anthony Giddens는 이를 다음과 같이 요약했다. "세계화는 (…) 국지적 사건이 먼 곳의 사건들과 영향을 주고받을 수 있게 되는 방식으로 서로 멀리 떨어진 현실들이 연결됨으로써 사회적 관계가 전 세계적으로 심화되는 것이라고 정의 내릴 수 있다."[3]

소비재, 금융자산(주식, 채권 등), 심지어 노동까지 포함해서 모든 상품의 국내 가격은 점점 국내 조건에서는 영향을 덜 받게 되고 세계시장 가격에 따라 변동하게 된다. 다국적기업은 생산망을 쪼개서 가장 수익성 있다고 여겨지는 방식으로 세계 각지에 분산시킨다. 다국적기업의 제품은 어느 한 국가의 제품이라기보다 세계 브랜드 혹은 그 회사의 브랜드로 인식된다. 광고나 엔터테인먼트를 통해 동일한 이미지가 많은 나라 사람들에게 전파된다. 세계화는 어느 사회의 활동들을 지역적 지식에서 떼 내어서 다른 곳과의 네트워크 속에 밀어 넣는다. 그 네트워크 속에서 한 사회에서 벌어지는 일들은 다른 곳의 사건들에 영향을 미치고 또 다른 곳의 사건들로부터 영향을 받는다.

흔히들 세계화를 동질화의 경향으로 이해한다. 하지만 이것도 세계화가 의미하지 **않는** 것이다. 자본과 생산이 국경을 넘어 자유롭게 이동하는 글로벌 시장은 지역 간, 국가 간, 지방 간에 **차이**가 존재하기 때문에 가능하다. 임금, 숙련도, 인프라, 정치 리스크 등이 세계 어디나 똑같다면 세계시장은 성장할 수 없었을 것이다. 모든 곳의 조건이 동일하다면 해외에 투자를 하거나 생산 시설을 해외로 옮기는 것은 수익성에 도움이 되지 않는다. 글로벌 시장은 각국 경제 사이에 차이가 존재하는 한에서만 번성할 수 있다. 그리고 바로 이 때문에 세계화 추세는 막기가 어렵다.

고도로 이동성이 크고 변덕스런 자본이 인프라, 숙련 노동력, 혹은 정치적 안정성이 부족하다는 이유로 (지난 몇십 년간 민간 자본이 중앙아프리카와 서아프리카에 투자를 피했듯이) 어떤 지역이나 국가를 피한다면 이런 곳들은 더 가난해질 것이고 생산적인 자본을 끌어오기에 매력적인 곳과 격차가 더 벌어질 것이다. 신기술이 서구에서 동아시아로 퍼지는 경우에 그것이 서구의 경제 문화까지 실어 오지는 않을 것이다. 오히려 동아시아에서 토착적인 경제 문화를 강화할 것이다. 닫혀 있던 지역, 혹은 기술을 효과적으로 사용할 수 있는 시장 제도가 존재하지 않던 지역에 신기술이 들어오면 토착 문화와 상호작용하면서 새로운 유형의 자본주의를 만들어 낸다.

중국을 생각해 보자. 중국 본토가 세계시장에 진입한다고 해서 중국 경제가 서구 경제와 비슷해지리라는 것을 뜻하지는 않는다. 중국 경제는 가족 중심성이 덜한 러시아의 자본주의와도 이미 많이 다르다. 중국 자본주의는 전 세계 화교들이 구성하고 있는 경제와 가장 유사한데, 그러면서도 지난 두 세대 동안 중국 본토가 겪은 격동의 역사에서 나오는 독특한 특징도 가지고 있다.

다른 모든 사회와 마찬가지로 중국에서도 시장의 삶은 더 큰 문화를 반영하며 그 문화 중 빙산의 일각만 보여 줄 뿐이다. 사회마다 가족과 시장이 갖는 신뢰도가 다르다는 점 때문에라도 각 사회의 경제 문화(기업 규모, 자본 집중도 등) 역시 크게 다를 것이다.

중국에서는 신뢰가 가족의 범위를 넘어서는 좀처럼 확장되지 않기 때문에 일본 같은 기업 형태를 따르게 될 가능성이 적다. 일본에서는 신뢰가 가족 범위를 넘어 확장되는 것이 일반적이다. 중국 본토에 완전히 자본주의화된 시장경제가 생겨난다면 그 양상은 서구 자본주의와 다른 만큼이나 일본 자본주의와도 다를 것이다. 일본식 거대 기업 집단은 많지 않을 것이고 소규모 가족 기업이 많을 것이다. 또한 일본처럼 중산층에 의존하지도, 그러한 중산층을 꼭 만들어 내지도 않을 것이다. 실제로 중국 일부 지역에서는 급속한 시장 개혁의 결과로 이런 종류의 중국식 자본주의가 생겨나기 시작한 것 같다.

중국 자본주의의 모습은 화교 경제권에서 전조를 많이 찾아볼 수 있다. 존 미클스웨이트John Micklethwaite와 에이드리언 울드리지Adrian Wooldridge는 이렇게 설명했다.

화교들이 만들어 낸 가족 기업들의 '대나무 네트워크bamboo network'는 하나의 흥미로운 변종에 불과한 것이 아니라 완전히 발달한 (그리고 점점 강력해지고 있는 것으로 보이는) 경제 모델이다. (⋯) 필리핀에서 화교는 인구의 1퍼센트밖에 차지하지 않지만 주식시장의 절반 이상을 장악하고 있다. 인도네시아에서는 화교 인구가 4퍼센트지만 주식시장의 75퍼센트를 차지하고 있다. 말레이시아에서는 이 수치가 각각 32퍼센트와 60퍼센트다. (⋯) 1996년이 되면 5,100만 명의 화교가 7,000억 달러의 경제가치를 장악하게 될 것으로 보이는데 이는 12억 인구를 가진 중국 본토 경제 규모와 비슷한 수치다.[4]

글로벌 시장의 성장은 미국의 기업 문화가 전 세계에 복제되리라는 것을 의미하지도 않는다. 미국 자본주의에서는 기업이 무엇보다도 주주의 이익을 위한 도구라고 생각되지만 다른 자본주의들에서는 대체로 이런 견해가 받아들여지지 않는다.

독일에서는 주주 이외에도 많은 '이해 당사자들'이 기업 이사회에 참여한다. 독일의 주요 기업이, 미국 기업이 생산 시설을 캘리포니아에서 멕시코로 이전할 때와 같은 방식으로 갑작스럽고 완전하게 독일 노동시장에서 빠져나가 버리는 것은 상상하기 어렵다. 물론 글로벌 시장은 미국의 기업 방식을 반영해 구성되었으므로 전후에 독일에 세워진 사회적 시장을 갉아먹을 것이다. 하지만 그렇다고 독일식 자본주의를 미국식 시장 개인주의로 바꾸어 놓지는 못할 것이다. 그보다 글로벌 시장은 독일과 미국 모두에서 자본주의의 변형을 가져올 것이다.

어느 나라의 경제 문화도 글로벌 시장이 강제하는 변화에 저항할 수 없다. 글로벌 시장이 미국을 포함한 모든 곳에 유발할 결과는 새로운 종류의 자본주의를 만들어 내는 것일 터이다. 글로벌 시장은 모든 경제에 새로운 근대화를 강제하지, 옛 기업 문화를 복제하지는 않는다. 새로운 자본주의가 만들어지고 옛 자본주의는 파괴된다.

전 지구적인 커뮤니케이션의 확산으로 서로 다른 문화들이 점차 수렴되리라는 주장도 맞지 않다. 〈CNN〉이 실어 나르는 미국의 세계관(이 세계관은, 반대되는 숱한 증거에도 불구하고, 미국적 가치가 보편적이며 미국의 제도가 세계의 모든 고질적 문제에 대한 해결책이라고 믿는다)은 오늘날의 커뮤니케이션 기술을 미국이 주도하고 있다는 데서 오는, 일시적으로 만들어진 현상일 뿐이지 보편 문명으로 가는 이정표가 아니다. 〈MTV〉처럼 각지의 문화에 맞게 프로그램을 수정하는 미디어 기업은 계속해서 글로벌한 기업으로 남을 수도 있을 것이다. 하지만 미국 중심적인 세계관에 계속 고착된다면 〈CNN〉은 그저 수많은 국가 미디어 중 하나에 불과하게 될 것이다.

세계화는 지리적으로 떨어져 있는 사람들도 커뮤니케이션 매체를 통해 상호작용할 수 있게 함으로써 문화적 차이를 드러내고 심화시킨다. 유럽 각지에 흩어져 살고 있는 남아시아인들은 위성 텔레비전으로 자신의 역사와 가치를 표현하는 방송을 보면서 문화적 유대를 강화한다. 유럽에 사는 쿠르드족은 쿠르드어 채널을 보면서 자신의 문화를 공고히 한다.

비슷한 이미지들이 전 세계에 넘쳐 나는 것은 글로벌 커뮤니케이션 매체가 가져온 표면적인 효과일 뿐이다. 물론 그런 이미지들은 각국의 공통 문화를 깨뜨리고 그 자리에 분절적인 이미지를 들여온다. 하지만 다른 한편으로 보면 현대 통신 매체들은 각국 문화들이 서구 문화와의 차이를, 그리고 서로와의 차이를 말하며 정체성을 확립해 갈 수 있게 해 주기도 한다.

어쩌면 각국 경제가 각자의 작동 방식은 유지하는 채로 더 긴밀하게 통합될 수 있을지도 모른다. 지난 몇십 년간 미국과 일본이 그랬듯이 말이다. 양국 간 교역은 증가했지만 기업 문화는 여전히 서로 크게 다르다. 일례로 미국에서는 거의 모든 주요 기업이 일상적으로 인력 감축을 하지만 일본에서는 그러는 일이 거의 없다. 미국과 일본 기업의 이러한 차이는 그 근간에 있는 양국 문화의 차이가 좁혀지고 있지 않다는 것을 반영한다.

1914년 이전의 세계화와 오늘날의 세계화

1914년 이전의 세계는 글로벌 단일 시장과 닮아 있었다. 유의미한 국경은 별로 없었고 화폐, 재화, 사람이 자유롭게 이동했다. 전신 케이블과 증기선이 19세기 글로벌 시장의 기술적인 토대를 마련했다. 그 이후로 세계의 전초 기지들은 서로 연결됐고 많은 상품에 대해 세계시장 가격이 형성됐다. 19세기 말(대략 1878년에서 1914년 사이)이 되면 국제 금융 시스템이 생겨나 국가 정부의 경제적 자율성을 제약했다. 오늘날의 주권국가가 자본의 세계적인 이동 때문에 거시 경제 정책을 행사할 여지에 제약을 받듯이, '벨 에포크' 시대의 국가는 금본위제 때문에 경제정책을 행사하는 데 제약을 받았다. 이런 점들을 볼 때, 1914년 이전의 세계에서 오늘날 글로벌 시장의 전조를 많이 발견할 수 있다.

하지만 우리가 19세기의 국제경제로 돌아갔다고 결론 내린다면 매우 잘못된 것이다. 재화와 정보가 국제적으로 이동하는 속도, 규모, 상호 연관성 등의 모든 면에서, 오늘날의 세계화는 이전 어느 시기보다 훨씬 대대적이다. 몇 가지만 예를 들어 보자. 전후에 세계의 생산량은 5배 증가한 반면 교역량은 12배 증가했다. 거의 모든 국가에서 수출입이 전에 없이 경제활동에서 큰 비중을 차지하게 됐다. 68개국을 대상으로 한 어느 연구에 따르면 1950년에는 교역으로 연결돼 있는 비중이 64퍼센트였는데 1990년에는 95퍼센트로 늘었다.[5] 국내시장이 큰 미국에서는 중소기업들이 국내 거래만 하는 것이 일반적이었지만 1994년에는 직원 수 5백 명 이하의 미국 기업 중에서도 5분의 1이 수출을 하고 있었고 그 비중은 높아지는 추세였다.[6] 적어도 1980년대 이후로는, 국내 총생산에서 교역이 차지하는 비중이 1차 세계대전 이전의 개방된 국제경제 시절을 훨씬 능가했다.[7] 교역량이 전에 없이 막대하게 확장된 것이다.

자본시장의 세계화도 전에 없이 심화됐다. 많은 나라의 투자자들이 주식과 채권을 국제적으로 분산해 운용하게 되면서, 몇몇 자료에 따르면 1980년대와 1990년대에 각국의 자본 수익률이 수렴하는 경향을 보였다.[8] 국채 시장에 비해 주식시장에서는 덜 두드러지지만 어쨌든 부인할 수 없는 경향임은 분명하다.[9] 모든 국가의 이자율이 점점 더 그 국가의 환경이나 정책보다는 세계적인 여건에 영향을 받고 있다. 또한 선진국에서 신흥공업국으로 가는 민간 투자는 1970년에서 1992년 사이에 20배 증가했다.[10]

그뿐 아니라 오늘날 외환 거래량은 하루에 1.2조 달러에 달한다. (아마도 이 점이 가장 주목할 만한 부분일 것이다.) 이는 세계 교역량의 50배가 넘는 규모인데, 그중 95퍼센트가 투기적 속성을 가지며 상당 부분이 선물과 옵션으로 된 복잡한 파생 금융 상품을 통한다.[11] 마이클 앨버트 Michel Albert에 따르면 "외환시장에서의 **일일** 거래량이 세계적으로 9천억 달러에 달하는데 이는 프랑스 **연간** 국내총생산에 맞먹고 전 세계 중앙은행의 외환 보유고를 다 합한 것보다 2억 달러가 많다."[12]

이러한 **가상** 금융 경제는 그 기저에 있는 **실물**경제에 파괴적인 영향을 끼칠 가능성이 있다. 그런 사례를 우리는 1995년에 영국에서 가장 오래된 은행인 〈베어링스 은행Barings Bank〉이 파산했을 때 목격한 바 있다. 가상 경제 자체도 그것이 기반하고 있는 글로벌 자본시장의 가속적인 성장처럼 세계 경제사에서 전례가 없던 현상이다. 1914년 이전에는 그와 비슷한 것도 존재하지 않았다.

다국적기업의 성장과 권력도 전에 없이 막대하다. 현재 다국적기업은 세계 생산의 3분의 1, 세계 교역의 3분의 2를 차지한다. 더 중요한 점은 세계 교역의 4분의 1이 다국적기업들 **사이에서** 발생한다는 사실이다.[13] 1993년에 나온 유엔의 연구에 따르면 다국적기업의 생산을 모두 합하면 5.5조 달러에 달했는데 이는 미국의 국내총생산에 맞먹는 규모였다.[14]

〈허드슨베이 회사Hudson Bay Company〉나 〈동인도 회사East India Company〉처럼 교역과 투자를 국제적으로 수행하는 회사들은 수백 년 전에도 있었다. 이렇게 넓은 의미에서라면 다국적기업은 유럽 식민주의와 함께 생겨났다고 볼 수 있다. 하지만 오늘날의 세계에서 다국적기업은 그때와는 비교가 안 되게 큰 규모로 활동한다. 현대의 다국적기업은 생산과정을 세분화해서 각 단계를 서로 다른 나라에서 담당하도록 만들 수 있다. 다국적기업은 자국 내의 여건으로부터는 이전 어느 때보다도 영향을 덜 받는다. 노동시장, 조세정책, 규제 정책, 인프라 등이 가장 유리한 나라를 고를 수 있어서다. 어느 나라에 자본을 투자하겠다는 약속과 어느 나라에서 자본을 빼내겠다는 위협은 해당 국가의 정책 결정에 큰 영향을 미친다. 오늘날에는 기업이 국가의 정책을 제약할 수 있다. 이런 종류의 민간 권력은 역사에서 사례를 찾아보기 힘들다.

다국적기업이 어느 국가의 기업 문화에도 뿌리를 두지 않은 채로, 또 어떤 비용도 없이 국경을 넘나든다는 의미는 아니다. 다국적기업도 본국의 경제와 문화에 강하게 뿌리 박고 있는 경우가 많다. 빈프리트 루이그로크Winfried Ruigrok와 R. 반 퇼더르R. Van Tulder의 연구에 따르면 세계적인 대기업 중에 전적으로 글로벌한 기업은 거의 없다. 사업 대부분이 해외에서 이뤄지고 있는 〈영국항공우주British Aerospace〉 같은 기업도 자산은 대부분 영국에 두고 있다.[15] 또 폴 허스트Paul Hirst와 그레이엄 톰슨Grahame Thompson은 다국적기업이 "일반적으로 자산의 3분의 2가량을 본국에 두고 있으며 비슷한 비중의 재화와 용역을 자국 내에서 판매한다"[16]고 언급했다.

진정으로 문화를 넘나드는 다국적기업은 거의 없다. 매우 드문 사례로 1,300개의 독립 회사로 구성된 스위스-스웨덴 기업 〈ABB〉를 꼽을 수 있는데,[17] 이는 매우 독특한 경우다. 거의 모든 다국적기업이 본국의 문화를 구현하고 표현하며, 미국 기업은 특히 더 그렇다.

다국적기업이 국가의 많은 기능을 대체하면서 '보이지 않는 정부'의 역할을 하고 있다는 견해가 요즘 유행한다. 하지만 사실 다국적기업은 허약하고 불안정한 조직이다. 다국적기업도 후기 근대의 모든 사회제도와 기관이 겪고 있는 권위의 상실과 공통 가치의 붕괴를 드러낸다. 글로벌 시장은 국가가 하던 기능을 기업이 맡도록 만든 것이 아니라 국가와 기업 모두를 약화시키고 무력화시켰다.

세계화 회의론, 또 다른 환상

오늘날의 세계화가 진정으로 새로운 현상은 아니라는 주장이 있다.

우리가 세계화라고 부르는 역사적인 변화의 과정은 수백 년 전에 시작됐고, 대부분의 지표로 볼 때 전 지구적 개방성은 1914년 이전의 자유주의 경제 질서에서도 매우 높았기 때문에 20세기 말의 세계화는 새로운 현상이 아니라는 것이다. 이 견해에는 맞는 부분도 있고 틀린 부분도 있다. 우선 이 견해는 몇몇 기업 이론가들이 주장하는 유토피아적 세계화론에 대해 유의미한 비판을 가하고 있다. 가령 켄이치 오마에Kenichi Ohmae는 미국 경영대학원들이 밀고 있는 '맥킨지 세계관'이라 부를 만한 이론의 대표 주자인데, 다음과 같이 주장했다. "냉전이 끝나면서 선진 산업국가 사이에 있었던 반목과 연합의 옛 양상은 완전히 무너졌다. 또한 이보다 눈에는 덜 띄지만 훨씬 더 중요하다고 볼 수 있는 점은 18세기와 19세기의 인공물인 근대 국민국가 자체가 무너지기 시작했다는 사실이다."[18] 이러한 '하이퍼 세계화' 이론을 비판하면서 세계화 회의론자들은 현대 세계를 이해하는 데 기여했다. 하지만 사실 세계화 회의론자들은 허수아비를 공격하고 있다.

기업계의 소수 유토피아주의자를 제외하면, 세계가 진정으로 단일 시장이 되어 국민국가가 사라지고 어느 국가에도 뿌리를 두지 않는 다국적기업이 국민국가의 자리를 대신하게 되리라고 기대하는 사람은 없다. 그런 기대는 기업이 상상하는 신기루이며 세계를 아우르는 자유시장의 도래가 불가피하다는 환상을 지탱하는 역할을 한다.

세계화 회의론자들은 그러한 환상이 가진 이데올로기적 역할을 잘 지적하고 있다. 이제는 국가가 실질적으로 할 수 있는 일이 없다는 믿음을 강화하는 역할 말이다. 허스트와 톰슨이 지적했듯이, "세계화는 환상이 사라진 세계에 딱 적합한 신화다. 하지만 서구의 사회민주주의와 소비에트 블록의 사회주의가 둘 다 끝장났다고 함으로써 (…) 이 신화는 우리에게서 희망을 앗아 가는 것이기도 하다. '세계화'가 미친 정치적인 영향은 희망의 지나친 축소라는 병폐라고 말할 수 있을 것이다."[19]

하지만 허스트와 톰슨의 세계화 회의론도 나름의 정치적 목적에 복무한다. 오늘날의 세계시장이 새로운 것이 아니라고 함으로써, 지나가 버린 과거에 속하는 유럽식 사회민주주의를 오늘날의 세계화에 대항할 수 있는 현실적인 정치 대안으로 내세우는 것이다. 그들은 이렇게 주장한다. "많은 면에서 국제경제는 1914년 이전이 그 이후의 어느 시기보다 더 개방적이었다 (…) 국내총생산 대비 비중으로 볼 때 국제 교역과 자본의 이동은 당시에 빠르게 산업화되고 있던 열강들 사이에서도, 그리고 그들과 식민지 사이에서도, 오늘날보다 1차 세계대전 이전에 더 중요했다. (…) 따라서 오늘날의 현상은 전례 없는 것이 전혀 아니다."[20] 하지만 이런 주장은 1914년 이전의 국제경제와 오늘날의 글로벌 시장 사이에 존재하는 결정적인 차이들을 보지 못하는 것이다.

정치학자 데이비드 헬드David Held와 동료 연구자들은 이렇게 설명했다. "불변가격 기준으로 (GDP 대비 교역량의) 비중은 1970년대가 되면 고전 금본위제 시대 수준을 넘어서고 오늘날은 그보다도 훨씬 높다. (…) 전후 GDP 증가의 상당 부분은 교역이 가능하지 않은 서비스 분야, 특히 공공서비스 분야에서 발생했는데도 그렇다. (…) 관세 수준도 (그리고 운송 비용도) 1970년대 이래로 고전 금본위제 시대보다 쭉 낮았다. 이는 오늘날의 시장이 더 개방적임을 보여 준다." 따라서 그는 "19세기 말에 글로벌 교역 시스템이 생겨나기는 했지만 오늘날보다 광범위하지는 않았으며 각국의 시장과 생산에 더 긴밀히 연결되어 있지도 않았다"고 결론 내렸다.[21] 이는 타당한 분석으로 보인다.

1914년 이전의 국제경제와 오늘날 국제경제 사이의 핵심적인 차이는 권력과 영향력이 서구 강대국에서 빠져나가고 있다는 점이다. 교역 조건, 금본위제를 통한 금융 시스템의 작동 등 중요한 모든 면에서 1914년 이전의 경제는 유럽 국가들이 유지하고 강제했다.

일본도 '서구'에 포함한다면, 교역이 주로 서구 국가들 사이에서 증가한 것은 맞다. 하지만 오늘날의 교역 양상은 이전과 크게 다르다. 데이비드 헬드에 따르면,

교역은 계속해서 GDP에 비해 빠르게 성장했고 또 계속해서 서구 국가들 사이에 점점 집중됐다. 이와 달리 고전 금본위제 시절에는 선진국과 저개발국 사이의 교역이 전체의 절반 이상을 차지했다. (…) 산업 내 교역이 이뤄지면서, 기술적 역동성이 크고 규모의 경제가 존재하는 산업이 상대적으로 빠르게 성장했다. 이와 동시에 소득수준이 오르면서 다양성에 대한 사람들의 요구가 커져서 대체로 선진국에서 다양화된 수입품에 대한 수요가 증가했다. (…) 이는 (…) 일본을 제외한 선진국들에서 제조품 수입을 상당히 증가시켰다.

그뿐 아니라 신흥공업국들은 더 이상 하나의 동질적인 범주로 묶일 수 없다. 일부 신흥공업국(한국, 타이완, 싱가포르)에서는 소득과 임금이 선진 서구 국가 중 노동력의 탈숙련화가 진행된 나라들(가령 영국)에서보다 높다. 1914년 이전에는 유럽에 유리한 방식으로 우위와 열

위의 관계가 고정돼 있었지만 이제는 경제활동의 많은 영역에서 서구의 우위가 사라지고 있다.

1914년 이전의 개방경제가 세계경제에 대한 유럽의 통제를 기반으로 세워졌던 반면, 우리가 그 혼란스런 시작을 목격하고 있는 오늘날의 글로벌 시장에는 그러한 패권을 가진 나라가 없다. 어떤 서구 국가가 중국을 유의미하게 견제할 수 있겠는가? 오늘날에는 미국조차도 1914년 이전에 제국주의 열강이 일상적으로 행사했던 만큼의 영향력을 중국에 미칠 수 없다.

이 점에서 우리가 살아가고 있는 오늘날의 세계화는 진정으로 전례가 없다. 1914년 이전의 영국, 그리고 2차 세계대전 이후의 미국과 같은 패권국이 없기 때문에, 오늘날 글로벌 시장이 위기에 처할 때는 안정성을 당연한 것으로 여길 수 없다. 역사에서 1989년 이후의 시대와 비슷한 때를 찾으려면 1914년 이전이 아니라 1919년 이후 전간기의 혼란스런 세계가 더 맞을 것이다.

세계화 회의론자인 허스트와 톰슨의 설명을 보더라도, 오늘날의 세계경제는 1914년 이전에 존재했던 비교적 질서 잡힌 국제시장보다는 무질서한 글로벌 시장과 더 비슷하다. 허스트와 톰슨은 오늘날의 현실을 다음과 같이 정확하게 짚어 냈다. "시장이 진정으로 세계화되면 국제 시스템은 사회에 뿌리를 두지 않고 거의 자율적으로 움직이게 된다. 민간 기업과 정부 당국 모두 국내 정책을 결정할 때 이제는 대체로 국제적인 요인을 더 비중 있게 고려해야 한다."[22]

오늘날의 국가는 금본위제 시대처럼 준자동적이고 예측 가능한 원칙에 영향을 받고 있지 않다. 그보다는 글로벌 시장의 리스크와 불확실성, 글로벌 시장의 인식과 반응에 영향을 받는다. 1990년대 국민국가들이 취할 수 있는 정책적 선택의 여지는 고정 가격을 가진 메뉴판으로 존재하지 않는다. 정부는 시장이 어떻게 반응할지 미리 알 수 없다. 위반되었을 때 예측 가능한 처벌을 할 수 있는 금융 및 통화의 규칙과 엄정성은 거의 없거나 아예 없다. 물론 너무나 위험하게 인플레이션을 일으키거나 외채를 증가시킬 우려가 있는 정책은 채권 시장의 응징을 받을 것이다. 하지만 그러한 시장 반응이 어떤 규모로 나타날 것인지는 미리 알 수 없다. 1990년대의 정부들은 앞이 안 보이는 안개 속에서 운전하고 있다.

허스트와 톰슨 같은 세계화 회의론자들의 견해는 20세기 말의 상황을 과소평가하고 있다. 오늘날의 세계경제는 1914년에 무너진 자유주의적 국제경제 질서보다 내재적으로 덜 안정적이고 더 아나키적이다. 세계화 회의론자들은 유토피아적인 하이퍼 세계화론자들의 환상을 효과적으로 비판하기는 했지만 자신들 또한 환상 속에서 이야기하고 있다. 그들은 오늘날의 세계화가 세계경제를 과거의 국제경제와는 근본적으로 다르게 만들어 버렸다는 것을, 따라서 사회민주주의를 다시 내놓겠다는 그들의 희망도 꺼져 버렸다는 것을 인정하지 못한다. 그들은 더 급진적으로 세계화된 세상은 규율하기가 더 어렵다고 옳게 파악했다. 하지만 그러한 세계경제에서는 그들이 믿는 '대륙 케인스주의'적 비전이 작동할 수 없다.[23] 지난 20년간 작동해 온 요인들이 가져올 불가피한 결과는 훨씬 '덜' 규율 가능한 세계일 것이다.

하이퍼 세계화, 기업 유토피아

하이퍼 세계화론자들은 오늘날의 글로벌 시장에 새로운 점이 있다고 본다. 그들은 글로벌 시장이 생겨나면서 국민국가가 실질적으로 무용해졌다고 주장하면서 권력 없는 국가와 고향 없는 기업이 존재하는 글로벌 경제를 상상한다. 국가의 권력은 줄고 다국적기업의 권력은 커진다. 국민 문화는 소비자의 선호에 불과한 것이 되고 기업 문화는 점점 코스모폴리탄적이 된다.

전 지구적 자유시장을 만들려는 오늘날의 움직임이 '불가피하게' 초래할 결과라고 이들이 말하는 것은 사실 가장 있을 법하지 않은 결과다. 하이퍼 세계화론자들은 전 지구적 자유시장 기획이 희망하는 최종 상태와 경제 세계화의 과정이 실제로 가져오게 될 결과를 헷갈리고 있다. 세계화는 최종 상태가 존재할 수 없는 역사의 과정이며 이 변화의 과정은 미국식 자본주의도 포함해 모든 자본주의를 뒤흔든다. 그런데 하이퍼 세계화론자들은 이런 변화를 전 세계가 미국식 자유시장을 받아들인 상태로 가는 과정상의 한 단계라고 말한다.

하이퍼 세계화 이론(데이비드 헬드가 붙인 이름이다)[24]은 글로벌 시장을 '완전경쟁'과 비슷한 상태로 이해한다. 이런 환상적인 상상에서 다국적기업은 이윤 극대화를 위해 아무 비용 없이 자유롭게 전 세계를 이동하는 것으로 상정된다. 문화적 차이는 정부나 기업에 어떤 정치적인 영향도 미칠 수 없으며, 경제학에서 말하는 완전경쟁 시장에서처럼 글로벌 경제의 참여자들(국가, 다국적기업 등)은 의사 결정에 필요한 모든 정보를 알고 있는 것으로 가정된다.

하지만 글로벌 경제의 참여자들은 리스크와 불확실성의 안개 속에서 항해하고 있으며 그 리스크와 불확실성이 미칠 영향에 대해서는 기껏해야 추측만 해 볼 수 있을 뿐이다. '어느 나라에도 뿌리를 두지 않는 다국적기업이 지배하는 국경 없는 세계'는 기업 유토피아지 현재나 미래의 현실에 대한 묘사가 아니다.

이런 유토피아적 견해는 켄이치 오마에의 글에서 찾아볼 수 있다. "지난 10여 년간 학자들은 리바이스 청바지, 나이키 운동화, 에르메스 스카프와 같은 소비재 영역에서 시장이 점점 더 세계화되고 있다고 말했다. 전 세계가 동일한 정보, 동일한 문화 상징, 동일한 광고에 노출되면서 이런 변화를 초래했다. (…) 그런데 오늘날에는 이 수렴의 과정이 훨씬 빠르고 깊게 이뤄지고 있다. 취향의 수준을 넘어서 세계관, 의식구조, 사고 과정 등 더 근본적인 차원에서까지 이런 변화가 이뤄지고 있는 것이다." 오마에는 시장이 이렇게 문화의 수렴을 이끌면서 국민국가는 경제에 영향력을 미칠 수 없는 제도가 될 것이라고 결론 내린다. "국경 없는 경제에서는 경제활동을 이해하기 위해 우리가 흔히 사용하던 국가 중심의 지도를 본다면 잘못된 길로 가게 될 것이다. (…) 이제 우리는 희한하고 불편한 진실에 직면해야 한다. 옛 지도는 더 이상 유효하지 않으며 환상에 불과하다."[25]

비슷하게 니컬러스 네그로폰테Nicholas Negroponte도 이렇게 선언했다. "고체에서 곧바로 기체가 되는 나프탈렌처럼 국민국가도 증발할 것이다. (…) 의문의 여지 없이 국민국가의 역할은 급격하게 달라질 것이고 민족주의나 국가주의도 천연두가 사라졌듯이 사라질 것이다."[26] 또 로웰 브라이언Lowell Bryan과 다이애나 패럴Diana Farrell은 이렇게 주장했다. "수백만 명의 글로벌 투자자들이 자신의 경제적 이해관계에 따라 움직이면서, 이자율, 환율, 자본 배분 등이 점점 더 국가 당국자들이 추구하는 정치적 목적과는 상관없이 결정될 것이다."[27] 로버트 라이시Robert Reich도 "기업의 국적이 무의미해지는 시대"를 이야기하면서 "기업들이 만국의 기업으로서 전 지구적인 망을 형성함에 따라 이제 국부의 관점에서 중요한 질문은 어떤 시민이 무엇을 소유했느냐가 아니라 어떤 시민이 무엇을 어떻게 해야 세계경제에 더 많은 부가가치를 창출해서 자신의 가치도 높일 수 있을지 알고 있느냐"라고 조언했다.[28] 존 나이스비트John Naisbitt도 이렇게 주장했다. "우리는 1,000개의 국가 시대로 들어가고 있다. (…) 국민국가는 죽었다. 초거대 국가에 흡수되어서가 아니라 더 작고 효율적인 부분들로 나뉘고 있기 때문이다. 큰 기업들이 그렇듯이 말이다."[29]

하지만 국가도 시장도 이러한 모델이 상정하는 질서 잡힌 제도와는 거리가 멀다. 오마에와 같은 기업 유토피아주의자가 말하는 종류의, 진정으로 초국적인 기업은 거의 존재하지 않는다. 대부분의 다국적기업은 특정한 나라의 국가 문화와 기업 문화에 강하게 뿌리를 두고 있다. 소유권, 이사회, 경영 방식, 기업 문화 등은 국가마다 독특한 특성을 가지고 있다. 오마에의 모델에 가장 근접하다고 볼 수 있는 미국 기업도 미국의 가치와 미국의 기업 문화를 받아들여서 그런 것이지 글로벌해서 그런 것이 아니다.

자국 경제를 대할 때도 마치 자신이 뿌리를 둔 곳이 아닌 듯이 행동하는 소수의 다국적기업은 글로벌 기업이어서가 아니라 그들의 기업 문화가 사회적 비용이나 국가 결속보다 기업 이윤을 더 중요시하는 미국식 기업 가치를 담고 있어서 그런 것이다.

한 연구에 따르면 자산의 절반 이상을 해외에 두고 있는 대기업은 전 세계에 40개밖에 안 된다. 그리고 생산 시설의 절반가량을 해외에 두고 있는 기업은 20개도 안 된다.[30] 게다가 허스트와 톰슨이 짚어 냈듯이 연구 개발 같은 핵심 기능은 여전히 엄격하게 본국이 통제한다. "일본 기업은 연구 개발 등 핵심 기능이나 고부가가치 영역을 해외로 보내는 것을 늘 꺼려 왔다. 국제적 활동을 하는 국가적 기업의 형태가 지금도, 그리고 미래에도, 진정으로 초국적인 기업보다 현실에 더 가까울 것으로 보인다."[31]

하이퍼 세계화 모델은 국가를 영향력 없는 제도로 본다는 데서 큰 오류를 범하고 있다. 다국적기업 입장에서 볼 때 국가는 기업이 쉽게 정책을 피해 갈 수 있는 시시한 참여자가 아니다. 국가는 기업이 그 영향력을 크게 염두에 두어야 할 강력한 행위자다. 어느 면에서는 국가가 기업에 행사할 수 있는 영향력이 과거보다 오늘날 더 클 수도 있다.

오늘날의 기업은 제국주의의 절정기에 일부 기업이 누릴 수 있었던 정부의 보호를 누리지 못한다. 기업이 세금과 규제가 적은 곳으로 마음껏 이동할 수 있는 것은 사실이지만 세계의 많은 곳에서 정치적 리스크가 커졌다는 것 역시 사실이다. 물론 국가가 약화된 곳에서는 생산과 자본의 이동을 규제하기가 더 어렵다. 하지만 기업이 정부와 지속적인 공존 관계를 유지하기도 더 어렵다. 이는 국가와 기업 모두의 영향력을 제한한다.

국가들이 다국적기업의 투자를 유치하려고 경쟁하는 오늘날의 상황에서 국가는 국가 간 관계가 더 위계적이었던 세계 질서에서는 가지지 못했던 영향력을 행사한다. 그와 동시에 그러한 경쟁은 국가가 취할 수 있는 행동의 자유도를 제약한다. 국가가 기업에 대해 행사하는 영향력도 글로벌 환경의 제약을 벗어날 수는 없는데, 글로벌 환경에서의 경쟁 압력은 국가가 자국 경제를 통제할 수 있는 여지를 제한하기 때문이다.

여전히 국가는 기업들이 영향을 미치려고 하는 주요 무대다. 다국적기업들은 국가의 정책에 영향을 미치려 노력하는 동시에, 국가의 사법권에서 빠져나가기 위해 수완을 발휘한다. 이것이 20세기 말 국가와 기업의 전형적인 상호작용이다. "북미자유무역협정"을 체결할 때 미국이 국내의 정치적 반대 세력을 누를 수 있었던 것은 대체로 미국 거대 기업들의 조직적인 로비 덕이었다.

하이퍼 세계화론자들은 세계화 회의론자들과 마찬가지로 오늘날의 세계경제를 옛날의 질서 잡힌 상태로 회귀한 것으로 여기는 오류를 저지르고 있다. 하지만 20세기 말의 세계경제는 국가도, 다국적기업도 규율할 수 없다.

세계화와 무질서한 자본주의

하이퍼 세계화론과 세계화 회의론 모두 국가가 처한 새로운 글로벌 환경에 대해 비현실적인 그림을 그리고 있다. 오늘날의 주권국가는 19세기와 달리 자신이 행사할 수 있는 정책의 여지가 예측 가능한 방식으로 제한되는 익숙한 국제 환경에 살고 있지 않다. 그보다는 글로벌 시장의 요인들을 예측하고 통제하는 것이 점점 더 불가능해지는, 익숙치 않은 환경에 살고 있다. 국가는 국제 거버넌스를 구성하는 제도나 관습에 제약받는 것이 아니라 점점 더 아나키 상태가 되어 가는 세계시장의 리스크와 불확실성에 제약받는다. 한편, 다국적기업이 정부 정책에 영향을 미치기 위해 상당한 자원을 사용한다는 것은 국가가 아직 영향력이 있음을 보여 준다. 세계 대부분의 나라에서 국가기구는 기업들의 경쟁이 벌어지는, 전략적으로 매우 중요한 장소다.

두 이론 모두 세계화된 경제의 등장이 무질서하고 아나키적인 종류의 후기 근대 자본주의가 전개되는 결정적인 기점임을 인식하지 못하고 있다.[32] 오늘날의 자본주의는 마르크스나 베버가 자본주의 이론을 개진했던 초기 자본주의와도, 2차 세계대전 후의 안정적이고 관리되던 자본주의와도 매우 다르다.

제조업이 쇠퇴하고 경제가 전반적으로 탈산업화하면서 산업 노동 계급은 인구도 줄고 경제적인 중요성도 줄었다. 테일러주의적인 노동 조직 형태(대량 제조, 공장에서의 임금노동 등)에서 유연한 노동시장으로의 변화가 대대적으로 일어났다. 이 새로운 노동시장에서 임금노동자라든가 직장인과 같은 고전적 자본주의 제도에 해당하는 사람은 점점 줄고 있다.

노동인구의 대부분은 임금노동에 따르는 경제적 안정성마저 가질 수 없게 되었다. 이제 노동력은 시간제, 계약직, 포트폴리오 고용의 세계 안에 존재하는데, 여기에서는 한 고용주와의 안정적인 관계가 더 이상 존재하지 않는다. 이러한 변화와 함께, 전국적인 단체교섭은 사라졌고 생산과정에 노조가 미치는 영향력도 급격하게 감소했다.

정치 정당들의 경제 기반도 약화되었다. 그와 동시에 하나의 사안에만 집중하는 이익집단들의 영향력이 커졌다. 전후 시기에 정치적 삶을 구성했던 정치 이데올로기들은 한물간 것이 되었다. 이러한 변화는 새로운 경제 사조가 자리 잡으면서 더욱 가속화되었다. 새로운 경제 교리에 따르면, 거시 경제정책을 통해 국내 경제 행위자들을 관리하는 것은 국가의 핵심 역할이 아니다. 경제에서 정부의 핵심 임무는 고용과 생산의 유연성을 한층 더 높일 미시 정책을 고안하고 실행하는 것이다.

노동 불안정성이 커지면서 부르주아적 삶의 방식이 무너지는 것은 무질서한 자본주의가 가진 핵심 특징이다. 오늘날에는 기술혁신과 탈규제 시장에서 일어나는 경쟁 때문에 노동의 사회적 분업이 그치지 않고 변동한다. 새로운 정보기술은 수많은 비숙련 일자리와 지식 집약적 일자리를 줄이는 데서만 그치지 않는다. 새로운 정보기술은 직업들 자체가 통째로 사라지게 만든다. 대부분의 사람들에게 전통적인 부르주아적 제도들, 이를테면 경력 구조나 평생 직업 같은 것은 더 이상 존재하지 않는다. 그 결과 산업 노동자 계급은 재프롤레타리아화되고 이전의 중산층은 탈부르주아화된다. 자유시장은 사회주의가 결코 달성해 내지 못했던 과업을 달성하고 있는 듯하다. 부르주아적 삶의 종식 말이다.

탈규제된 노동시장이 강요하는 유연성과 이동성은 전통적인 가족에 특히나 심각한 위협이 된다. 부모가 교대로 일을 하는 상황에서 어떻게 가족이 식사 시간을 함께할 수 있겠는가? 직장이 부모를 떼어 놓으면 가족은 어떻게 되겠는가?

기업이 사회적 제도로서 수행하던 기능도 공동화되고 있다. 외주 계약이 늘면서 오늘날의 기업에서는 정규직 노동력이 아주 작은 부분으로 줄었다. 일례로 〈마이크로소프트Microsoft〉는 여러 가지 중요한 신기술 분야에서 시장을 지배하고 있는 글로벌 기업이지만 핵심 노동력은 1천~2천 명 정도에 불과하다.

어떤 경우에는 기업이 대금 수금과 이윤 분배가 주 기능인 기관이 되고 있다. 남아 있는 몇 안 되는 직원들은 그 기업에 지분을 가진 사람들인 경우가 많다. 즉각적인 수익성을 위해 인력 감축이 추진되면서 전에 중간 관리자라고 불렸던 계급은 통째로 사라졌다. 또한 모든 곳에서(특히 영어권 국가에서) 기업은 직원들에 대한 사회적 비용을 부담하지 않고 있다. 예를 들면 연금에 대한 책임을 개개인들에게 떠넘기는 식으로 말이다.

사회적 제도로서의 기업이 약화되는 것은 노동의 상품화와 나란히 가는 현상이다. 노동은 조각조각 나누어 기업에 판매할 수 있는 것이 되었다. 기업은 과거에 노동의 세계를 인간적으로 참을 만한 것이 되게 해 주었던 많은 책임에서 벗어났다. 어떤 기업들은 거의 가상의 제도가 되었다.

아나키적인 글로벌 시장이 내재적으로 갖고 있는 불안정성은 고도의 차입 자본에 의지하는 가상 경제의 성장으로 더 심화되었다. 이 가상 경제에서 통화는 단기적 이익을 위해 거래되며 국제통화 체제를 규율할 안정적인 틀은 존재하지 않는다. 2차 세계대전 이후 국제통화 협력을 위해 만들어진 브레튼 우즈Bretton Woods 체제가 1971년~1973년에 붕괴된 뒤에는 고정된 환율을 강제할 수 있는 어떤 합의나 협정도 없는 상태다. 따라서 오늘날 국제통화 체제는 변동하는 환율의 아나키적 상태가 되었다. 특정 통화들의 가치 폭락이 계속되는 가운데, 시스템이 아예 붕괴하는 것을 막기 위해 강대국들은 간헐적으로 통화 조정을 위한 협정을 맺는다. (1985년의 "플라자 협정Plaza Accords"이 그런 사례다.) 환율 변동은 오늘날의 통화 체제를 '카지노 자본주의'라고 부를 만할 정도로 경제를 불안정하게 만들 수 있다.[32]

경제의 핵심 활동이 제조업과 서비스업에서 금융 거래로 넘어갔다. 이제 생산이 아니라 금융 공학이 가장 수익성 있는 활동이 되었다.

무질서한 자본주의가 낳는 이러한 효과들은 이탈리아, 스웨덴, 호주처럼 매우 상이한 나라들에서 동일하게 발견된다. 독일과 일본에서는 상대적으로 덜하고 앵글로색슨 국가들에서는 더하다는 차이는 있다. 미국, 영국, 호주, 뉴질랜드는 새로운 종류의 자본주의를 전형적으로 보여 준다.

하지만 세계 모든 곳에서 자본주의가 '비슷한 양상'의 무질서로 가리라는 것은 잘못된 생각이다. 물론 전 지구적으로 거래가 빠르게 이뤄질 수 있는 상황에서 무질서한 자본주의는 모든 국가에 퍼질 것이다. 하지만 그것이 사회와 경제적 삶에 어떤 양상으로 영향을 미칠지는 나라마다 매우 다를 것이다. 대가족이 여전히 강하게 남아 있는 스페인 같은 나라에서는 앵글로색슨 국가들의 암울한 특성인 일자리 없는 최하층계급 가구가 거의 없다. 최근에 실업률이 유럽치고도 매우 높았는데도 그렇다. 부분적인 이유는 지난 20년간 노동시장의 탈규제를 정책의 중점 목표로 삼지 않았다는 데 있다. 하지만 이것이 유일하거나 주된 이유는 아니다.

대륙 유럽에서는 어느 나라에서도 자유방임 시대라는 것이 존재하지 않았다. 유럽의 시장 제도는 앵글로색슨식 자유시장만큼 여타의 사회적 제도로부터 동떨어져서 독립적으로 작동하지 않았다. 유럽 사회 중에는 가족의 양태나 소유권의 양상이 영국이나 미국 같은 앵글로색슨 국가에서처럼 오래도록 개인주의적이었던 곳이 없었다.

모든 곳에서 새롭고 더 불안정한 자본주의가 각 국가의 경제적 삶을 바꾸어 내고 있다. 대륙 유럽에서는 아나키적 글로벌 시장이 경제 문화에 영향을 미치면서 높은 수준의 구조적 실업을 고착화했다. 이들 사회에서는 불평등한 일자리 기회가 사회 분열의 주된 원천이다. 미국에서는 복지 축소 및 대규모 투옥(100만 명 이상의 미국인이 수감됐다)과 함께 매우 탈규제된 노동시장이 실업률은 성공적으로 낮출 수 있을지도 모른다. 미국에서 사회 분열의 최대 원천은 일자리 접근성 자체보다 인구 집단별로 접근할 수 있는 일자리 유형이 달라 소득, 부, 교육, 건강, 안전 등의 불평등으로 이어진다는 점이다.

한편 중국에서 떠오르고 있는 자본주의는 앵글로색슨 자본주의처럼 거대 기업 중심이 아니다. 국영기업을 제외하면 중국 기업은 소규모 가족 기업이다. 중국에서는 아나키적 자본주의가 기업의 공동화나 가족의 해체가 아니라 여러 사회 영역 간 결속의 부족, 그리고 환경 파괴로 드러난다. 러시아 자본주의도 비슷한 양상의 무질서를 보인다.

이러한 차이들은 문화와 경제 제도에서의 오랜 역사적 차이, 그리고 각 국가 정책의 차이에서 나온다. 무질서한 자본주의는 국가 정부의 자율성을 제약하겠지만 국가 간의 차이를 없애지는 않을 것이다.

아나키적 자본주의와 국가

이제 국가는 모든 선택지가 불확실한 세계에서 행동해야 한다. 국가는 고정된 가격표가 붙은 선택 목록을 갖고 있지 않다. 각국 정부는 이제 리스크만이 아니라 극단적인 불확실성의 환경 속에 존재한다. 경제학 이론에서 말하는 '리스크'는 어떤 행위가 유발할 비용이 추론 가능한 확률로 존재하는 상황을, '불확실성'은 그러한 확률을 알 수 없는 경우를 가리킨다. 오늘날의 정부는 어떤 정책을 추구할 수 있는지는 안다 해도 그것들이 가져올 결과에 대한 확률은 알 수 없다. 게다가 어떤 정책에 대한 세계시장의 반응이 그 정책으로 원하는 결과를 얻는 것을 단지 조금 더 어렵게만 만들지, 아니면 그 정책 자체를 작동하지 않게 만들지도 알지 못한다. 즉 추구할 수 있는 정책의 범위마저도 불확실하다. 이렇듯 심한 불확실성이 지속된다는 것은 국가권력을 제약하는 가장 큰 요인이다.

국가의 영향력이 감소하는 것은 근대 초기에 국가 제도들이 모아내었던 권력이 사라지거나 약화되고 있음을 보여 준다. 군사력을 효과적으로 독점함으로써 전쟁을 일으키거나 끝낼 수 있는 힘(이는 주권국가라는 개념이 생긴 초창기부터 주권국가를 정의하는 중요한 요소였다)조차 더 이상 명백하게 국가에만 속하지는 않는다. 19세기의 전쟁이 얼마나 공포스러웠든 간에 당시에는 전쟁이 제한적인 목적을 가지고 있었고 전쟁을 시작한 국가들이 그 전쟁을 끝낼 수도 있었다. 이것이 카를 폰 클라우제비츠Karl von Clausewitz의 고전적인 전쟁론에서 상정하는 종류의 전쟁이다. 하지만 2차 세계대전 이후로 주권국가들 사이의 클라우제비츠적 전쟁은 상당 부분 비정규 군대, 부족 집단, 〈팔레스타인 해방 기구(PLO)〉나 〈아일랜드 공화국군(IRA)〉 같은 정치 집단 등과의 전쟁으로 대체됐다.[33] 전쟁의 통제가 주권국가를 벗어나면서 세계는 더 평화로워지지 않았다. 세계는 덜 규율 가능하고 덜 안전해졌다.

주권국가가 잃어버린 권력과 권위를 다국적기업이 갖게 된 것도 아니다. 다국적기업도 후기 근대 사회의 예상치 못한 변화에 국가만큼이나 심각하게 노출되어 있다. 글로벌 기업은 위험이나 비용을 감수하지 않고 여론을 무시할 수 있는 자유로운 행위자가 아니다. 글로벌 기업은 자신이 활동하는 국가들에서 벌어지는 정치 문화의 변동에 영향을 받는다. 그리고 하나의 사안에만 집중하는 이익집단의 활동에 기업도 어느 허약한 민주 국가만큼이나 취약할 수 있다.

기업이 일관된 정책을 통해 사회적 비용과 환경 비용을 기꺼이 감당하게 되리라는 말이 아니다. 글로벌 자유시장에서 그것은 불가능하다. 글로벌 경쟁의 그치지 않는 압력에 더해, 이제 다국적기업은 여론과 미디어의 갑작스런 관심에 직면해 단기 이익 추구 이외의 것에도 때때로 신경을 써야 한다는 말이다.

후기 근대의 맥락에서 권력은 국가와 기업 모두에서 빠져나가고 있다고 보아야 한다. 글로벌 시장과 새로운 기술이 국가와 기업이 정당성과 정체성을 빌려 올 수 있었던 문화들을 바꾸어 내면서, 국가와 기업 모두 변형을 겪고 있으며 소실되고 있다.

오늘날의 주권국가는 시장 요인이 너무나 많은 것을 변화시켜서 어떤 기관도(가장 큰 다국적기업이나 가장 큰 국가조차도) 그 위에 군림할 수 없는 환경에서 행동해야 한다. 이러한 환경에서 가장 관리와 통제가 어려운 요인들은 기술혁신의 돌풍에서 나온다. 새로운 기술의 그치지 않는 변화, 속박받지 않는 시장에서 벌여야 하는 경쟁, 그리고 약해지거나 부서져 버린 사회제도, 이런 것들이 우리 시대의 글로벌 경제를 만들어 가고 있다.

경영 이론가들이 줄기차게 말하듯이 국민국가와 다국적기업은 자신들의 경쟁자보다 경쟁에서 우위에 설 수 있게 신기술을 활용할 수 있어야만 생존할 수 있다. 하지만 경영 이론가들 대부분이 말하지 않는 것이 있으니, 바로 글로벌 자본주의의 아나키적 환경에서는 어떤 경쟁 우위도 불안정할 수밖에 없다는 사실이다. 20세기 말에는 기업도 정부도 창조적 파괴의 전 지구적 돌풍에서 보호받을 수 있는 은신처가 없다.

궁극적으로 기업이 경쟁자보다 우위에 설 수 있는 능력은 새로운 기술을 발명해서 그것을 효과적이고 수익성 있게 활용할 수 있는 역량에서 나온다. 그리고 이 역량은 기업이 지식을 보존하고 창조할 수 있느냐에 달려 있다. 후기 근대의 경쟁 환경에서, 새로운 지식을 포착하고 활용하지 않는 기업, 직원들이 가진 암묵적인 지식을 낭비하고 그들이 새로운 지식을 얻는 것을 독려하지 않는 기업은 곧 도태될 것이다.

글로벌 경제는 사람과 조직을 탈숙련화시킨다. 사람과 조직이 처한 여건을 너무나 많이 변형시켜서, 그들이 보유하고 있는 지식이 쓸모없어지게 만들기 때문이다. 기업들이 아직 풀지 못한 중요한 과제가 있다. (일본 기업들은 부분적으로 풀어낸 것 같아 보이기도 한다.)[34] 직원들이 가진 지식을 활용하기 위해 필요한 만큼 제도의 연속성을 유지하면서, 그것을 새로운 기술을 만들 수 있는 조직적 혁신의 역량과 결합할 방법을 찾는 것이다.

주권국가들은 한물간 것이 되고 있지 않다. 앞으로도 국가는 다국적기업들이 영향력을 미치기 위해 서로 경쟁해야 하는 결정적인 중개 구조로 기능할 것이다. 이런 점에서, 세계의 실질적인 지배자로서 다국적기업이 주권국가의 지위를 대체했다는 하이퍼 세계화론자들의 주장은 말이 되지 않는다. 국가가 여전히 핵심적인 기능을 하고 있다는 점은 글로벌 시장이 왜 국가들에 영향력을 행사하려 하며 왜 국가들을 무시할 수 없는지를 설명해 준다. 또한 국가가 자국민이 경제적 위험에 무방비로 노출되지 않게 하기 위해 취할 수 있는 행동의 여지가 존재한다는 점도 설명해 준다. 운신의 폭이 좁긴 하지만 국가의 이런 보호적 기능은 확장될 것이다. 글로벌 자본주의의 아나키 상태에서 보호받고자 하는 국민들의 욕구가 커질 것이기 때문이다.

주권국가에는 또 하나의 기능이 있다. 경제성장에 필요한 자연 자원을 확보하는 것이다. 중앙아시아와 동아시아에서 석유를 둘러싸고 벌어지는 갈등은 19세기만큼이나 오늘날에도 외교적 경합의 핵심 원천이다. 전쟁의 원인이 될 수도 있다. 자연 자원이 점점 희소해지면서 필수적인 자원을 얻기 위해 국가들이 무력 경쟁에 돌입할 수 있는 것이다.

미국의 권력이 약화되고 있다는 사실은 진정으로 다극화된 세상이 등장하리라는 것을 의미한다. 그런 세상에서 주권국가들 사이의 경쟁은 줄거나 약해지는 것이 아니라 더 팽배해지고 심화될 것이다.

False Dawn

4장
새로운 그레셤의 법칙

화폐 순환에 관한 일반 법칙은 3백 년도 더 전에 이를 명확하게 간파한 토머스 그레셤Thomas Gresham 경의 이름을 따서 맥리오드가 적절하게 이름 붙인 '그레셤의 법칙'이다. 이 법칙을 간단히 말하면 악화惡貨가 양화良貨를 몰아내며 양화는 악화를 몰아낼 수 없다는 것이다.

W. S. 제번스W. S. Jevons[1]

어떻게 글로벌 자유시장은 최악의 자본주의를 촉진하는가

통화 이론에서 그레셤의 법칙은 악화가 양화를 몰아낸다는 의미다. 전 지구적 자유시장에도 그레셤의 법칙과 비슷한 현상이 있다. 나쁜 자본주의가 좋은 자본주의를 몰아내는 경향이 있는 것이다. 미국식 자유시장을 반영해 설계된 전 지구적 자유방임주의의 규칙에서는 사회적 시장경제가 경쟁에서 체계적으로 열위에 서게 된다. 빠르고 전면적인 개혁으로 스스로를 근대화하지 못하면 사회적 시장경제에는 미래가 없다.

오늘날 국가들은 전 지구적 자유시장이 강제하는 탈규제 전쟁을 벌인다. 하향 평준화의 메커니즘이 이미 작동하고 있다. 현존하는 모든 유형의 자본주의가 한데 내던져져 경쟁하게 되었는데 이러한 경쟁에서는 사회적 제약에서 벗어난 미국식 자유시장이 강력한 강점을 갖는다.

케인스는 금융자본의 국제적 이동이 국가의 완전고용 정책을 무력화시킬 것이라는 점을 알고 있었다. 하지만 자본의 전 지구적인 이동이 정부를 자국 경제에 대한 관리가 극히 제한적으로만 가능한 세계로 내몰 것이라는 점까지는 예상하지 못했다. 오늘날의 정부는 전후에 불황에서 탈출할 수 있었을 때처럼 야심차게 경기 부양책을 추진할 수 없다. 세계시장이 보수적인 재정 정책(정부 부채를 건전한 수준으로 관리하는 것)을 강요하고 있기 때문이다.

케인스 시대 사람들은 자본과 생산의 전 세계적인 이동이 국가의 복지와 규제 체제를 경쟁적으로 약화시키리라는 점을 예견하지 못했다. 소비에트가 무너진 뒤, 중앙 계획경제와 자본주의 사이의 경쟁은 서로 다른 자본주의들(미국 자본주의, 독일 자본주의, 일본 자본주의, 러시아 자본주의, 중국 자본주의 등) 사이의 경쟁으로 바뀌었다. 이 새로운 경쟁에서 미국의 자유시장은 유럽과 아시아의 사회적 시장경제를 낮은 비용으로 치고 들어와 약화시킨다. 유럽의 사회적 시장과 아시아의 사회적 시장이 기업의 사회적 비용을 부담하는 방식은 서로 다르지만 미국식 자유시장 때문에 약화되기는 마찬가지다. 두 시장 모두 미국에서는 버려진 사회적 의무들을 기업이 지고 있기 때문에 미국식 모델과의 경쟁에서 불리하다. 동시에, 중국 자본주의가 미국 자본주의의 경쟁자로 부상하고 있는데, 중국 자본주의는 사회적 시장을 미국식 자유시장보다도 더 낮은 비용으로 치고 들어올 수 있기 때문이다.

글로벌 경쟁이 국가구조를 통해 작동하면서, 우리가 알던 시장 제도의 모든 모델이 변형되고 있다. 이 경쟁에서 기존 모델 중 하나가 승리하리라고 생각한다면 오산이다. 모두가 새롭고 더 불안정한 자본주의로 대체되고 있기 때문이다. 새로운 글로벌 경쟁에서 전후 시기의 사회적 시장경제는 지탱되지 못할 것이고 명목상의 승리자가 될 자유시장 경제 또한 크게 변형될 것이다.

어떻게 나쁜 자본주의는 좋은 자본주의를 몰아내는가

사회적 시장경제에서는 기업이 사회적 비용을 지기 때문에 기업은
자신이 속한 사회의 결속을 해치지 않으면서 사회제도로서 기능할 수
있다. 그와 동시에 이러한 사회적 비용은 자유시장에서 운영되는 기
업과 경쟁할 때 반드시 부담이 된다. 미국 기업들은 그런 부담을 거의
지고 있지 않다. 자유시장 경제에서 운영되는 기업이 누리는 이점은
일시적인 것도 우연적인 것도 아니다. 그것은 시스템에 내재적인 것
이다. 이런 이점은 사회적 시장경제가 달성하곤 하는 우월한 교육·
기술 수준, 더 나은 인프라나 공공재, 혹은 사회적 시장이 잘 지켜 내
는 사회적 결속 등으로 완전히 상쇄시킬 수가 없다. 그런 영역에서 우
월한 성과가 난다 해도 예전에 사회적 시장을 특징짓던 만큼의 규제
나 관리, 복지의 수준을 지탱해 줄 수는 없을 것이다.

긴 역사에서 보면 유럽의 사회적 시장도 미국의 자유시장만큼 효율
적일 수 있다. 하지만 글로벌 자유시장에서 벌어지는 경쟁이라는 맥
락에서 볼 때 사회적 시장은 단기적으로 비용 경쟁력이 없다. 규제 없
는 전 지구적 자유무역과 제약 없는 전 지구적 자본 이동이 결합하면
서, 자유시장이 사회적 시장보다 유리해지는 조건이 형성됐다.[2] 자유
무역이 이뤄지는 글로벌 시장에서는 (다른 조건이 동일하다면) 비용이
낮은 기업이 유리하다. 노동비용이건, 규제 비용이건, 조세 비용이건

마찬가지다.

환경 비용을 생각해 보자. 만약 어느 나라에서 환경 비용이 조세를 통해 기업의 비용으로 '내부화' 되는데 이 기업이 그런 환경 비용을 물지 않는 나라의 기업과 글로벌 시장에서 경쟁하도록 내몰린다면, 환경적 책무을 요구하는 나라의 기업은 체계적으로 불리한 위치에 서게 된다. 그렇게 되면 환경적 책무를 져야 하는 기업이 파산하거나, 아니면 자국 기업의 경쟁 열위를 줄일 수 있도록 그 나라가 환경 규제를 크게 완화할 것이다. 이러한 상충 관계는 전 지구적 자유시장의 내재적인 속성이다.

전 지구적 자유시장은 좀 더 나은 체제에서라면 기업이 '내부화' 할 비용을 '외부화' 하는 방향으로 움직인다. 환경에 민감한 나라의 조세 및 규제 정책은 기업이 사회와 자연에 발생시킨 비용을 지불하게 하는 방향으로 고안된다. 이는 대륙 유럽 국가들에서 오랫동안 이뤄져 온 일이다. 하지만 전 지구적 자유시장은 이러한 정책에 강한 압력을 가한다. 환경적 책무를 다하는 기업이 만든 제품은 마음껏 오염을 일으켜도 되는 기업이 만든 제품보다 비쌀 것이다.

전 지구적인 환경 기준을 마련하자는 생각은 좋지만 유토피아적이다. 전 지구적 규제는 정작 환경 규제가 가장 필요한 곳에서 실행이 불가능하다. 예를 들면 러시아나 중국에는 효과적으로 환경을 보호할 수 있는 조치가 거의 없다. 러시아와 중국 모두 부분적으로는 계획경제 시절의 유산으로, 또 부분적으로는 시장 개혁의 결과로 환경이 심각하게 파괴됐다. 하지만 두 나라 모두 전 지구적 자유시장에 들어오도록, 그래서 환경적 책무를 지는 사회적 시장에서 생산된 제품들과 경쟁하도록 유도되고 있다.

어떤 선진국은 환경 기준을 하향화하는 압력에 저항할 수 있을 정도로 부유하다. 이런 나라는 규제가 적은 다른 나라 기업들과의 경쟁에서 잃는 만큼을 자국 기업에 보상해 줄 수도 있을 것이다. 하지만 선진국이 이런 방식으로 자국 환경을 보호할 수 있다면, 부분적으로 이는 환경 규제가 느슨한 제3세계로 생산 시설을 옮겨서 오염을 수출할 수 있기 때문일 것이다. 선진국은 오염 비용을 다른 나라들이 치르는 한에서만 깨끗한 환경을 유지할 수 있을 것이다.

전 지구적 자유시장이 전 세계의 환경에 미치는 영향은 전반적으로 달라지지 않을 것이다. 자유시장은 초기의 더 책무성 있던 종류의 자본주의에서 기업이 부담했던 비용을 덜어 주는 방식으로 작동할 것이다. 그 결과 지구상에서 점점 더 많은 지역이 인간이 거주하기에 점점 덜 적합하게 될 것이다. 그와 동시에 소수의 부유한 사회에서는 자국의 환경을 살 만하게 유지하는 비용이 오르게 될 것이고, 이런 상황에서도 계속해서 환경적·사회적 비용을 기업에 부과한다면 기업 이윤이 떨어지고 자본은 유출될 것이다.

그에 대한 대안으로 오염 관리에 들어가는 비용을 공공 재정으로 직접 충당하는 방안도 생각해 볼 수 있다. 하지만 그렇게 되면 자국 내에서 벌어지는 일부 환경 파괴는 막을 수 있을지 몰라도 가난한 나라들에서 발생한 환경오염의 영향까지 없앨 수는 없을 것이다. 체르노빌이 보여 주었듯이, 어떤 환경오염은 매우 멀리까지 영향을 미친다.

규제 없는 전 지구적 자유무역과 자본의 국제적 이동

자유무역을 주창하는 고전 경제 이론에서 자본은 이동성이 없는 것으로 상정된다. 규제 없는 자유무역을 옹호하는 논리로 오늘날에도 자주 동원되는 리카도의 비교우위론에 따르면, 어느 국가 안에서 상대적으로 비효율적인 기업이나 산업이 축소되면 여기에 쓰이던 자본과 노동을 흡수하면서 그 나라의 다른 산업이나 기업이 성장한다. 한 국가 안에서는 자본이 경제 영역이나 경제활동 중에서 가장 생산성이 높은 곳으로 이동한다. 하지만 이는 교역을 하는 각 국가의 **내부**에서 적용되는 것이지 국가들 사이에 적용되는 것이 아니다. 비교우위론에 따르면, 규제 없는 자유무역은 각 국가 내에서 최대한 생산적인 자원 배분이 이뤄지도록 하고, 그 결과 세계 전체의 최대 효율성이 달성된다. 따라서 상품 교역에서 세계가 단일 시장이 된다면 각 국가의 효율성과 생산성은 최대가 될 것이다.

하지만 이 이론이 성립하려면 자본의 국제적 이동성은 미미한 수준이어야 한다. 리카도는 이 점을 잘 알고 있었다.

자본이 자신의 직접적인 통제하에 있지 않을 때 자본 소유자가 주관적으로 느끼는 불안과 실질적인 불안정성, 그리고 자신이 나고 자랐으며 네트워크가 있고 풍습이 익숙한 나라와 단절하고 외국으로 떠나서 낯선 정부와 새로운 법률에 적응해야 한다는 것에 대해 모든 이가 자연적으로 갖게 되는 꺼리는 마음은 자본이 해외로 이동하는 것을 제약한다. 이러한 감정은(이러한 감정이 줄어든다면 나는 퍽 유감스러울 것이다.) 대부분의 자본 소유자들이

해외에서 더 유리한 투자를 추구하기보다는 자국에서 낮은 이익에 만족하도록 만들 것이다.[3)]

제약 없는 자유무역의 이러한 이론적 전제 조건과 20세기 말의 현실 사이에 큰 차이가 있다는 것은 설명할 필요도 없을 것이다. 이동성이 보장되면 자본은 기업이 부담해야 할 환경 비용과 사회적 비용이 가장 낮고 이윤이 가장 높은 곳으로 옮겨 감으로써 절대 우위를 추구한다. 자본이 세계적으로 이동할 수 있게 되면서 리카도의 비교우위론은 이론적으로나 실질적으로나 효력이 없게 되었다. 그런데도 비교우위론은 규제 없는 전 지구적 자유무역이라는 체계를 여전히 떠받치고 있다.[4)]

제약 없는 국제무역과 자본 이동에 반대하는 주장은 경제적인 면에서 제기되는 것은 아니다. 그보다는 경제가 사회의 필요에 복무해야지 사회가 시장의 명령에 복무해서는 안 된다고 보는 것이다. 엄격하게 경제적인 면에서만 보자면 전 지구적인 자유시장은 매우 생산적이다. 또 자유시장 경제와 사회적 시장경제의 경쟁에서 자유시장의 생산성이 더 우월한 경우가 많다. 자유시장이 가장 **경제적으로 효율적인** 종류의 자본주의라는 데는 의심의 여지가 별로 없다. 대부분의 경제학자들은 여기까지만 이야기한다. 하지만 사회적 시장경제가 하는 일은 전혀 불합리한 것이 아니다. 경제적으로 생산적이지 않은 노동자들을 다양한 저숙련 일자리에 고용하는 일본의 고용 관행은 불합리하지도 비효율적이지도 않다. 그러한 정책이 대규모 실업을 피함으로써 사회 결속을 유지하는 데 기여했다는 점까지 효율성의 기준에 포함한다면 말이다.

　사회적 비용을 고려하지 않은 채로 경제 효율성을 추구하는 것이야 말로 불합리한 것이고 경제적 요구를 사회적 요구보다 우위에 두는 일이다. 그런데 이것이 글로벌 자유시장에서 경쟁을 몰아붙이는 요인 이다. 경제학에서 이론적 편의를 위해 사회적 비용을 고려하지 않던 것이 이제 전체 시스템의 절박한 명령이 되었다.

　자유무역을 제한하는 것이 경제적으로 비효율적이라는 점 때문에 자유무역 비판자들은 경제에 대해 무지하다는 비난을 받곤 한다.[5] 하 지만 전 지구적 자유무역에 대한 경제적 주장은 사회적 현실을 극도 로 추상화하고 있다. 글로벌 자유시장을 제약하면 생산성이 제고되지 않으리라는 것은 맞다. 하지만 극대화된 생산성이 사회적 혼란과 인 간의 비참함을 대가로 하다면, 이상적인 사회상치고는 너무나 위험하 고 기형적이다.

전 지구적 자유시장과 하락하는 임금

　오늘날처럼 자본의 이동성이 큰 상황에서는, 다른 조건이 동일하다 면, 임금 수준이 가장 낮은 곳으로 자본이 이동한다. 물론 다른 조건은 동일하지 않다. 특히 임금 비용 이외에 기업이 지불해야 하는 비용들 은 나라마다 매우 다르다. 인프라의 질, 정치 불안정이나 부정부패와 관련된 위험과 비용 등은 나라마다 차이가 크다. 노동력의 교육 수준, 공장의 입지 여건, 운송 비용, 정치 환경 등도 중요한 요인이다. 중앙아프리카나 서아프리카의 노동비용이 싼 것은 그곳이 자본의 입장에서 볼 때 매력적이지 않다는 사실을 반영한다. 싱가포르 같은 나라들의 높은 임금은 부정부패가 없고 노동력의 교육 수준이 높으며 정치적 안정성이 높다는 점을 반영한다. 독일에 기반을 둔 세계 2위 전구제조 업체 〈오스람Osram〉이 중국에서 지불하는 노동자 1인당 노동비용은 독일의 50분의 1이다. 하지만 독일과 같은 산출을 내려면 38배의 노동자가 필요하다. 따라서 〔중국에서〕 1인당 노동비용이 낮다는 이점은 숙련도와 노동 생산성이 낮다는 단점으로 대체로 상쇄된다.[6)]

그리고 한 나라에서의 임금은 그 나라의 노동시장에서 결정되지, 다른 나라의 임금 수준에 따라 결정되지 않는다. 영국 피커딜리의 택시 요금은 파키스탄 라호르의 택시 요금과 경쟁하지 않는다. 물론 점점 많은 직업 영역에서 임금이 전 지구적으로 결정되며 많은 서비스업이 노동비용이 최저인 곳으로 수출된다. 항공사들이 예약과 발권업무를 인도로 넘긴 것이 그 사례다. 그렇더라도 여전히 많은 분야의 임금이 국내 시장에서 결정된다.

선진국에서 노동자들의 협상력이 떨어진 것은 전 지구적 자유무역만의 결과는 아니다. 자유무역의 결과라고만 생각한다면 무역과 자본의 이동이 국내 경제에 미칠 수 있는 영향을 너무 과대평가하는 것이다. 선진국의 실업 문제는 저임금 국가들과의 무역만 탓하기에는 너무나 중요한 문제다.

신기술의 발달과 부적절한 교육에서 오는 탈숙련화가 선진 서구 사회에서 장기 실업이 벌어진 주요 원인이다. 노동시장의 규제 완화와 신자유주의적 조세정책으로 소득 불평등이 증폭되기는 했지만, 임금

하락과 실업 증가의 근본 원인은 신기술의 전 세계적인 전파다.

임금에 대해 말하자면, 신흥공업국과 후기산업국은 별도의 두 범주로 깔끔하게 떨어지지는 않는다. 한국, 타이완, 싱가포르 등 몇몇 신흥공업국에서는 많은 직종의 임금이 여러 선진국(특히 영국과 미국)보다 높다. 그래서 아시아의 대기업들이 노동력이 싼 제1세계 국가들로 산업 시설을 옮기는 일이 심심치 않게 벌어진다. 한국의 〈LG〉는 1997년 초에 임금 비용과 기타 비용이 한국보다 싼(영국 정부가 공장을 유치하기 위해 보조금을 많이 지불했다) 웨일스 뉴포트로 공장을 옮겨서 일자리를 수출했다. 그보다 1년 전에는 미국 라이터 회사 〈론슨 Ronson〉이 생산 시설을 한국에서 웨일스로 옮겨서 노동비용을 20퍼센트 절감했다.[7]

이러한 사례들은 전 지구적 자유방임 시장이 직업의 안정성에 미치는 영향이 더 이상 제1세계만의 문제가 아님을 보여 준다. 1997년 1월에 한국에서 벌어진 노동자 총파업이 보여 주듯이 직업 안정성의 감소는 전 세계적인 현상이다.

제1세계 국가들끼리도 노동비용에 대해 동질적인 모습을 보이지는 않는다. 독일 노동자에게 〈지멘스Siemens〉는 매우 높은 수준의 임금을 지불한다. 높은 교육 수준과 숙련도 덕분에 독일 노동자들의 생산성이 〈지멘스〉 미국 공장 노동자들보다 두 배나 높기 때문이다.[8]

하지만 전반적으로 보아 탈규제된 전 지구적 자유무역은 선진국에서 노동자들의 임금을 끌어내리고 있으며 이는 저숙련 제조업 노동자들에게 특히 더 심각하다. 국제무역의 장벽이 낮아지면 경제학에서 '요소 가격 균등화'라고 부르는 과정에 의해 생산요소(**노동도 포함**

해서)의 가격이 수렴하는 경향이 생긴다. 경제학자들이 '당신의 임금은 베이징에서 결정될 것이다'라고 말할 때 의미하는 바가 바로 이것이다.[9]

새로운 정보기술은 많은 제품을 (그리고 많은 서비스도) 선진국에서 지불해야 할 노동비용의 아주 일부만 들여서 개발도상국에서 생산할 수 있게 한다. 〈국제노동기구〉는 이렇게 언급했다. "오늘날의 입지 결정은 노동 가격에 의해 매우 섬세하게 조정된다."[10] 이는 매우 중요하다. 리카도의 이론, 즉 자본이 자국 내에서만 이동하며 생산 시설의 국제적 이동은 실질적으로 불가능하다는 것을 전제로 한 이론은 더 이상 현실에 맞지 않는다.

우리 시대는 또 하나의 중요한 점에서도 리카도의 시대와 다르다. 바로 신흥공업국의 인구가 폭발적으로 증가하고 있다는 사실이다. 이는 전 지구적 자유시장이 선진국의 임금에 미치는 하방 압력을 가중시킨다. 대부분의 선진국에서는 인구 증가율이 낮고 숙련 노동이 희소해서 숙련 노동자의 노동 가격이 높아진다. 하지만 인구가 빠르게 증가하는 많은 신흥공업국에서는 노동력이 사실상 고갈 없이 공급되며 숙련 노동력 역시 마찬가지다.

인구 증가의 양상이 이렇게 불균등한 상황에서 신흥공업국은 선진국의 노동력을 낮은 비용으로 치고 들어올 수 있다. 자본과 생산 시설이 규제 없는 이동성을 획득하면, 자본과 생산 시설은 노동력이 가장 풍부하고 싼 곳으로 이동할 것이다. 오늘날에는 숙련 노동과 비숙련 노동 모두에서 이런 일이 벌어질 수 있다. 마이클 린드Michael Lind는 이렇게 설명했다.

한 세대 안에, 점점 증가하는 제3세계 인구 중에는 비숙련 노동자 수십억 명뿐 아니라 미국에서 받게 되는 임금보다 훨씬 적은 임금을 받으면서도 세계적인 수준의 업무를 할 의지와 역량이 있는 과학자, 공학자, 건축가 등의 전문가도 수억 명 포함될 것이다. 자유무역주의자들은 고임금, 고숙련 노동력을 가진 미국은 저임금, 저숙련 노동력 위주인 제3세계를 두려워할 필요가 없으리라고 생각한다. 하지만 '저임금, 고숙련'인 해외 인력과의 경쟁이 점점 증가할지 모른다는 전망, 아니 사실상 가능성에 대해서는 답을 하고 있지 않다. 이런 상황에서는 미국이 직업 훈련을 더 잘하거나 인프라에 투자를 더 많이 하는 것만으로는 충분치 않다. (…) 문명화된 사회적 시장 자본주의와 규제 없는 전 지구적 자유무역은 근본적으로 융합이 불가능하다는 결론을 피하기 어려울 것 같다.[11]

독일에서 중간 규모 기업 1만 개를 대상으로 1993년에 실시한 설문 조사 결과, 설문에 참여한 기업의 3분의 1 이상이 생산 시설 일부를 동구권 등 임금이 낮고 사회적·환경적 규제가 덜한 국가로 옮길 계획이라고 답했다. 또한 많은 기업들이 프로그래머에게 지불해야 할 임금이 유럽이나 미국보다 훨씬 싼(약 3천 달러) 인도에 프로그래밍 업무를 아웃소싱하고 있다. 이런 사례는 얼마든지 들 수 있다.[12]

글로벌 시장이 각국의 임금을 노동력의 값이 싸고 규제가 없는 곳 수준으로 끌어내리는 효과는 새로운 정보 기술의 발달로 더 강화된다. 신기술 때문에 많은 직업이 사라졌다. 은행 창구 직원도, 세션 뮤지션도 그렇다. 둘 다 더 싼 값으로 합성이나 모방이 가능하다. 전 지구적 자유시장이 없더라도 새로운 기술은 많은 직업의 임금을 낮추는 압력으로 작용할 것이다. 인간 노동을 기술이 대체하는 것은 (아마도 일본만 빼고) 어떤 사회도 아직 해결하지 못한 딜레마를 낳는다.[13]

리카도는 기술혁신이 일자리를 파괴할 수 있다는 점을 알고 있었다. 그는 신기술이 자동적으로 새로운 고용까지 창출할 것이라고 보는 오늘날의 신념을 가지고 있지 않았다. 리카도는 이렇게 지적했다. "기계의 발명과 사용은 총생산의 감소와 함께 진행될 수 있다. 그렇게 되면 노동계급에 해가 될 것이다. 그중 일부가 일자리에서 떨려 나고 많은 인구가 불필요하게 될 것이기 때문이다. (…) 많은 경우에 기계의 도입이 자신의 이해관계에 해가 된다는 노동계급의 주장은 편견이나 오류가 아니라 정치경제학의 원리에 맞는 이야기다."[14]

이미 언급했듯이 자본은 가장 부유한 나라의 소비자를 위해 가장 싼 노동비용으로 제품을 만들 수 있는 나라로 이동할 것이다. 그런 나라는 그 제품이 소비되는 나라가 아닐 것이다. 윌리엄 패프William Pfaff는 이렇게 언급했다. "세계화가 시작된 이후 서구에서 노조의 협상력이 급격히, 그리고 점점 심하게 약해져 왔다는 것은 우연이 아니다. 일반적으로 말해서 1970년대까지는 투자가 국내 노동시장에 한정되었고 제품은 자국 시장에서의 판매를 위해 제조되었다. 부유한 나라의 소비자를 위해 가난하고 규제가 적은 아시아, 남미, 아프리카 노동시장에서 제품을 생산하는 것이 기술적으로도 가능해지고 경제적으로도 수익성 있게 되면서, 선진국의 노동은 협상력을 잃었다."[16] 이를 뒷받침하는 학술 연구들도 많이 찾아볼 수 있다.[17] 급격한 기술 변화와 무역·자본의 전 지구적인 이동이 결합하고, 선진국 노동시장의 규제 완화와 개발도상국의 급격한 인구 증가가 결합하면서, 제1세계에서 노동조합의 권력이 크게 약화됐다.

전 지구적 자유시장과 사회민주주의의 몰락

영국과 유럽의 사회민주주의자들은 그들에게 익숙한 형태의 사회적 시장경제가 전 지구적 자유시장과 융화될 수 있을 것이라고 상상한다. 하지만 이는 선진 산업사회가 처한 상황을 제대로 이해하지 못한 것이다.

사회적 시장경제는 특정한 경제적 틈새에서 발달했다. 아시아 국가들이 산업화되고 구공산권 국가들이 세계시장에 편입되면 사회적 시장경제는 변형되거나 파괴될 수밖에 없다. 다른 나라들이 도입한 정책에 대한 방어 전략으로 자국 노동시장의 규제를 줄이고 복지 혜택을 축소하는 정책을 추진할 수밖에 없는 것이다. 선진국 사이에서 세금 감면 경쟁이 일어나면 재정이 취약해져서 복지국가적 정책을 감당할 수 없게 된다. 『파이낸셜 타임스*Financial Times*』는 사설에서 이렇게 지적한 바 있다. "[한두 번이면 좋을지 몰라도] 세금 감면 경쟁은 조세 수입의 기반을 잠식하면서 도가 지나치게 될 수도 있다. (…) 국가들 사이의 [자본] 유치 전쟁은 전체적인 재정 수입 기반을 갉아먹는다. 이는 이동성이 덜한 산업 쪽에, 그리고 자본에 비해 노동 쪽에 세금 부담을 증가시킨다."[18]

이와 같이 이동하는 자본과 생산 시설을 유인하기 위해 정부들 간에 세금 감면 경쟁이 일어나는 것은 복지 혜택을 낮추고 노동자의 세금 부담을 올리게 되는 여러 메커니즘 중 하나에 불과하다. 글로벌 채권시장은 사회적 시장이 존재하는 나라의 정부가 과거에 경기변동을 완화하기 위해 취할 수 있었던 정책의 여지를 없애 버렸다. 채권시장은 정부가 거시 경제 정책에 쓸 수 있는 효과적 수단이 별로 없었던 케인스 이전의 시절로 돌아가도록 강제한다. 경기 불황이 오면 사회적 · 경제적 비용이 아무리 크더라도 그저 겪으면서 지나가기를 기다려야 한다.

공공 사업을 일으키고 적자 재정을 편성해 경기를 진작시키려고 하는 정부를 처벌하면서, 시장은 정부가 경제 불황기를 재앙적인 디플레이션을 유발하는 긴축 정책으로 대응하던 시절로 돌아가라고 한다. 이 점에서 글로벌 채권시장은 금본위제를 모방한다. 하지만 금본위제가 가졌던 준자동적인 조절은 하지 못한다. 금본위제는 어느 정도 자동으로 작동하는 것이어서 그 적용을 받는 국가들에 예측 가능성과 안정성을 줄 수 있었다. 하지만 1994년 초의 세계 채권시장 붕괴에서 볼 수 있었듯이 오늘날의 채권시장은 투기적 호황과 불황이 불가피한 불확실성의 맥락에서 작동한다. 금본위제의 메커니즘은 카지노의 규칙으로 대체되었다.

글로벌 자본시장이 미치는 영향은 여기에서 그치지 않는다. 글로벌 자본시장은 영국에서 1970년대 말까지, 스웨덴에서는 1990년대 초까지 존재했던 사회민주주의를 불가능한 것으로 만든다. 이 책에서 사회민주주의는 적자 재정 편성을 통한 완전고용 정책, 종합적인 복지 정책, 평등주의적인 조세정책을 의미한다. 이러한 사회민주주의 체제는 고정된, 혹은 준고정적인 환율에 의해 자본 이동이 제약되는 '닫힌 경제'를 상정하고 있었다. 사회민주주의의 핵심 정책 대부분은 '개방경제'에서는 지탱될 수 없다. 적자 재정 편성을 통한 완전고용도 그렇고 전후 시기에 도입된 복지 정책도 그렇다. 불평등 완화를 위한 정책도 마찬가지다. 존 롤스John Rawls의 평등론을 포함해 사회 정의에 대한 모든 사회민주주의 이론들은 닫힌 경제를 상정하고 있다.[19] 그런 이론이 말하는 사회 정의의 원칙이 만족되었는지 아닌지 알려면 분배 시스템이 닫힌 경제에 있어야 한다. 더 실질적으로는, 평등주의적인 원칙이 실행될 수 있으려면 닫힌 경제여야만 한다. 개방경제에서는 (인적 자본도 포함한) 자본의 자유로운 이동 때문에 효과가 없다.

사회민주주의 정부들은 일반 과세를 통해서도 높은 수준의 복지를 위한 재정 조달이 문제 없이 이뤄질 수 있으리라고 본다. 하지만 이것도 더 이상 가능하지 않다. 경제학에서 말하는 공공재에 대해서조차 가능하지 않다. 제약 없는 자본의 이동이라는 논리는 모든 국가에서 공공재에 자금을 조달하는 것을 더 어렵게 한다. 공공재란 모든 이가 누릴 수 있는 것으로, 경제학, 재정학 등에서 말하는 공공재에는 치안 유지, 국방, 환경보호 같은 것들이 포함된다. 이런 공공재는 조각으로 나누어 판매하는 것이 불가능하고, 사회적으로 필요한 수준보다 적게 생산되는 것을 막으려면 세금으로 재원이 조달돼야 한다.

공공재 공급 문제에 대한 고전적인 해결책은 상호 합의를 통한 강제다. 공공재가 공급되면 자신에게도 득이 된다는 것에 모든 사람이 합의하는 것이다. 지불은 하지 않고 누리기만 하려는 무임승차 문제도 모든 이가 납세에 기여하도록 함으로써 해결한다. 그런데 이러한 고전적인 해결책은 이동성이 큰 자본과 기업에 조세가 강제되지 못하면 무너진다. 조세 수입의 원천, 즉 자본, 기업, 사람이 세금이 낮은 나라로 자유롭게 이동해 갈 수 있다면 상호 합의를 통한 강제는 공공재 재원 조달 수단으로서 작동할 수 없다. 공공재 재원 조달을 위해 부과되는 세금의 종류와 수준은 비교 대상인 다른 나라보다 지나치게 많아서는 안 되기 때문이다.

자본과 생산 시설이 전 지구적으로 이동하는 개방경제에서는 유럽식 사회민주주의의 핵심 정책들이 작동하지 못한다.[20] 따라서 대대적인 실업이라는 오늘날의 문제에 명쾌한 해결책을 찾기가 어려워진다.

전 세계 중앙은행과 초국적 금융기구를 지배하고 있는 통화주의 이론은 가격 안정성을 희생해 완전고용을 달성할 수 있다는 가능성을 인정하지 않는다. 이런 이론은 학술적으로 그다지 신빙성이 크다고 보기는 어렵다. 이 이론은 '균형 상태로 나아가는 경향이 있는 경제활동'을 가정하고 있는 것으로 보이는데 이는 이미 케인스가 효과적으로 비판한 바 있다. 경제의 균형 상태라는 개념은 이후 시카고 대학에서 나온 '합리적 기대 가설' 이론에서 시대착오적으로 되살아났는데, 이는 주류 경제학자들 사이에서도 일반적인 합의에 이르지는 않은 이론이다.[21]

하지만 이런 의심스러운 이론들이 〈세계은행〉이 진행한 구조 조정 프로그램의 근간이 되었고 구조 조정은 멕시코부터 나이지리아에 이르기까지 광범위한 나라들에서 도입됐다. 구조 조정 프로그램은 금융 건전성을 추구하기 위해 실물경제를 오래도록 침체시키라고 요구했다. 그리고 글로벌 채권시장도 이와 비슷한 것을 요구한다. 개발도상국에서 긴급 조치로서 명백하게 실패했던 디플레이션 유발형 구조 조정을 제1세계 국가들에 강요하는 것이다.

시장의 실제 작동 방식을 잘 이해해서 돈을 많이 번 사람들은 시장 참여자들의 합리적 기대에 의해 시장 균형이 달성되리라고 보는 이론을 받아들이지 않는다. 조지 소로스George Soros는 마스트리히트 조약(이 조약으로 유럽 단일 통화의 안정성을 최우선 목적으로 삼는 〈유럽중앙은행European Central Bank〉이 탄생했다.)의 기반이 된 경제 이론에 대해 이렇게 언급했다. "이 모든 것의 기저에는 오류가 많은 경제 균형 이론이 있다. 존 메이너드 케인스가 보여 주었듯이 완전고용은 시장 균형의 자연적인 결과가 아니다. 시장에서 완전고용을 이루려면 그것을 목적으로 수행되는 정부 정책이 있어야 한다. (…) 보이지 않는 손은 우리에게 행복한 균형점을 가져다주지 않는다."[22] 소로스의 비판은 통화가치 안정만이 유일한 목적인 〈유럽중앙은행〉을 통해 통제되는 유럽 단일 통화를 만들자는 생각뿐 아니라 자기 조절적인 글로벌 단일 시장을 만들자는 프로젝트에도 잘 적용된다.

통화주의 원칙을 깨려고 시도하는 정부(가령 1980년대 프랑수와 미테랑François Mitterrand 정부)를 불안정하게 만들면서, 세계 채권시장과 외환시장은 그 원칙을 자기실현적이 되게 한다. 세계 채권시장과 외환시장은 적자 재정을 편성해 고용을 창출하려는 국가를 꼼짝달싹 못하게 만든다. 허스트와 톰슨은 이렇게 언급했다.

국제 외환시장에서 벌어지는 단기 거래의 규모는 하루에 1조 달러로, 해외 교역과 해외 직접투자 규모를 훨씬 능가한다. 또한 이는 시장이 환율을 올리거나 내리기로 마음먹었다면 중앙은행들로서는 단독으로든 집단적으로든 기존의 환율 수준을 방어할 수 있을 만큼의 외환 보유고를 가지고 있지 못하다는 것을 의미한다. 외환 거래자들과 이론가들은 편견을 가지고 있다. 그들은 낮은 인플레와 '건전 통화'를 위한 정책을 좋아한다. (…) 이러한 정책은 성장을 저해하며, 주요 금융기관들이 단기적 이익을 추구하는 것이 최선의 경제적 지혜라고 여기게 만든다.[23]

가장 큰 주권국가인 미국은 1980년대에 군비 지출을 통해 케인스주의적 확장 정책을 수행할 수 있었다. 하지만 그와 비슷한 것을 현재도 할 수 있을지는 의심스럽다. 클린턴 대통령 정부 1기 시절, 방만한 재정 정책을 막기 위해 채권시장이 고금리를 부과했을 때, 이는 세계의 '최종 대출자'라는 미국의 지위도 글로벌 채권시장에서는 취약하다는 것을 알려 주었다.

오랫동안 이어져 오던 스웨덴의 완전고용 실험도 1990년대 초(이때 이미 심각한 어려움에 처해 있었다.) 세계 채권시장에 결국 끝장이 났다. 스웨덴의 사례는 글로벌 시장이 어떻게 작동하는지를 대표적으로 보여 준다. 윌리엄 그라이더William Greider는 이렇게 설명했다.

1994년 여름, 주요 국제 채권 구매자들이 스웨덴 국채를 더 이상 사지 않겠다고 했을 때 스웨덴은 시장의 저항을 느꼈다. 그해 장기 금리는 4퍼센트포인트 오르면서 두 자리 수로 치솟았다. 이탈리아를 제외하고 선진국 중 가장 높은 자본 조달 비용이었다. 찬란했던 복지국가의 규모를 줄이겠다고 선언한 보수 정부가 집권한 상태였는데도 연간 재정 적자는 여전히 GDP의 10퍼센트가 넘었고 정부의 누적 부채는 1990년 GDP의 44퍼센트에서

1995년에는 95퍼센트로 폭발적으로 늘었다. 채권 구매자들의 보이코트에 대응하기 위해 스웨덴 중앙은행은 신용 긴축을 한층 더 단행해야 했고 총리는 재정지출을 더욱 축소하겠다고 급히 선언했다. 하지만 한때 안정적이고 번영하는 사회민주주의의 모델이었던 스웨덴 경제는 이미 깊은 침체를 겪고 있었고 실업률이 16퍼센트에 달하고 있었다. 새 조치들은 상황을 더 악화시켰다. 그다음 선거에서 스웨덴 유권자들은 사회주의자들에게 권력을 되돌려 주었지만 그들 역시 마찬가지 딜레마에 처했다.[24]

스웨덴의 경험은 다른 곳의 사회적 시장경제에도 시사하는 바가 있다. 통상적인 여러 해석과 달리 스웨덴 완전고용의 핵심은 사회민주주의가 연달아 정권을 잡으면서 추진한 적극적인 노동 정책이 아니었다. 핵심은 정부가 국가를 최종적인 고용주로서 사용하고자 하는 의지였다.[25] 하지만 이는 채권시장에서 거부당했다. 대량 실업을 막아서 사회적 결속을 유지하려는 다른 나라의 정부들에 시사하는 바는, 채권시장에서 재정적으로 건전하지 못하다고 판단될 만한 정책으로는 그 목적을 달성할 수 없으리라는 점이다.

채권시장은 전후에 시도된 완전고용 정책의 기반을 송두리째 무너뜨렸다. 오늘날 서구 국가들은 케인스주의 시대에 서구 사회를 대량 실업으로부터 보호해 준 정책을 대신할 만한 대안이 없다. 일자리에서 배제된 사람의 수는 지난 20여 년간 대부분의 서구 사회에서 증가했다. 대체로 꾸준히 경제성장을 해 왔는데도 말이다. 오늘날 완전고용이라는 사회민주주의적 목적은 사회민주주의 정책을 통해서는 실현될 수 없다.

하향 평준화의 압력이 있더라도 과거의 사회적 시장경제가 그 형태대로 재생될 수 있다고 보는 것은 글로벌 시장과 결부된 여러 가지 환상 중에서도 가장 위험하다. 사회적 시장 시스템은 환경적 · 사회적 · 노동적 비용이 가장 낮은 곳들과 동일한 조건에서 경쟁하기 위해 계속 스스로를 와해시키도록 내몰리고 있다. 사회적 시장경제가 직면한 질문은 현재의 제도와 정책을 가지고 살아남을 수 있느냐가 아니다. 살아남을 수 없다. 질문해야 하는 것은 사회적 시장경제가 불가피하게 겪어야 할 조정이 신자유주의적 개혁이 한 차례 더 휩쓸면서 이뤄지게 할 것이냐 아니면 인간의 필요를 충족시키는 데 시장이 복무하게 하는 정책들을 통해 이뤄지게 할 것이냐다.

유럽 사회적 시장의 운명

독일은 전후의 사회적 시장이 전 지구적 자유시장에서도 살아남을 수 있으리라고 생각하는 사람들이 예의 주시하는 사례다. 하지만 징후들은 그리 희망적이지 못하다. 2차 세계대전 이후 몇십 년 동안 독일 모델이 그렇게 성공적일 수 있게 해 주었던 조건들이 오늘날에는 독일 모델을 저해하는 방향으로 작동하고 있기 때문이다. 독일의 전후 모델은 두 개의 초석을 가지고 있었다. 하나는 종합적인 복지국가이고 다른 하나는 다양한 이해 당사자들이 경영에 참여하는 기업 구조였다. 이 두 가지 모두가 통일 이후의 독일이 직면한 경쟁 환경에서 뒤흔들려 버렸다.

독일 자본주의의 라인 강 모델을 지지하는 사람들은 독일에서 사회적 시장이 번성할 수 있었던 틈새가 유럽의 통합, 아시아의 산업화, 그리고 경쟁적인 탈규제 압력으로 사라졌다는 것을 이해하지 못하고 있다. 마이클 앨버트는 오늘날의 세계를 규정하는 경쟁 관계가 '자본주의 대 자본주의'라는 점은 파악했지만[26] 그 경쟁의 논리는 파악하지 못했다. 앨버트는 금융시장의 국제화와 세계무역의 성장이 라인 강 모델을 어려움에 빠뜨렸다고 인정했다. 하지만 나쁜 자본주의가 좋은 자본주의를 몰아낼 가능성을 인정하면서도 여전히 '미국의 토끼'가 '라인 강의 거북이'에게 추월당할 것이라고 주장한다.[27]

독일의 사회적 시장은 미국의 자유시장 자본주의와 매우, 그리고 근본적으로 다르다. 독일에서는 직원, 지역 공동체, 은행, 때로는 공급업체들과 고객까지 포함해 여러 이해 당사자들이 기업 경영에 참여한다. 대기업(직원 8백 명 이상)에서 노동자는 주주 및 기타 다른 대표자와 함께 감독 이사회에 대표자로 참여할 것을 보장받는다. 다양한 이해 당사자에게 권력을 분산하는 것은 앵글로색슨 경제권에 비해 독일의 경제적 불평등 수준이 현저히 낮을 수 있었던 요인 중 하나였다.

독일 자본주의는 자유시장 경제보다 주식 가치에 부여하는 가중치가 훨씬 작다. 주식시장과 적대적 인수합병은 독일에서 중심적인 제도가 아니다. 대기업과 중간 규모 기업 모두 대부분 여전히 가족 소유다. 마찬가지로 노동시장도 미국이나 미국식 모델을 따른 나라들(영국 등)과 크게 다르다. 산업별 단체교섭이 존재하고 직업 안정성은 매우 높다.

1990년대 초에 미국에서 대대적인 인력 감축을 가능하게 했던 단기 임시직 고용 문화가 독일에서는 존재하지 않거나 거부된다. 독일 노동자는 일자리를 잃으면 이전 임금의 3분의 2에 해당하는 실업 급여를 받는다. 영국의 경우는 실업 급여가 임금의 3분의 1 정도이고 미국은 더 적다. 독일의 사회적 시장에서는 노동을 판매 가능한 상품으로만 여기지 않는다. 독일 전자회사 〈지멘스〉의 하인리히 폰 피어러 Heinrich von Pierer 회장은 이렇게 말한 바 있다. "단기 임시 고용 원칙은 여기에 존재하지 않으며 나는 그것이 존재하기를 결코 원하지 않는다."[28]

이러한 독일 경제의 특성은 시장이 어떻게 구성되어야 마땅한가를 두고 형성된 오랜 문화적·정치적 합의에서 나왔다. 그런 특성들은 경제적 효율성뿐 아니라 사회적 결속을 유지하고 촉진하기 위해 고안되었다. 이러한 경제적 합의는 독일이 2차 세계대전 이후 구성해 온 자유민주적 정치 문화의 핵심이었다. 이 합의가 폐기될 것 같지는 않지만 대대적인 개혁 없이는 되살리지 못할 것이다.

독일 모델이 구현한 경제철학은 오르도-자유주의Ordo-liberalism 철학[29]인데, 이는 시장의 자유를 법적·사회적 인공물로 보며, 어떤 근본적인 인권으로 보지는 않는다. 또한 시장경제를 규제 없는 상태에서 만들어지는 자연적인 자유의 상태로 보지 않고, 좋은 상태로 유지하려면 지속적으로 손을 보아야 하는 복잡하고 섬세한 제도로 본다. 이러한 경제철학에서 시장경제는 독자적으로 자유롭게 서 있는 제도가 아니라 지역 공동체나 민주국가와 같은 핵심 제도들의 연장으로서 존재한다.

오늘날 우리가 알고 있는 독일 모델은 오르도-자유주의를 구현한 것으로, 루드비히 에르하르트Ludwig Erhard가 도입했다. 이 경제철학 (프라이부르크 학파라고도 불린다)을 지지하는 많은 사람들이 나치 시기에 강제로 독일을 떠나야 했지만 이 철학은 독일에서 완전히 사라지지 않았다. 에르하르트는 연합군 점령기의 계획 위주 경제정책과 자유방임 이데올로기에 굴하지 않고 독일의 경제 자유화를 시행했다. 독일의 전후 경제 자유화에 연합국의 영향은 아마 거의 없었을 것이다.[30]

오르도-자유주의 철학이 구현하는 종류의 시장경제는 독일 전후 문화에 깊이 뿌리를 내리고 있다. 문명화되고 성공적인 사회제도가 왜 내재적으로 불안정하고 사회를 분열시키며 빈민가를 증가시키는 미국식 자유시장으로 바뀌어야 하는가? 데이비드 굿하트David Goodhart가 말했듯이, "미국 모델은 역동적이고 변동성이 큰 나라를 만들어 내었고 지구상의 가장 가난한 사람들에게 문을 열어 주었다. 그렇지만, 어떤 계급과 인종에 속할지는 모르는 상태로 태어날 곳을 선택할 수 있다면 사람들이 어디를 택할 것 같은가? 디트로이트이겠는가, 쾰른이겠는가?"[31]

하지만 독일 모델은 전후의 형태를 닮은 방식으로는 되살아날 수 없다. 여러 가지 이유가 있는데, 통일 과정에서 몇 가지 커다란 정책 실패를 한 것이 그중 하나다. 동독과 서독 통화의 교환 비율이 대표적으로 잘못 책정되었다. 서독 정부와 기업은 동독 경제가 동유럽 경제(대부분은 낭비적이고 오염을 시키며 기술적으로 낙후되어 있었다)와 아주 유사하다는 것에 대비하지 못했다. 서독이 동독의 사양화된 공업 지대를 더 현실적으로 평가했다면 그러한 실수를 하지 않았을 것이다.

통일 비용 중 어떤 것은 불가피했다. 서독은 동독이 부담하고 있던 사회보장 의무를 받아들여야 했다. 그것은 독일 헌법의 요구 사항이었다. 하지만 이는 가뜩이나 재정 조달이 불안정했던 연금 체계 때문에 서서히 타고 있던 독일의 재정 위기에 기름을 붓는 격이 되었다.

이런 점들을 모두 고려했을 때 한 가지 사실이 분명해진다. (아마도 일본을 예외로 하면) 어떤 나라도 독일 통일 당시에 이뤄져야 했던 일, 즉 파산한 경제를 흡수해 관리하는 일을 할 수 없었을 것이다. 앵글로색슨 국가들이었다면 시작도 하지 못했을 것이다.

독일 경제의 문제 중 어떤 것들은 마스트리히트 조약이 강제하는 디플레이션적 재정 운용 조건에 순응하려는 노력 때문에 생겼다. 헬무트 콜Helmut Kohl 수상은 유럽 단일 통화를 출범시키는 것에 매우 높은 우선순위를 두고 있었는데 그 때문에 독일 경제에서 유효수요를 질식시켜 버리는 정책들을 추진했다. 단일 통화 프로젝트가 무너진다면 이런 정책들은 폐기되리라고 기대해 볼 수도 있을 것이다.

하지만 오늘날 독일에서 사회적 시장이 처한 문제의 더 근본적인 원인은 통합된 유럽이 처한 상황에서 나온다. 유럽 통합은 수억 명의 노동자들을 세계시장에 편입시켰다. 높은 교육 수준과 낮은 임금은 다국적기업과 국제 투자자들에게 매력적이었다. 이러한 새로운 경쟁 환경은 독일 경제 모델을 받쳐 주었던 임금, 노동조건, 직업 안정성에 대해 상호 연결된 상태로 존재하던 합의들을 뒤흔들었다.

미국의 행태를 따라 공장을 통째로 동구로 옮기지는 않았지만, 독일 기업들도 수익성이 한계에 온 생산 시설을 계속해서 체코, 폴란드 등으로 내보내고 있다. 해외에서 근무하는 직원의 비중이 미국, 영국, 네덜란드 기업들과 비슷한 수준에 근접하게 되면 독일 기업도 이해

당사자들 사이의 관계를 예전처럼 유지하기 힘들 것이다.

어느 시점이 되면 이해 당사자들 사이의 관계가 독일 기업의 경영 상 의사 결정에서 그리 중요해지지 않을지 모른다. 통합된 유럽에서 임금 격차가 제기하는 압력은 독일의 사회적 시장에서 기업이 사회적 제도로서 기능하게 묶어 주었던 관습과 신뢰를 풀어놓게 될 것이다. 이해 당사자들 사이의 관계가 기업 경영에서 덜 중요해지면 부와 소 득의 불평등은 증가하고, 전후 사회적 시장의 핵심 특징이었던 경제 불평등을 억제하는 능력은 위기에 처할 것이다.

독일 기업이 해외로 확장되면 독일 사회 내에서 수행했던 역할이 바뀌는 것을 피할 수 없을 것이다. 〈지멘스〉는 1997년에 해외로 공장 을 이전하면서 독일에서 6천 개의 일자리를 없애기로 했다. 1999년이 면 독일에서보다 해외에서 더 많은 직원을 두게 될 것으로 보인다. 이 러한 국제적 확장은 채권시장과 주식시장 모두에서 외국 자본 조달의 필요성을 증가시킨다. 앞의 인용문에서 앵글로색슨식 단기 고용에 대 해 반대 입장을 이야기했던 하인리히 폰 피어러 회장은 이렇게 인정 했다. "우리는 채권시장과 주식시장에서 글로벌 경쟁을 하고 있다."[32] 제약 회사 〈훼히스트Hoechst〉나 철강 그룹 〈티센Thyssen's〉과 같은 독 일 기업들도 단기간에 주가를 올리기 위한 조치들을 취했다.

글로벌 주식시장에서 자금을 조달하기 위해 경쟁하다 보면 기업 정 책은 주가를 올리는 쪽에 치중하게 된다. 그러면 주주 이외의 이해 당 사자들의 입장은 고려하기 어려워진다. 장기적인 관계를 중시하고 신 뢰에 기반을 두었던 기업 관계가 단기적이고 거래 중심적이며 계약에 기반을 두는 쪽으로 바뀌면 사회적 시장은 흔들리기 시작한다. 오늘날 독일에서 이러한 일이 벌어지고 있음을 보여 주는 징후를 많이 찾아볼 수 있다. 대기업은 공급 업체들을 대할 때 장기적이고 안정적인 관계를 유지하는 것보다 단기적인 비용 절감에 치중해야 한다는 압력을 받고 있다. 많은 기업이 노동비용의 하방 유연성을 더 높이기 위한 조치들을 고안하고 있다. 1993년에 〈폭스바겐Volkswagen〉이 비용 절감에 큰 공로가 있었던 GM 출신 임원을 구매 담당 임원으로 임명한 것은 독일의 사회적 시장에서 벌어지던 변화를 보여 주는 상징적인 순간이었다. 전후에 독일에서 벌어진 네 건의 적대적 인수합병 중 두 건이 최근 6년 사이에 있었다는 점도 의미심장하다.

이러한 징후가 있다고 해서 독일의 사회적 시장이 미국 모델을 닮아 가게 되리라는 의미는 아니다. 독일의 복잡한 상호 지분 교차 소유 시스템과 공동 의사 결정 제도가 미국화를 막을 것이다. 기업 정책에 대한 이런 제약 조건들은 주주의 이익을 우선시해야 한다는 압력을 견제할 것이다. 독일 경제에서 자본시장은 미국이나 영국에서만큼의 힘을 얻지는 못할 것이다. 독일 기업은 대금 수금과 이익 분배의 기능만 남은 공동화된 가상 기업으로 변하지는 않을 것이다. 그렇더라도 독일은 전후 한 세대 동안 존재했던 사회적 시장을 변화시켜야 하는 상황에 이미 들어서 있다.

독일의 사회적 시장이 붕괴하지는 않을 것이다. 자원과 역량이 붕괴를 막을 정도로는 충분히 많고 사회적 시장에 대한 정치적 정당성도 크기 때문이다. 그러므로 새로운 경쟁 환경에서도 여러 가지 조정들을 해낼 수 있을 것이다. 이를테면 독일 기업들은 '유연 전문화'에 잘 맞는다. 여기에서 전통적인 대량 생산은 광범위하게 숙련된 노동자들이 고객 맞춤형의 다양한 제품을 생산하는 쪽으로 조정될 것이다.[33] 독일의 미텔슈탄트(Mittelstand, 중소기업. 가족 소유가 대부분이고 백 년 넘은 곳들도 많다)는 강하고 혁신적이다. 그리고 독일 기업의 연구 개발 역량은 앞으로도 계속 독보적인 위치를 차지할 것이다.

독일 자본주의가 유연성을 높이는 방법이 직업 불안정성을 수반하는 미국 방식을 따르는 것밖에 없다고 본다면 잘못이다. 1997년 초에 독일의 가장 큰 산별노조 중 하나인 금속노련과 〈오스람〉 경영진 사이에 이뤄진 역사적인 합의는 독일 모델이 글로벌 경쟁에 대응하는 한 방식을 보여 준다. 〈오스람〉은 새 생산 라인을 노동비용이 40퍼센트 싼 이탈리아로 옮기는 것을 고려하고 있었다. 〈독일상공회의소(DIHT)〉의 설문 조사에 따르면 서독 제조업의 28퍼센트가 향후 3년 이내에 생산 시설을 해외로 이전할 계획이었고 그중 3분의 2가 노동비용을 주된 이유로 꼽았다. 첨예해진 세계 경쟁의 현실은 〈오스람〉에도 명백했다. 직원의 4분의 3이 독일 바깥에서 일하고 있었고 매출의 90퍼센트가 해외 소비자들에게서 발생했다. 〈오스람〉은 계속해서 생산 시설의 이전을 고려했다. 이러한 상황에서 노조는 노동 시간을 늘리는 효과가 있는 유연 근무제에 합의했다. 앞으로도 독일 노조들은 이와 비슷한 합의를 많이 이뤄 낼 것이다.[34]

이러한 합의는 독일의 사회적 시장이 미국의 자유시장과 구별되는 사회적 실천들을 저버리지 않으면서 글로벌 시장에 적응하고 있음을 보여 준다. 하지만 독일의 사회적 시장이 자신의 강점을 활용해 시행할 수 있는 조정의 여지가 있다고 해도 이미 진행되고 있는 변형을 막지는 못할 것이다. 동구의 낮은 노동비용, 그리고 그에 따른 독일 생산 시설의 해외 이동이 낳게 될 결과는 자유시장과도 다르겠지만 전후 독일의 사회적 시장과도 그만큼이나 다를 것이다.

독일 모델이 유럽연합의 본보기가 되리라는 법도 없다. 더 규모가 커진 냉전 이후의 유럽연합은 대처 정부 이후 영국의 경제 문화뿐 아니라 구공산권 국가의 문화까지 너무나 다양한 문화를 포함하고 있다. 라인 강 자본주의 모델을 유럽 국가들에 확장하려는 사회민주주의 기획은 시대착오적이다. 유럽연합은 경쟁적인 규제 완화의 압력을 피할 수 없다. '대륙 케인스주의'[35]는 어느 한 국가 수준에서 실행하는 것이 더 이상 가능하지 않은 사회민주주의를 국가를 넘어 유럽 단위에서 되살리려 한다. 하지만 단일 통화와 단일한 재정 금융 정책으로 더 통합된 유럽이라고 해도 공산권 붕괴와 아시아 산업화가 강제하는 고숙련 저임금 노동력과의 경쟁을 피해 갈 수는 없다.

유럽연합의 통화 금융 정책이 방만하다고 판단되면 글로벌 시장에서 견제를 받을 것이다. 재정 적자를 통해 일자리를 창출하려는 정책에 만성적으로 알레르기를 일으키는 세계 외환시장은 유럽 통화를 팔아 치우면서 위기를 일으키게 될 것이다. 또 너무 확장적이라고 여겨지는 경기 부양책을 편다면 유럽연합의 채권은 세계 채권시장에 헐값으로 쏟아져 나올 것이다. 그 결과 이자율도 실업률도 더 오르게 될 것이다. 유럽연합처럼 규모가 크고 다양한 경제도, 속박받지 않는 자본과 기업이 유발하는 글로벌 시장 경쟁의 압력을 피할 수는 없다. 경제적으로 통합된 유럽연합도 세계시장의 압력을 미국보다 더 잘 막아낼 수 없다. 대륙 케인스주의는 막다른 골목에 처해 있다.

유럽을 아우르는 사회민주주의를 건설하는 것은 역사의 의제에서 사라졌다. 하지만 독일 자본주의가 끝났다는 의미는 아니다. 유럽 단일 통화가 성공하느냐 아니냐의 문제와 관계없이, 독일은 백 년 전에도 그랬듯이 경제적인 영향력을 확장하기 위해 동쪽으로 전진하면서 다시 한 번 세계의 경제 강국이 될 것이다. 앞으로 올 세기에 독일 자본주의는 많은 강점을 가지고 있을 것이다. 하지만 힘겹고 근본적인 개혁의 시기를 거친 다음에야 그 강점들을 완전히 활용할 수 있을 것이다.

유럽의 사회적 시장경제가 처한 위기는 막대하고 근본적이다. 예전의 망가진 구조를 억지로 지탱하려 한다면 유럽은 글로벌 시장의 가장 나쁜 무질서들을 겪어야 할 것이다. 무질서한 자본주의가 미치는 해악은 전후 시기에 존재했던 사회적 시장경제를 다시 살려 내려는 정책으로 피할 수 있는 것이 아니다.

False Dawn

5장
미국, 전 지구적
자본주의라는 유토피아

미국은 자신이 세계에서 담당해야 한다고 스스로 부과한 역할을 수행하는데 이상할 정도로 준비가 되어 있지 못하다. 미국 대중들이 가지고 있는 교조적인 낙관, 미국 사회의 모든 공식적인 언명에서 보이는 이 낙관을 미국은 1865년 이래로 유지하고 강화시켜 올 수 있었다. 미국이 상대적으로 고립되어 있었고 번영하고 있었기 때문에 가능한 일이었다. 이처럼 운 좋은 조건에서 미국은 강력한 낙관주의적 연금술로 유대주의의 예언적인 비관론과 기독교가 가르치는 금욕주의, 겸손, 자기 희생적 자선 등을 감상적이고 저열한 부르주아적 위안으로 바꾸어 놓은 사회가 되었다. (…) 이런 현상들은 (…) 인류의 제도와 행위를 근본적으로 개혁할 수 있다는 가능성(그것도 근접한 가능성)을 전제하는 미국의 국제정치와 긴밀하게 연관되어 있다. 그것들은 서구 유럽의 역사와 근현대 정치가 겪은 주요 사건에서 미국 문명이 계속해서 (그리고 아직까지 끄떡없이) 고립을 유지하고 있다는 증거다. 인간의 비극, 비참함, 불합리성, 사악함 등에 대한 인식에서 미국이 고립되어 있다는 점, 아니 더 중요하게는 그런 인식을 미국이 억누르고 있다는 점을 보여 주는 증거인 것이다.

에드먼드 스틸먼Edmund Stillman, 윌리엄 패프[1]

미국의 계몽주의 기획

전 지구적 자유방임주의는 미국의 기획이다. 하지만 미국이 늘 세계를 아우르는 자유시장의 편에 섰던 것은 아니다. 미국 역사 대부분의 시기 동안, 미국은 스스로를 세계에서 고립시킴으로써 자신이 세계 유일의 임무를 가지고 있다는 개념을 만들어 냈다. 미국인들은 오랫동안 스스로를 '세계의 가장 큰 희망'이라고 봤다는 점에서 토머스 제퍼슨을 따르고 있었다. 하지만 그 희망이 자유시장의 보편적 승리를 의미하게 된 것은 최근의 일이다.

전 지구적 자유시장은 보편 문명을 향한 계몽주의 기획이며 세계에 마지막 남은 계몽주의 열강이 그것을 지원하고 있다. 후기 근대 세계에서 이런 계몽주의 기획에 가차 없이 헌신하는 나라는 미국이 유일하다. 하지만 그와 동시에 강하고 뿌리 깊은 근본주의적 움직임들을 포함하고 있다는 점에서, 미국은 근대성에 대한 계몽주의적 희망이 틀렸음을 입증하기도 한다.

현대 국가는 거의 모두가 이런저런 유럽 계몽주의 이상들에 충성을 맹세하고 있다. 대부분의 국가가 유엔 인권 선언의 당사국이다. 유엔 인권 선언은 2차 세계대전의 산물이다. 당시 나치는 끔찍한 인종 학살과 노예화를 위해 현대적 기술을 사용하면서 계몽주의 자체와 계몽주의적 실험들을 모두 일축해 버렸고, 연합국은 그런 나치 국가에 반대해 뭉쳤다. 연합국의 승리는 보편 문명이 오리라는 계몽주의 신념을 다시 한 번 살려 냈다. 전후에 구성된 전 지구적 합의가 무너지면서 초래된 가장 심대한 결과는 세계의 많은 곳에서 이 계몽주의 이상이 거부된 것이다.

냉전이 종식된 이후, 중국, 말레이시아, 싱가포르, 이집트, 알제리, 이란, 포스트-소비에트 러시아, 발칸 반도의 일부 지역, 터키, 인도 등에서 일체의 서구화 이데올로기를 거부하는 강력한 정치 운동이 생겨났다. 20세기의 가장 오래된 서구화 체제인 아타튀르크 터키(터키 초

대 대통령 무스타파 케말 아타튀르크Mustafa Kemal Ataturk가 만든 체제. 아타
튀르크는 터키를 오스만투르크 제국에서 근대국가로 변모시키는 근대화를 추
진했다]의 미래도 불확실하다. 이 체제의 세속적이고 서구화된 제도에
도전하는 이슬람 운동이 일어났기 때문이다.

유럽 국가들, 특히 프랑스는 계몽주의 가치에 여전히 충성을 표한
다. 하지만 여러 문화들의 차이를 인정한다는 의미에서, 그리고 계몽
주의가 당연시했던 유럽의 패권은 끝났으며 다시 오지 않으리라는 것
을 인식하는 한에서만 그렇다. 유럽 국가 대부분은 많게건 적게건 계
몽주의 사상에 의해 구성되어 왔지만, 지금은 모두 포스트-계몽주의
문화다. 그런데 유독 미국에서만 전 지구적 문명이라는 계몽주의 프
로젝트가 여전히 정치 신념으로 살아 있다. 냉전 시기에는 계몽주의
신념이 미국의 반공주의에서, 공산주의 붕괴 이후에는 보편적 자유시
장이라는 기획에서 구현됐다.

2차 세계대전 이후의 약 40년 동안 자유주의와 소비에트 마르크스
주의라는 두 개의 계몽주의적 이상이 세계 무대에서 충돌했다. 두 이
데올로기 모두 '서구 문명'의 중심지에서 나왔다. 고전 마르크스주의
와 소비에트 공산주의는 오랜 서구 전통이 마지막으로 꽃핀 것이었
다. 마르크스주의의 창시자와 추종자 모두 자신이 애덤 스미스, 데이
비드 리카도, 헤겔, 아리스토텔레스 등 고전 경제학자와 철학자를 포
함한 서구 전통을 계승했다고 생각했다. 소비에트 공산주의와 자유민
주주의의 갈등은 비서구 대 서구의 충돌이 아니라 서구 이데올로기들
끼리의 집안 싸움이었다.

소비에트의 붕괴는 '서구'가 그 적들 중 하나에 대해 승리를 거둔

사건이 아니었다. 소비에트는 20세기의 가장 야심 찬 서구화 체제였다. 소비에트가 붕괴하면서 가져온 결과는 서구의 제도와 가치가 널리 받아들여진 것이 아니라, 유럽 및 나머지 세계와 역사적으로 맺어온 그 모든 모호한 관계 속으로 러시아를 되돌려 놓은 것이었다.

냉전 이후에 드러난 세계는 어떤 계몽주의 철학의 관점을 통해서도 분명하게 파악될 수 없다. 계몽주의적인 희망에 근거해 정책을 세우는 국가는 자신의 기대가 계속해서 어그러지는 상황에 처할 것이다. 그런 국가는 포스트-계몽주의 세계에서 역사의 귀환에 대처하지 못할 것이다.

미국이 오늘날 직면한 핵심 문제는 미국의 제도와 정책이 후기 근대의 조건에서는 적용이 불가능한 초기 근대 이데올로기에 입각해 있다는 점이다. 이는 해결할 수 없는 문제로 판명날 것이다. 다시 유행하는 종교, 오래된 인종적 적대감, 영토를 둘러싼 경쟁, 부의 창출이 아니라 전쟁을 위한 신기술의 사용 등은 교역을 통한 평화의 확산과 탈종교화라는 계몽주의적 기대와 부합하지 않는다. 그런 것들은 국가 간에, 그리고 국가 내부에서 정치적·군사적 분쟁을 일으켜 왔던 고전적인 원천이 되돌아오고 있다는 징조다. 그런데 마르크스주의이건 자유주의이건, 계몽주의 이데올로기는 그러한 갈등들이 인간 조건 자체에 내재된 것이 아니라 인류 진보의 과정 중에 거쳐 가는 한 단계라고 본다.

민주적 자본주의 국가가 유일하게 정당성 있는 정부 형태이며 그러한 정부들은 서로 전쟁을 하는 일이 없을 것이라고 믿는 신보수주의자들은, 인간 갈등의 역사적인 원천이 모두 초월될 수 있다고 믿는 엉

성한 마르크스주의자들만큼이나 환상에 빠져 있다. 그래서 신보수주
의자들은 전통적인 의미에서의 외교정책을 인정하지 않으려 한다. 전
통적으로 외교란 파괴적인 갈등의 원천을 완전히 제거할 수 있다는
기대는 하지 않으면서, 갈등을 완화하고 제약하기 위해 수행되는 활
동이었다.

전쟁과 정치의 결정적인 요인으로 인종, 영토, 종교가 다시 등장한
것은 호모 이코노미쿠스와 보편 문명이라는 계몽주의적인 이상에 기
초한 외교정책을 우스운 것으로 만들어 버린다. 전 세계적인 근대화
가 그런 요인들을 물리칠 것이라고 믿는 사람들은 경제 자유화와 종
교 근본주의가 왜 그렇게나 자주 함께 등장하는지를 자문해 볼 필요
가 있다.

이전의 소비에트에서와 마찬가지로 미국의 외교정책은 국익에 대
한 이해보다는 계몽주의적 기대들에 기초해 수립되었다. 냉전은 동일
한 계몽주의 기획에서 나온 두 변종 간의 싸움이었다. 하지만 후기 근
대, 포스트-계몽주의 세계에서 그러한 보편주의적 이상의 지침을 받
아 수립된 외교정책들은 영향력이 거의 없을 것이다. 헨리 키신저
Henry Kissinger가 말했듯이 "국익을 분명하게 정의 내리는 것이 미국
정책에서 똑같이 핵심적인 지침이 되어야 한다."[2] 분쟁의 역사적 원
천이 사라질 것이라는 희망을 지침 삼아 외교정책이 움직인다면 미국
은 포스트-계몽주의 세상에서 어찌할 바를 모르고 우왕좌왕하게 될
것이다.

오늘날의 미국은 다른 모든 사회가 뒤따르게 될 길을 만들고 있는
것이 아니다. 자유시장을 만들겠다는 사회공학적 실험과 그 실험이

촉발한 맹렬한 근본주의 운동 속에서, 미국은 여타의 '서구' 문화들과 극심하게 동떨어져 가고 있다. 다른 나라들에서도 그랬듯이, 미국의 근본주의 운동은 극히 근대적인 경제 시스템이 야기한 황폐화에 대해 미국 사회가 보이는 반응이다.

미국 신보수주의의 부상

1980년대 이래로 미국에서는 자유시장 경제철학에 대해 이렇다 할 도전이 없었다. 자유시장이라는 개념은 1980년대에 미국 대중 사이에서 정통 견해로 공고히 부상했고 1989년에 베를린 장벽이 무너지고 소비에트가 붕괴되면서 그 위치는 더 확고해졌다. 미국이 다른 어떤 나라도 해내지 못한 근대의 시기를 구현하고 있다는 신념이 흔들리던 차에 소비에트의 붕괴는 기사회생의 기회가 되었다. 미국의 권력과 번영이 줄고 있다는 '쇠퇴론'은 물러갔다. 세계가 미국의 가치와 제도로 수렴하는 것 같아 보였다. 그때 이래로 근대성, 자유시장, 그리고 미국 제도의 보편화는 미국인들의 대중적 사고 속에서 거의 동의어가 되었다.

오늘날의 전 지구적 단일 시장 프로젝트는 미국이 보편 임무를 수행할 유일한 나라라는 개념에 신보수주의의 부상이 결합한 것이다. 시장 유토피아주의는 미국이 유일한 국가이며 모든 사회가 따라 하게 될 보편 문명의 구현자라고 보는 미국인들의 믿음을 잘 활용했다. 20세기 초에는 미국의 메시아적 전통이 유럽에서 나치를 무찌르는 데 기여한 루스벨트 자유주의에서 고상하고 너그러운 표현처를 찾았다. 오늘날에는 자유시장이 루스벨트의 자유주의를 밀어냈고, 나아가 미국의 국민 종교라고까지 할 수 있을 만한 위치를 차지했다.

최근 미국의 담론에서 자유시장의 부상은 놀라운 현상이다. 자유시장 담론이 우세해지면서 미국 정치 문화에서 루스벨트적 자유주의가 정당성을 잃었다. 자유주의자(liberal, 진보적 자유주의자를 지칭)라고 인식되는 것은 정치적 부담으로 작용하게 되었다. 오늘날 미국에서 자유주의는 소수의 견해로 여겨진다. 미국 자유주의자들은 자유주의가 확고한 정설이라고 이야기하는 보수주의자들의 전략에 의해 주변으로 밀려났다.

하지만 미국에서 자유주의는 미국에 진정한 보수주의 철학이 더 이상 존재하지 않는다는 의미에서만 정설이다. 조지 산타야나George Santayana, 월터 리프먼Walter Lippmann, H. L. 멩켄H. L. Mencken, 에릭 뵈겔린Eric Voegelin 등에서 볼 수 있는 불완전성에 대한 세련된 인식은 보수주의자들이 전 지구적 자본주의의 맹목적인 복음 전파자가 된 시대에 그저 과거의 추억으로 볼 수만은 없다. 하지만 이런 종류의 보수주의는 더 이상 존재하지 않는다. 오늘날 미국의 보수주의는 19세기 자유지상주의liberalism라는 계몽주의 이데올로기의 기이하고 종파적인 변종이다.

1980년대에 미국 여론을 선도할 수 있었던 우파의 전략은 복잡하지 않았다. 그들은 미국의 제도를 자유시장과 동일시하는 전략을 폈다. 미국의 실제 역사는 이 대담한 등식을 거의 뒷받침하지 않는다. 영국처럼 미국도 19세기에 국내 경제에서 자유방임주의를 옹호했다. 하지만 영국과 달리 미국에서 자유시장은 보호무역주의와 함께 존재했고, 남북전쟁이 끝날 때까지는 노예제와도 함께 존재했다.

미국 정부는 경제 영역에 정부가 개입하지 말아야 한다는 원칙을 지킨 적이 없었다. 미국의 번영은 미국 산업을 보호해 주는 높은 관세에 기초해 있었다. 연방 정부와 주 정부는 철도와 도로를 짓는 데 적극 개입했다. 서부는 정부 보조금이라는 도구에 힘입어 개척됐다. 경제 영역 밖을 보면, 미국 정부는 근대 서구의 어느 국가보다도 미덕을 추구한다는 명목으로 개인의 자유를 심하게 침해했다. 예를 들면 서구의 어떤 국가도 금주법을 도입하려 하지 않았다. 미국을 작은 정부의 국가였다고 생각하는 것은 대단한 상상력이 필요한 일이다.

그런데도 1차 세계대전 이전의 제약 없는 자본주의는 미국에서 작은 정부의 원칙과 자유방임주의 경제철학을 통해 정당성을 추구했다. 이런 개념들은 트러스트를 해체하려 한 이후 세대의 진보적 개혁가들을 공격하고 19세기에 생겨난 독점기업들을 자유로운 경쟁의 결과라고 옹호하기 위해서도 사용됐다. 미국에 자유방임주의의 황금기가 있었다는 것은 역사에 존재하지 않는 신화다. 하지만 그 신화를 사용해 미국식 자유시장을 옹호하는 것은 역사적으로 선례가 아주 많다.

건국 헌법의 기초가 된 미국의 신화는 시간을 초월하고 보편적인 권위를 갖는 원칙을 이야기한다. 이러한 신화에서 미국은 특정한 환경에서 생겨나 시간이 지나면 사라질 정권이 아니라 역사가 미래를 보장해 주는, 보편 진리의 구현체다. 지난 20년간 미국에서 부상한 우파의 사고[3]에서, 자유시장 제도는 건국의 아버지들이 가졌던 '미국이 곧 근대의 모범'이라는 보편주의적 신념과 하나로 합쳐졌다. 이제 자유시장의 확산은 가장 앞서가는 근대화라고 이야기되며 미국적 가치의 확장과 동일시되고 있다.

만약 미국 제도가 보편적 권위를 갖고 그 핵심에 자유시장이 있다면 미국식 자유시장은 전 세계에 퍼져야 한다. 이런 사고에서는 자유시장이 시장경제를 조직하는 여러 가지 방법 중 특정한 맥락에서 생겨난, 그리고 그 자체로 장점과 결함이 존재하는 제도로 여겨지지 않는다. 미국식 자유시장은 세계 모든 곳에 인간의 자유를 지시하는 지고의 명령으로 이해된다.

'미국의 신조American Creed'를 차용한 우파의 화법은 담론상에서 역사적 사실을 조용히 뒤집었다. 자유시장이 부富를 가장 효율적으로 이룰 수 있는 수단이라는 교리는 실제로 존재하는 자본주의들과는 부합하지 않는다. 성공적인 신흥 경제국에서 근대화는 미국식 자본주의를 받아들이는 것을 의미하지 않았다. 오히려 대대적인 정부 개입을 의미했다.

싱가포르, 말레이시아, 타이완, 일본, 그리고 오늘날의 중국과 같은 성공적인 신흥공업국더러 자유시장을 받아들이라고 하는 것은 초기 근대 시절의 미국의 발전 단계를 되풀이하라는 것이나 마찬가지다. 후기 근대 세계인 오늘날에 이는 후퇴가 될 것이다. 실제로는 이 나라들 중에 미국식 자유시장을 모방하려 한 곳은 없었고 앞으로도 없을 것이다.

미국이 오늘날 촉진하고 있는 자유시장 이데올로기는 미국에서 역설적이고 뒤틀린 방식으로 진행된 경우를 예외로 하면 근대화의 수단이 아니다. 자유시장 이데올로기는 17세기 계몽주의의 유산이다. 우리 시대가 아니라 존 로크John Locke의 시대에 속하는 것이다. 기독교 신앙에 뿌리를 둔 보편 인권에 대한 주장, 그리고 미국이 가는 길이 자연의 법칙을 실현하는 길이며 그에 따라 제한된 정부와 사유재산권에 기반한 자유시장 체제를 실현하는 길이라는 주장은 미국이 살아가야만 하는 다원적인 세계를 가리고 있다. 이런 케케묵은 세계관은 창조적인 다원성을 만들어 내는 미국의 역량과도 맞지 않는다. 현재의 미국 담론이 말하는 자유시장 이념은 세계의 가장 강력하고 혁신적인 요인들과는 맞지 않는 문화적 유산을 담고 있다.

미국식 자유시장 철학을 액면 그대로 받아들이고 그것이 미국에서 시계를 거꾸로 돌린 효과를 냈다고 해석한다면 잘못일 것이다. 실제로 20세기 말의 미국에서 자유시장은 과거의 향수에 젖어 벌인 행동과는 거리가 멀다. 오히려 그것은 고도 근대의 역작이다. 시장을 자유롭게 풀어놓는 것은 보수주의적인 기획이 아니라 경제적·문화적인 반혁명 프로그램이다. 미국에서, 그리고 다른 나라에서도, 근본주의는 전통으로 돌아가는 것이 아니다. 근본주의는 악화된 근대다.

미국 사회를 자유시장이 내리누르는 명령에 부합하도록 변형하는 과정에서, 1920년대 이래로 가장 심하고 오늘날 다른 선진국에 비해서도 가장 심한 경제 불평등을 일으키는 데 기업 권력과 연방정부가 이용됐다. 대규모로 투옥이 이뤄지는 한편으로, 상류층들이 일반인은 접근이 불가능한 고급 거주지로 이동하면서 미국은 아르헨티나나 칠레 같은 남미 국가들보다 훨씬 더 분열된 사회가 되었다. 복지 정책은 시장이 이미 망가뜨린 가족 가치를 떠받들기 위해 쓰였다. 또한 '상대주의'와 '다문화주의'에 저항하는 토착주의적 십자군 운동이 펼쳐졌다. 미국인 대부분이 실제로 상대주의적이고 다문화주의적으로 살고 있음을 생각할 때, 이는 매우 잘못 설정된 적인 셈이다.

미국에서 자유시장은 문화적·제도적 지속성을 위한 프로그램이 아니었다. 솔직한 선전가들이 인정했듯이, 그것은 문화적 내전을 위한 전략이었고, 실질적 효과는 전후에 미국의 경제적 우위를 가져다주었던 자유주의적 자본주의를 무너뜨린 것이었다.

미국이 우파로 기우는 것이 초래할 결과는 아직까지 불확실하다. 다른 데서도 그랬듯이 미국에서 자유시장은 강력한 사회적·정치적 대항 운동을 유발했다. 자유시장이 인구 대다수에게 제기하는 만성적인 경제적 위험은 대중 영합주의 정치인들에게 좋은 토양이다. 불안정성의 정치에서는 정부 축소와 더 많은 규제 완화를 옹호하는 정치인들이 대체로 유리하지 않다.

정치적 중심에 있다가 조롱받는 주변부로 빠르게 밀려난 뉴트 깅리치Newt Gingrich 같은 우파 선동가들의 운명은 과거 레이건주의자였던 데이비드 스톡먼David Stockman의 다음과 같은 판단을 뒷받침해 준다. "수포로 돌아간 레이건 혁명은 미국 유권자들이 자본주의의 더 험한 칼날에서 보호받기 위해 온건한 사회민주주의를 원한다는 점을 보여 준다."[4]

레이건주의자들이 미국에서 혁명을 시작했다고 주장한 것은 지나고 보니 과장이 아니었다. 미국에서 우파는 더 이상 제도적 연속성과 사회적 결속을 위한 정치를 펴는 분파로 여겨질 수 없다. 우파의 정책은 점진적 개혁주의자들이 아니라 급진적 변혁주의자들의 것이다. 우파의 목적이 실현되려면 역사적 유산에 대한 존중이 아니라 거대한 규모의 사회공학이 필요하다. 우파의 수사학은 불완전성이나 신중함을 이야기하지 않는다. 우파의 수사학은 테크놀로지에 대한 찬양, 정부의 악마화, 그리고 모든 사회적 문제를 시장의 힘으로 해결할 수 있다는 투사적 언명으로 구성되어 있다.

1980년대에 미국, 영국 등 몇몇 나라에서 우파가 목표로 한 바에 따라 도입된 정책과 사회의 거대한 균열을 정당화하기 위해 이미 오래전에 사라진 철학이 되살아났다. 우파가 말하는 목적과 전략이 담론상으로 어떻게 변화했는지를 보면, 그것이 보수주의가 아니라 고古자유주의paleo-liberal 신조라는 것을 알 수 있다.

로널드 레이건 자신은 어떤 종류의 자유주의자도 아니었다. 그는 실제로 발생한 경제적 반反혁명을 의도하지 않았는지도 모른다. 레이건주의 정치경제학은 그리 자유시장 중심적이지 않았다. 방위산업이 이끄는 보호무역주의적 케인스주의였다고 보는 편이 옳을 것이다. 세금 감면과 군비 지출을 위해 막대한 적자 예산이 편성됐고 미국의 많은 산업이 보조금과 관세를 통해 더 많이 보호받았다. 레이건 시대의 재정 정책과 무역 정책은 영국과 뉴질랜드에서 뉴라이트 정부들이 달성하려 했던 균형 재정 및 자유시장과는 거리가 멀었다. 조세정책과 규제 완화 정책을 빼면, 레이건 시절에 그가 한 일 자체보다는 그 결과로 어떤 일이 벌어졌는지가 더 중요하다.

레이건 집권기가 야기한 간접 결과로 미국에서 경제 불평등이 용인됐고 사회적 비용이 유발되는 것을 양심의 가책 없이 무시할 수 있는 기업 문화가 생겨났다. 고드프리 호지슨Godfrey Hodgson은 이렇게 언급했다. "미국에서 소득이 정체하고 불평등이 증가한 것은 기업 경영의 결과다. 직접적으로는 산업 기업들의 경영, 간접적으로는 금융 분야에서 받아들여진 지적인 풍토의 결과다. 정치적 규제 완화는 기업 경영자들의 팔을 자유롭게 풀어 주었다. 경영자들이 경제 이외의 고려 사항은 신경을 덜 쓰도록 독려하는 것이 정치적 분위기였다. 기업 활동은 더 큰 불평등을 강제했고 보수주의 이론은 그것을 합리화했다."[5]

탈규제된 경제에서 기업 경영자들이 갖게 된 자유, 즉 고용 및 해고의 자유, 인력 감축의 자유, 스스로에게 스톡옵션과 후한 보너스를 수여할 자유는 하나의 특이한 자본주의하에서 부여된 독특한 특권으로 여겨지지 않았다. 이 자유들은 빼앗을 수 없는 인권으로 여겨졌다. 미국 자본주의는 자유의 작동 그 자체였다. 미국 자유시장의 구조는 인권의 명령에 부합하는 구조라고 생각됐다. 자유시장이 경제 영역에서 개인의 자유라는 인권과 다름 아닌데, 그것이 일으키는 사회적 분열과 증가하는 불평등을 누가 감히 비난할 수 있겠는가?

권리에 대한 이러한 철학적 기반은 허약하고 날림이다. 탈규제된 유형의 자본주의가 부여하는 특정한 자유를 보편 인권으로 해석할 수 있게 해 주는 믿을 만한 이론은 존재하지 않는다. 가장 그럴듯한 인권 개념들은 17세기의 재산권 개념이 아니라 근대의 자율성 개념들에서 나온다. 그리고 이마저도 보편적으로 적용 가능하지는 않다. 그 개념들은 개인의 선택이 사회적 결속, 공공선, 경제적 위험에 대한 통제 등보다 중요시되는 특정 문화권의 경험만을 포착할 뿐이다.

사실 도덕이나 정치의 영역에서 권리는 이론의 핵심도 아니고 실천의 핵심도 아니다. 권리란 사람들이 일반적으로 받아들이는 전제들에서 논리적으로 도출한 긴 사고 과정의 결론이다. 공통된 윤리적 삶이 없다면 권리라는 것은 권위나 내용을 가질 수 없다. 권리는 어떤 공동체가 동의한 도덕적 합의를 표현하는 한에서만 유지될 수 있는 관습이다. 윤리적인 합의가 취약하다면, 권리들에 호소한다고 해서 문제가 해결되지는 않는다. 오히려 그러한 갈등을 위험할 정도로 다루기 어렵게 만든다.

깊은 갈등이 있을 때 타협적인 정치를 통해 그 갈등을 완화하려 하지 않고 권리 주장에만 의존하는 것은 저강도 내전을 불러오는 확실한 방법이다. 낙태를 둘러싼 미국의 갈등은 타협할 수 없는 권리를 말하는 율법주의적인 문화 때문에 악화되었고 결국 저강도 전쟁으로 번졌으며 이제는 조정이나 해결이 불가능한 갈등이 되었다. 무조건적인 권리를 주장하는 문화는 미국을 규율이 불가능한 상태로 더 빠르게 몰고 갈 뿐이다.

오늘날 권리에 대한 이론들이 펴는 주장들은 지나치다. 하지만 정치 담론을 효과적으로 차단한다는 면에서는 굉장히 잘 만들어진 주장이다.[6] 신보수주의가 부상한 미국에서는 대중이 자유시장을 감시하지 못하고 자유시장에 정치적인 도전을 제기하지도 못하도록 자유시장을 보호하는 방패로서 권리의 권위가 동원됐다. 권리 이데올로기는 미국에서 [루즈벨트 식의] 자유주의적 자본주의를 몰아내면서 등장한 새로운 종류의 자본주의에 정당성을 부여하기 위해 사용됐다.

레이건 시기는 자유시장이 강제하는 명령, 기업 중심적 미국의 이해관계, 그리고 자유에 대한 인간의 욕구, 이 세 가지가 담론상으로 구분되지 않는 문화를 만들어 내면서 조지 부시 정부뿐 아니라 빌 클린턴 정부의 정책 의제까지도 제한해 버렸다.

1996년 8월 클린턴 대통령이 복지개혁법에 서명했을 때 미국 정부는 선을 하나 넘었다. 클린턴은 복지 제공의 의무를 연방정부에서 대부분 제거함으로써 루스벨트가 수행한 가장 중요한 개혁을 없애 버렸다. 신보수주의가 부상한 정치적 분위기 속에서 클린턴으로서는 다른 방법이 없었을 수도 있다. 우파 공화당이 과도해지는 것을 막으려면 공화당의 정책 중 유권자가 지지하는 부분을 가져와서 실행해야 했던 것이다.

지그문트 프로이트Sigmund Freud는 문명이 자아실현과 안정성 사이의 상충 관계를 요구한다고 보았다. 그는 이러한 상충 관계가 필연적으로 수반하는 억압을 합리적으로 관리하는 수단으로 정치를 이해했다. 이 견해는 20세기 말 미국 정치와는 부합하지 않는다. 미국에는 흥미진진함을 추구하기 위해 안정성을 희생하려는 사람들이 많이 있다. 하지만 그들은 자신들이 수행하고 있는 그러한 교환을 종종 인정하지 않으려고 한다.

정치 지도자의 임무 중 하나는 사회가 이미 결정한 사항들을 숨기는 것이다. 클린턴의 경우에는, 개인의 선택만 지고의 가치라고 믿는 사회가 안정성을 원하는 인간의 욕구를 만족시킬 수 있다는 환상을 만들어 내는 것이 임무였다. 클린턴은 자유시장이 파괴한 사회제도를 치안 당국이 대신할 수 있다는 자기 기만을 미국 대중과 함께 유지함으로써 그 임무를 이뤄 냈다. 빌 클린턴은 사회의 갈등과 모순이 인식되거나 해결되지 않은 채로 넘어가게끔 주무르는 정치적 주술사로 행동하면서, 전형적으로 후기 근대의 정치적 수완을 보여 주었는지도 모른다.

다른 계몽주의 이념들과 마찬가지로, 시장 유토피아주의는 역사를 교만하게 무시하도록 독려한다. 시장 유토피아주의자들은 이념이 실질적인 결과를 만든다고 주장한다. 하지만 그 결과가 기대하거나 바라던 대로 나온 적은 거의 없음을 알아차리지 못하고 있다. 그리고 그 결과가 거기에서 멈추는 것이 아님도 인식하지 못하고 있다. 1980년대에 미국에 자유시장을 만들려던 시도가 가져온 결과 중 하나는 중산층의 경제적 안정성이 급격히 떨어진 것이었다.

미국의 새로운 경제 불안정

20세기 말의 미국을 〔존 케네스 갤브레이스John Kenneth Galbraith가 말한〕 '만족의 문화'라고 보는 것은 시대착오적이다. 오늘날의 미국은 부유한 다수가 빈곤과 배제의 수렁에 빠져 버린 구제불능의 최하층계급을 자기만족적인 경멸의 눈으로 바라보는 사회가 아니다. 미국은 불안이 다수에게 퍼져 있는 사회다. 대부분의 미국인들에게 안정성의 기반은 1930년대 이래로 너무나 좁아졌다.

이러한 불안이 경제 침체 때문에 생긴 것이 아니라는 데에 주목할 필요가 있다. 오히려 그 반대다. 지난 15년 동안 미국 경제는 거의 지속적으로 확장돼 왔다. 생산성과 국부는 꾸준히 증가했다. 미국 산업의 구조 조정은 한때 일본에 영원히 빼앗겼다고 생각되었던 시장을 되찾을 수 있게 해 주었다. 빅토리아시대 중기 영국에서도 그랬듯이,

20세기 말에 시장을 자유롭게 풀어놓은 것은 미국에서 놀라운, 그리고 반복할 수 없는, 경제 호황을 불러왔다.

하지만 미국인 대부분의 소득은 제자리걸음이었다. 소득이 오른 사람들도 개인적으로 감수해야 할 경제적 위험이 체감될 정도로 늘었다. 미국인들은 중년에 경제적으로 추락해서 다시는 회복될 수 없을까 봐 걱정한다. 평생 직장이나 평생 직업이라는 식으로 생각하는 사람은 거의 없다. 많은 사람들이 미래에 자신의 소득이 줄어들 것이라고 생각하는데 이는 전혀 근거 없는 걱정이 아니다. 이러한 상황은 '만족의 문화'가 배양될 만한 환경이 아니다.

갤브레이스는 1993년에 이렇게 언급했다. "소위 자본주의 경제들에서 나타난 새로운 현상은 사회통제적인 만족과 그로 인한 믿음이 소수의 것이 아니라 다수의 것이라는 사실이다. 이 점은 매우 중요하다. 이러한 사회는 민주주의라는 강력한 덮개 아래에서 작동한다. 이 민주주의는 모든 시민의 것이 아니라 자신들의 사회적·경제적 유리함을 지키려는 사람들, 실제로 투표장에 나가는 사람들만의 민주주의다. 그 결과 정부는 현실이나 인구 공통의 필요 사항이 아니라 만족한 사람들, 이제 유권자 중 다수를 차지하는 이 만족한 사람들의 믿음에 따라 행동한다."[7] 레이건 시대 미국에 대해서라면 정확한 묘사였는지도 모른다. 하지만 1990년대 말의 미국에 대해서라면 그렇지 않다.

미국은 더 이상 중산층 사회가 아니다. 미국은 불안해하는 다수가 희망이 없는 최하층계급과 어떤 시민적 의무도 거부하는 상류층 사이에 끼어 있는 분열된 사회가 되었다. 오늘날의 미국에서 자유시장이라는 정치경제와 부르주아 문명이라는 도덕경제는 분리되었다. 이 분리는 영원히 계속될 것으로 보인다.

많은 사회학 교재에서 주제로 다루는 '부르주아화'가 미국에서 역행하고 있다. 부르주아화 이론은 노동계급이 점차적으로 중산층으로 편입될 것이라고 예측했다. 2차 세계대전 이후 한 세대 동안 서구 선진국에서 보인 경향은 이를 뒷받침하는 근거로 보였다. 사회학자들, 경제학자들, 그리고 모든 정당의 정치인들은 그러한 부르주아화가 멈출 수 없는 장기 경향이라고 믿었고 그 반대의 경로에 대해서는 준비가 되어 있지 않았다.

오늘날 중산층은 19세기에 프롤레타리아를 압박했던 무산자의 경제적 불안정에 처해 있다. 물론 지난 20년간 소득이 정체되어 있었다 해도 미국 중산층의 소득은 19세기에도 지금도 노동자 계급보다는 높다. 하지만 점점 더 불확실해지는 일자리에 점점 더 많이 의존해야 하는 상황에서, 미국 중산층은 19세기 유럽의 고전적인 프롤레타리아를 닮았다. 복지 혜택과 노동조합의 보호 없는 노동자들이 직면한 것과 비슷한 경제적 어려움을 경험하고 있는 것이다.

또 하나의 고질적인 위험은 가족의 붕괴다. 20세기 말 미국에서 자본주의의 변형이 수반하는 경제적 위험의 증가는 다른 대부분의 나라들과 달리 가족이 허약하고 해체된 사회에서 발생했다. 1987년에 미국 기혼자들의 평균 결혼 지속 기간은 7년이었다.[8] 식구가 모여서 식사를 하는 미국 가족이 몇이나 될까? 부모가 사는 도시나 마을에 살고 있는 자녀는 몇이나 될까? 미국인이 실직을 하면 스페인이나 이탈리아 사람처럼 대가족의 지원을 받을 수 있을까? 미국의 가족은 어떤 유럽 국가에 비해서도 분절적이다. 러시아와 비교해도 그렇다. 러시아에서는 대가족이 공산 치하 70년을 살아남았다.

미국에서 가족이 이렇게 취약한 이유 중 하나는 노동자에게 엄청난 이동성을 요구하기 때문이다. 탈규제된 미국의 노동시장은 사람들이 유럽에서는 상상하지 못할 정도로 먼 곳을 이동하게 만든다. 유럽에서 인구의 이동이 가장 심한 영국에서도 노동자들은 미국 노동자들보다 다른 지역으로 이동할 가능성이 25배 적다.[9] 맞벌이를 해야 하는 집(미국에서는 지난 20년 동안 이런 집이 많아졌다)이라면 노동시장이 강제하는 이동성 때문에 부부가 떨어져 살게 될 가능성이 높다. 하지만 가족 해체는 자유시장이 재구성한 경제가 작동하면서 전통적인 제도들과 상충하는 수많은 방식 중 하나일 뿐이다. 한 장소에 뿌리를 두고 사는 것이 불가능해지면서, 안정적인 이웃 공동체도 유지되기 어려워졌다.

탈규제된 노동시장이 노동자에게 부여하는 요구와 그것이 가족과 공동체에 미치는 막대한 사회적·심리적 비용에도 불구하고 고용률 통계는 과장되어 있어서 이러한 영향이 잘 드러나지 않는다. 한 연구에 따르면, 지난 12개월간 취업을 시도했으나 취업하지 못한 사람과 정규직이 되고 싶어 하는 파트타임 노동자 450만 명을 포함할 경우, 노동력의 10퍼센트(약 1,350만 명)가 실업 상태였다. 미국 노동통계국은 1,220만 명이 계약직, 조건부 고용 형태로 일하고 있을 것으로 추정한다.[10]

영국의 한 저명한 경제학자는 이렇게 지적했다. "물론 공식적인 실업률은 미국이 낮다. 하지만 모든 종류의 비고용 형태를 다 감안하면 미국과 유럽 사이에 별 차이가 없다. 1988년에서 1994년 사이에 프랑스에서는 25세에서 55세까지의 남성 중 11퍼센트가 일을 하고 있지 않았고, 그 수치가 영국에서는 13퍼센트, 미국에서는 14퍼센트, 독일에서는 15퍼센트였다."[11] 게다가 미국의 고용이 그 정도나마 유지될 수 있었던 것은 미국의 생산성이 낮았기 때문이다. 미국의 생산성은 유럽 대부분의 나라에 비해 절반 정도다. 생산성 차이를 감안하면 미국이 대륙 유럽 국가들에 비해 단위 생산당 두 배 정도 많은 일자리를 만들 수 있었다는 사실이 놀랍지 않을 것이다.

마지막으로 미국의 고용 통계를 읽을 때는 높은 수감자 비율을 감안해야 한다. 미국의 형벌 정책이 다른 서구 국가와 같았더라면 노동시장에 있었을 사람 중 백만 명 이상이 감옥에 있다. 영국에서 천 명에 한 명도 안 되는 수감자가 미국에서는 백 명에 한 명꼴이라는 사실은 미국 노동시장이 강제하는 높은 노동 이동성과 관련 있지 않을까. 미국식 노동시장을 영국이나 독일처럼 문화가 매우 다른 곳으로 수출하고자 하는 사람은 이러한 질문을 해 보지 않은 것이 틀림없다. 큰 맥락들을 고려하고 나면, 미국이 고용 지표에서 보이는 우위란 보잘것없는 것이며 상황을 오도하는 것이기도 하다.

미국인 대다수가 직면한 새로운 불안정성은 이러한 배경에서 생겨났다. 에드워드 러트워크Edward Luttwak는 이렇게 언급했다.

모든 산업이 전보다 빠르게 부상하고 쇠락하면서, 또 기업이 전례 없는 속도로 확장되고 축소되고 합병되고 분리되고 '인원 감축'을 하고 구조 조정되면서, 아주 고위직이 아닌 노동자 대부분은 내일도 출근할 수 있을지 모르는 채로 오늘 일을 하러 간다. 전문직을 포함해서 거의 모든 중산층이 마찬가지다. 미국은 유럽의 고용보호법이나 장기 실업 수당과 같은 공식적인 안전망이 없고, 아직도 인류 대부분이 어려운 시절의 생존을 위해 의존하는 가족이 그 기능을 충분히 하지 못하며, 다른 선진국 중산층과 달리 상당량의 저축도 없다. 이러한 상태로 대부분의 미국 직장인은 경제적 안정성을 전적으로 직업에만 의존해야 한다. 따라서 오늘날 심한 불안정의 상태에서 살고 있다.[12]

미국의 자유시장은 가족에 악영향을 미치면서 자유주의적인 자본주의 문명이 스스로를 재생산할 수 있었던 사회적 제도 하나를 약화시켜 버렸다. 그리고 소득 분배에 악영향을 미치면서 알렉시스 드 토크빌Alexis de Tocqueville 이래 많은 이론가들이 미국의 핵심적인 성취 중 하나로 칭송한 평등의 사회적 조건을 위험에 빠뜨렸다.

증가하는 불평등과 다수의 삶

미국에서 소득의 감소는 노동하는 인구 대다수에게, 특히 가난한 노동인구에 영향을 미쳤다. 미국은 생산성이 꾸준히 올랐는데도 대다수(10명 중 8명)의 소득이 낮아진 유일한 선진국이다. 이러한 경제 불평등의 증가는 역사적으로도 유례가 없다. 다른 선진 민주주의 국가에서도 없었던 일이며, 영어권이자 1980년대 이래로 자유시장 정책이 체계적으로 강제된 영국과 뉴질랜드에서도 없었던 일이다. 또한 19세기 영국과 미국의 자유시장 시기에서도 없었던 일이다.

물가 상승을 조정하고 난 미국 일반 노동자 80퍼센트의 주당 평균 소득은 1973년 315달러였지만 1989년에는 18퍼센트 떨어진 258달러였다. 한편 1979년에서 1989년 사이 미국 기업 최고경영자의 실질 연봉은 19퍼센트 상승했는데, 세후 소득 기준으로는 3분의 2가 증가했다.[13] 러트워크는 신뢰도 높은 몇몇 연구를 인용해, 미국 가구 중 가장 부유한 1퍼센트가 1983년에는 미국 민간이 보유한 전체 부의 31퍼센트를 차지했는데 1989년에는 이 숫자가 36퍼센트로 증가했다고 지적했다.[14]

레이건주의가 미국의 불평등에 미친 영향을 연구한 케빈 필립스 Kevin Phillips는 이렇게 언급했다.

1987년에 전반적인 조세율을 효과적으로 재정립하기 위해 의회예산국의 경제학자들이 1977년 이후에 모든 연방 세금(개인소득세, 사회보장세, 기업소득세, 물품세 등)에 적용된 변화가 소득수준별로 어떤 영향을 미쳤는지 종합적으로 분석했다. 상위 10퍼센트를 제외한 가구가 사회보장세와 물품세 증가의 부담을 더 많이 지고 세금 감면의 혜택은 덜 받아서 종합적으로 더 높은 실질 세율로 세금을 내고 있었다. 반면 가장 부유한 가구들은 더 낮은 세율로 세금을 내고 있었는데, 주된 이유는 임금이 아닌 소득(자본 수익, 이자, 배당, 임대료 등)에 부과되는 세금이 크게 낮아졌기 때문이다.

필립스는 이렇게 결론 내렸다. "이러한 변화는 소비의 급증과 소득 불평등의 증가, 두 가지 현상 모두를 잘 설명해 준다. 미국의 가장 부유한 5퍼센트(그중에서도 특히 1퍼센트)가 조세정책의 새로운 수혜자들이다."[15]

고드프리 호지슨은 이러한 자료들이 보여 주는 내용과 함의를 다음과 같이 명료하면서도 강력하게 요약했다.

1973년에서 1993년 사이 (…) 미국에서 하위 60퍼센트의 소득[이 차지하는 비중]은 34.9퍼센트에서 31.7퍼센트로 3.2퍼센트[포인트] 떨어졌다. 3퍼센트라는 숫자는 작아 보일지 모르지만 미국에서 국민소득의 3퍼센트는 작은 규모가 아니다. 통상 가장 가난한 5분의 3에게 가던 2천억 달러가 이제 가장 부유한 5분의 1에게 간다는 이야기인 것이다. (…) 1970년대 말 이후로 미국의 경제는 실질 기준으로 줄곧 상당한 성장을 했다. 하지만 같은 기간 동안 평균적인 미국인의 소득은 별로 성장하지 않았다. 1980년대 말에서야 1973년 수준으로 겨우 다시 돌아왔을 뿐이다.[16]

미국의 승자 독식 자본주의[17]에서 대다수 미국인이 겪은 소득 정체는 기술혁신의 불가피한 부산물이 아니다. 비슷한 정도로 기술이 발달한 다른 나라들과 비교해 보면 그것이 정부 정책의 결과임을 알 수 있다. 한 연구에 따르면 1990년 미국의 최고경영자는 노동자 평균 임금의 150배를 벌었다. 일본 최고경영자의 수입은 노동자 평균 임금의 16배, 독일은 21배였다.[18]

이러한 불평등은 정책의 결과이지 모든 선진 사회가 직면한 압력의 결과가 아니다. 세금 감면이 직접적인 요인이지만 재정 정책들도 소득과 부의 분배에 영향을 미쳤다. 마이클 린드는 이렇게 언급했다. "다른 제1세계 민주주의 국가에서와 달리, 레이건 정부 이래로 미국에서는 평화 시기에 정부 지출 자금을 조달하는 방법으로 조세보다는 정부 부채를 택했다."[19] 막대한 정부 부채를 일으키는 정책은 금융 자산 보유자에게 유리하고 일반적인 임금 소득자에게는 불리하게 저울을 기울였다. 그러한 정책들 때문에 미국은 소득과 부의 분배 면에서 주요 경제권보다는 필리핀이나 브라질과 더 비슷해졌다. 심지어는 공산주의 붕괴 이후 러시아의 불평등 수준이 더 낮을 것이다.[20]

저명한 미국의 은행가이자 금융 평론가인 펠릭스 로하틴Felix Rohatyn은 미국에서 벌어지고 있는 상황을 이렇게 요약했다. "지금 일어나고 있는 일은, 주가에 연계된 종류의 커다란 보상을 통해 막대한 부가 저숙련, 중산층 미국 노동자들에게서 자본이나 신기술을 가진 소수의 사람들에게로 이동하고 있는 것이다."[21] 오늘날 미국에서 임금 소득자는 자본 소득자보다 중요하지 않다. 레이건을 두 번 선출한 미국 유권자들은 레이건의 조세 및 재정 정책이 미국에 남미식의 불로소득자 체제를 만들게 되리라는 것을 알았을까?

오늘날의 미국은 프랜시스 후쿠야마가 이야기한 '역사 이후'의 사회 패러다임이 아니다. 미국은 역사 속에서 새롭고 해결하기 어려운 국면으로 들어가고 있다. 그 국면에서 인종, 계급 등의 오랜 적대 관계가 예측할 수 없는 방식으로 드러날 것이다.

대대적인 감금

미국은 항상 범죄율이 대부분의 유럽 국가들보다 높았다. 새로운 점은 미국에서 대규모 투옥 정책이 규제 풀린 시장이 약화시키거나 파괴한 공동체를 통제하는 대안으로 이야기된다는 점이다. 동시에 부유한 미국인들은 동료 시민들과 같은 곳에서 거주하지 않고 담으로 둘러쳐진 그들만의 공동체에 산다. 2천8백만 명의 미국인(인구의 10퍼센트 이상)이 사설 경비가 지키는 건물이나 주거지에 살고 있다.[22]

법무부 자료에 따르면, 1994년 말에 어떤 형태로든 사법적 제약하에 있는 사람이 500만 명 이상이었다. 그중 150만 명이 연방정부, 주정부, 지역 정부의 감옥에 있었다. 미국 성인 193명 중 1명, 혹은 미국 인구 10만 명 중 373명꼴로 죄수라는 이야기다. 이는 로널드 레이건이 대통령이 된 1980년의 10만 명당 103명에 비해 크게 늘어난 것이다. 나머지 350만 명은 근신이나 가석방 상태였다.[23]

1994년 말 미국의 수감자 비율은 캐나다의 4배, 영국의 5배, 일본의 14배였다. 공산주의 붕괴 이후의 러시아 정도가 미국보다 더 많은 수감자 비율을 보였을 뿐이다.[24] 캘리포니아에서는 15만 명이 감옥에 있는데 오늘날 캘리포니아의 수감자는 1970년대 초의 8배이고 영국과 독일의 수감자를 합한 것보다도 많다.[25] 1997년 초에는 미국 남성 50명 중 1명이 감옥에 있었고 20명 중 1명이 근신이나 가석방 상태였다. 이는 유럽 국가들의 10배에 달하는 것이다.[26]

미국에서 수감자 비율은 인구 집단에 따라 크게 다르다. 1995년에 미국 흑인 인구 중 7퍼센트가 수감된 경험이 있었다.[27] 흑인은 백인보다 7배나 수감될 확률이 높다. 평생 한 번 이상 수감을 경험한 사람이 흑인 남성 7명 중 1명꼴이었다. 1992년 워싱턴 DC의 18세~35세 흑인 남성 중 40퍼센트가 감옥에 있거나 가석방, 근신, 아니면 도주 중

이었다.[28]

이러한 수치들은 미국에서 인종과 계급의 불평등이 남미 국가들을 닮은 방식으로 결합하고 있음을 암시한다.[29] 이는 마이클 린드가 말한 '미국의 브라질화' 현상을 보여 준다. "21세기 미국이 직면한 주된 위험은 발칸화가 아니라 브라질화일 것이다. 여기서 브라질화란 인종에 따른 문화의 분열이 아니라 계급에 따른 인종의 분열을 말한다."[30]

흑인의 높은 수감률은 가족 가치를 열렬히 주창하는 미국인들이 알아채지 못한 결과를 낳고 있다. 도시 빈민 지역에서 편부모 가정이 증가하는 주된 이유 중 하나는 아버지가 수감되어 가정에 없는 것이다. 많은 수의 남자들이 오랫동안 감옥에 있는데 어떻게 미국의 도시 빈민 지역에서 가족 가치가 되살아날 수 있겠는가?

부분적으로는 '마약과의 전쟁' 탓도 있다. 미국에서 수감자 중 40만 명가량은 마약 사범이고 그중 많은 사람이 흑인이다. 동시에, 다른 선진국에 비해 미국의 마약 문제는 더 고질적이고 더 통제가 힘들다. 대규모 투옥과 가족의 붕괴, 마약과의 전쟁과 인종적 적대감은 여러 가지 방식으로 깊이 연결되어 있다. 이것들을 풀어내기에는 이미 너무 늦었는지도 모른다.[31]

미국에서 인종적·경제적 적대와 분열이 야기한 결과는 다른 선진국에서는 찾아보기 어렵다. 자유시장은 미국 자본주의를 변형시켰고 그 결과 미국은 유럽이나 예전 시기 미국 자신의 자유주의적 자본주의 문명보다는 남미 국가들의 과두정치를 더 닮아 가고 있다.

미국의 범죄율 추이는 수감자 비율의 추이와 비슷하다. 살인율과 총기 관련 범죄율을 보자. 1993년에 남성 살인율은 10만 명당 12.4명이었는데 이는 유럽연합의 1.6명이나 일본의 0.9명보다 훨씬 높다.[32] 1994년에 일본에서는 10만 명 중 0.98명이 살인 피해자였는데 미국에서는 9.3명이었다. 강간 피해자는 일본이 10만 명 중 1.5명, 미국은 42.8명이었다. 강도 피해 건수는 일본이 10만 명 중 1.75건, 미국은 255.8건이었다.[33] 살인을 제외한 모든 범죄에서 미국은 공산주의 붕괴 이후의 러시아보다도 높은 범죄율을 보인다. 1993년에 10만 명당 264건의 강도 사건이 있었고(러시아 124건), 폭행은 442건(러시아 27건)이 있었으며, 강간은 43건(러시아는 9.7건)이었다.[34] (영국인으로서는 불길하게도, 다른 중범죄에서는 미국이 모든 서구 국가를 능가하고 있지만 재산 관련 범죄에서는 최근에 영국이 미국을 능가했다.) 특히 아동 살해 범죄가 미국에서 많이 벌어진다. 선진국에서 일어나는 아동 살해 범죄의 약 4분의 3이 미국에서 일어난다. 미국은 현재까지 아동 자살률, 살인율, 총기 관련 사망률이 26개 선진국 중 가장 높다.[35]

미국의 고질적인 총기 문화가 한 이유일 것이다. 또 다른 이유로는 가족이 경제적으로 불필요한 제도가 되면서 자녀들이 방임되는 경우가 많다는 점도 꼽을 수 있다. 1987년에 이스트 할렘과 워싱턴 DC의 영아 사망률은 말레이시아, 유고슬라비아, 구소련과 비슷했다.[36] 1995년에 상하이에서 태어난 아이가 뉴욕에서 태어난 아이에 비해 생후 1년까지 생존할 확률과 글을 읽을 줄 알게 될 확률이 더 높았고, 기대 수명(상하이가 76세)도 2년 더 길었다.[37]

미국의 높은 범죄율과 수감자 비율은 역시나 예외적인 수준으로 높은 소송 건수와 변호사 수와도 맥을 같이한다. 전 세계 변호사의 3분의 1 이상이 미국에 있다. 1991년에 미국에는 70만 명의 변호사가 있었다. 20세기 말에는 85만 명이 될 것으로 추정된다. 현재 미국인 10만 명당 300명의 변호사가 있는데 일본은 10만 명당 12명이고 영국은 10만 명당 100명이 약간 넘으며 독일은 10만 명당 100명이 조금 안 된다.[38] 1987년에 미국에서는 손해배상 소송 지급률이 국민총생산의 2.5퍼센트였는데 일본에서는 8분의 1 수준인 0.3퍼센트였다.[39]

이러한 수감자 비율, 범죄율, 소송 비율 등의 수치는 법 집행이 거의 유일하게 기능하는 사회제도이고, 감옥이 사회 통제의 몇 남지 않은 수단이 된 사회의 모습을 보여 준다. 거주자들을 그들이 버리고 온 사회의 위험으로부터 보호하기 위해 높은 담과 전기 보안 장치를 설치하고 빗장을 건 사적 공동체는 미국 감옥의 거울상이다. 가족, 이웃, 그리고 기업에 이르기까지, 과거에 사회를 지탱하는 기능을 해 주었던 사회적 제도들이 공동화된 사회의 상징인 것이다. 하이테크 감옥, 벽으로 둘러친 공동체, 그리고 가상 기업의 결합이 아마도 21세기 초 미국을 상징하게 될 것이다.

20세기 말 미국에서 자유시장은 뒤틀린 근대성을 추진하는 동력이 되었다. 오늘날의 미국을 예언한 사람은 토머스 제퍼슨이나 제임스 매디슨James Madison이 아니고, 에드먼드 버크Edmund Burke는 더더욱 아니다. 오늘날을 예견한 사람은 이상적인 감옥 모델에 기초해 재구성된 하이퍼근대 사회를 꿈꾼 19세기 영국의 계몽주의 사상가 제러미 벤담Jeremy Bentham이다.

왜 역사는 끝나지 않았는가

예전에도 그랬듯이 미국의 사상은 미국이 처한 조건이 새롭다는 개념에 기반하고 있다. 하지만 어느 점이 정말로 새로운지를 제대로 파악하지 못하고 있다. 미국은 세계 전체의 근대화를 미국과 관련지어서 이야기한다. 동아시아의 근대화가 빠르게 진전되면서 미국식 모델을 거부하거나 무시하고 있는 상황인데도 말이다. 미국은 '서구' 사회와 비슷한 점이 별로 없어진 상황에서도 자신이 '서구 문명'의 전형이라고 생각한다.

후기 근대의 세계에서 미국이 점하는 위치에 대한 이론 중 최근에 가장 영향력 있는 사조들은 미국이 현재 살아가야 하는 세계의 윤곽을 보지 못하고 있다. 프랜시스 후쿠야마의 '역사의 종말'이라는 비전이나 새뮤얼 헌팅턴Samuel Huntington의 문명 충돌론도 마찬가지다. 둘 다 매우 미국 중심적이며 대부분의 아시아나 유럽에서는 인정되지 않는 세계관을 담고 있다. "민주적 자본주의"가 "인간 정부의 최종 형태"를 구성하며 그것이 전 세계에 퍼지는 것이 "서구 사상의 승리"라고 주장하는 후쿠야마의 이론[40]은 유럽과 아시아의 많은 비판자들이 예견한 여러 사건에서 반례가 속출했다. 계몽주의 이데올로기들 사이에 벌어졌던 충돌이 끝난 뒤, 세계는 역사의 종말로 가는 것이 아니라 역사의 고전적인 영역으로 되돌아갔다.[41]

후쿠야마는 20세기에 존재했던 거대 규모의 충돌들을 모델로 삼았기 때문에 '역사의 종말'을 이야기할 수 있었다. 하지만 이는 짧은 역사적 시기를 지나치게 일반화한 것에 불과하다. 정치 이데올로기는 기껏해야 1789년에서 1989년 사이의 시기에만 사회적 · 군사적 충돌의 주된 원천이었다. 프랑스혁명부터 소비에트 붕괴까지 이어지는 이 시기에는 유럽의 계몽주의에서 나온 정치 신념들을 근거로 전쟁들이 촉발되거나 정당화되었다. 하지만 더 긴 관점을 아우르는 역사적 시각에서 보면 이데올로기적 적대에 의해 촉발된 전쟁은 별로 없었다.

거의 모든 인간 역사에서, 전쟁은 영토나 왕조에 대한 분쟁으로 일어나거나, 종교나 인종적 적대에 의해 일어나거나, 각 국가가 추구하는 경제적 이해관계의 상충에 의해 일어났다. 1789년부터 1989년 사이의 계몽주의 시기에도 마찬가지였다. 19세기 투르크와 아르메니아의 전쟁, 1920년대와 지난 30년간 아일랜드에서 벌어진 가톨릭과 프로테스탄트의 전쟁, 1960년대 키프로스에서 벌어진 그리스계와 터키계 사이의 전쟁 등은 전혀 이데올로기적인 것이 아니었다. 그것들은 영토, 종교, 인종, 경제적 이해를 둘러싼 싸움이었다.

냉전 기간이었던 40년 정도만, 그리고 그때도 간헐적으로나 부분적으로만, 이데올로기 차이가 국가 간 분쟁의 주요 원천이었다. 냉전이 끝나자 전쟁을 일으키는 요인으로서 이데올로기가 하던 역할도 끝났다. 이는 전쟁과 분쟁의 훨씬 오랜 원천들이 줄지 않은 영향력을 가지고 되돌아왔음을 의미하는 것이었다. 냉전 이전에도 언제나 그랬듯이 냉전 이후에도 전쟁은 영토, 인종, 종교를 놓고 벌어졌다.

계몽주의 이념들 간의 짧은 분쟁이 끝난 것을 두고 이제 역사가 종언을 고했다고 말하는 것은 신빙성이 별로 없는 지엽주의적 견해다. 이런 불합리한 생각이 믿을 만하다고 여겨질 수 있다는 것 자체가 금세기 말의 지적 · 정치적 삶의 조건에 대해 의미심장한 시사점을 준다.

후쿠야마는 근대화를 서구화와 헛갈리고 있다. 그에게 교만한 승리주의를 불러온 역사적 사건인 소비에트 붕괴를 생각해 보자. 소비에트의 붕괴는 사실 '서구' 프로젝트가 거부당한 것이었다. 중앙 계획경제에 의해 경제 근대화를 이루겠다는 마르크스주의 프로젝트가 거부된 것이다. 이는 러시아가 또 다른 서구식 근대화 이념인 사유화와 자유시장의 신자유주의 신조를 받아들이리라는 것을 의미하지 않는다.

중국의 시장 개혁도 서구 모델이나 서구 가치를 따라 하려는 충동에서 동기부여된 것이 아니었다. 중국의 시장은 중국식 발전의 토착 경로를 따른 것이었고 서구의 모델이나 조언은 별로 따르지 않았다. 사실 중국의 시장 개혁은 마오주의 시기에 적용됐던 서구 마르크스주의 정치경제 모델에서 멀어지는 것을 필요로 했다. 다른 많은 나라들에서처럼 중국에서는 경제 근대화가 사회나 정부의 서구화와 함께 가는 것이 아니었다. 중국의 경제 근대화는 토착적 자본주의의 활성화, 그리고 서구의 영향에 대한 거부와 함께 가는 것이었다.

최근의 세계사를 후쿠야마처럼 해석하는 것은 세계가 미국적 조건을 향해 맹렬히 나아가고 있다고, 그리고 미국이 전통적인 갈등의 원천이 사라진 '역사 이후' 세계의 모범이라고 믿을 때만 가능한 일이다. 유럽과 아시아에서는 이런 주장이 대체로 근거 없는 것으로 여겨졌다. 미국 이외의 곳에서는, 그리고 실제로 미국에서도 많은 사람들이, 사회적·정치적 갈등의 역사적인 원천인 인종적·민족적·종교적 갈등이 20세기 말의 미국에도 흔하게 존재함을 알고 있다.

'문명의 충돌' vs. '서구'의 소멸

새뮤얼 헌팅턴의 문명 충돌론[42]은 근대화와 서구화가 수렴하는 것이 아니라 멀어지고 있음을 인식하고 있다.

헌팅턴은 국가들 사이에 상충하는 이해관계가 아니라 상이한 문명들 간의 단층선이 냉전 이후에 벌어질 충돌의 원천이 될 것이라고 설명한다. 그에 따르면 "강대국 간의 경쟁은 이제 문명 간의 충돌로 대체되었다. 이처럼 새로운 세계에서 가장 만연해 있고, 중요하고, 위험한 충돌은 사회적 계급 간, 혹은 그 밖의 경제 상황으로 규정되는 집단 간의 충돌이 아니라 상이한 문화 공동체 간의 충돌일 것이다. (…) 그리고 가장 위험한 문화적 충돌은 문명 간의 충돌일 것이다."[43] 헌팅턴이 옳게 주장했듯이 냉전의 종식은 세속적인 이데올로기들이 국제 분쟁의 주요 원천이 되던 시기의 종말을 의미한다. 그런데 여기에서 그는 미래에는 '문명 충돌'이 전쟁의 주 요인이 되리라는 결론을 도출한다.

문명 간의 충돌이 전쟁의 주된 원천이라는 헌팅턴의 이론에는 여러 가지 문제가 있다. 오늘날의 세계를 구성하고 있는 '문명'들이 무엇인지는 쉽게 규정하기가 어렵다. 그의 설명에서 남미는 어느 문명에 맞아떨어지는지 모호하다. 유대인은 약간의 주저함 끝에 '서구'의 부록으로 인정된다. 오늘날의 그리스는 '서구 문명'에 속하지 않는 것으로 분류된다. 광범위하고 오랜 문자 문명을 가지고 있었던 고대의 주요 문명 티베트는 문명으로 고려되지 않는다. 아마도 오늘날 중국에서 티베트가 우위를 점하지 못하고 있기 때문일 것이다. 이러한 점들에 대해 원칙에 입각한 설명을 하기는 어려울 것이다.

문명의 분류가 임의적임을 보여 주는 사례가 또 있다. 헌팅턴의 문명 분류는 그 자신도 완전히 신뢰하고 있지 않다. 헌팅턴은 오늘날 6~9개의 문명이 있다고 보는 것 같다. 중국, 일본, 힌두, 이슬람, 서구, 남미, 불교, 정교회, 아프리카 등이 그가 말하는 문명이다. 헌팅턴은 이들 문화 중 일부가 '문명'이라는 영예로운 타이틀에 걸맞은 것인지 의심스러워한다. 그러한 배타적인 클럽에 회원이 되려면 어떤 조건들이 충족되어야 하는지는 불분명하다. 대부분의 경우 그가 암묵적으로 활용하고 있는 기준은 다문화주의라는 미국 문화에 대한 그의 집착을 반영한다. 미국 내에서 정치적으로 적극적인 소수자라면 하나의 문명에 속하는 문화나 사람들이라고 볼 수 있다고 말이다. 그렇지 않은 경우에는 무시된다.

헌팅턴의 분류법을 받아들인다 해도 우리 시대의 전쟁이 '문명화된 집단들' 간의 충돌이라는 주장은 실제 증거들과 맞지 않는다. 숱한 군인이 '인해전술' 속에서 죽어 나간 이란-이라크 전쟁은 하나의 '문명' 내부에서 벌어진 일이었다. 후투 족의 투치 족 학살도 같은 '문명 안에서' 벌어진 것이었고 캄보디아에서 폴 포트Pol Pot가 저지른 학살도 그랬다. 헌팅턴은 이런 것들은 지역 분쟁이고 그가 말하는 문명의 충돌은 글로벌한 것이라고 이야기할지도 모르겠다.

하지만 1차 세계대전 역시 유럽의 내전이었다. 한국전쟁과 베트남전쟁도 문명 간의 충돌이 아니었다. 각 당사자들이 '서구'의 이데올로기들을 들어 자신을 정당화하며 벌인 전략적 싸움이었다. 또 2차 세계대전에서는 영국이나 미국 같은 '서구 국가들'이 '정교회' 국가인 소련과 연합을 맺었고 '서구' 국가인 나치 독일과는 싸움을 벌였다. 이런 사례는 쉽게 찾아볼 수 있다.

과거에도 그랬듯이 오늘날 전쟁은 서로 다른 민족, 인종들 사이에서 벌어지지, 서로 다른 '문명'에 속한 사람들 간에 벌어지지 않는다. 주권국가에 의해 벌어지든, 비정규 군대에 의해 벌어지든 간에 군사적 경쟁의 논리는 종종 서로 다른 '문명들'을 연합하게 만든다. 아르메니아와 아제르바이잔의 분쟁에서 이란은 이슬람인 아제르바이잔과 연합하지 않고 기독교인 아르메니아와 연합했다. 발칸반도와 중앙아시아에서의 계속되는 합종연횡은 헌팅턴의 지나친 단순화를 뒷받침해 주지 않는다.

로버트 캐플런Robert Kaplan은 다음과 같이 언급했다. "물론, 이슬람 문명과 정교회 문명 사이에 전쟁이 벌어질 것이라는 헌팅턴의 가설은 캅카스에서의 합종연횡을 보고 도출한 것은 아니었다. 하지만 이는 그가 그곳에서 '어떤' 문명 간의 전쟁이 벌어지고 있는지를 잘못 파악했기 때문이었다. 아제르바이잔의 투르크인(아마도 세계에서 가장 세속적인 시아파 무슬림일 것이다)은 자신의 문화적 정체성을 종교로서가 아니라 투르크인으로서 규정한다. 비슷하게 아르메니아인들은 아제르바이잔 사람들과 싸우는데 그 이유는 후자가 이슬람이어서가 아니라 1915년에 아르메니아인들을 학살한 투르크인이기 때문이다."[44]

헌팅턴의 문명 분류는 실제 문화권들은 물론 실제 벌어진 전쟁들하고도 맞아떨어지지 않는다. 그렇긴 하지만 그의 이론에 반대하는 가장 주된 이유가 이것은 아니다. 인류를 서로 충돌하는 문명들로 구분하는 것은 더 면밀하게 역사에 적용했더라면 피할 수 없었을 심각한 결함들을 가지고 있다. 사람과 문화를 상호 경쟁하는 문명들로 구분하는 것은 헌팅턴 자신이 공격하고 있는 계몽주의적 역사 해석에 속한다.

'문명'이라는 개념은 '문명화된' 사회들이 하나의 유형을 갖는다고 보는 것을 전제로 한다. 문명화된 사회들은 모두 동일한 가치 체계의 산물이며 그것의 반대는 '야만'이라는 것이다. 이는 여러 가지 표현으로 드러난 주요 계몽주의 사상들이 공통으로 가진 견해다. 프랑스(마르키 드 콩도르세Marquis de Condorcet, 드니 디드로Denis Diderot, 볼테르Voltaire), 독일(임마누엘 칸트Immanuel Kant, 마르크스), 스코틀랜드(데이비드 흄David Hume, 스미스, 애덤 퍼거슨Adam Ferguson), 영국(벤담, 존 스튜어트 밀), 미국(토머스 제퍼슨, 벤자민 프랭클린Benjamin Franklin) 등 모두에서 말이다. 계몽주의의 주된 비판자(가령 J. G. 헤르더J.G. Herder)들은 '하나로 환원할 수 없는 인간 문화의 다양성'이라는 개념으로 계몽주의적 이분법을 공격했다. 당시[18세기] 헤르더와 같은 반反계몽주의 사상가들[45]은 '문화의 근본적인 다양성'이라는 개념을 사용해서 보편 문명(그 시대에는 프랑스의 문화 제국주의)이라는 개념을 공격했다. 헤르더의 비판은 미국이 한때 프랑스와 영국이 차지했던 역할을 계승한 오늘날에도 여전히 사그러들지 않은 계몽주의적 보편주의에 대한 비판으로 유효하다.

20세기 말의 현실: 미국과 그 나머지

헌팅턴은 보편 가치라는 계몽주의적 개념을 공격한다. 문명과 야만이라는 계몽주의적 이분법의 기저에는 보편 가치라는 단순한 개념이 깔려 있다. 모든 문명화된 사람은 동일한 기본 가치들을 가지고 있고 동일한 것들을 원한다는 것이다.

이러한 환상을 거부하기 위해 꼭 '상대주의'를 받아들일 필요는 없다. 문화상대주의자들의 주장[46]과 달리 인간 보편적인 미덕과 악덕은 존재한다. 폭력적인 죽음이나 굶주림으로부터 보호받는 것은 문화적으로 차이가 나는 덕목이 아니다. 또 모든 문화권에서 공히 높은 수준의 성취라고 여겨지는 윤리적·미적 기준들이 있다. 호메로스Homer의 『일리아드*Iliad*』는 〈양들의 침묵Silence of the Lambs〉보다 더 위대한 문화적 성취다. 드라이브인 교회보다 교토의 료안지 사원이 더 우월하다. 하지만 보편적인 미덕과 악덕이 존재한다고 해서 하나의 정치경제 시스템(가령 '민주주의적 자본주의' 같은)이 모든 인류에게 가장 좋은 시스템이라는 의미는 아니다. 보편적인 인간 가치는 다양한 체제에서 구현될 수 있다.

경제적·교육적·문화적 기준에서 더 높은 성취를 이루는 사회도 있고 그렇지 못한 사회도 있다. 하지만 '서구' 사회가 항상 상위를 차지하는 것은 아니다. 모든 문화가 동등하다는 믿음에 목청 높여 반대하는 미국의 신보수주의는 자신의 문화가 최고라는 순진한 믿음에 의거해 있다.

헌팅턴의 사상도 그 만큼이나 미국 중심적이다. 그는 미국인의 사고에 암묵적인 기초를 형성하는 보편주의를 비판하기는 한다. 하지만 헌팅턴 역시 이분법 안에 있으며, 경우에 따라서는 미국의 외교정책에 오래도록 영향을 미쳐 온 극단적 이분법의 전통을 따르는 듯이 보일 때도 있다. 그의 주장은 계몽주의의 양극적인 문화 구분법, 즉 문명과 야만으로 나누는 구분법을 따르고 있다. 세계는 '서구와 나머지'로 나뉘는데, '서구'는 하나이고 '나머지'는 다수다.

헌팅턴에 따르면 서구 문명은 보편적이지 않고 고유하다. 그에 따르면 서구 문명은 많은 나라에 걸쳐 오랜 세월 동안 지속되어 온 하나의 정체성을 가지고 있다. 그런데 이 고유한 '서구' 정체성이 오늘날 위험에 처했다고 그는 주장한다. 헌팅턴은 "서구 지도자들의 주된 책임은 (…) 서구 문명의 고유한 특질을 지키고 보호하고 새로 일으키는 것"이고, "가장 강력한 서구 국가인 미국의 책임이 가장 막중하다"[47]고 말한다. 미국은 북미와 서구 유럽 사회들을 "범대서양 자유무역지대"와 같은 조치들을 통해 융합하는 '대서양 문명'을 육성함으로써 그 책임을 다해야 하며 그렇지 않으면 미래가 암울할 것이라고 헌팅턴은 주장한다. "서구는 단결해 나아가야 한다. 그렇지 않으면 따로따로 뒤처질 것이다."[48]

그런데 오늘날에는 '서구 문명'이라는 개념 자체에 문제가 있다. '서구'가 서구 기독교 문명을 이야기하는 것이라면 실제로 존재했다고 볼 수 있을지도 모른다([기독교 문명 내에서] 종교개혁이 역사상 가장 심한 축에 드는 전쟁을 유발하긴 했지만 말이다). 그 문명은 미국과 유럽이 둘 다 공통된 계몽주의 기획의 후손으로 여겨질 수 있는 한에서는 문화적 유대가 있었다. 하지만 예전에 존재했던 이 유사성은 빠르게 사라지고 있다. 현재 상황에서 '서구'라는 담론은 지적인 지체를 보여 주는 징후다. 이 담론은 옛일을, 그러니까 서구 유럽과 미국이 2차 세계대전 시기와 냉전 시기에 맺었던 전략적인 유대를 아직도 이야기하고 있다.

하지만 냉전 이후의 미국-유럽 관계는 전간기의 미국-유럽 관계와 비슷하다. 미국이 예외적인 나라라고 자타가 공인하던 시기 말이다. 〈북대서양조약기구(NATO)〉를 확장하려는 미국 주도의 거대 기획은 1차 세계대전 이후 우드로 윌슨Woodrow Wilson식으로 유럽을 재건설하려던 계획을 상기시킨다. 오늘날 미국이 리더가 될 수 있는 '서구 문명'은 존재하지 않는다. 헌팅턴이 말하는 고유함은 '서구'가 아니라 미국의 고유함이다.

헌팅턴이 말하는 서구 문명의 요소 중 하나인 종교를 생각해 보자. 오늘날 대부분의 유럽 국가는 기독교 시대를 벗어났는데 미국은 강렬하고 때로 근본주의적인 기독교가 아직도 널리 지배하고 있다. 교회에 나가는 사람이 유럽보다 많을 뿐 아니라 다른 나라에서는 거의 극소수만 따르는 신념과 의례를 믿고 수행하는 사람들도 훨씬 많다. 미국에서는 악마를 믿는 사람이 전체 국민의 70퍼센트에 달하는데 영국에서는 3분의 1, 프랑스에서는 5분의 1, 스웨덴에서는 8분의 1 정도다. 또 미국인 중 약 4분의 1은 '거듭난 기독교인'으로, 이들에게는 악마에 씌었다 돌아온 것이 은유가 아니라 실제이다.

1990년대 초에 가학-피학에 대한 작품으로 미국에서 파란을 일으켰던 저명한 사진작가 로버트 메이플소프Robert Mapplethorpe는 사진의 주인공들에게 '사탄을 위해' 그 행위를 하라고 독려했다. 유럽 국가에서였다면 메이플소프의 주술은 작가의 심리 상태에 대한 질문을 불러일으켰을 것이다. 하지만 미국에서는 그것이 정말로 존재하는 문화적 실재를 환기시켰다.

미국은 유럽 국가들에 비해 종교성의 깊이와 정도가 단연 두드러진다. 50개 주 정부 모두가 십대의 순결을 촉진시킨다는 어처구니없는 프로젝트를 하겠다며 연방 정부의 지원을 받는 것에 동의했다. 1997년 7월에는 〈기독교연합Christian Coalition〉이 미국 학교에서 창조론을 의무적으로 가르치도록 헌법을 수정하기 위해 의회에 로비를 했다.[49] 미국을 세속적 사회라고 보는 것은 가당치 않다. 미국은 세속적 전통이 터키보다 약하다.

S. M. 립셋S. M. Lipset이 지적했듯이, 미국과 다른 선진국들과의 차이는 좁혀지고 있는 것이 아니라 벌어지고 있다. "미국에서 종교의 위력은 약해질 기미가 보이지 않는다. 〈갤럽Gallup〉 등의 여론조사를 보면 (…) 미국인들은 교회에 가장 많이 가고 특히 가장 근본주의적인 교회에 많이 간다. (…) 1991년에 성인 인구의 68퍼센트가 교회에 다니고 있었고 42퍼센트가 매주 예배를 보고 있었는데, 이는 대부분의 선진 산업사회보다 훨씬 많은 비중이었다."[50]

유독 높은 미국의 종교 성향에 대해 토크빌 이래로 많은 사람들이 언급해 왔다. 오늘날에도 종교의 강세가 지속되고 더욱 강해지는 것을 보면, 미국은 근대화가 세속화와 함께 간다는 사회과학의 기본 모델에 부합하지 않는다. 사회과학의 기본 모델은 유럽 계몽주의 사상가들로부터 발전된 것이므로, 다시 말하면 미국은 계몽주의에서 온 근대 사회 모델에 맞지 않는다. 그런데도 미국에는 계몽주의적 미신과 환상이 후기 근대의 다른 사회보다 더 많이 퍼져 있다.

'미국의 신조'는 미국와 근대성의 관계를 우연적인 것이 아니라 본질적인 것이라고 본다. 그리고 오늘날에는 이 신조를 신보수주의가 가져다 쓰고 있다. 세계가 보편적인 자유시장을 만들려는 기획에 저항한다면 이는 미국에서 보수주의의 우위를 위협하는 데서만 그치는 것이 아니라 보수주의가 가져와 사용하고 있는 미국의 세계관도 위협하는 것이다. 미국이 가는 경로가 근대 세계에서 보편적인 역사가 가는 경로를 보여 주는 것이 아니라 미국이라는 한 나라가 가는 길에 불과하다는 것을 사람들이 인식하게 되면 대대적인 문화적 변화를 촉발할 것이기 때문이다. 그러면 미국은 자신을 근대의 모범이라고 생각하는 자아 이미지를 벗겨 내야 할 것이다.

미국에서 '다문화주의'를 둘러싼 논쟁이 분파 간 적대로 심화되는 이유 중 하나가 미국의 고질적인 보편주의다. 길고 광범위한 역사적 견해에서 보면, 다문화 사회가 인류의 일반적인 조건이었다. 로마, 중국, 오토만, 로마노프, 영국, 합스부르크 등 모든 세계 제국은 방대한 문화적 다양성을 포괄하고 있었다. 물론 그 안에 지배적인 문화가 있었고 어떤 경우에는 보편주의적인 목적을 가지고 있기도 했지만, 어떤 제국도 신민을 단 하나의 삶의 방식이나 단 하나의 신념 체계로 개종시키려는 시도를 일관되게 추진하지는 않았다.

미국의 한 우파 재단이 한 아이비리그 대학에 '서구 문명' 강좌에 쓰라고 많은 돈을 지원했는데 몇 년 뒤에 그 자금이 쓰이지 않은 것을 알고 실망했다. 대학 교수진 사이에서 무엇이 '서구 문명'을 구성하는지에 대해 의견의 일치를 보지 못했기 때문에 그 돈을 쓸 수가 없었던 것이다. 페미니즘이나 다문화주의에 썼으면 해결할 수 있었으리라는 생각은 하지 못한 것 같았다. 가장 급진적이고 분파적 적대를 드러내는 방식으로 구현된 종류의 페미니즘이나 다문화주의는 독특하게 미국적인 현상이어서 그랬을 것이다. 그런 급진적인 사회운동들이 '미국 문명'에 속하지 않는다면 어떤 것도 미국 문명에 속할 수 없다.

헌팅턴의 이론에서 미국 중심주의적 맹점을 단적으로 보여 주는 부분은 보편주의가 제국주의로 이끌기 때문에 비도덕적이라는 주장이다. 하지만 제국은 다문화주의적일 수 있으며 실제로 종종 그래 왔다. 그리고 제국주의가 항상 비도덕적인 것은 아닐 수도 있다. 헌팅턴의 주장이 전제로 하는 것들을 의심 없이 받아들이는 사회는 미국뿐이다.

보편주의에 대한 반대로 더 설득력 있는 주장은 보편주의가 제국적 역할을 수행하는 데 필요한 정신적 태도와 맞지 않는다는 것이다. 오래 존속했던 제국들(오토만, 합스부르크, 로마 등)은 문화적 다양성을 법으로 보장했다. 그들은 자신의 이미지를 본따 세계를 만들려는 시도를 하지 않았고 세계가 몰래 자신을 경외하고 있다는 믿음에 기초해 정책을 만들지도 않았다. 그런데 후쿠야마가 말하는 '역사의 종말' 이후의 세계 질서나 헌팅턴이 말하는 서구 문명권 모두 미국의 제국적 역할 없이는 상정될 수 없다.

하지만 사실 오늘날 미국인의 정신에 제국주의적 태도보다 더 생소한 것은 없을 것이다. 보스니아에 대한 미국의 개입은 고질적인 분쟁도 잘 고안된 헌법을 강요하면 해결할 수 있다는 믿음에서 이뤄졌다. 하지만 이는 환상일 뿐이었다. 미국이 단기적으로만 개입해도, 미국에서나 권위를 가질 뿐인 미국적 가치와 제도(권리에 대한 율법주의적 문화와 기업 법의 실행을 본뜬 국가와 공동체 사이의 협상 모델)를 다른 체제와 문화에 퍼뜨릴 수 있다고 보는 환상 말이다. 미국의 기업인과 정치인들은 제국이 통상 감당해야 하는 비용이나 피해 없이도 지구 곳곳에 미국적 가치를 투사할 수 있다는 전제하에서 움직인다. 역사상 모든 제국이 감당해야 했던 부담에서 미국만은 면제되어 있다고 보는 매우 흥미로운 가정을 미국 엘리트들이 하고 있는 것이다.

'포스트-서구' 국가로서의 미국

헌팅턴은 미국이 '서구 문명'의 리더십을 다시 주장하는 데 놓인 주된 장애는 미국 인구 상당수가 '서구'의 정체성을 받아들이려 하지 않는 것에 있다고 본다. "미국의 다문화주의자들은 (…) 많은 문명으로 이뤄진 나라를 만들고 싶어 한다. 즉 하나의 문명에 속하지 않고 문화적 핵심이 결여되어 있는 상태를 만들고자 한다. 역사적으로 보면 그렇게 구성된 나라가 하나의 결속된 사회로서 오래 유지된 경우는 없다. 다문명적인 미국은 주들의 연합인 US(United States)가 아니라 민족들의 연합인 UN(United Nations)일 것이다."[51]

과도한 다문화주의는 공격하기 쉬운 대상이다. 20세기 말의 미국에서 인종적 배타주의의 부상(예를 들면 루이스 파러칸Louis Farrakhan이 이끈 흑인 분리주의 운동)은 자유로운 시민사회를 되살리는 데 장애가 된다. 동시에, 국가 정체성이라는 일관된 느낌을 얻는 데도 장애가 된다. 만약 미국의 다문화주의가 그런 식의 인종적 분리주의를 말하는 것이라면 미국의 운명은 보편성이라는 계몽주의적 환상과 발칸화라는 추한 현실 사이에서 오락가락하는 것이 되고 말 것이다.

하지만 헌팅턴은 오랫동안 성공적으로 유지됐던 과거와 현재의 다문화 국가들을 간과하고 있다. 현재의 세계를 보면 영국과 스페인은 비교적 일관된 다민족적 국가이고 호주, 뉴질랜드, 싱가포르, 말레이시아는 안정적인 다문화 사회다. 안정적인 현대 국가가 다 단일 문화권이라는 말은 사실이 아니다. 한편 모든 현대 국가가 다문화적이 되고 있는 것도 아니다. 가령 일본은 한동안 단일 문화 국가로 남아 있을 것이다.

'문명의 충돌'은 미국 내에서 벌어지고 있는 거대한 문화적 변동도 보지 못하고 있다. 미국을 명백한 '서구' 사회라고 보는 것은 더 이상 현실적이지 않다. 한 세대 정도 안에 미국이 포스트-서구 국가가 되리라는 징후들이 있다. 인구통계를 보면 한 세대 후에는 아시아계, 흑인, 히스패닉계가 미국인의 거의 다수가 될 것이다. 미국 통계청에 따르면, 2050년이면 히스패닉계가 흑인, 아시아계, 미국 토착민을 합한 것보다 많아지고, 1996년에 인구의 73.1퍼센트였던 비히스패닉계 백인 인구는 52.8퍼센트로 줄어들 것이다.[52]

이러한 인구 변화를 생각해 볼 때, 미국은 칠레나 아르헨티나처럼 인종 구성과 문화적 전통이 유럽적으로 남아 있는 나라들과는 매우 다를 것이다. 유럽의 후손이 소수가 되어 가고 있는 나라에서 유럽식 문화와 정치 전통이 받아들여질 것이라고 왜 기대해야 하는가? 그리고 그것이 바람직하다고 볼 근거는 어디에 있는가?

더 이상 유럽인이 다수가 아닌 미국 인구는 유럽과 문화적 친밀성을 갖지 않는 정치 엘리트들을 만들어 낼 것이다. 이런 변화는 부시 정부가 끝나던 시기에 이미 벌어진 변화다. 2차 세계대전 직후와 냉전 시기에 세계관이 형성됐으며 문화적 충성도가 대서양과 연결되어 있었던 동부 연안의 옛 정치 엘리트들은 정치적으로 소수다.

새로운 정치인들의 충성도가 아시아나 히스패닉을 향할 것이라는 의미는 아니다. 전반적으로 이 정치인들은 더 토착적으로 미국적일 것이다. 하지만 그들이 구현하는 미국적 정체성은 근대 초기의 유럽 이데올로기에서 구성되지 않을 것이다. 그것은 포스트-서구 국가의 정체성일 것이다.

호주나 뉴질랜드는 이전의 유럽 식민지가 포스트-서구의 다문화 국가로 변화한 것을 보여 주는 가장 분명한 사례다. 이들은 미국보다 성공적인 다문화 사회인데, 보편 임무를 가진 국가라는 환상이 주는 부담이 없었다는 점이 그 이유 중 하나일 것이다.

미국식 자유시장의 개혁은 가능한가?

오늘날의 미국은 토크빌이 극찬하며 묘사한 민주주의적이고 평등한 체제가 아니다. 2차 세계대전 이후에 뉴딜이 구현했던 기회의 땅도 아니다. 계급 간 갈등, 근본주의자들의 운동, 저강도의 인종 간 전쟁으로 분열된 나라다. 이런 문제들을 정치적으로 해결하려면 자유시장이 개혁되어야 한다. 그런데 오늘날의 미국에서 그런 개혁이 정치적으로 가능할지는 의심스럽다.

보수주의의 우세로 뉴딜의 이상과 정책이 정당성을 잃은 정치 문화에서 경제적 정의의 문제는 정치의 아주 일각에서만 제기될 수 있을 뿐이다. 로스 페로Ross Perot, 랠프 네이더Ralph Nader, 팻 뷰캐넌Pat Buchanan 모두 정치 엘리트에 대한 대중의 불신을 선거에 이용했다. 이들은 미국의 새로운 경제적 불평등에서 유권자들이 느끼는 불안을 동원해서 각자 자신의 선거에 유리하게 활용하고자 했다.

1996년 대선 때 팻 뷰캐넌의 선거운동만 유일하게 경제적 정의의 문제를 어느 정도 영향력 있는 이슈로 부각시킬 수 있었다는 점은 미래에 대한 불길한 전조일지 모른다. 뷰캐넌은 경제적 공정성의 문제를 타 문화에 대한 근본주의적 공격, 그리고 이주민에 대한 적대감과 결합시켰다. 이런 결합은 대중적으로 호소력이 있었지만 그는 다시 빠르게 주변부로 밀려났다. 이와 비슷한 운동은 앞으로도 마찬가지의 결과를 얻게 될 것이다.

유권자들의 불만에 미국 정치의 주류가 반응을 하기나 할지도 의심스럽다. 정치 자금 규제가 느슨한 덕에 미국에서는 서구 국가치고 선거에 돈이 큰 영향을 미친다. 이런 정치 시스템이 대중의 불안과 불만에 효과적으로 반응할 수 있으리라고 어떻게 기대하겠는가? 대중의 불만이 정치의 아주 일각에서 벌어지는 운동에서만 표현되는 사회는 제대로 굴러가는 민주주의 사회가 아니다.

신보수주의는 자유시장을 미국이 근대국가의 모범이라는 주장과 동일시했다. 전 지구적 자유시장을 위해 복무하는 데 보편 문명의 모델이라는 미국의 자아 이미지를 이용했다. 이런 환상으로 길러진 대중에게 앞으로 도래할 상황은 충격적일 것이다.

성공적인 경제를 가지고 있는 나라들의 입장에서 보면 자유시장은 원시로의 회귀를 상징하는 것이지 미래를 상징하는 것이 아니다. 동아시아 국가들은 정치제도, 경제체제, 문화적 전통 등에서 서로 매우 다르다. 하지만 미국적 정책이 표현하는 자유시장에 맹신적으로 집착하기를 거부하고 전 지구적 자유시장이 구현하고 있는 보편 문명이라는 계몽주의적 이상을 받아들이지 않는다는 점에서는 공통적이다.

20세기 말의 상황에서, 자유시장 신조에 굴종해서는 근대성을 달성할 수 없다. 미국의 자유시장과 아시아의 정부 주도적 자본주의 중에서 과거에 속하는 쪽은 미국의 자유시장이다.

'미국의 신조'에 동조하지 않는 국가들에 미국이 뒤처지기 시작하고 있다는 것은 미국 대중이 받아들이기 힘든 일이다. 미국식 개인주의를 존중하지도 않고, 인권이라는 종교에 맹세하지도 않고, 세계 문명을 향한 진보라는 계몽주의적 미신을 공유하지도 않는 국가가 근대화를 달성할 수 있다고 인정하는 것은 미국의 국민 신앙이 틀렸다고 인정하는 것이 될 테니 말이다.

미국인 대부분이 이런 인식을 견디기 어려워한다. 그래서 미국식 모델을 거부하는 국가들이 경제성장, 저축률, 교육 수준, 가족 안정성 등의 면에서 더 우월한 성과를 달성했음을 보여 주는 증거들을 계속해서 억누르고 부인하고 반박한다. 그런 증거를 인정하면 미국식 자유시장이 유발하는 사회적 비용에 눈감을 수가 없게 된다. 자유시장은 사회적 결속을 약화시키면서 작동한다. 자유시장은 생산성이 높지만 인간에게 미치는 비용도 높다. 오늘날 자유시장이 유발하는 비용은 미국의 담론에서 금기시된 주제다. 극소수의 회의적인 자유주의자들만이 간간이 이야기할 뿐이다. 물론 자유시장과 사회적 안정성이 상충된다는 것을 인정한다고 해서 그 상충을 없앨 수 있는 것은 아니다. 하지만 아마도 완화할 수는 있을 것이다.

오늘날의 정책이 직면한 핵심 딜레마는 규제 풀린 시장의 명령을 인간 본연의 필요와 어떻게 조화시킬 것인가이다. 그런데 신보수주의는 정치 영역에서 이 질문을 없애 버림으로써 미국이 자유시장을 인간적으로 좀 더 참을 만하게 만들 방법을 보여 줄 기회도 없애 버렸다. 사실 '미국의 경제 모델'은 하나의 동질적인 모델이라고 볼 수 없다. 서부 연안의 기업 중에는 매우 높은 수준의 유연성을 지역사회나 직원들의 욕구와 잘 조화시켜 성공한 곳도 있을 것이다. 하지만 이런 '캘리포니아 모델'은 자유시장이 인간의 욕구와 충돌할 수 있다는 가능성이 인정되지 않는 한 합당한 평가를 받을 수 없을 것이고 미국의 다른 곳에서 본보기가 되지도 않을 것이다.[53]

가까운 미래에 더 있을 법한 시나리오는 미국이 내부로 더욱 침잠하면서 보편 모델이라는 자아 이미지를 고수하는 것이다. 세계가 자신의 방식 쪽으로 움직이고 있다는 확신을 교란할 수 있는 것은 죄다 걸러 내면서 말이다. 그렇다고 미국이 고립주의나 보호무역주의로 가지는 않을 것이다. 너무 많은 기업의 이익에 해가 될 것이기 때문이다. 제조업이 싼 노동력을 찾아 해외로 나가는 '플랜테이션 생산'이 이뤄지면서 미국 다국적기업의 해외 지사로부터 들어오는 수입 물량이 미국 전체 수입 물량의 5분의 1을 차지하게 되었다.[54] 따라서 미국 자본은 전면적인 보호무역에 반대할 것이다. 앞으로 한동안 미국의 고립주의는 경제적이거나 군사적인 면에서가 아니라 문화적이고 인식과 관련된 면에서의 고립주의일 것이다.

　미국이 곧 보편 국가라는 신념은, 모든 인간이 미국적으로 태어났는데 어떤 우연이나 오류에 의해서 다른 방식으로 살고 있다고 보는 것이다. 이에 따르면 모든 인류가 미국적 가치를 이미 공유하고 있거나 곧 공유하게 될 것이다. 물론 이런 메시아적인 환상은 드문 것이 아니었다. 19세기에는 프랑스, 러시아, 영국이 각기 자신을 보편 국가라고 주장했다. 하지만 오늘날에는 이런 기만이 이전 시대보다 더 위험하다.

　미국은 자기 자신을 바라보는 견해에 계몽주의의 환상과 미신을 일구어 놓았다. 다른 시대였더라면 그게 별로 중요한 일은 아니었을 것이다. 하지만 오늘날에는 이런 견해가 우리 시대의 가장 어려운 임무를 더욱 손쓰기 어렵게 만들고 있다. 늘 서로 달랐던 다양한 체제들, 다양한 사람들 사이에서 평화롭고 생산적인 공존을 이끌어 내는 임무 말이다.

False Dawn

6장

러시아, 포스트-소비에트의
아나코-자본주의

볼셰비키는 (…) 전투적 계몽주의에 불식간에 희생되는 사람들 사이에 무기력과 절망을 만들어 내고, 인간 행동의 원천이 되는 생기의 샘물을 모두 말려 없앨 만큼 본능과 습관과 전통을 근본적으로 바꾸어야만 강제할 수 있는 기이한 삶의 철학이다.

버트런드 러셀Bertrand Russell[1]

거의 예외 없이 러시아 작가들은 서구의 하찮음을 정말로 경멸한다. 유럽을 가장 존경한 사람들도 유럽을 가장 이해하지 못했기 때문에 그럴 수 있었다. 그들은 유럽을 이해하고 싶어 하지 않는다. 그렇기 때문에 그들이 유럽의 사상을 늘 그렇게 환상적인 형태로 들여오는 것이다.

레프 셰스토프Lev Shestov[2]

실패한 서구 유토피아 실험들 이후

러시아는 20세기에 두 개의 서구 유토피아 실험을 했다. 첫 번째는 볼셰비키 실험이었다. 초기의 가장 급진적 단계였던 전시공산주의는 산업 공동화와 기근을 가져왔다. 이는 이오시프 스탈린Iosif Stalin의 '위로부터의 혁명'으로 이어졌는데 이 과정에서 이뤄진 농업 집단화로 러시아 소농 농업이 파괴됐다. 두 번째 실험은 충격요법이었다. 소비에트 붕괴 이후에 짧은 기간 동안 도입된 충격요법은 포스트-공산주의 러시아에 자유시장을 건설하려는 실험이었다. 하지만 이 실험은 자유시장이 아니라 마피아가 지배하는 아나코-자본주의anarchocapitalism를 낳았다.

두 유토피아 실험 모두 인간에게 막대한 비용을 초래했다. 둘 다 러시아의 상황과 역사에는 맞지 않는 서구 이론과 모델을 따라 했던, 실패한 근대화였다.

1918년에서 1921년 사이에 볼셰비키는 러시아를 공산주의 경제로 전환하려고 시도했다. 이 시기에 볼셰비키가 도입하려 했던 전시공산주의는 정통 마르크스주의 비전을 담고 있었다. 사유재산, 시장 교환, 화폐 제도를 핵심으로 하는 자본주의를 없애고, 집단적으로 소유되고 합리적으로 계획되는 경제를 건설하는 것이 목적이었다.

전시공산주의는 러시아적 특성과 부합하는 면도 일부 있었다. 상업 활동으로 개인이 부를 쌓는 것에 대한 적대감이라든지 러시아가 메시아 역할을 부여받은 국가라고 생각하는 러시아 정교의 특성 같은 것들 말이다. 하지만 전시공산주의는 단순히 러시아 전통을 표현한 것만은 아니었다. 러시아는 제정러시아의 자치적 농촌 촌락 공동체인 '미르'와 전쟁을 벌였다. 아니, 러시아 농촌 생활의 모든 전통과 전쟁을 벌였다. 위로부터의 폭력적인 근대화였다는 점에서 이는 일찍이 표트르대제Tsar Peter the Great가 시도한 압제적 서구화와도 비슷한 면이 있다.

전시공산주의는 러시아의 역사가 가진 역설적인 조건들에 영향을 받을 수밖에 없었지만 그 뿌리는 고전 마르크스주의가 속한 유럽 계몽주의였다.[3] 중국의 대약진운동과 마찬가지로, 러시아의 전시공산주의는 서구 유토피아였다. 전시공산주의는 전쟁이라는 긴급 상황에서 볼셰비키가 어쩔 수 없이 추진해야 했던 조치가 아니었다. 그것은 보편 문명 건설의 계몽주의 기획을 마르크스주의적으로 구현한 것이었다.

1991년에 소비에트가 붕괴한 뒤 러시아에서 서구화 기획이 또 하나 진행됐다. 예고르 가이다르Yegor Gaidar가 추진한 충격요법이었다. 보리스 옐친Boris Yeltsin의 러시아 정부는 초국가 기구들과 서구의 조언을 따라 미국식 시장경제를 러시아에 이식하려 했다.

예측 가능하게, 그리고 사실 불가피하게, 이 시도는 실패했다. 그리고 서구에서나 다른 구공산권 국가에서나 나타난 적이 없는 새로운 종류의 자본주의가 러시아에서 생겨났다. 러시아의 미래는 (아마도 긴 러시아 서구화주의자의 대열에서 마지막에 위치할) 가이다르가 1992년과 1993년에 헛되이 시도한 모델이 아니라 이 토착적인 새 자본주의에 있다.

충격요법을 버린 이후 옐친 정부가 취하고 있는 정책으로 판단하건대, 옐친은 서구의 어떤 시장경제 모델에 기반한 근대화도 러시아에서는 가능하지 않으며 바람직하지도 않다는 것을 알고 있는 듯하다.

오늘날 러시아에서 경제 발전과 국가 건설은 떼 놓고 생각할 수 없다. 이 둘은 공산주의 붕괴 직후 나타난 강도 자본주의bandit capitalism를 넘어서려면 반드시 함께 이뤄져야 한다. 실효성 있는 집행 제도를 갖춘 근대국가는, 지속될 수 있는 근대화를 달성하기 위한 전제 조건이다.

러시아가 달성해야 할 근대화는 유럽 국가로서의 근대화가 아니다. 러시아의 근대화는 유럽과 아시아 모두의 이해관계와 전통을 갖고 있는 나라의 근대화가 될 것이다. 다른 어떤 나라의 정치제도와 경제체제도 포스트-공산주의 러시아의 독특한 환경에 이식될 수 없다. 러시아를 이행 국가transitional state라고 부르는 허술한 용어는 유일하게 중요한 질문 하나에 답하지 못한다. 러시아는 어디로 이행하고 있는가?

소비에트의 중앙 계획경제 대신 들어선 아나키 자본주의는 러시아 경제 발전의 종착점이 아니라 과정상의 한 단계일 것이다. 하지만 그 과정은 서구의 어떤 경제 모델을 향한 과정도 아닐 것이다. 러시아 경제는 혁명 이전의 러시아를 점점 더 닮아 가면서 혼합 형태의 자본주의로 발달해 갈 것이다. 서양 교과서에 나오는 자유시장이 아니라 국가의 방대한 개입과 규제받지 않는 방대한 기업 영역이 공존하는 자본주의가 될 것이다. 러시아가 정말로 그러한 방향으로 가고 있다면 제정 말기에 시작되었다가 1차 세계대전과 70년간의 소비에트 실험으로 멈춰 버린 토착적 근대화를 되살리게 될 것이다.

소비에트 시기의 전시공산주의

소비에트 70년 역사가 그랬듯이, 전시공산주의는 러시아를 서구 모델에 따라 근대화하려는 시도였다. 리처드 파이프스Richard Pipes는 "전체적으로 전시공산주의는 '일시적 조치'가 아니라 완성된 공산주의를 도입하겠다는 야심 찬, 그리고 그 결과가 말해 주듯이 설익은 시도였다"고 설명했다.[4)]

모든 유토피아가 그렇지만, 전시공산주의는 먼저 인간 본성을 전례 없이 변형시켜 내야만 달성할 수 있었다. 올랜도 파이지스Orlando Figes가 설명했듯이, "공산 체제의 궁극적인 목적은 인간 본성을 바꾸어 내는 것이었다. 이는 전간기의 다른 전체주의 정권들도 가졌던 목적이었다. 과학이 인간의 삶을 바꿀 수 있는 잠재력을 가지고 있다고 본 유토피아적 낙관주의 시대가 아니었던가. (…) 볼셰비키 프로그램은 마르크스만큼이나 칸트로부터도 많이 유래한 계몽주의의 이상 위에서 시행되었다. 그래서 탈근대 시기인 오늘날까지도 서구 자유주의자들이 볼셰비키 프로그램에 어느 정도 공감을 하는 것이다."[5]

V. I. 레닌V. I. Lenin은 전시공산주의가 유토피아라는 것을 알고 있었다. 그는 볼셰비키 당원들이 영혼을 재구성하는 사람들이라고 생각했다. 유토피아주의적 청사진인 『국가와 혁명State and Revolution』에서 레닌은 군대와 경찰이 존재하지 않고 그 이외의 국가 기능은 어느 누구라도 수행할 수 있는 공산 사회를 묘사했다. 단기적으로는 자본주의적 활동을 약간 유지할 필요가 있을지 모르지만 장기적으로는 화폐, 자산, 국가가 없는, 그러면서도 중앙계획으로 운영되는 합리적인 경제가 달성되리라고 보았다.

레닌은 이것이 달성 가능한 목표라고 믿었다. 그런 점에서 그는 마르크스를 계승하고 있었고 레온 트로츠키Leon Trotsky에게도 인정을 받았다. 트로츠키는 노동의 전투화를 지지하면서 전시공산주의를 설계한 주요 인물 중 하나다. 마찬가지로, 볼셰비키가 신경제정책으로 시장을 도입하는 짧은 실험을 한 뒤에 스탈린 역시 전시공산주의로 되돌아왔다. 소비에트 체제의 핵심에는 새로운 합리적 경제가 요구하는 바에 부합하려면 인간 본성을 고쳐야 한다는 확신이 언제나 깔려 있었다. 경제가 인간의 필요를 위해 존재한다는 생각은 폐기되었다.

처음부터 소비에트 공산주의는 선진 자본주의 사회의 효율적인 경영 기법을 따라 했다. 레닌은 '테일러주의'를 도입하려 했다. 미국 엔지니어 F. W. 테일러F. W. Taylor는 '과학적 경영'을 이론화한 사람이다.[6] 테일러주의는 생산 단위당으로 임금을 지급하는 방식과 시간-동작 분석을 통해 노동자의 태도를 근본적으로 재구성하려 했다. 러시아 작가 예브게니 자먀틴Yevgeny Zamyatin은 반유토피아적 소설 『우리들We』에서 이를 풍자한 바 있다.[7]

볼셰비키 원칙은 인간이 경제의 자원으로 기능하도록 요구한다. 볼셰비키는 인간의 심리를 근본적으로 바꾸어 내기 위해 '경영 과학'을 사용했다. 볼셰비키의 사회공학과 오늘날 전 세계 자유시장주의자들의 신조 및 활동 사이의 유사점은 시사하는 바가 크다.

러시아에서 시장 교환이 제거된 경제 시스템을 건설하려던 시도는 재앙으로 가는 길이었다. 캄보디아, 루마니아, 중국, 그리고 피델 카스트로Fidel Castro 시절의 초기 쿠바 등에서도 모두 마찬가지였다. 가격이 파괴되었기 때문에 상대적 비용과 희소성을 측정할 수 있는 수단을 누구도 갖지 못하게 되었다. 기업 경영진이든 국가 계획위원회이든 간에 말이다. 더 안 좋게는, 노동자들이 가장 필요한 곳에 노력을 쏟게 만들 유인이 사라졌고, 따라서 강제에 의존할 수밖에 없게 되었다.

파이지스는 이렇게 설명했다. "시장의 자극이 없는 상태(볼셰비키는 여전히 이념적인 수준에서는 시장의 자극을 거부했다)이므로 볼셰비키는 힘을 통한 위협 이외에는 노동자에게 영향을 미칠 방법이 없었다. (…) 이것이 중공업에서 이뤄진 전투화의 기본이었다. 전략적으로 중요한 공장을 계엄령하에 놓고, 작업장에 군사적 규율을 강요하며, 계속해서 안 나오는 사람들은 '산업 전선'을 탈영한 것으로 간주해 처형하는 것 말이다."[8]

근대 경제를 조직하는 핵심 수단으로서의 시장 교환을 거부한 결과 국가의 압제에 심각하게 의존해야 하는 상황이 초래됐다. 그 유토피아에는 수백만 명의 목숨을 앗아 가고 셀 수 없이 많은 사람들의 삶을 망가뜨린 인간 비용이 수반됐다. 그렇게까지 했는데도 경제적 이득은 미미했거나 가설 속에서만 존재했다. 소비에트 프로젝트로 고통받고 숨진 사람들은 결국 아무것도 아닌 것을 위해 희생된 셈이다.

리처드 파이프스는 소비에트 전시공산주의 과정을 이렇게 요약했다. "무르익은 형태의 전시공산주의는 1920년~1921년 겨울에 모습을 드러냈는데 러시아 경제 전체(노동력뿐 아니라 생산 시설, 분배 체계 등 모두)를 오로지 국가만이 관리할 수 있게 만들려는 수많은 조치가 포함됐다." 이러한 조치에는 광범위한 국유화, 민간 상업의 해체, 교환과 회계 단위로서의 화폐 폐지, 하나의 종합적인 경제계획의 부과, 강제 노동의 도입 등이 있었다.[9]

전시공산주의는 어떤 목표도 달성하지 못했다. 마르크스주의 이론에 따르면, 공산주의식 경제 조직은 자본주의가 달성한 어떤 정도보다도 생산성이 높을 것이라고 한다. 하지만 전시공산주의 때 도입된 급진적 조치들은 산업 생산의 급격한 감소를 가져왔다.

전시공산주의에서 추진된 산업 정책의 경제적 목적은 무엇보다 생산성을 올리는 것이었다. 하지만 통계를 보면 정반대의 결과가 나왔음을 알 수 있다. 러시아의 '프롤레타리아' 인구는 절반으로 줄었고 산업 생산량은 4분의 3, 생산성은 70퍼센트가 감소했다. 파이프스는

"레닌이 승인한 유토피아 프로그램은 러시아 산업을 파괴했고 러시아 노동자 계급을 급격히 축소시켰다"고 결론 내렸다.[10]

전시공산주의의 결과는 기나긴 퇴보였다. 1차 세계대전 이전까지 세계에서 가장 빠르게 성장하는 경제 중 하나였던 러시아는 전시공산주의를 거치면서 산업이 공동화되었고 농업도 막대하게 퇴보했다. 전시공산주의의 곡물 징발 정책은 1921년~1922년의 대기근을 야기했다. 1921년에 곡물 징발 정책을 완화했을 때조차도 레닌은 농업 생산물의 시장 교환을 폐지한다는 유토피아적 기획에 집착했다. "레닌은 곡물 징발을 포기하면서도 교역의 자유를 허용하지 않을 수 있으며, 공산주의 경제 관계의 순수성을 오염시킬 시장도 허용하지 않을 수 있으리라는 희망을 강박적으로 부여잡았다. (…) 유토피아주의는 쉽게 사라지지 않았다. 하지만 현실이 그보다 더 강력했다."[11] 레닌이 징발 정책을 포기할 무렵에 기근의 위험은 이미 명백했다. 소비에트의 자료에 따르면 이때의 대기근으로 5백만 명 이상이 목숨을 잃었다.

전시공산주의는 폐기됐다. 1921년에 볼셰비키는 국제 원조를 청할 수밖에 없게 되었다. "미국 구호청과 그 밖의 해외 구호단체들이 한꺼번에 천만 명에게 구호 식량을 제공한 때도 있었다."[13] 크론슈타트에서 반란이 일어났고 신경제정책이 도입됐다. 1926년~1927년까지 이어진 신경제정책에서 시장 교환, 특히 농산물에 대한 시장 교환이 다시 허용됐다. 재스퍼 베커Jasper Becker가 설명했듯이 신경제정책은 레닌이 "당에 숨통을 틔우기 위해 도입한 것이었다. 곡물 징발 대신 조세를 도입했고 식품에 대해 시장을 다시 열었다. 이는 레닌이 1918년부터 시도한, 화폐와 사유재산이 존재하지 않는 유토피아 기획에서 크게 후퇴한 것이었다."[14]

러시아는 이후에도 기근을 몇 차례 겪었는데(1932년~1933년 기근 등), 이는 산업을 사회화하려는 시도에서가 아니라 농업을 집단화하려는 시도에서 발생했다. 전시공산주의처럼 농업 집단화도 마르크스주의 원칙을 직접적으로 적용한 것이었다. 마르크스 자신도, 그리고 러시아 최초의 마르크스주의 사상가 게오르기 플레하노프Georgi Plekhanov도, 농업의 미래는 농업을 산업화하고 농민적 전통을 없애는 데 달려 있다고 믿었다.

마르크스는 농업의 미래를 19세기 산업 발전 과정의 하나로 보았다. 즉 소농 위주의 농업이 거대한 공장식 농업으로 바뀌어야 한다고 생각했다. 부분적으로는 마르크스가 19세기 자본주의 공장을 생산 합리화의 모델로 삼았기 때문이지만, 대부분의 사회 구성원이 산업 프롤레타리아가 아닌 사회는 진정한 사회주의가 될 수 없다는 믿음에서 나온 생각이기도 했다.

농업이 산업화되어야 한다는 마르크스주의의 신조는 볼셰비키가 추진한 러시아 근대화 기획의 핵심이었다. 농업 집단화와 쿨락(부농) 파괴로 러시아의 전통적인 농업은 해체되었다. 이 시기에도, 또 이후의 충격요법 시기에도, 농업 기술 중 일부는 생존한 사람들이 의존하던 텃밭에서 살아남았다. 하지만 19세기 유럽의 산업화 모델을 러시아에 이식하기 위한 볼셰비키 정책은 러시아가 식량을 스스로 조달할 수 있는 기반을 영원히 약화시켜 버리는 비용을 초래했다.

로버트 컨퀘스트Robert Conquest의 추정에 따르면 1930년~1937년에 소비에트에서 1,100만 명의 농민이 숨졌고 또 다른 350만 명이 수

용소에서 숨졌다.[15] 마이클 엘먼Michael Ellman은 1933년의 기근으로 700만~800만 명이 숨졌을 것으로 추산했다.[16] 마오쩌둥이 소비에트의 농업 집단화를 본떠 중국의 근대화를 시도했을 때도 같은 현상이, 심지어 더 큰 규모로 벌어졌다.

소비에트 이전, 제정러시아의 마지막 십 년 정도의 기간 동안 또 다른 방식의 근대화가 시도된 적이 있었다. 표트르 스톨리핀Pyotr Stolypin 총리는 1906년 11월 9일의 행정명령으로 농민 공동체를 해체하고 농민이 공동체 내 자신의 분여지分與地에 대해 소유권을 주장할 수 있게 해서 사유재산을 허용했다. 이에 따라 1906년~1916년에 유럽러시아 농민의 약 4분의 1이 토지 소유 청원을 냈다.

스톨리핀 개혁의 공과에 대해서는 논란이 매우 많다. 1911년에 스톨리핀이 살해당하지 않고, 1차 세계대전으로 러시아의 개혁이 중단되지 않았더라면 러시아에서 혁명을 막을 수 있었을지 알 수는 없다. 하지만 전시공산주의나 농업 집단화와 달리 스톨리핀의 개혁이 당시 러시아가 처한 환경과 러시아가 필요로 했던 바에 어느 정도 부합하는 근대화를 촉진했던 것은 분명해 보인다.

전시자본주의와 농업 집단화 모두 동일한 마르크스주의 기획의 표출이었다. 시장 교환이 제거된 경제를 건설한다는 기획 말이다. 1920년대의 신경제정책이나 고르바셰프의 페레스트로이카처럼 시장을 도입하는 개혁이 추진된 적도 있었고 소비에트 시기 내내 암시장도 있었지만, 시장 없는 경제 건설이라는 기획은 소비에트가 존재했던 기간 내내 소비에트를 지탱한 핵심이었다.[17]

시작부터 끝까지 소비에트는 마르크스주의라는 서구 모델을 따라 러시아를 근대화하려는, 실패할 수밖에 없는 기획을 시도했다. 러시아에 지지자가 없었다는 말이 아니다. 실제로 최악의 시기였던 스탈린 치하에서 가장 강한 지지를 받았는지도 모른다. 알렉산드르 지노비예프Alexander Zinoviev처럼 스탈린주의가 민중 권력의 실행이었다고 보는 것은 말도 안 되지만, 스탈린 시대에 존재했던 몇몇 최악의 재앙들은 일반 사람들의 적극적 동참이 없었다면 가능하지 않았을 것이다.[18] 이는 중국의 문화대혁명 때도 마찬가지였다.

그래도 소비에트의 존재 근거는 그 기원과 목적이 분명히 '서구'인 근대화였다. 소비에트 붕괴 이후 입수가 가능해진 자료를 바탕으로 쓴 레닌의 첫 전기에서 드미트리 볼코고노프Dmitri Volkogonov는 이렇게 언급했다. "전시공산주의는 (…) 레닌 정책의 기본이자 핵심이었고 그것이 완전한 붕괴하고서야 레닌은 마지못해 신경제정책이라는 구명줄을 잡았다. 전시공산주의는 (…) 완전히 사라지지 않았고 1980년대 말까지 다양한 형태로 살아남았다."[19] 소비에트 시스템이 구현한 볼셰비키 기획은 러시아에 자본주의만 뺀 상태로 서구식 근대화를 이식하려는 시도였다.

이 기획은 제정러시아 말기에 시작된 토착적 근대화를 망가뜨렸다. 소비에트가 남긴 것은 망가진 농촌 경제였다. 그뿐이 아니다. 이제 러시아가 도시화되면서 점점 줄어드는 농촌 인구는 빈곤뿐 아니라 고립 속에 살고 있다. 1991년~1995년에 농촌 인구는 3,850만 명에서 3,500만 명으로 줄었다. 할 수만 있으면 도시로 빠져나왔기 때문이다. 수확도 줄었다. 1996년의 수확은 전년을 약간 상회했지만 여전히 그 이전 30년 동안의 최저치 수준이었다.[20]

소비에트 시기의 곡물 생산은 제정 말기 수준을 넘어서지 못했다. 그런데 소비에트 붕괴 이후의 러시아에서는 소비에트 때만큼의 곡물 생산량을 유지하는 것도 어려웠다. 농민 자본주의라는 것이 기억 속에도 존재하지 않게 된 상황에서 잘못 기획된 토지 사유화 정책은 가뜩이나 힘겨운 농촌 노동자들의 삶을 더 힘겹게 만들었다. 농업 집단화가 농촌 프롤레타리아를 만들었다면, '강요된 탈집단화'는 농촌 최하층계급을 만들었다.

포스트-소비에트 러시아에서 시장 개혁을 추진하는 데 지침이 된 이론은 레닌의 경제 이론과는 매우 다르지만, 인간에게 유발한 고통과 경제의 황폐화라는 면에서는 놀랄 정도로 닮은 결과를 가져왔다.

레닌이 꿈꿨던 유토피아처럼 전 지구적 자유시장도 인간 사회에서 이제껏 존재한 적이 없는 상태를 만들어 내고자 한다. 1914년까지 존재했던 자유주의적 국제경제 질서와 빅토리아시대 중기 영국의 자유시장보다도 훨씬 철저히 나아간 자유시장을 가져오려 하는 것이다. 전 지구적 자유시장에서 재화, 용역, 자본은 어떤 한 국가가 부과한 정치적 통제에 속박되지 않으며, 시장은 원래 속해 있던 사회와 문화에서 분리된다. 이는 역사에서 유리된 유토피아고, 인간의 삶과 생명에 꼭 필요한 요구들에 적대적이며, 결국에는 20세기에 시도된 다른 어떤 기획 못지않게 자기 파괴적이다.

전 지구적 자유방임주의는 전체주의 정권을 필요로 하지 않는다. 다른 제도들을 포괄하도록 국가를 확장시키지 않고 가장 좁은 의미에서의 통제 기능만 하도록 국가를 축소시킨다. 사회적 통제의 많은 기능은 시장으로 양도되며, 시장이 여론을 형성하고 소비자 선호를 구성한다. 전 지구적 자유시장은 전체주의 이후의 유토피아다. 국가의 강제는 도입 초기에만, 그리고 주로 권력에서 멀리 있는 곳에서만 행사하면 된다고 한다.

소비에트 시스템과 자유시장 둘 다 경제 합리화의 실험이었다. 자유시장주의자들은 합리적 경제체제의 전례 없는 생산성이 사회적 갈등과 전쟁의 원인을 제거할 것이라고 말한다. 소비에트의 마르크스주의자들은 사회주의 계획경제에서는 희소성이란 것이 더 이상 존재하지 않을 것이라고 주장했다. 둘 다 생산성 증가가 그 자체로 사회문제를 해결할 수 있을 것이라고 보았으며 경제성장을 다른 모든 목적이나 가치보다 우위에 두었다.

볼셰비키 당원들도 그랬듯이, 자유시장의 충격요법을 추진한 사람들도 자신이 경제적 진보라고 믿는 것을 가로막는 어떤 전통에 대해서도 단호하게 적대적이다. 목적 달성을 향해 가는 길에 몇몇 문화를 희생시켜야 한다면 주저 없이 그렇게 할 것이다.

포스트-소비에트 러시아의 전 지구적 자유방임주의와 소비에트 시절의 공산주의 기획은 공통의 적이 많다. 둘 다 경제 영역에서 나라와 문화마다 존재하는 차이, 그리고 전통과 역사에서 전해 내려오는 것들에 대해 적대적이다. 농민과 농촌의 후진성에도 분노한다. 제멋대로 구는 부르주아 개인주의와 구태를 벗지 못하는 노동자 계급을 참지 못하는 점 또한 공통적이다.

전시공산주의와 소비에트 시스템에서와 마찬가지로, 전 지구적 자유시장의 주된 피해자는 농민이었다. 그리고 그보다는 좀 덜했지만 도시의 산업 노동자와 전문직 중산층도 상당한 피해를 입었다.

충격요법, 또 하나의 서구 유토피아

20세기 러시아는 서구 유토피아의 실험장으로 사용될 운명이었던 듯하다. 소비에트 공산주의도 유토피아였지만 고르바셰프의 개혁, 그리고 소비에트 붕괴 이후에 시도된 충격요법도 유토피아적이었다.[21]

고르바셰프가 살려 보고자 했던 소비에트 시스템은 개혁이 가능한 시스템이 아니었다. 소비에트 체제는 러시아에서도, '근외 지역(옛 소비에트연방에 속했던 곳 중 러시아 이외의 지역들)'에서도 정치적 정당성이 약했다. 막대한 군사 영역을 제외하면 소비에트 경제는 암시장을 묵인하는 하에서만 작동할 수 있었다. 레오니드 브레즈네프Leonid Brezhnev 시절의 '침체기'가 어떤 사람들에게는 호황기였는데, 부패가 제도화되면서 시장 교환이 활성화되는 효과를 낳았기 때문이었다.

고르바셰프의 개혁 프로그램은 부패 척결 운동으로 시작됐다. 주된 목적은 경제 '가속도(우스코레니예uskoreniye)'였다. 하지만 개혁의 초기 결과는 경제 침체였고 곧 이어 경제 붕괴가 닥쳤다. 중앙 계획경제인 소비에트 시스템은 범죄적이라고 비난했던 시장 없이는 기능할 수 없었다.

소비에트가 무너진 후 도입된 충격요법은 이전의 경제 시스템이 완전히 붕괴됐음을 인식한 데서 나온 것이기도 했지만 러시아를 또 다른 서구 유토피아 모델로 재구성하려는 시도이기도 했다. 동구의 몇몇 나라에서 성과를 낸 정책들도 포함돼 있었지만 이 모델은 결국 러시아에서 작동하지 않는 것으로 판명됐다.

충격요법이 시도된 1991년 말 무렵이면 중앙 계획경제에서 점진적으로 벗어나는 것은 불가능했다. 옛 소비에트 경제는 이미 상당히 해체되어 있었다. 소비에트 말기에 이뤄진 고르바셰프의 경제 구조 조정이나 정치 자유화 정책은 혼돈을 불러왔다. 중앙 계획 기구들뿐 아니라 소비에트의 많은 국가 장치들이 손상되어 점진적인 개혁을 위해 필요한 제도적 도구가 부족했다. 옛 제도와 정책을 단계적으로 없애는 것은 공산주의 이후에 들어선 첫 러시아 정부의 선택지에 들어 있지 않았다.

고르바셰프가 옐친에게 물려준 것은 점진적인 개혁이 불가능한 상태의 러시아였다. 고르바셰프의 페레스트로이카는 언제나 주로 서구에서만 지지를 받았을 뿐 소비에트에서는 조롱과 경멸의 대상이었다.

고르바셰프의 개혁이 너무나 현실적이지 못했던 나머지, 1989년 여름이면 서구에서 보기에도 소비에트가 혁명 이전의 상태로 돌아갔다는 것이 명확했다. "소비에트에서 우리가 보고 있는 것은 개혁의 한가운데가 아니라 혁명의 시작이다. 앞으로 그것이 어떤 과정을 거치게 될지 누구도 예상할 수 없다."[22]

소비에트 시스템은 최대 수혜자인 공산당 노멘클라투라〔특권층 고위 간부〕조차도 그 시스템을 지키기 위해 억압적 수단을 동원할 의지가 없을 만큼 정당성이 약했고, 이 점이 고르바셰프의 개혁으로 명백히 드러났다. 매우 독특하게도, 끔찍한 억압의 역사를 가진 방대한 제국이 지배자나 피지배자 어느 쪽으로부터도 이렇다 할 폭력 사태가 생기지 않은 채 무너졌다. 1991년 8월 19일~21일에 고르바셰프에 반대하는 〔공산당 보수강경파가 주도한〕 쿠데타가 무위로 돌아갔을 때, 소비에트 이후의 새로운 시대로 가는 것을 되돌릴 수 없다는 사실이

분명히 드러났다.[23]

1991년 11월에 시장경제로의 전환을 관장할 사람으로 예고르 가이다르를 임명한 것을 보면 옐친이 점진적이고 질서 잡힌 방식으로는 개혁이 더 이상 가능하지 않다는 것(그전에라고 가능했던 건 아니지만)을 인식한 것 같다. 모종의 충격요법(점진적 개혁이 아니라 빠르고 급진적이며 전면적인 변혁)이 불가피하다는 사실을 말이다.

하지만 러시아에 실제로 도입된 종류의 충격요법은 러시아 상황에서 거의 적용될 수 없었다. 이 충격요법은 일부 남미 국가에서 성공한, 그리고 공산주의 붕괴 이후 폴란드가 본떠 도입한 인플레이션 억제 정책을 모델로 하고 있었다. 그러나 러시아의 상황은 장기간 공산주의 체제였다는 점과 막대한 규모의 군산복합체(GDP의 3분의 1을 차지했다)[24]가 있다는 점 때문에 너무나 독특했다.

또한 러시아에는 시민 제도가 없었고(폴란드는 시민사회가 탄탄해서 동구 혁명의 첫 테이프를 끊을 수 있었다), 정당성 있는 민간 사업의 전통도 없었다. 이는 충격요법이 성공하기 위한 전제 조건이 충족되지 못했음을 의미한다. 충격요법은 강한 시민사회와 탄탄한 경제(비록 억압되어 있었을지라도)를 전제로 한다. 충격요법은 이런 것들을 만들어 낼 수 없으며, 이러한 전제가 없는 채로 충격요법을 적용하면 뒤틀린 결과가 나오게 된다.

옐친은 1993년~1994년에 충격요법을 사실상 포기했다. 당시 러시아 상황에서, 그리고 서구보다 긴 역사에서 물려받은 여건에서, 서구 경제 모델은 그것이 무엇이건 러시아에 이식할 수 없다는 사실을 파악한 것이다.

충격요법은 명백히 실패했고 막대한 비용을 초래했다. 그렇다고 1991년 말에 잘 작동했을 법한 다른 경제개혁 정책이 있었다는 말은 아니다. 1991년~1992년의 악조건에서는 어떤 것이든 '점진적'인 변화란 불가능했다고 보는 것이 합리적이다. 합리적이지 않은 쪽은, 볼리비아나 폴란드에서 시행되어서 어느 정도 성공한 정책이 러시아 상황에서도 성과를 낼 수 있으리라고 기대한 것이었다.[25]

이런 정책들이 유발한 인간 비용의 상당 부분은 어쩌면 피할 수 없는 것이었을지 모른다. 그러한 비용은 소비에트 시스템과 고르바셰프의 실패한 개혁이 남긴 유산을 물려받은 옐친에게 역사적 운명이었다. 하지만 충격요법의 비극은 애덤 스미스의 이론에 기초한 경제 시스템을 러시아에 도입하려 했다는 데서 기인한 면도 있다.

아이러니로 보이지만, 애덤 스미스의 경제 근대화 이론은 소비에트 제도가 기초를 둔 카를 마르크스의 이론과 공통점이 많다. 조너선 스틸Jonathan Steele이 언급했듯이 "역사적 불가피성을 주장한 마르크스의 이론은 〈국제통화기금〉, 서유럽 정부, 미 국무부, 그리고 서구의 주요 언론사들에 자리 잡은 사회공학자들에 의해 새로운 형태로 되살아났다."[26]

이 모든 원칙들의 한결같은 특징은 경제적 합리주의다. 볼셰비키 기획의 기반이 된 마르크스의 역사적 유물론에 대해 논하면서 버트런드 러셀은 1920년에 이렇게 언급했다.

자신의 경제가 발전하기를 바라는 것은 비교적 합리적이다. 영국 정통 경제학자들로부터 18세기 합리주의적 심리 이론을 물려받은 마르크스가 보기에는, 부유해지기를 추구하는 것은 인간이 행하는 정치적 행동의 자연스러운 목적으로 보였다. 하지만 현대 심리학은 불합리의 바다 속으로 깊이 파고들었고 여기에서 합리성은 불안정한 조각배로 그 바다 위를 떠다닌다. 인간의 본성을 연구하는 오늘날의 학자들은 지난 시대의 지적 낙관을 더 이상 가질 수 없다. 하지만 옛 시대의 지적 낙관은 마르크스주의를 여전히 떠돌면서, 본능의 삶을 다루는 방식에서 마르크스주의자들을 너무 엄격하고 융통성 없게 만들고 있다. 그중에서도 역사적 유물론은 매우 두드러진 사례다.[27]

러셀 자신도 낙관주의자였다. 경제적 이기심으로 정치 활동을 설명하는 합리주의적 견해는 소비에트 마르크스주의와 함께 사라지지 않았다. 그러한 견해는 70년 뒤에 신자유주의 경제와 함께 러시아에 되돌아왔다. 또 다른 종류의 합리주의가 충격요법을 통한 경제 근대화라는 실험에서 짧은 기간 동안 러시아에 횡행했다.

경제적 이기심이 정치적으로도 우위를 가진다는 유사 마르크스주의적 신념은, 소득의 증가와 소비자 선택의 확장을 의미한다고 엉성하게 해석되었고, 이것이 러시아 충격요법의 지적 기반이었다. 볼셰비키의 정치적 실행에 영향을 미친 역사적 유물론처럼, 신자유주의 정책의 충격요법은 러시아의 특수성과 전통, 그리고 불변하는 인간의 욕구를 고려하지 않았다.

가이다르는 제프리 색스Jeffrey Sachs와 같은 경제학자의 영향을 받아 정책의 프레임을 짰다. 제프리 색스는 미국 자본주의를 다른 어떤 곳에도 적용할 수 있는 시장경제 모델로 여겼다. "전 지구적 자본주의는 세계가 아직까지 보지 못한 수준의 전 세계적 번영을 일구기에 가장 적합한 제도가 분명하다."[28] 색스는 미국식 자유시장이 보편적인 것이 되면 세계의 번영이 촉진되리라고 믿는다. 그가 보기에 러시아가 여기에서 예외가 되어야 할 이유는 없다.[29]

사실 1990년대 초의 러시아에서, 그리고 러시아의 긴 역사 중 어느 시기에도, 서구 모델로 러시아 경제를 재구성하는 것은 가능하지 않았다. 제프리 색스 같은 서구 사상가들이 표트르대제 이래로 해결되지 않고 있는 러시아의 정체성 문제(유럽이냐 아시아냐)가 고작 몇 년 간의 시장 개혁으로 결론 날 수 있다고 믿는다면, 이는 역사에 눈을 감아야만 가능한 일이다.

가이다르 개혁 프로그램의 핵심은 가격 자유화였다. 1992년 1월 2일, 거래되던 재화의 90퍼센트에서 가격 통제가 철폐됐다. 다음날, 긴 줄은 사라졌고 가격은 250퍼센트 올랐다. 임금은 50퍼센트밖에 오르지 않아서 기업은 한동안 높은 수익률을 누릴 수 있었다. 가격이 자유화되었을 때 러시아 경제는 대체로 독점기업이 지배하고 있었기 때문에 다른 사람들이 가난해지는 동안 독점기업을 통제할 수 있는 소수의 사람들은 이득을 보았다. 로버트 스키델스키Robert Skidelsky는 가이다르의 가격 자유화 정책으로 "첫해에 러시아 사람들은 끔찍하게 고통받았고 생활수준이 절반으로까지 떨어졌다"며 "텃밭에서 먹을 것을 키워 가며 겨우 살아 나갔다"고 설명했다.[30]

충격요법 정책의 두 번째 요소는 사유화였다. 이는 심각한 불평등을 유발했고 이 때문에 포스트-공산주의 러시아에서 자본주의를 되살리려는 노력은 처음부터 어려움을 겪게 되었다. 1992년 7월에 아나톨리 추바이스(Anatoly Chubais, 러시아 경제학자로 1991년 11월에 러시아연방의 국가재산위원회 위원장으로 임명됐다)가 시작한 정책으로 가이다르 정부는 1994년 말까지 러시아의 중대형 산업체 중 4분의 3을 사유화했다. 이로써 러시아 국내총생산의 절반 이상이 민간에서 나오게 되었다.[31]

그후 러시아에서 사유화가 진행된 과정을 보면 1992년에 제임스 셰르James Sherr가 경고한 바가 옳았음을 알 수 있다. "위험한 점은 서구가 가짜 형태의 사유화를 촉진할 것이라는 점이다. 이는 극소수에게만 이득을 주면서 다수를 배제하는 결과를 낳을 것이다. 그 최종 결과는 러시아가 서구의 가치와 영향력을 거부하는 것일 터이다. 이번이 처음은 아니지만 말이다."[32]

가격 자유화가 그랬듯이 사유화의 이득도 불균등하게 돌아갔다. 노동자와 경영자들에게는 우대 조건으로 주식 매입이 허용되었다. 그 결과 기업 내부자(경영자와 노동자)가 70퍼센트의 기업에서 주요 주주가 되었다. 대중에게 주식을 살 권리를 주기 위해 발행된 증서도 내부자들이 사들였다. 많은 경우에 기업 경영자들은 전에는 소비에트의 국가 재산이었던 것을 가지고 부유해질 수 있었다.

대부분의 구공산권 국가들에서처럼 러시아의 기업 사유화는 특권을 가진 약 150만 명의 당원들에게 더 혜택을 주는 방향으로 진행되었다. 노동자들이 생필품 구매에 필요한 현금을 조달하기 위해 주식을 판매함에 따라, 국가 소유였던 기업 자산이 부유한 소수에게로 넘어가는 일은 한동안 계속될 것으로 보인다.

그렇더라도, 사유화된 러시아 기업은 1994년 말에 평균적으로 주식의 40퍼센트 이상을 노동자들이, 10퍼센트 이상을 국가가 여전히 보유하고 있었다. 기업 소유 구조의 이러한 다원적 양상은 앞으로도 이어질 것으로 보인다. 러시아 자본주의는 주주 중심의 앵글로색슨 모델로 가지는 않을 것이다. 러시아는 독일처럼 직원이 주식을 소유한 기업이 많은, 다원화된 시스템으로 나아갈 것이다.

충격요법의 세 번째 요소는 국가 재정 안정화였다. 〈국제통화기금〉이 주창하는 이론대로 가이다르는 균형 재정을 추구했고, 정부 지출을 조달하겠다며 화폐를 더 찍어 내지는 않았다. 그에 따라 군사 관련 정부 구매가 3분의 2나 줄었고 산업 보조금도 크게 줄었다. 극심한 긴축이 시행됐다. 그 결과 1996년 초에 인플레이션은 40퍼센트 정도로 떨어졌다. 인플레이션을 잡은 것으로만 보자면 정책은 성공이었다.

러시아는 폴란드에서 인플레이션을 잡았던 것 같은 '안정화 정책' (갑작스럽게 단번에 가격을 올린 다음에 상대적으로 가격을 안정화시키는 것)을 펴지는 않았다. 그래서 충격요법 지지자들은 러시아가 충격요법을 철저하게 적용하지 않았다고 주장했다.[33] 하지만 이 주장은 설득력이 없다. 점진주의를 펼칠 수 없었던 것과 동일한 조건이 단 한 번의 금융 충격을 통한 개혁 역시 가로막았다. 러시아 사람들의 인식 속에서 통화의 변화는 스탈린 체제를 연상시켰다. 따라서 통화 변동으로 시작하는 경제 개혁 프로그램은 인기가 없는 정도가 아니라 위험할 정도로 정당성을 위협받게 되어 있었다.

충격요법이 가져온 사회적 결과는 충격요법을 지지한 사람들에게 유리하지 않았다. 1993년 12월 총선에서 가이다르의 러시아 선택당은 13퍼센트밖에 득표하지 못했다. 반면, 당명과는 달리 반유대주의에

타인종혐오주의적인, 블라디미르 지리놉스키Vladimir Zhirinovsky의 자유민주당은 24퍼센트나 득표했다. 유일하게 적용 가능한 경제 전략이었던 충격요법은 정치적 수명을 다했고, 그것이 유발한 사회적 비용은 충격요법이 더 이상 사람들의 지지를 받을 수 없게 만들었다.

충격요법의 사회적 비용

빈곤과 범죄는 소비에트 시절에도 내내 존재했다. 하지만 충격요법은 러시아 대중을 한층 더 가난하게 만들었고 경제를 전례 없는 수준으로 범죄화했다. 경제활동이 붕괴되고 공공서비스가 해체되면서 국민 대부분의 삶의 질이 떨어졌고 일부는 심각한 빈곤 상태에 빠지게 되었다. 중산층과 전문직 계층도 절반가량 무너졌다. 출산율과 기대수명은 전쟁 중이 아닌 현대의 다른 어떤 국가에서보다 가파르게 떨어졌다. 여기에 더해, 국가가 약해지면서 모든 러시아인이 조직범죄의 위험에 노출됐다.

시장 개혁의 결과에 대한 설문 조사 연구에서 피터 트러스콧Peter Truscott은 이렇게 설명했다. "러시아연방의 경제 개혁은 대부분의 러시아 사람들에게 비참한 결과를 가져왔다."[34] 1991년 12월에서 1996년 12월 사이에 소비자 물가는 1,700배나 뛰었다. 그 결과 러시아 인구 중 80퍼센트가 어떤 종류의 저축도 갖지 못하게 됐다.[35] 인구의 3분의 1가량(4,400만~5,000만 명)인 저소득층은 극빈곤층으로 떨어질 위험이 있었다. 극빈곤층은 인구 중 15퍼센트~20퍼센트(2,200만

~3,000만 명) 정도였는데 이들은 새 옷이나 의약품도 살 여력이 없었다. 또 인구의 5퍼센트~10퍼센트(700만~1,500만 명 정도)는 심각한 박탈과 영양실조 상태였다. 종합적으로, 1991년에 시장경제로 전환이 시작된 이래 4,500만 명이 빈곤층으로 떨어졌다.[36] 한편, 시장 개혁으로 이득을 본 '신러시아인'(인구의 3퍼센트~5퍼센트, 즉 440만~720만 명 정도)은 1995년에 평균 소득이 월 500달러에서 10만 달러 사이였다.[37]

1996년 대선 이후 옐친이 첫 부총리로 임명한 빅토르 일류신Victor Ilyushin은 러시아 국민의 4분의 1이 공식 최저 소득수준인 월 70달러 이하로 살고 있으며 러시아 인구의 실질 소득은 40퍼센트나 떨어졌다고 말했다. 경제 불평등도 급격하게 증가했다. 리처드 라야드Richard Layard와 존 파커Jon Parker는 이렇게 설명했다. "신흥 부자들은 이전의 노멘클라투라보다 더 부유하다 (…) 그래도 불평등 수준은 미국보다는 낮고 영국 정도에 가깝다."[38] 하지만 포스트-공산주의 러시아에서는 영국이나 미국에서보다 훨씬 많은 사람이 절대 빈곤의 상태에 가깝게 살아간다.

부정확한 추정치밖에 존재하지 않지만 실업률도 증가했다. 〈국제노동기구International Labour Organization〉의 보고서는 1996년 7월에 러시아 실업률을 9.5퍼센트로 추정하면서 실제는 훨씬 더 높을 것이라고 덧붙였다. 실업 수당이 너무 적어서 노동자들은 실직을 해도 실직자로 등록하지 않는다. 또 세금과 [해고 시에 지불해야 하는] 퇴직 수당 지출을 줄이기 위해 노동자들을 명부에만 올려 두고 임금은 지급하지 않는 기업도 많다. 그뿐 아니라 1994년 기준으로 거의 500만 명이 파트타임으로 고용되어 있었고, 직업이 있는 사람 중 5분의 1에서 3분의 1 정도는 강제 장기 휴직 상태였다.[39] 이 보고서는 러시아 인구의 3분의 1 이상이 "억압된 실업"의 상태에 있을지 모른다며, 러시아의 공식적인 실업 통계는 "가능한 가장 잔인한 방식으로" 진정한 실업 수준을 감추는 "정부의 조작"이라고 언급했다.[40]

실업 증가는 경제활동이 대대적으로 붕괴하면서 생긴 일이다. 1989년 이후로 러시아의 경제 규모는 반 토막이 났다. 이는 대공황기 미국에서보다 큰 폭의 쇠퇴였다. 러시아 국내총생산은 1997년 중반에도 계속 줄어들어서 1991년에 비해 거의 40퍼센트가 줄었다.[41]

러시아는 상당수의 공무원들에게도 임금을 지급하지 못할 상황이 됐다. 워싱턴의 〈국제전략연구소Centre for Strategic and International Studies〉는 이렇게 기록했다. "정부는 군인, 의사, 교사, 과학자 등 공무원들에게 임금을 지급하지 않고 있다. (…) 1996년 말에 6,500만 ~6,700만 명에게 지급됐어야 할 임금과 이전소득이 체납 상태였다. (…) 연금으로 살아가는 사람들 3,600만 명에게도 (…) 연금이 제때 나오지 않았다."[42]

젊은 나이에 숨지는 사람이 많다는 점도 러시아의 실제 실업 수준을 파악하기 어렵게 한다. 술로 사망한 노동 연령대 인구가 1990년에서 1995년 사이에 세 배가 됐다.[43] 노동 연령 남성 중에 자살하는 사람도 1989년에서 1993년 사이에 53퍼센트 증가했다.[44] 범죄도 포스트-공산주의 러시아에서 사람들이 일찍 목숨을 잃는 원인 중 하나다. 1994년에 러시아에서 보고된 살인 사건은 3만 건이었는데 이는 인구 대비로 보았을 때 미국의 세 배이고 영국이나 유럽의 스무 배다.[45]

또한 러시아 사람들은 독성 물질과 관련한 사고로 숨질 확률이 미국 사람들보다 스무 배 많다.[46] 소비에트 시절에 (아마도 중국을 제외하고는) 어느 나라도 필적할 수 없을 정도로 심각한 환경오염이 발생했다는 것이 한 이유다. 머레이 페시바흐Murray Feshbach와 앨프리드 프렌들리Alfred Friendly는 저서 『소비에트의 환경 학살Ecocide in the USSR』에서, 소비에트 시절에 미국 도시 빈민 지역이나 제3세계 국가 수준으로 영아 사망률이 높아진 것이 환경오염 때문이라고 분석했다. "생후 1세까지의 사망률은 1950년 1,000명당 80.7명에서 1971년에 22.9명으로 낮아졌는데 1987년에 다시 25.4명으로 늘었다. 이런 변화는 산업화된 국가에서는 유일하다. 이 사망률은 말레이시아, 유고슬라비아, 이스트 할렘, 워싱턴 DC와 대체로 비슷하다." 페시바흐와 프렌들리는 이렇게 분석했다. "환경 악화와 질병 사이의 관계는 확증이 아니라 추정할 수밖에 없지만, 러시아에서 발생한 환경오염의 정도에 대해서는 의심의 여지가 없다. 소비에트의 공업 지역 중 환경 위험이 없는 곳은 없다. 그리고 인구의 약 5분의 1이 거주하는, 국토의 16퍼센트 정도에서 매우 심각한 환경 여건들이 발견된다."[47]

페시바흐와 프렌들리가 언급한 환경 파괴는 자연에 대한 볼셰비키적 태도가 남긴 유산이다.[48] 여기에서도 볼셰비키는 마르크스의 충실한 추종자였다. 그들은 자연을 좋게는 인간의 목적을 위해 착취해도 되는 것으로, 안 좋게는 정복해야 할 적으로 여겼다. 자연 세계에 대한 서구 프로메테우스적 관점은 소비에트의 정책에 지속적으로 영향을 주었다. 그리고 소비에트 붕괴의 한 원인이 되었다.

체르노빌 사건 이후 정부의 늑장 대응은 처음으로 소비에트에 대항

하는 대중 정치 운동을 촉발시켰다. 이러한 환경 운동은 시베리아 댐 건설 등에 반대하는 움직임을 중심으로 다양한 저항의 연합을 조직해 냈다. 여기에 근외 지역의 민족주의 운동이 더해져서 환경에 대한 대중 운동은 (지적인 반체제 인사들보다 훨씬 더) 소비에트 붕괴의 내적인 촉매가 되었다.

러시아의 환경오염은 규모 면에서나 인간에 미치는 영향 면에서 가히 재앙적이다. 징기스칸의 고향인 발레이(러시아 극동 치타 지역)에서는 아동의 95퍼센트가 정신 장애가 있으며 사산율이 러시아 평균의 5배다. 유아 사망률도 2.5배이며 다운증후군도 4배나 된다. 손가락이나 발가락이 여섯 개인 아이, 구순구개열, 척추 기형, 머리 기형, 팔다리가 없는 아이 등이 흔하게 태어난다. 발레이에서는 소비에트의 첫 번째 핵폭탄에 원료를 제공한 우라늄 광산의 방사능 모래가 주택, 병원, 학교, 유아원을 짓는 데 사용됐다. 여기에 소비에트 붕괴 이후 공공서비스가 축소되면서 1997년에는 상황이 더 악화됐다. 지역 병원의 직원들은 10개월 동안 임금을 받지 못한 상태였고, 병원은 겨울에 난방도 할 수 없을 정도였다.[49]

전체적으로도 러시아 인구는 빠르게 줄고 있다. 1985년에 50세 남성은 1939년에 50세였던 남성보다 일찍 죽을 확률이 더 컸다.[50] 1993년 한 해에만 남성 기대 수명이 62세에서 59세로 떨어졌다. 이는 인도나 이집트와 비슷한 수준이었으며[51] 1995년이 되면 러시아의 기대 수명은 중국보다 낮아진다.[52]

1985년 이래로 출산율은 절반으로 떨어졌다. 사망률이 출산율을 1.6배 앞서면서[53] 러시아 인구는 현재 1년에 100만 명씩 줄고 있다.

다음 30년 동안 1억 4,700만 인구는 1억 2,300만 명으로 5분의 1가량 줄어들 가능성이 있다. 이는 어디에서도 본 적이 없을 정도의 인구 격감이다.

한 세기 전의 16세 러시아 남성이 현재의 16세 러시아 남성보다 기대 수명이 높았다. 두 차례의 세계대전, 내전, 기근, 수백만의 목숨을 앗아 간 수용소와 숙청 등이 있었는데도 16세 남성이 60세까지 살 확률은 한 세기 전이 지금보다 2퍼센트 높았다.[54]

러시아의 기대 수명은 시장 개혁 기간에도 계속 낮아졌다. 『이코노미스트 *The Economist*』는 이렇게 언급했다. "경제 개혁이 시행되고 5년이 지나서 기대 수명은 여성의 경우 1992년의 74세에서 72세로, 남성의 경우 62세에서 58세로 떨어졌다. 이는 대략 케냐와 비슷한 수준이다."[55]

공공서비스도 러시아 경제 개혁으로 큰 피해를 입었다. 소비에트 시절에는 의료 지출이 국가 지출의 3.4퍼센트였는데 지금은 1.8퍼센트다. 이제 러시아 사람들은 돈을 내지 않으면 치료를 받을 수 없다. 트러스콧은 이렇게 설명했다. "1996년 3월에 평균 임금이 월 74만 루블(약 153달러)이었는데 국립 병원에서 심장 우회 수술을 받는 데 드는 비용은 2,800만~3,500만 루블이었다. 평균적인 러시아 사람으로서는 감당할 수 없는 비용이다."[56]

이런 원인으로 결핵, 간염, 매독 등이 크게 증가했다. 정맥 주입식 마약이 퍼지면서 에이즈도 빠르게 증가하고 있지만 공중 보건 체계가 무너졌기 때문에 정확한 발병 통계는 알 수 없다. 기록된 디프테리아 발병 건수도 1991년에 800건에서 1994년에는 4만 건으로 늘었다.[57]

시장 개혁이 러시아에 초래한 인간 비용에 대해 스티븐 코언Stephen Cohen은 다음과 같이 요약했다. "대다수 러시아 가정의 입장에서 러시아는 이행 과정에 있는 것이 아니라 끝없는 붕괴 속에 있다. 적절한 삶을 유지하는 데 필요한 다음과 같은 것들이 모두 붕괴하고 있다. 실질임금, 복지 혜택, 의료보험, 출산율, 기대 수명, 산업 생산, 농업 생산, 고등교육, 과학과 전통문화, 거리에서의 안전, 조직범죄나 부패 관료에 대한 처벌, 여전히 방대한 군사력이나 핵장치 및 핵물질로부터의 보호 등등."[58]

서구와 러시아에서 충격요법을 지지했던 사람들이 가졌던 희망은 환상이었다. 애덤 스미스가 말하는 자연스러운 자유의 시스템은 효과적인 국가를 전제로 한다. 여기에는 법에 의한 통치도 포함되어 있다. 그러한 뒷받침이 없는 채로는 시장 교환이 그 자체로 혜택을 가져다주지는 않으며, 오히려 착취의 수단이 된다.

러시아에서 가이다르의 충격요법은 국가 기능이 폐허가 된 상태에서 추진되었다. 법에 의한 통치는 존재하지 않았다. 1917년 이래로 러시아에 그런 것은 없었다. 러시아 인구의 상당수는 시장 교환에 대해 조심스러운 태도를 가지고 있었고 그것이 착취를 가져오지 않을까 우려했다. 이런 의심은 상업에 대한 러시아의 오랜 불신을 반영하며, 소비에트 시절의 암시장 때문에 불신은 더 강화되었다. 그리고 이제는 소비에트의 폐허 위에서 벌어진 충격요법의 결과로 등장한 아나코-자본주의에서 한층 더 불신이 강화되고 있다.

포스트-공산주의 러시아의 아나코-자본주의

국가 기능이 작동하는 전체주의 국가였던 러시아는 십 년도 안 되는 사이에 거의 아나키 상태로 바뀌었다. 소비에트의 붕괴는 많은 사람들이 생각하듯이 서구식 사유화 정책의 승리가 아니었다. 그것은 그 결과가 몇 세대, 아니 아마도 몇 세기 동안 미칠 세계사적인 사건이었다.

러시아에서 오늘날 등장하고 있는 종류의 자본주의에는 소비에트가 남긴 유산의 흔적이 많다. 소비에트에서 간헐적으로 활성화됐던 범죄화된 시장은 이제 소비에트가 무너진 폐허 속에서 번성하고 있다.

러시아의 아나코-자본주의는 다음과 같은 특징을 갖는다. 허약하고 부패했으며 어떤 지역과 어떤 맥락에서는 사실상 존재하지 않는 국가, 약하거나 부재하는 법의 지배(특히 재산권과 관련해서), 그리고 경제활동 전반에 횡행한 조직범죄. 구공산권 국가들 역시 마찬가지이긴 하지만 러시아에서처럼 고도화된 아나코-자본주의는 드물다. 아나코-자본주의는 러시아처럼 국가 자체가 범죄화되고 공산주의 시기에 자율적인 시민 제도가 파괴된 곳에서 번성한다.

아나코-자본주의 경제 시스템은 서구 시장경제로 향하는 진화상의 이행 단계가 아니다. 하지만 그것이 발전하지 않고 있다는 말은 아니다. 시간이 지나면서(아마도 한 세대 이상 걸릴 것이다) 포스트-공산주의 러시아의 아나코-자본주의는, 제정러시아 말기에 빠른 경제성장을 달성했던 국가 주도의 러시아 자본주의처럼 발전해 갈 수 있을 것이다.

일본도 그랬듯이 19세기 러시아의 자본주의는 국가 주도였다. 1차 세계대전 이전의 약 50년 동안 제정러시아는 프러시아나 일본과 맞먹을 정도의 성장률과 근대화를 이룬 국가였다.

흔히 알려진 것과 달리 러시아는 태고부터 정체된 아시아적 전제 국가가 아니었다. 러시아에서 농노제는 미국에서 노예제가 없어진 것보다 1년 먼저인 1861년에 없어졌다. 20세기 기준으로 볼 때도 제정 말기 러시아가 특별히 더 압제적인 것은 아니었다. 1895년에 제정러시아의 비밀경찰인 〈오크라나〉에는 정직원이 161명뿐이었다. 이를 지원하는 군대도 1만 명이 안 됐다. 하지만 1921년에 볼셰비키의 비밀경찰인 〈체카〉에는 25만 명의 직원이 있었고 이에 더해 〈붉은 군대〉와 내무인민위원회, 그리고 그 밖의 무장 조직들이 그 뒤를 받쳐 주고 있었다.[59]

리처드 라야드와 존 파커가 지적했듯이, 19세기 말의 러시아는 "19세기 초 영국이나 1870년대의 미국, 혹은 오늘날의 중국에 비견할 만한 경제성장 가도를 달리고 있었다. 1880년에서 1917년 사이에 러시아는 당시 세계 어느 나라보다도 긴 거리에 철도를 놓았다. 산업 생산은 내내 연간 5.7퍼센트씩 성장했고 1차 세계대전 이전 4년 동안에는 8퍼센트씩 성장했다."[60] 제정 말기는 정체기가 아니라 빠른 근대화의 시기였다.

물론 좋기만 한 시기는 아니었다. 타민족 문화를 압살하는 러시아화 정책, 반유대주의, 경직된 관료주의 등 정책 오류도 많았다. 또 농노제의 유산도 부담이었거니와, 근본적으로는 유럽 봉건시대에 존재했던 독립 귀족 계급이 러시아에는 없었다는 더 큰 문제도 있었다. 러시아에는 이반 뇌제Tsar Ivan IV와 표트르대제의 중앙집권적 통치 시기 이래로 독립 귀족 계급이 존재하지 않았다. 일본과 달리, 러시아가 물려받은 유산은 봉건적이라기보다는 절대왕정적이었다. 또 중국과 달리, 러시아의 근대화는 언제나 농노제의 유산에 직면해야 했다.

그렇다 해도 다른 개발도상국이나 이후의 러시아 정권들과 비교해 볼 때 제정러시아 말기는 성공 사례라 할 만했다. 1차 세계대전이 없었다면 그 발전이 안정적으로 지속될 수 있었을지 여부는 알 수 없다. 하지만 러시아 제정 말기에 대한 통상적인 역사 기술은 이 시기에 달성된 근대화를 과소평가하고 있다.

거대하고 종종 독과점적인 기업이 존재하는 정부 주도의 자본주의와 19세기 말에 시베리아 등에서 일어난 개척자적 자본주의가 병존하며 진행되는 것이 어쩌면 21세기 러시아의 경제 발전 모델이 될 수 있을지도 모른다.

이런 발전이 꾸준하게 안정적으로 진행되지는 않을 것이다. 도시와 농촌 사이, 서로 다른 지역 사이, 서로 다른 경제적 이해관계자들 사이에 많은 갈등이 있을 것이고, 또 이런 갈등들은 러시아의 국가기구가 대부분의 면에서 제정 시대보다 허약한 상황에서 전개될 것이기 때문이다.

오늘날 생겨나고 있는 러시아 자본주의는 기형적일 수밖에 없다. 시작됐을 때의 여건상 그럴 수밖에 없는 것이다. 러시아의 시장 개혁은 경제뿐 아니라 국가까지 흔들리고 있는 상황에서 벌어졌다. 하지만 소비에트 국가가 남긴 유산은 소비에트 붕괴 이후 가게 될 경제 발전의 초기 단계에 근본적으로 영향을 미쳤다. 소비에트 국가의 어두운 영역에서 모호하게 배태된 러시아 자본주의는 여러 층위에서 범죄와 연결되지 않고는 태어날 수 없었을 것이다.

러시아에서 국가와 조직범죄의 공생은 역사가 길다. 사실 그러한 공생은 소비에트 기관에서 항상 핵심이었다. 소비에트 국가는 법 없는 국가였다. 독립된 사법부는 존재하지 않았고 법은 국가가 무제한의 자율권을 행사하도록 허용하는 역할을 했다. 법 자체가 당국자의 결정을 의미한다는 이유 때문만으로라도 일반 시민들이 법의 테두리 안에 존재한다는 것은 불가능했다. 경제활동은 규제를 계속 무시하는 환경 속에서 작동했다.

소비에트에서 부패는 경제의 문제가 아니라 경제의 해결책이었다.[61] 어떤 면에서 부패가 없었다면 경제는 작동하지 못했을 것이다. 사람들은 어떤 기업을 보든 범죄와 관련돼 있을 것이라고 으레 생각했는데, 그 생각이 맞을 때가 많았다. 알랭 브장송Alain Besancon은 1976년에 이렇게 기록했다.

> 소비에트에는 비경제와 나란히, 경제의 일반적인 정의(회계 숫자로 표현되는 희소성의 합리적 관리)에 맞는 진짜 경제가 존재한다. 하지만 이 경제는 공식적이지 않다. 그것은 법의 외부에 존재하고, 따라서 공식적인 측정 기법을 사용할 수 없다. 그래서 비밀스럽고 불법적이며 원시적이다. 때로는 『아라비안 나이트』 시절 아랍의 교역, 때로는 중국 매판의 거래, 때로는 미국 마피아의 거래, 때로는 뉴욕이나 시카고의 범죄 조직 활동과 비슷하다. 이런 방식으로 상당한 국부를 만들어 내고 공식적인 생산 시스템이 기능할 수 있게 만든다.[62]

국가 자체도 마피아 조직으로서 작동했다. 그 이전에도 수십 년간 존재했던 마피아와 노멘클라투라 사이의 연결 고리는 브레즈네프 시대에 더 강화됐다. 소비에트가 붕괴되기 훨씬 전부터 러시아 경제와 정부는 범죄화되었다. 그리고 소비에트 말기에 고르바셰프의 경제 개혁으로 심화됐다. 고르바셰프의 개혁이 희소성을 심화시켜서 비공식 경제에서 범죄 조직의 역할을 증가시키는 결과를 가져왔던 것이다. 조직범죄가 소비에트 시기에 존재하지 않았다고 상상하는 사람은 소비에트 국가와 그 국가가 만든 경제를 제대로 이해하지 못하고 있다는 점만 드러낼 뿐이다.[63]

여기에 더해 소비에트의 붕괴 또한 거대 규모로 범죄를 일으켰다. "마지막 18개월 동안 소비에트는 부도덕한 자들과 대담한 자들의 낙원이 되었다. 국가의 생산과 자원, 부의 재고 전체가 풀려나 이 손 저 손으로 넘어갔다. 전리품의 대대적인 재분배가 이뤄졌다. 국가에서 자산이 모두 벗겨져 나갔다."[64]

소비에트 시스템에서 기업가 정신과 범죄성은 한데 합쳐졌다. 소비에트가 붕괴했을 때 범죄 조직과 정부 관료는 시장 개혁으로 굉장히 이득을 볼 수 있는 위치에 있었다. 불가피하게 마피아가 포스트-공산주의 러시아에서 자본주의를 낳는 산파 역할을 했다.

1989년~1991년에 무너진 것은, 정치학에서 일반적으로 말하는 독재적 전제 정권이 아니라 거의 모든 자산이 국가 자산이었던 전체주의 정권이었다. 물론 국가 자산은 오랫동안 소수의 특권 계층인 노멘클라투라를 위해 사용되었다. 러시아 정부가 개혁을 실행하고자 노력하던 거의 아나키적 상황에서 노멘클라투라는 (종종 범죄 집단과 함께) 국가 자산을 도용해 개인적으로 부를 축재할 수 있었다.

스티븐 핸들먼Stephen Handelman은 이렇게 설명했다. "소비에트 붕괴 이후, 외채를 제외하면 국내 투자에 활용할 수 있는 자본의 원천은 공산당과 범죄 집단의 금고였다. 이 자본은 상업 기업, 은행, 호화품 상점, 호텔로 흘러들어가 러시아에서 첫 번째 소비자 붐을 일으켰고 관료와 조직범죄자들을 독특하게 러시아적인 형태의 범죄 지도층인 '범죄자 동지'로 융합시켰다."[65)]

포스트-공산주의 러시아에는 조직범죄가 도처에 만연해 있다. 사유화된 기업과 은행의 약 4분의 3이 매상의 10퍼센트~20퍼센트를 마피아 조직에 내야 한다. 다 추정치이긴 하지만(이전의 소비에트 경제처럼 러시아 경제의 많은 부분은 암시장에서 이뤄진다) 마피아의 수입은 러시아 국내총생산의 40퍼센트에 달할 것으로 추정되기도 한다. 그리고 신규 사업의 40퍼센트가량이 초기 자본을 마피아가 통제하는 자금원에서 조달했을 것으로 보인다.[66)] 1995년 상반기에 납치와 무장 공격은 각각 100퍼센트와 600퍼센트로 증가했다. 청부 살해가 일상적으로 행해진다. 1992년 이래 85명의 은행가가 공격을 받았고 47명이 살해당했다. 러시아 내무부에 따르면 150개 정도의 마피아 조직이 있는 것으로 여겨지고 있으며 이들이 약 400개 은행과 3만 5,000~4만 개의 기업을 관리하고 있는 것으로 추정된다.

러시아 마피아는 인종적으로 동질하지도 않고 서로 협동해서 일하지도 않는다. 최근에 급증한 폭력 범죄는 경쟁 관계인 마피아 집단 간세력 다툼을 반영한다. 하지만 대부분의 마피아 조직은 그 기원이 이전 소비에트 국가의 범죄적인 활동에 있다는 공통점을 갖고 있다. 소비에트의 거의 마지막 시기였던 1991년 12월에 약 30명의 러시아 범

죄 조직 지도자들이 모스크바에서 만나 조지아, 체첸, 아르메니아 출
신의 새로운 범죄 집단에 맞서 어떻게 자신들을 보호할지, 그리고 곧
도래할 새로운 정권의 당국자들을 어떻게 매수할지에 대해 논의했
다.[67] 러시아 조직범죄의 큰 수혜자는 범죄 조직 자신들이 아니라 그
들이 돈을 대는 정부 관리들이었다.

핸들먼이 설명했듯이 "지금 수십억 달러를 버는 사람들은 소비에트
시절에 암시장에서 국가 재화의 판매를 주선하거나 뇌물 수수를 알선
하면서 수백만 달러를 벌던 사람들이었다. 옛 국가가 새 국가를 범죄
화했다."[68]

허약한 국가 제도의 부패와 무법 상태는, 충격요법이 다른 곳에서
낼 수 있었던 만큼의 성과도 러시아에서는 내지 못한 이유 중 하나다.
성과를 못 낸 또 다른 이유로는 소비에트 경제의 막대한 군사 영역을
들 수 있다. 충격요법이 도입된 다른 나라들에서는 군사적 생산이 경
제에서 그렇게 핵심적인 역할을 하고 있지 않았다. 러시아 같은 여건
에서 애덤 스미스적 자유경제가 작동할 수 있으리라고 보는 것은 어
리석은 일이었다.

소비에트는 붕괴하면서 세계에서 가장 큰 군산복합체를 남겨 놓았
는데 그것도 즉시 무너지기 시작했다. 그리고 충격요법으로 군산복합
체의 해체가 가속화됐다. 소비에트 군산복합체의 해체는 버려진 것을
훔쳐 가는 범죄 조직에게 비옥한 토양을 제공했다. 핸들먼은 이렇게
설명했다.

소련이 붕괴되고 6개월 뒤에 방위산업은 주문량이 40퍼센트 이상 떨어졌

고 35만 명이 넘는 노동자가 일자리를 잃었다. 1년 뒤에는 놀고 있는 공장이 너무 많아서 100만 명의 노동자가 아무 일도 하지 않고 임금을 받은 것으로 추산됐다. (…) 노동력의 4분의 1가량인 50만 명이 방위산업에 종사하던 예카테린부르크 같은 도시에서는 지역 범죄 조직이 한때 국가가 구매하던 수류탄과 포대의 가장 큰 고객이 됐다. 지역 유지와 암시장 거래인들도 전략 물자와 무기, 금속을 해외로 수출하는 계약을 성사시키는 데 주된 역할을 했다.[69]

소비에트의 군산복합체는 시장 개혁의 첫 피해자 중 하나였다. 1992년에 〈세계은행〉은 노동력의 약 7.5퍼센트인 500만 명이 군산복합체에 고용되어 있다고 추정했다. 최근의 러시아 추정치에 따르면 이전에 군산복합체에서 근무하던 노동자와 가족들이 3,000만 명 이상이며 이는 인구의 약 8분의 1에 해당한다.[70]

가이다르의 충격요법으로 정부의 방위 관련 구매가 70퍼센트나 줄었다. 1993년이 되면 러시아 방위산업의 전체 생산량은 반 토막이 된다. 군사적 생산에서 민간 용도로 바뀌어서가 아니라 군산복합체의 경제활동 자체가 줄어든 것이었다. 예브게니아 아르바츠Yevgenia Arbats는 이렇게 설명했다. "1992년에 군산복합체의 1,100개 공장은 다른 산업 영역에서보다 평균 임금이 낮았다. 정부 지출 축소로 군사 기술과 무기를 구매하는 정부 예산이 크게 줄었기 때문이다(68퍼센트). (…) 민간 용도로 전환하는 데 들어가는 예산은 전무했다. 그래서 많은 군산복합체 공장이 문을 닫았고 임금이나 연금을 지급할 돈이 없었다."[71]

러시아 정부는 무기 판매를 촉진해서 방위산업의 몰락 속도를 늦추려고 했다. 그 결과 미 의회조사국에 따르면, 1996년 여름이면 러시아는 개발도상국으로 무기를 가장 많이 수출하는 나라가 된다. 최대 고객은 중국이었다.[72] 러시아 정부의 방위 지출은 서구 민주국가 수준으로 떨어졌지만 러시아 경제에서 군산복합체의 역할은 아직도 큰 편이며 앞으로도 상당히 크게 남아 있을 것이다.

그리고 남아 있는 러시아 군산복합체는 더 이상 정부가 완전히 통제하고 있지 않다. 자율적이고 반쯤 민간에 속하는 수많은 조직들의 복합체로 구성되어 있다. 셰르가 언급했듯이, "러시아의 주요 군수 산업은 혼합된 이해관계를 가지고 움직이는, 반쯤 상업화된 조직들이 주도하게 되었다."[73]

소비에트 국가의 중추였던 군산복합체가 해체되는 것을 보고 러시아 국가가 산산조각 나지 않을까 우려하는 사람들도 있다. 어떤 사람들은 또 한 번의 '동란의 시대(1598~1613)', 즉 완전한 혼란과 내전의 시대가 오지 않을까 우려한다. 그들은 러시아 군사력이 작은 규모의 저항도 누르지 못할 만큼 허약하다는 증거로 체첸 전쟁을 들면서 러시아연방이 점차 해체되리라고 예측한다.

투기자본가 짐 로저스Jim Rogers는 이렇게 예측했다. "더 큰 해체가 벌어질 것으로 예상한다. 완전히 사라지기 전에 50개 국가, 100개 국가로 쪼개질 것이다. (…) 구소련의 권위는 중앙 권력이 무너지면 언제나 등장하게 마련인 전쟁 군주들의 지배로 넘어갔다. (…) 제국이 불안정해지고 법이 없어지면 전쟁 군주들이 서로 싸우는 기간이 이어진다. 오늘날 소비에트의 전쟁 군주들은 범죄 조직, 마피아, 독재자,

자유주의자, 공산주의자들을 포함하고 있다. (…) 러시아 사람들은 그 중 가장 후한 약속을 하는 선동가라면 누구라도 환영할 것이다."[74]

과장된 시나리오지만 맞는 면도 있다. 중국과 달리 러시아는 질서 유지와 관련해 홉스적 문제를 가지고 있다. 러시아연방은 제국에서 남겨진 것들로 구성된 나라이지, 근대 국민국가가 아니다. 그렇더라도, 체첸의 분리 독립 시도를 제외하면 이렇다 할 만한 군사적 분리 독립 운동은 없다. 러시아연방의 붕괴를 야기하려면 소수민족이 상당 수준의 군사력을 가지고 있어야 하는데 연방 내부의 어느 민족도 그러한 군사력을 가지고 있지 않다. 지난 몇 년 동안 러시아 사람들이나 러시아연방에 속한 비러시아 사람들이나 그런 군사적 모험을 원하는 것 같지는 않았다.

더 현실적인 시나리오는, 또 한 번의 '동란의 시대'(16세기 말의 내전과 혼란의 시대로, 러시아 사람들은 아직도 민요와 전설로 이 시기를 기억하고 있다)가 올지 모른다는 두려움이 러시아 국가를 더 강화시키는 촉매로 작용하는 것이다. 러시아 자본주의의 범죄화가 심해지면 사람들은 옐친이 도입한 광범위한 대통령 권한에 기반한 체제를 더 강화해야 한다고 요구할 수도 있을 것이다.

오늘날 러시아가 허약한 국가인 것은 사실이다. 하지만 러시아의 국가 제도, 특히 법 질서에 관한 제도는 곧 회복될 것이다. 강한 행정권이라는 러시아의 전통은 효과적인 정부 제도를 필요로 한다. 옐친이 이전 소비에트의 징집병을 근대적인 직업 군인으로 바꾸려고 시도하는 것은 이러한 제도 건설이 시작되었다는 징후일 수 있다.

러시아 국가의 회복이 꼭 권위주의적인 독재 정치로 가야 한다는 의미는 아니다. 민주국가에서도, 가령 샤를 드 골Charles de Gaulle 시대의 프랑스에서도 행정부의 강한 권위를 허용하는 제도가 있었다. 러시아에서 그런 제도가 발전하면 제정 말기 때와 비슷하게 러시아 자본주의 발전에서 전략적 역할을 수행할 수 있는 근대국가를 건설하는 데 한 걸음 더 나갈 수 있을 것이다.

러시아연방을 국민국가로 건설하는 일은 어쨌든 어마어마한 과업이다. 연방 제도들을 통한 광범위한 권력 이양이 이루어져야 하고 인종에 따른 배제에 기반하지 않는 국가 문화 양성이 필요하다. 또 안정적이고 독립적인 사법 체계가 있어야만 개인의 안전에 대한 욕구를 만족시킬 수 있을 것이다. 전통적으로 제국주의적이고 전체주의적이었던 나라에서 이런 변화가 빠르게 일어나기는 어려울 것이다.

효과적인 근대국가 없이는 러시아의 자연환경을 더 심한 오용과 파괴에서 보호할 수 없다. 이번에는 소비에트의 오만한 계획경제를 위해서가 아니라 대체로 마피아에게 흘러들어 갈 상업적 단기 이익을 위해 자연이 파괴될 것이다. 또한 효과적인 근대국가가 없으면 러시아의 공공서비스는 복구될 수 없고 시장 제도는 대중의 정당성을 얻지 못할 것이다.

볼셰비키주의를 제외하면 자유시장 주창자들이 이야기하는 '작은 정부' 만큼 러시아와 동떨어진 정치적 이념도 없다. 오늘날의 러시아에서 근대 시장경제는 강한 정부만이 만들 수 있을 것이다.

옐친이 추진하는 정책의 비일관성이 옐친 이후의 정치에 주는 시사점이 있다면, 러시아 자본주의가 발달하려면 국가가 전략적 역할을 해야 한다는 점일 것이다. 이미 러시아 국가는 그 역할을 되찾은 것 같다. 이는 기본적인 진실을 다시 한 번 확인시켜 준다. 볼셰비키 시절의 강요된 산업화도, 20세기에 러시아에 강요된 충격요법도, 러시아가 진정한 근대화를 달성하도록 하는 데에는 실패했다는 점 말이다.

국가 건설 전략에는 분명히 위험이 따를 것이다. 마피아의 권력을 약화시키지 않고 오히려 공고하게 만들지도 모른다. 편협한 인종적 국수주의와 결합되어서 러시아에서 비러시아인이 겪었던 고통스런 기억을 되살리고 타인종혐오주의로 가게 될지도 모른다. 독립적인 사법 체계가 없으면 법 집행은 또 다른 억압 행사가 될지도 모른다.

하지만 러시아는 국가를 건설하는 것 이외에는 대안이 없다. 무정부주의의 물결에 야합하는 것은 강한 정부가 가져야 할 정치 영역을 구공산주의자들과 신파쇼주의자들의 연합에 양도하는 꼴이다. 이러한 반동적 연합은 충격요법을 이식하려 한 낭만주의적 서구인들보다 근대화를 달성할 역량을 더 갖추었다고도 할 수 없다. 유럽과 아시아 양 대륙에 걸쳐 있는 러시아에 맞는 방식으로 근대화를 하려면 좀 더 혼합적이고 선별적인 접근이 필요하다. 옐친이 취하는 정책들은 이러한 사실을 파악하고 있는 것 같다.

유라시아적인 러시아

동구의 일부 국가에서는 소비에트 권력이 무너지면서 유럽식 제도와 전통이 빠르게 되돌아왔다. 체코, 헝가리, 발트해 연안 국가들, 슬로베니아 등에서는 소비에트 블록에 속한다는 것이 유럽식 생활양식에서 강제로 떨어져 나오는 것을 의미했다. 이러한 국가들에서 공산주의 붕괴 이후의 시기는 '정상적인 시기normal times'의 재발견이었다. '정상적인 시기'는 어떤 때는 전간기의 민주공화국을 의미하고 어떤 때는 합스부르크 제국을 의미하는 등 다양했지만 유럽이 기원이라는 것만큼은 분명했다.

이들 국가가 '서구'의 제도와 가치로 전환한 것은 서구화와 근대화가 원래 동일한 것이어서가 아니라 이 특정한 몇몇 나라들의 전통이 늘 유럽 전통이었기 때문이다. 그들에게 역사는 공산주의의 붕괴로 종언을 고하지 않았다. 반세기의 방해를 딛고 역사는 되살아났다.

어떤 동구권 국가에서는 문제가 좀 더 복잡했다. 폴란드에서 '유럽(실제로는 유럽연합의 제도들)'은 오랜 어려움에 대한 해결책이다. '유럽'은 폴란드가 독일과 러시아 사이에 지리적으로나 지정학적으로 또 전략적으로 끼어 있는 데서 나오는 오랜 딜레마들을 해결해 준다고 약속한다. '유럽'이 이러한 희망을 실제로 충족시켜 줄 것인지는 다른 문제다. 현재로서 분명한 것은 유럽의 역할은 폴란드의 역사에서 내내 비극의 원천이었던 민족 정체성과 안보에 관한 고질적인 문제들에 답하는 것이라는 점이다.

또다른 동구권 국가에서는 한 번도 지배적이었던 적은 없지만 지배적이 되기를 오래도록 추구해 온 또 하나의 유럽 전통이 되살아났다. 루마니아에서 공산 정권의 붕괴(니콜라에 차우세스쿠Nicolae Ceausescu의 축출에서가 아니라 그로부터 몇 년 뒤인 1996년 선거에서 붕괴됐다)는 루마니아를 유럽의 후진국으로 보는 사람들과 정교회 전통의 루마니아가 그저 하나의 유럽 국가에 불과할 수는 없다고 보는 사람들 사이의 갈등을 다시 불러왔다. 하지만 이러한 문화적이고 정치적인 분열이 유럽연합 및 〈북대서양조약기구〉와 더 긴밀한 관계를 맺고자 해 온 루마니아의 국가 정책에 영향을 미치지는 않았다. 공산주의 붕괴 이후에 '반反서구적' 정치 세력이 지배적인 위치를 차지한 곳은 세르비아뿐이다.

러시아에서는 소비에트 시절에 성장한 세대와 소비에트 붕괴 이후에 성장한 세대 간의 깊은 간극이 과거로 돌아가는 것을 불가능하게 할 것이다. 좋았던 시절은 옛 꿈이다. 일부 슬라브어권 사람들(알렉산데르 솔제니친 등)이 옹호했던 종류의 반서구주의가 부흥할 가능성은 거의 없다. 러시아가 서구를 모방하지 않게 된다 해도 그것이 꼭 반서구적 외교정책을 펴야 한다는 말은 아니다.

물론 러시아 서구화론자들은 충격요법을 포기한 것이 결정적인 후퇴라고 생각한다. 하지만 1993년과 1996년의 총선과 대선은 러시아 인구 중 서구 모델에 따른 경제 개혁을 좋아하는 사람은 소수임을 보여 주었다.

고르바셰프가 대선에서 대패(1퍼센트도 득표하지 못했다)한 요인 중 주요했던 것은, 러시아의 미래는 서구식 개혁이라는 생각을 사람들이 거부한 것이었다. 앞으로도 대다수 러시아인은 협소하게 서구적으로 정의된 경제 근대화를 지지하지 않을 것이다. 서구식 모델에 기초한 러시아 근대화는 늘 달성되지 못했다.

대선에서 옐친은 "유라시아 국가로서의 러시아"를 언급하면서 "자원이 풍부하고 독특한 지정학적 위치를 가지고 있어서 경제 발전이나 정치적 영향력에서 가장 큰 중심 중 하나가 될 러시아"[76]라고 그것을 설명했다. 이러한 언명은 포스트-공산주의 러시아의 사고에서 '유라 시아' 이론이 갖는 핵심적인 역할을 보여 준다.

유라시아주의자들이 보기에는 러시아의 독특한 역사와 상황(지리적 위치, 다양한 인종, 정교회의 중심지라는 역사, 서구화의 실패한 기록 등) 때 문에 러시아가 아시아와 유럽 중에서, 동쪽의 정교회와 서쪽의 개신 교 중에서, 르네상스와 계몽주의 중에서, 어느 한 편을 확실하게 드는 것이 불가능하다.

유라시아 운동은 1920년대로 거슬러 올라간다. 당시 망명 사상가들 은 「동쪽으로의 엑소더스: 불길한 예감과 성취들: 유라시아주의자들 에 의한 신념의 선언Exodus to the East: Forebodings and Accomplish- ments: A Profession of Faith by the Eurasians」[77]이라는 선언문을 만들 었다. 라야드와 파커는 유라시아적 견해를 "러시아가 그 자체로 독특 한 '지정학적 문명'"이라고 보는 것이라고 요약했다.[78] 알렉산데르 네 크리치Alexander Nekrich와 미하일 헬러Mikhail Heller는 "러시아는 서 구일 뿐 아니라 동구이며, 유럽일 뿐 아니라 아시아다"라는 표현으로 유라시아주의를 이야기한다. "사실 러시아는 유럽이 아니라 유라시아 다."[79] 1920년대에도 그랬듯이 오늘날에도 유라시아주의자들은 콘스 탄틴 레온티예프Konstantin Leontiev 같은 19세기 러시아 사상가들로 부터 영향을 받았다.[80]

트러스콧은 1992년 러시아 인민대표회의 의장 루슬란 하스불라토 프Ruslan Khasbulatov가 한 말을 다음과 같이 인용했다. "표트르대제 가 서구 문화를 러시아에 도입했지만 (…) 러시아 사람들의 정신적 · 문화적 조직은 달라지지 않았다. 그 결과 우리는 유럽도 아시아도 아닌 매우 특별하고 독특한 러시아를 갖게 되었다." 러시아의 정책을 구성하는 데 유라시아적 사고가 미치는 역할을 평가하면서 트러스콧은 이렇게 결론 내렸다.

서구는 소비에트 붕괴 이후의 러시아가 유럽과 미국에 기반한 정치경제 시스템을 발전시킬 것이라고 가정해 왔다. 옐친 초기에 이것이 시도되었는지는 모르지만 오늘날에는 그렇지 않다. 1993년과 1995년 두마[러시아 의회] 선거와 1996년 대선에서 그런 일이 벌어지지 않을 것임이 분명해졌다. 민주주의와 시장경제의 서구 모델을 러시아 사람들은 단호하게 거부하고 있다. 그 결과 서구와의 관계에 대한 새로운 접근 방식이 나왔다. 러시아는 더 선별적인 접근을 할 것이다. 과학기술이나 상업적 기술을 포함해서 서구의 사상이나 가치 중에 일부를 받아들이면서도 민주주의와 시장경제는 러시아식 모델대로 만들어 갈 것이다.[81]

유라시아 정책은 포스트-소비에트 러시아가 처한 환경들(지리적 특성, 민족적 다양성, 전략적 환경, 자연 자산 등)에 잘 부합한다. 라야드와 파커는 유라시아 정책이 전략적으로 유효한 이유를 이렇게 요약했다.

[유라시아주의자들에 따르면] 냉전 40년 동안 세계는 자본주의 서구와 공산주의 동구로 나뉘어 있었다. 그 구분이 사라지면서 이제 부유한 북부와 가난한 남부의 구분이 생길 것이다. 러시아는 여기에서 두 범주 모두에 속해 있다. 지리적으로는 북부에 속하지만 경제적으로는 남부에 더 가깝다. 개혁이 잘 된다고 해도 러시아가 부유한 국가에 속하려면 30년은 걸릴 것이다.

그리고 그때도 러시아의 이해관계는 북부의 다른 국가들과는 많이 다를 것이다. 러시아는 북부 국가들과 상이한 방식으로 남부 국가들과 마주하고 있다. 특히 남부 국가들(트랜스 캅카스, 중앙아시아, 중국 등)과 국경을 많이 맞대고 있다. 그리고 이슬람권과 관계를 잘 맺는 것도 중요하다. 러시아는 이슬람 국가 7개와 국경을 맞대고 있고 러시아 자체에도 1,800만 명의 이슬람 인구를 포함하고 있다. 1995년에는 3개의 비러시아 국가들(체첸, 타지키스탄, 보스니아)과 전쟁을 치렀다. 자국의 안보를 위해서라도 러시아는 남부와 동남부의 이웃을 무시할 수 없다.[82]

전략적으로 보면 러시아가 유라시아 정책을 취해야 한다는 것은 논박하기 어렵다. 다른 유럽 국가와 달리 러시아는 태평양의 강국이다. 장기적으로 볼 때 국방이나 경제 면에서 중국과의 관계가 유럽 국가들과의 관계보다 더 중요하다.

하지만 유라시아주의적 사고의 강점은 이러한 전략적인 현실만 반영하는 것은 아니다. 그것은 러시아가 스스로를 유럽이나 아시아 어느 한편으로만 동일시하는 것에 성공해 본 적이 없다는 근본적인 진실을 표현한다. 유라시아 전략은 러시아에서 계속 이어져 온 이러한 양면적 특징을 담고 있다.

러시아 자본주의의 자원들

러시아에서 일어나고 있는 토착 자본주의는 어마어마한 장애에 직면해 있다. 하지만 그것을 상쇄할 강점들도 있다. 러시아연방은 세계 석유 생산량의 10퍼센트 이상과 세계 천연가스의 30퍼센트를 생산하며, 세계 비철금속 광산의 10퍼센트~15퍼센트를 차지한다. 러시아의 천연자원은 방대하다.[83]

러시아의 인적자원도 천연자원만큼이나 풍부하다. 러시아의 교육 수준은 세계 상위권이고 문해 능력이나 산술 능력도 미국이나 여러 유럽 국가를 능가한다. 1996년에 러시아 상트페테르부르크와 영국 선더랜드의 아동을 비교 연구한 어느 보고서에 따르면 상트페테르부르크 아이들은 교육에 대한 동기부여 수준이 매우 높았다. 러시아 아이들은 "교육을 그 자체로 목적이라고 생각하는 경향이 있었다. (⋯) 전통적으로 러시아 사회에서는 글을 익히고 교양을 쌓는 것에 높은 가치를 부여했다. (⋯) 러시아 아이들은 교육받은 사람이 되기를 원했다." 유라시아 국가의 정체성을 가지고 있지만 러시아 사람들은 '유럽' 사람들에 비해 유럽의 역사와 문화적 고전들을 더 많이, 더 잘 알고 있다.

러시아에 비해 영국 아동은 교육을 구직에 필요한 기능을 익히는 수단으로 본다. 이런 실용주의적인 접근에도 불구하고, 영국 아동이 실제로 수강 과목을 선택할 때는 유용해 보이는 과목보다는 어렵지 않아 보이는 과목을 선택하는 것 같다.[84]

일본이나 싱가포르처럼 러시아의 학교 제도도 19세기 부르주아 유럽의 가치와 전통을 반영한다. 농촌은 교육 수준이 매우 낮은 곳도 있지만, 일반적으로 러시아는 교육이 그 자체로 가치를 인정받는 국가다. 이는 '지식 경제'라고 하면서도 학교 시스템은 효용만을 추구하는 프롤레타리아적 문화 안에 있는 서구 국가에 비해 큰 강점이다.

대부분의 서구 국가들에 비해 러시아는 문화적인 생기가 닳아 없어지지 않은 나라. 펑크 포스트모더니즘과 되살아나는 전통의 조합, 거침없는 자본주의와 反상업주의적인 대중 정서의 조합은 서구의 눈으로 보면 불안정해 보일지 모른다. 하지만 그러한 갈등이 (정치적 분쟁의 원천이 될 수도 있겠지만) 꼭 파괴적이라는 법은 없다. 혁명 이전 시기에서처럼 문화적·경제적 창의성의 원천이 될 수도 있다.

사회적 삶의 연결 조직들도 놀라울 정도로 많이 재생되었다. 대가족은 앵글로색슨 자본주의 세계에서는 거의 존재하지 않게 되었지만 러시아에서는 소비에트 공산주의 시기를 겪고서도 살아남았다.[85] 대가족이 살아남았다는 것은 시장 개혁이 제기하는 곤란에 적응해 내는 러시아인들의 능력을 어느 정도 설명해 준다. 라야드와 파커는 이렇게 언급했다. "두 개의 제도가 생존에 중요한 역할을 했는데, 대가족과 텃밭이었다. 대가족은 사회 안전망의 강력한 요소였다. 성인 자녀들은 거의 언제나 나이 든 부모를 지원했고 사람들은 언제나 곤란에 처한 형제자매를 도왔다."[86] 대가족의 상호부조가 서구 국가들(특히 앵글로색슨 사회들)에서보다 훨씬 더 잘 지탱될 수 있었던 것은 러시아에서 '개인주의'가 상대적으로 약했기 때문이다.

소비에트 시기에 서서히 증가했던 러시아 중산층은 충격요법이 야기한 혼돈과 박탈로 약화되었다. 하지만 역설적으로 소비에트 시기는 젊은 중산층들에게 수완과 기술의 획득이라는 부르주아적 전통을 남겼다. 그 덕분에 이들은 새로운 조건에 적응하고 많은 경우에 부모보다 더 많은 돈을 벌 수 있었으며 절망적인 상황에서도 생존하고 심지어 번성할 역량을 가질 수 있었다. 이런 점에서 이 러시아인들은 글로벌 시장의 아나키 상태에도 잘 적응할 수 있을 것이다.

러시아는 천연자원과 인적자원이 여전히 세계에서 가장 풍부한 나라다. 하지만 지배 체제가 여전히 가장 불안정한 나라이기도 하다. 러시아 국가 제도의 혁신은 오늘날의 아나코-자본주의를 제정 말기에 번성했던 것과 비슷한 러시아 토착 자본주의로 발전시키는 데 필수적인 선결 조건이다. 근대적 국가 제도 없이는 러시아 자본주의를 옛 소비에트와, 그리고 마피아와 묶고 있는 탯줄을 끊어 낼 수 없다. 강하고 효과적인 국가가 되지 않으면 러시아는 진정한 시장경제가 아니라 범죄적인 조합 공동체주의를 갖게 될 것이다. 러시아는 홉스적 문제를 해결할 때까지 근대국가가 될 수 없다.

충격요법의 짧은 기간 동안 들어온 서구 철학은 오늘날 러시아가 처한 환경과 필요를 다루도록 고안된 것이 아니었다. 신자유주의 신조와 레닌주의가 주로 다른 지점은 정책의 목적이 아니라 수단이었고, 수단도 늘 다른 것은 아니었다. 1989년에서 1993년 사이에 이 두 개의 서구식 근대화 전략은 모두 막다른 골목에 도달했고 토착적인 근대화 방식을 찾는 노력이 다시 시작되었다.

1차 세계대전, 공산주의, 그리고 짧은 시기 동안의 충격요법으로 망가져 버린 발전의 경로를 다시 만들어 가는 데서 포스트-소비에트 러시아는 자신을 '서구'의 대척점에 세우지 않는다. 서구를 본떠 러시아를 근대화하려는 시도가 실패했음은 알고 있지만, 비서구적이고 유라시아적인 러시아가 꼭 서구에 적대적인 러시아가 될 필요는 없다.

러시아가 서구 유럽 및 미국과 어떻게 상호작용할 것인가는 현재

대부분의 경제적 · 안보적 주도권을 잡고 있는 서구와 미국 정부에 상당 부분 달려 있다. 서구 열강의 승리자 위주 정책은 근대 러시아 국가의 발흥을 더 어렵게 할 것이다. 러시아가 바이마르 국가가 될지 모르는 위험이 있다면 그것은 서구 정책들이 러시아를 그렇게 취급하고 있기 때문이다.

사실 유라시아적 러시아의 발흥이 서구 국가들의 이해관계를 위협할 필요는 없다. 러시아에서 러시아의 역사와 현재의 필요를 반영한 시장경제의 발전이 갈등을 일으킨다면 그것은 러시아의 자본주의가 글로벌 자유시장의 꿰어 맞추기식 틀에 맞지 않기 때문일 것이다.

False Dawn

7장

일본과 중국, 저무는 서구와
떠오르는 아시아 자본주의

방탕하고 나약하고 부패하고 무능하다고 미국이 오래도록 경멸해 온 아시아가 세계도 아니고 단지 서태평양에서만이라도 미국의 자리를 차지하게 된다는 것은 미국인들에게 정서적으로 매우 받아들이기 어려운 일일 터이다. 미국의 문화적 우월성을 믿으면 이는 인정하기 매우 어려울 것이다. 미국인은 개인주의와 자유, 제한받지 않는 표현 등의 미국적 사고가 보편적이라고 믿는다. 하지만 미국적 사고는 보편적이지 않으며 보편적이었던 적도 없다.

리콴유Lee Kuan Yew[1]

마르크스주의의 완전한 실패와 (…) 소비에트의 극적인 몰락은 근대성의 주류였던 서구 자유주의의 붕괴를 알리는 전조일 뿐이다. 자유주의는 마르크스주의의 대안이자 역사의 종말 시기에 지배적이 될 이데올로기이기는커녕 다음 번에 넘어질 도미노 조각이다.

우메하라 다케시Umehara Takeshi[2]

자신의 의지나 가치를 다른 사람에게 억지로 부여하려는 시도, 혹은 세계를 하나의 '문명' 모델로 통합하려는 시도는 어떤 것이건 분명히 실패할 것이다. (…) 어떤 경제체제도 모든 나라에 좋을 수는 없다. 각 국가는 자신의 길을 가야 한다. 중국이 그랬듯이 말이다.

차오시Qiao Shi,[3] 중국 공산당 정치국

서구 가치와 근대화에 대한 거부

1850년 1월, 영국 외무장관 파머스턴 자작 헨리 존 템플Henry John Temple 경은 영국 해군에 피레우스 항을 봉쇄하고 그리스 선박들을 억류하라고 명령했다. 지브롤터 출신의 포르투갈인이자 영국의 신민이기도 했던 돈 파시피코Don Pacifico의 요구를 들어주도록 그리스 정부를 압박하기 위해서였다. 돈 파시피코는 1848년의 아테네 봉기 때 자신의 집과 자산이 입은 손해에 대해 3만 파운드를 보상하라고 요구했다. 돈 파시피코의 주장에는 의심스러운 데가 있었다. 하지만 1850년 6월에 하원 연설에서 파머스턴 자작은 신약에 나오는 '나는 로마의 시민이다'라는 구절을 인용하며 파시피코를 옹호했다. 그 성경 구절에 대한 파머스턴 자작의 해석은 정점에 있었던 '팍스 브리타니카 Pax Britannica'를 보여 준다. 파머스턴 자작은 이렇게 선언했다. "따라서 영국 신민이기도 한 파시피코는 어느 나라 땅에 있든지 간에 그를 보호하는 영국의 눈과 강력한 군대가 불의와 잘못에서 자신을 지켜 줄 것이라 확신할 수 있어야 한다."[4]

거의 1세기 반 후에 세계의 축은 바뀌었다. 1994년 싱가포르에서 미국 학생 마이클 페이Michael Fay가 공공장소에 낙서를 한 죄로 채찍 6대 형을 선고받았다. 클린턴 대통령이 개인적으로 나서기까지 하는 등 미국의 강력한 외교적 항의 덕분에 형은 4대로 줄었지만, 선고가 무효가 되지는 않았다.

미국의 개입에 싱가포르가 이렇게 대응한 것은 세계의 권력 분포에 근본적인 변화가 있었음을 보여 주었다. 팍스 브리타니카가 정점이던 빅토리아시대 중기에 파머스턴 자작은 영국 신민의 이익을 위해서라면 세계 어느 곳에서도 (그곳의 자체적인 사법 체계 같은 것은 상관없이) 영국이 일방적으로 행동할 권한이 있다고 주장했다. 하지만 냉전 이후 미국의 권력이 정점에 있었을 때 작은 아시아 도시국가 싱가포르는 그것을 거부할 수 있었다.

싱가포르는 서구 가치들이 보편성을 갖는다는 생각을 받아들이지 않았다. 싱가포르는 미국이 동아시아에서 역설하는 인권에 대한 원칙과 미국의 개입을 일축했다. 미국이 전 세계에 이식하려고 하는 시장 개인주의 경제 문화와 인권에 기초한 자유주의 모델에 대항해 자신의 가치를 주장했다. 그리고 탈자유주의 도시국가로서 자신이 이룬 성취들을 내세웠다. 안정성, 사회적 결속, 매우 높은 교육 수준, 빠른 경제 성장 등을 근거로, 싱가포르는 근대화와 경제 발전에서 자신의 모델이 '서구'가 제시한 어떤 모델보다도 우월함을 증명하고자 했다.[5]

1914년 이전 세계의 자유주의적 국제경제 질서는 영국이 전 세계 어느 곳에서든 영국의 해군력을 사용할 역량과 의지가 있다는 데 의존하고 있었다. 하지만 오늘날 미국은 그럴 의사가 없다. 선도적인 군사기술 면에서 보면 미국은 진정한 글로벌 파워라 할 만하다. 하지만 미국인들은 제국이 되는 것에 따르는 금전적·인명적 비용을 지불할 의사가 없다.

벨 에포크 시대와 20세기 말의 후기 근대 시기 사이에 근본적인 차이가 또 하나 있다. 1914년 이전에는 서구화와 근대화를 동일시하는 것에 대해 아무도 의문을 제기하지 않았다. 유럽 제국주의의 지배를 받던 인도나 중국에서의 반식민주의 운동도 조국이 서구의 지배에서 해방되면 서구 모델을 본뜬 근대화가 촉진될 것이라고 의심 없이 믿었다.

또 많은 개발도상국에서는 마르크스주의가 서구화 혁명의 이데올로기 역할을 했다. 터키에서는 역사상 가장 뛰어난 정치적 근대화주의자였던 케말 아타튀르크Kemal Attaturk가 근대국가가 되려면 토착적 문화 전통을 완전히 흔들어야 한다는 원칙에 따라 20세기에 가장 오래 지속된 서구화 체제를 만들었다.

냉전이 끝날 때까지만 해도 거의 모든 곳에서 근대화와 서구화가 같은 것으로 여겨졌다. 일본만이 유일한 예외였다.

일본의 토착적 근대화

1853년에 페리Matthew Perry 제독이 1641년의 쇄국 이래 처음으로 일본에 교역 개방을 요구했을 때, 이는 단지 2백 년간 흔들리지 않았던 삶의 방식을 교란한 데서만 그친 것이 아니었다. 인류 역사상 아마도 유일했을 실험도 끝장낸 것이었다. 에도시대에 일본은 근대 초기 전쟁에서 쓰인 신기술을 거부하기로 하고 총에서 칼로 돌아갔다.[6] 일본 지배층은 과학 진보에 대해 서구 이론가들이 불가능하다고 말한 것을 해냈다. 기술 진화를 되돌린 것이다.

페리 제독의 등장으로 일본의 지배층은 2백 년간 평화롭게 누렸던 삶의 방식을 더 이상 지속할 수 없음을 깨달았다. 중국에서 일어난 아편전쟁을 보면서 그들은 서구 열강이 자신에게 준 선택의 여지가 별로 없다는 것을 알고 있었다. 페리 제독은 쇼군에게 보낸 편지에서 교역 개방을 하지 않으면 아마도 봄에 "전쟁을 하는 큰 배들"이 올 것이라고 위협했다.[7] 일본의 쇄국과 저기술 사회의 실험은 "성장하지 않는 경제도 문명화되고 번영하는 삶을 이룰 수 있음을 (…) 보여" 주었지만 페리 제독의 흑선이 도착하면서 이 실험은 끝이 났다.[8] 그와 동시에 페리 제독의 흑선은 일본이 야심 찬 근대화에 착수하는 계기가 되었는데, 그 결과 20세기 초입이면 일본은 러시아제국 함대를 격파할 정도의 해군력을 갖게 된다.

거상 가문 〈미쓰이〉는 쇄국 시기이던 에도 말기부터 메이지유신 (1868~1912), 2차 세계대전 이후 연합군 군정기를 모두 거쳐 살아남으면서 오늘날 일본에서 가장 거대한 기업 집단 중 하나가 되었다. 〈미쓰이〉의 장수는 일본 산업화의 근본적인 사실 하나를 보여 준다. 유럽과 달리 일본의 산업화는 봉건 질서와의 결정적인 단절 없이 진행됐다는 점 말이다.

일본 기업은 중세부터 내려온 제도들에 접목해 가면서 발전했다. 일본이 19세기 말의 몇십 년 동안 발달시키기 시작한 근대 산업 경제는 중요한 부분들에서 깨지지 않고 전해져 온 사회질서를 구현하고 있었다. 무사 계급(사무라이)이 이끈 일본의 근대화는 그것의 출발점인 봉건 질서가 깨지지 '않았기' 때문에 가능했다.

기술 발달이 구사회의 구조를 깨뜨리면서 나아간다는 마르크스의 모델은 일본에 거의 적용되지 않는다. 지식의 성장과 아이디어의 혁신을 통해 사회가 진화해 간다고 보는 자유주의적 견해도 마찬가지다. 서구 역사를 모델로 삼은 근대화 이론은 어느 것도 일본의 경험을

설명하지 못한다.[9]

신고전주의 경제학은 오늘날의 일본 경제를 설명하는 데 아주 제한적으로만 설명력을 갖는다. 물론 일본 기업도 시장에서 다른 기업들과 가차 없는 경쟁을 벌인다. 하지만 일본 자본주의는 대부분의 사회이론가들이 자본주의의 모델로 상정하고 있는 앵글로색슨식 시장 개인주의와 근본적으로 다르며 워싱턴 컨센서스가 기반하고 있는 이론과도 매우 다르다.

일본의 시장 기구는 피고용인과의 관계나 사회와의 관계를 다루는 데 계약의 문화보다는 신뢰의 연결망에 더 의존한다. 일본 기업은 미국 기업보다 공동체의 구조에서 덜 유리되어 있다. 국가기구와의 관계도 가깝고 지속적이다. 일본 자본주의가 표현하고 있는 윤리적 삶은 개인주의적이지 않으며 개인주의적으로 변해 가고 있지도 않다.

일본 자본주의와 영미 자본주의의 뿌리 깊고 지속적인 차이는 근본적인 진실을 담고 있다. 자본주의의 지지자나 비판자 모두 개인주의를 자본주의의 핵심 특징이라고 간주한다. 하지만 자본주의와 개인주의의 결합은 필수적인 것도 보편적인 것도 아니다. 그 결합은 역사적으로 독특한 상황에서 생겨난 우연적인 것이다. 자본주의의 초기 이론가들(애덤 스미스, 애덤 퍼거슨, 카를 마르크스, 막스 베버, 존 스튜어트 밀 등)은 소수의 서구 국가가 겪은 경험만을 증거로 삼았기 때문에 그것을 보편 법칙이라고 착각했다.

일본을 제대로 이해하려면 일본이 19세기 말에 이미 근대화된 국가였다는 것을 인정하는 데서 시작해야 한다. 일본은 한참 전부터 문해율도 높았고, 도시도 빠르게 확장됐으며, 신기술을 도입했고, 중앙집권화된 국가구조가 있는 나라였다. 일본은 이러한 근대의 특징들을 사회구조나 문화적 전통을 서구화하지 않은 상태로 이뤘다. 일본 근대화에 촉매가 된 것은 위협적인 서구 열강과의 접촉에서 온 충격이었지만, 그래도 일본의 근대화는 토착적이었다.

계몽주의적 역사가들은 국가들이 서구 사회를 모방함으로써 근대화된다고 말한다. 이런 이론은 20세기 초 일본의 경험에 의해 이미 반례가 제기됐다.

일본의 근대화가 서구의 것들을 선별적으로 많이 받아들인 것은 맞다. 달력이 바뀌었고, 은행 시스템이 발전했으며, 교육이 확장되었고, 상법 시스템이 만들어졌고, 근대적인 육군과 해군이 구성됐다. 이러한 혁신은 모두 서구를 어느 정도 모방한 것이었다. 특히 프러시아(법률, 학교, 군대 시스템)와 영국(해군)을 많이 모방했다. 일본 당국자들은 서구 교육기관에서 공부했고 일본 공학자들은 서구에 가서 조선 기술을 배워 왔다.

하지만 이렇게 도입된 것들 중 어느 것도 일본의 사회구조나 문화적 전통을 바꾸는 결과를 가져오지는 않았고 그러려는 의도로 도입된 것도 없었다. 일본의 산업화는 국가의 독립을 유지하는 것을 목적으로 촉진되었다. 일본에서는 근대화의 의미를 두고 지속적으로 벌어진 논쟁에서 서구화주의자들이 우세를 차지하지 못했다.

암묵적으로, 그리고 최근에는 명시적으로, 일본 당국자들은 근대화가 서구의 제도와 가치로 수렴하는 것을 의미한다는 견해를 거부했다. 앤 와스워Ann Waswo가 지적했듯이, 그들은 "국가들이 산업화의 보편 논리를 따라 수렴함으로써 제1세계 국가의 산업화(개인주의, 자유로운 노동시장 등)에서 발견되는 사회관계가 다른 곳에서도 불가피하게 발달하리라는 주장, 즉 소위 수렴 가설이라고 부르는 것에 대한 거부"[10]를 분명히 했다.

워싱턴 컨센서스의 기반이 된 것도 수렴 가설이다. 하지만 일본의 실제 경험에서 발견되는 증거들은 워싱턴 컨센서스를 뒤집는다.

처음부터 일본의 산업화는 '발전 국가'에 의해 주도됐다. 제정러시아 등 많은 나라들에서도 그랬듯이 일본에서 빠른 산업화는 강력하고 중앙집권적이며 개입주의적인 정부 권력의 비호하에 진행됐다. 폴 케네디Paul Kennedy는 이렇게 설명했다. "일본은 개별 기업들이 원해서가 아니라 '국가'가 필요로 했기 때문에 근대화를 했다. 국가는 철도, 전신, 해운 등의 건설을 독려했다. 국가는 중공업, 철강, 조선 등을 발달시키고 섬유 산업을 근대화하는 과정에 기업과 함께 했다. 수출을 장려하고 운송을 독려하며 새로운 산업을 육성하기 위해 정부 보조금이 도입됐다. 이 모든 것의 뒤에는 '부국강병'이라는 국가적 목적을 실현시키고자 하는 정치적 의지가 있었다."[11]

일본 역사의 모든 지점에서 경제적·산업적 발전은 국가 제도에 의해 창출되고 조정되었다. 하지만 근대 초기 이래 유럽에서 형성된 국가와 사회의 명료한 구분이 일본에서는 그리 분명하지 않았다. '화和'를 중요한 삶의 가치로 여기는 일본에서는 유럽에서 국가 제도를 말할 때 흔히 연상되는 국가와 사회의 상하 위계 관계가 완화됐다. 머레이 세일Murray Sayle은 이렇게 언급했다. "일본 정부는 다른 공동체 위에 군림하거나 다른 공동체와 동떨어져 존재하지 않는다. 국가는 '화'에 기반한 협상이 이뤄지는 장소다."[12] 이런 면에서 일본은 유럽 국가들과도 다르고 중국이나 한국과도 다르다.

메이지 시기에 일본에서 구성된 중앙집권화된 국가는 19세기 유럽의 고전적인 국민국가와 매우 닮았다. 그리고 많은 면에서 여전히 19세기식 국민국가다. 그것은 발전 국가이지 워싱턴 컨센서스가 말하는 작은 국가가 아니다. 그렇다고 2차 세계대전 후 유럽이나 미국에서 형성된 복지국가도 아니다. 피터 드러커Peter Drucker는 이렇게 언급했다. "18세기, 19세기의 전통적인 정치 이론으로 보면 일본은 '국가주의' 국가다. 1880년이나 1890년에 독일이나 프랑스가 영국이나 미국에 비해 국가주의적이었던 것과 비슷한 방식으로 그렇다."[13] 하지만 전후의 발전 과정에서 일본은 서구 국가 모두와 다른 길을 갔다.

일본에서 자본주의는 봉건시대의 전통 기업으로부터 발전했다.[14] 산업은 항상 대기업과의 긴밀한 네트워크 속에서 조직되었다. 메이지 시대에는 가족 소유의 강력한 지주회사 '자이바츠財閥'가 있었다. 전쟁 이전의 자이바츠는 미군정 시절에 미국식 반독점법을 도입하려던 시도에도 깨지지 않고 살아남아 오늘날의 '기업 집단'이 되었다. 미군정 이후에 〈미쓰이〉, 〈미쓰비시〉, 〈스미토모〉 등의 대기업 그룹은 스스로를 해체하고 재구성해 가면서 (이전보다 기업에 대한 가족의 통제는 훨씬 약화된 상태로) 일본 경제를 지배하는 오늘날의 기업 그룹 네트워크를 구성했다.

일본에서 "자이바츠와 그 연관 기업들은 다른 나라에서는 볼 수 없을 정도의 복잡하고 두터운 관계를 통해 산업 · 상업 · 금융 기업들과 연결되어 있다."[15] 이러한 거대 기업 집단들은 다양한 소기업과 공존한다. 하지만 전체가 작동하는 틀은 대기업이 짠다.

사회적 삶에 뿌리를 박고 있는 일본 경제의 상호 연결은 미국 협상가들과 초국가 기구들에게 오랫동안 공격의 대상이었다. 보호무역주의의 요새로 비난을 받으면서, 일본식 경제체제가 사회적 결속을 촉진하는 역할은 이해되지 못했거나 부인됐다. 작은 공방이나 가게들이 도시를 생기 있는 사회적 제도로서 유지하는 기능은 워싱턴 컨센서스에 나오지 않는다. 작은 공방과 가게들이 대규모 투옥보다 사회적 결속을 지키기에 더 좋을 수 있다는 생각은 하지도 않거나, 한다 해도 기이한 것으로 여겨진다.

이를 파악한 영국의 한 논평가는 이렇게 말했다.

미국 법무부는 최근 통계에서 미국인 중 110만 명이 감옥에 있다고 발표했다. 남녀노소 모두 포함해 인구 200명당 한 명 꼴이다. 이런 종류의 사회를 만들어 내었는데, 왜 우리가 미국을 규제 완화와 기관투자자의 권력에서부터 노동시장 정책에 이르기까지 광범위한 경제와 사회제도의 모델로 삼아야 하는가? 하지만 미국은 사실상 모든 국제기구가 그리는 청사진이다. OECD는 (일본에 대한 연간 보고서에서) 규제를 더 풀어서 소규모 공방에 대한 보호 조치를 없애야 한다고 촉구했다. OECD는 일본의 작은 가게들이 지난 3년 사이에 15개 중 한 개 꼴로 문을 닫았다고 만족스럽게 말했다. 작은 공방들은 어느 때보다도 빠르게 사라지고 있다. 효율성을 약간 높이기 위해 거대한 사회적 혼란이라는 비용을 치르고 있는 것이다.[16)]

워싱턴 컨센서스가 일본에 요구한 것은 작은 공방과 가게를 없애라는 것보다 한층 더 나아간다. 저축률을 낮추고 완전고용 문화를 포기하고 시장 개인주의를 받아들이라고도 요구한다. 종합하면, 일본더러 이제 일본이기를 멈추라고 요구하는 것이나 마찬가지다.

워싱턴 컨센서스에 대해 일본이 저지른 가장 용서할 수 없는 죄는 완전고용 문화다. 일본의 실업률은 3퍼센트~4퍼센트 정도인데 OECD 국가 평균은 8퍼센트 정도다. 젊은 층도 포함해서 모든 범주의 노동자들에 대해 일본은 OECD 평균보다 인구 중 더 많은 비중이 고용된 상태다. 1993년에는 파트타임 노동자를 다 포함해도 OECD 국가 중 실업률이 가장 낮았다.

모든 일본 직원이 종신 고용을 누리는 것은 아니다. 대기업이 아니면 종신 고용은 일반적이지 않다. 하지만 1991년에 일본의 피고용자 중 43퍼센트가 십 년 이상 같은 직장에서 일하고 있었다. OECD 국가들 중 상당수는 이 비중이 33.5퍼센트 정도였다. 일본의 직업 안정성은 다른 어느 나라에서보다 잘 보존되어 왔다.

일본은 1989년에 '거품경제'가 꺼지면서 경제활동이 급격하게 위축된 최악의 침체 시기에도, 그리고 지난 30년간 제조업에서 고용이 계속해서 떨어졌는데도, 완전고용 문화를 유지했다. 미국에서 일본처럼 주식시장이 70퍼센트 폭락했다면 고용 수준이 어떻게 됐을까?

마틴 울프Martin Wolf는 다음과 같이 타당하게 언급했다. "경제활동의 이득이 폭넓게 분배되고 불황의 비용을 감당할 역량이 가장 부족한 사람들을 잘 보호하는 것으로 경제를 평가한다면, 일본은 영예의 기간보다 시련의 기간에 더 놀라운 경제였다."[17]

전후 시기에 일본 경제에서 사라지지 않은 핵심 특징(문서화되지 않은 사회적 계약이 직업 안정성을 유지해 주는 것)이 지금은 전 지구적 자유시장에서 위협에 처해 있다. 2차 세계대전 이후, 완전고용은 부분적으로는 숙련 노동력 부족에 대처하기 위해서, 하지만 또 부분적으로는 산업적 · 사회적 평화 전략으로서 발달했다. 그 시기에 완전고용은 프롤레타리아의 증가를 막았고 최근에는 최하층계급의 증가를 막았다. 대부분의 서구 국가들과 비교해서 일본은 국민 대부분이 중산층인 평등주의적 사회다.

만약 일본의 정책 결정자들이 워싱턴 컨센서스의 요구에 항복한다면 서구 사회처럼 대규모 실업, 고질적인 범죄, 사회 결속의 붕괴라는 문제에 속수무책으로 노출되는 상황에 처하게 될 것이다.

일본에서 직업 안정성을 위한 사회계약이 현재의 형태로는 지속될 수 없을지도 모른다. 한 기업에서 종신 고용을 보장하는 것은 이제 지속되리라고 보기 어렵다. 다른 동아시아 경제들과의 경쟁은 노동시장을 어느 정도 느슨하게 하는 것을 불가피하게 만든다. 관건은, 일본이 한 기업에서 평생 일하는 것을 보장하던 데서 멀어지면서도 완전고용의 **문화**를 지킬 수 있을 것이냐 여부다.

일본은 매우 성숙한 산업사회다. 이런 면에서 일본은 동아시아의 신흥공업국보다는 후기 근대의 서구 유럽을 더 닮았다. 일본은 영국에서 2세기에 걸쳐 일어난 산업 발전을 한 세기가 조금 넘는 사이에 성공적으로 달성했다. 1890년에서 1913년 사이에 도시 인구는 두 배가 되었지만 땅에서 일하는 사람의 수는 거의 동일하게 남아 있었다. 1914년에도 일본 인구의 5분의 3이 여전히 농업, 임업, 어업에 종사하고 있었다.[18]

하지만 그와 동시에 비서구 세계 중에서는 유일하게 야심 찬 산업화 프로그램도 진행했다. 태평양전쟁 같은 재앙이 있었지만, 그래도 일본은 오늘날의 기술집약적인 경제가 될 수 있었다.

일본 모델 중 많은 부분은 다른 나라로 수출될 수 없다. 일본만의 독특한 문화적 연속성과 동질성을 생각해 보면 알 수 있을 것이다. 하지만 고도로 성숙한 산업사회인 일본은 후기 근대 시기에서 에도시대의 기술 거부만큼이나 유일하고 독특한 위업을 달성할 기회를 갖고 있을지도 모른다.

거품경제가 터진 이후 일본은 '성장 없는 경제'였다. 부채 디플레이션의 상황에서, 일본은 케인스가 일찍이 언급한 고전적인 딜레마에 빠져 있었다. 즉 금리를 낮춰서 수요를 진작시키려는 정부의 시도가 "끈을 밀어서 물체를 움직이려는 것과 같은" 상황이었던 것이다. 1990년대 말에 일본에서는 (대공황 때 미국에서처럼) 0.5퍼센트라는 낮은 금리로도 대출을 진작시키지 못했다. 경제성장은 정체되었다. 일본이 오랜 우려에도 아직 어떤 서구 국가도 도달한 적 없는 '포화'의 상태에 이른 것일까? 전후 시기 경제성장률을 달성하는 것이 더 이상 가능하지 않은 상태에 이른 것일까?

한 일본 경제학자는 존 스튜어트 밀을 인용해 말했다. "자본과 생산의 '정체 상태〔stationary state, 경제학에서는 일반적으로 정상定常상태로 번역된다.〕'는 인간 발전의 정체 상태를 말하는 것은 아니다."[19] 일본은 존 스튜어트 밀이 말한 것과 같은 정체 상태를, 즉 기술 진보가 생산의 양적 팽창만을 위해서가 아니라 삶의 질적 수준을 높이는 데 사용되는 상태를 달성할 수 있을까?[20]

세계의 다른 나라들에서는 '성장 없는 경제'라는 비전이 환상으로 판명되었다. 하지만 아마도 일본의 독특하게 성숙한 산업사회에서 경제성장의 붕괴는 성장에 재시동을 거는 것이 바람직한지에 대해 다시 생각해 보게 만드는 기회가 될 수 있을 것이다. 하지만 그러려면 끝없는 경제성장 없이는 사회의 향상이 불가능하다고 말하는 워싱턴 컨센서스의 압력을 거부해야 한다.

마오쩌둥의 소비에트 모델과 실패한 근대화

"소비에트의 오늘이 중국의 내일이다"라는 마오쩌둥의 유명한 말[21]은 마오쩌둥 체제하에서 중국에 강제된, 실패한 근대화의 핵심을 보여 준다. 두 나라의 숱한 충돌과 갈등에도 불구하고, 소비에트는 마오쩌둥 시기의 중국에 늘 근대 사회의 모델이었다. 이 시기의 재앙은 마르크스주의가 서구화 프로젝트로서 중국에서 한 역할을 파악하지 않는다면 제대로 이해할 수 없다.

3천만 명의 목숨을 앗아 간 대기근을 만들어 낸 마오쩌둥의 대약진 운동(1958~1960)은 소비에트 사례에서 영감을 얻었다. 마오쩌둥은 소비에트의 스승들을 따라서 중국 경제가 근대화되려면 농업이 산업화되어야 한다고 생각했다. 소비에트의 경우에도 그랬듯이, 마오쩌둥 시기 중국에서 농업의 모델은 소농민 위주의 농촌이 아니라 19세기 자본주의 공장이었다.

환경에 대한 프로메테우스적 태도를 받아들인 점에서도 마오쩌둥은 소비에트를 모범으로 삼았다. 그런 태도는 중국에서는 매우 생소한 것이었다. 가차 없는 테크놀로지의 사용과 맬서스식 인구 문제를 중국은 결코 겪을 리 없다는 마르크스주의적 상황 부정 속에서, 마오 쩌둥 시기에 자연 자원은 과도하게 사용됐고 환경은 소비에트에서보다 더 심하게 파괴되었다.

마오쩌둥 시기의 이러한 특징 중 어느 것도 중국의 전통에서는 찾아볼 수 없다. 19세기 말까지만 해도 많은 중국인들은 철도가 자연적인 조화를 교란한다고 믿었다. 이러한 정서를 반영해, 청조 정부는 상하이 인근에 지어진 중국의 첫 철도를 구매해서 없애 버렸다.[22] 마오쩌둥 시기의 거대한 댐과 어이없는 참새 박멸 운동은 자연을 정복하려는 계몽주의 프로젝트를 적용한 것으로, 고전 마르크스주의가 소비에트의 사례를 경유해 중국에 들어온 것이었다.

마오쩌둥식의 전체주의는 중국 역사상 전례가 없다. 시몽 레이스 Simon Leys는 이렇게 설명했다. "전체주의 국가인 한, 마오주의는 중국의 정치적 전통(그중에 전제적으로 보이는 것이 있다 해도)에 생소한 것이었다. 오히려 스탈린주의나 나치즘 등 외국 모델과 더 비슷했다."[23] 마오쩌둥의 전체주의 정권이 전통적인 중국 전제정치에서 나온 것이라고 주장하는 것은 마오쩌둥 체제의 더 압제적이고 침투적인 국가의 역할을 설명하지 못한다.

레이스가 말했듯이 중국의 정치가 종종 전제적이기는 했다. 법률은 중국에서 매우 발달되어 있었지만 행정권으로부터 독립된 사법부라는 개념은 없었다. 또 법가 사상에는 제한 없는 전제주의를 표방하는 정치철학과 비슷한 부분들도 있다. 하지만 중국 역사에서 마오쩌둥 시기처럼 정부의 압제적 권한이 많이 침투한 적은 없었다. 레이스는 이렇게 설명했다. "16세기 중반에 중국의 관료는 1만~1만 5천 명 정도였다. 전체 인구가 1억 5천만 명 정도 되는 나라에서 말이다. 이 소수의 관료는 도시에 모여 있었고 대부분의 사람들은 시골에 살았다. **중국 사람 거의 대부분은 평생 동안 제국의 관료를 한 명도 못 보기가 쉬웠다.**"[24]

전통적으로 중국 정부는 대부분의 근대국가들만큼 침투적이지 않았고 마오쩌둥 체제만큼 강력한 통제 수준에는 비슷하게 가 본 적도 없었다. 클라우스 메너트Klaus Mehnert는 이렇게 적었다. "기원전 3세기에 있었던 첫 번째 제국의 시기에도, 그리고 그 이후로도, 중국 사람들은 공산주의 국가 시기 때처럼 심하게 전체주의적인 정부를 겪어 본 적이 없었다."[25]

중국 전통문화의 핵심인 가족과 친족의 붕괴는 19세기에 시작됐다. 1912년에 청조의 몰락은 그러한 해체 과정의 마지막이었다. 중국 사람들은 중국 국가와 사회를 그대로 두면서 서구의 기술을 받아들이는 것이 가능하다고 믿었다. 청조 말기에 서구의 기술, 특히 철도를 받아들이려는 시도가 있었고 세기 전환기에 군대가 재조직되었다. 많은 제도적 개혁이 고안되었고, 특히 중앙과 지방정부와의 관계에 대해서 개혁안이 나왔다. 하지만 대체로는 달성되지 못했고, 1912년에 청조의 정치제도는 결국 무너졌다.

공화국이 선포되었다. 하지만 근대화는 아직 정말로 시작되지는 않았다. 일본과의 전쟁, 공산당과 국민당 사이의 분쟁은 중국 사회의 전통을 더 파괴하면서도 근대적 제도들은 심어 놓지 못했다.

마오쩌둥 체제는 중국 역사에서 분기점을 형성한다. 서구, 즉 소비에트 모델을 통해 근대화하려는 전략이 전폭적인 우세를 차지한 것이다. 마오주의는 남아 있는 전통들을 파괴하기 위한 일련의 정책들을 내놓았다. 그럼에도 중국 사회의 핵심은 상당 부분 손상되지 않은 채로 살아남았다. 그래서 마오쩌둥 시기가 지난 이후에 중국 본토의 경제 문화는 화교들이 오래도록 수행해 온 방식의 자본주의와 연속성을 가질 수 있었다.

덩샤오핑이 시장 개혁을 도입하기 전까지는 중국 전통에 기반을 둔 근대화가 시작되지 않았다. 그렇지만 타이완이나 화교들의 가족 사업에서 중국 자본주의의 모델을 볼 수 있었다. 고전적인 중국은 수천 년 동안 지적으로나 경제적으로나 세계의 다른 지역으로부터 고립된 제국이었다. 경제가 사회적 영역과 분리되어 그 자체의 법칙을 가지고 존재한다는 개념은 중국에 존재하지 않았다. 중국어로 '경제經濟'는 산출된 것들을 백성을 위해 관리한다는 의미다.[26] 시장 교환이 개인이나 가족의 삶과 분리된 영역이라는 서구의 개념은 중국 전통에서는 생소했다.

19세기 후반에 고립된 제국이 무너진 것은 서구 열강과의 무역 개방이 강제되었기 때문이다. 서구 정부들과의 불평등 조약에 의해 '조약항'이 생겨났고, 조약항은 무역의 통로 역할뿐 아니라 1895년 이래로 외국 산업의 중심지 역할도 했다. 일본에서처럼, 그리고 실질적으로 영국을 제외한 다른 모든 곳에서처럼, 중국의 산업화는 국가 주도였다. 하지만 산업화의 첫걸음마를 주도하던 중국 국가는 서구 열강에 직면해서 스스로를 지킬 수 없었다.

일본처럼 중국에서도 서구 국가의 손에 놀아나고 있다는 비참함이 근대화를 요구하는 지적 조류를 만들어 내었다. 하지만 일본과 달리 중국에서는 근대화가 거의 언제나 서구화를 의미했다. 중국 근대화주의자들은 얼마나 많이 서구화할 것인가, 그리고 서구 이론 중 어느 것에 기반한 근대화를 할 것인가를 두고서만 차이를 보였다. 어떤 이들은 존 스튜어트 밀과 존 듀이John Dewey의 자유주의적인 진보 개념을 받아들였고, 얼마 후에 또 어떤 이들은 마르크스와 소비에트 사도들의 혁명 사상을 받아들였다. 하지만 근대화가 서구적 가치의 도입을 의미한다는 생각을 의심하는 중국인은 없었다.

중국의 근대화는 특정한 경제적 집단의 이해관계를 반영해 이뤄진 것이 아니었다. 일본의 근대화는 경제적인 변화 때문에 사회적 지위를 잃을 위험에 처한 무사(사무라이) 계급이 추동했다. 하지만 중국의 근대화는 그런 집단 없이 추진되었다.

중국은 또 다른 면에서도 일본과 다르다. 중국은 수천 년간 봉건사회가 아니었다. 클라우스 메너트는 이렇게 요약했다. "중국에서는 거의 2천 년 동안 농노가 존재하지 않았다. (…) J. L. 벅J. L Buck의 믿을만한 연구에 따르면, 이전보다 상황이 매우 악화된 1930년대에도 농민계급 54퍼센트가 자영농이었고, 17퍼센트가 소작농이었으며, 나머지 29퍼센트는 자기 땅 일부와 소작지 일부를 경작하는 농민이었다."[27]

중국에는 봉건제가 없었고, 마오쩌둥 체제가 농민의 전통을 완전히 파괴하지도 못했다. 이것이 덩샤오핑의 경제 개혁이 대체로 성공적이었던 것과 달리 고르바셰프의 개혁은 그렇지 못했던 가장 근본적인 이유다. 고르바셰프의 잘못은 아니었다. 그로서는 어쩔 수 없었던 역사적 유산 탓이었다.

전통적인 중국의 여건이 봉건시대의 유럽, 러시아, 일본과 근본적으로 차이가 있었다는 점은 1920년대부터 모스크바에 유학해 마르크스 이론을 흡수해 온 중국 혁명가들이 간과한 부분이다. 재스퍼 베커가 중국 대기근의 기원에 대한 연구에서 언급했듯이 "마오쩌둥 시기 대기근의 기원은 중국 역사뿐 아니라 러시아 역사에도 있다."[28] 그는 이 결정적인 통찰을 이렇게 설명했다.

중국 공산주의자들이 모스크바에서, 그리고 M. 보로딘M. Borodin과 오토 브라운Otto Braun 같은 조언자들에게서 배워 온 이론은 유럽과 러시아에 존재했던 봉건제에 대한 분석을 바탕으로 하고 있었다. 훗날 중국 지도자들(덩샤오핑이나 류사오치 등)이 〈동방 노력자 공산대학〉에서 공부했을 때 교과서에는 독일, 프랑스, 러시아의 농노 해방, 토지 귀족의 전복, 봉건 영지의 해체 등의 이야기가 실려 있었다. 하지만 18세기 예수회 선교사들과 1920년대의 R. H. 토니R. H. Tawney 같은 학자들이 공히 지적하고 있듯이 중국은 상황이 매우 달랐다. 영주도 없었고, 토지 귀족 계급이 두드러지지 않았으며, 봉건적인 토지법도 없었고, 부역 노동으로 운영되는 영지도 없었다. 유럽과 달리 공유지, 공유 초원, 공유 숲도 없었다. 1918년 농무부 통계에 따르면 농민 인구 중 자영농 비율은 중국이 독일, 일본, 미국보다 높았다.[29]

중국 지도자들이 받아들인 마르크스주의 이론은 중국의 상황이나 역사에 거의 적용될 수 없는 것이었는데도 마오쩌둥이 추진한 중국 근대화 모델의 기본이 되었다. 서구, 즉 소비에트식 근대화를 대약진

운동에 도입한 것은 중국의 긴 역사상 최악이었던 대기근의 원인이 되었다.

중국 공산당 일각에서도 "오류가 있고 위험하며 유토피아적인 농업 사회주의"라고 반대하기도 했지만, 마오쩌둥은 스탈린을 본떠서 농업 집단화를 실시했다. "당시 (소비에트에서) 농업을 관장하고 있던 니키타 흐루셰프Nikita Khrushchev는 (전보다) 더 큰 집단농장을 만들려는 스탈린의 계획을 추진하고 있었다. 농업 도시들 주위에 거의 하나의 행정구역만 한 크기의 집단농장을 조직한다는 것이었다."[30]

그 결과는 재앙이었다. 대약진운동 전이던 1957년에는 중국 사망자 연령 중앙값이 17.6세였는데 1963년에는 9.7세로 낮아졌다. 중국에서 1963년에 사망한 사람 중 절반은 열 살 미만이었다.[31]

마오쩌둥의 근대화가 실패한 데는 여러 가지 이유가 있지만 그중 핵심은 마오쩌둥이 본뜬 소비에트 프로젝트가 근대 경제의 필요들과 맞지 않았다는 점이었다. 공산주의자들이 국민당으로부터 이어받은 경제에는 큰 국가기업들이 많이 포함되어 있지 않았다. 1950년대 중반이 되어서야 국가기업들의 집단화가 시도되었는데 경제적 정당성이 있어서가 아니라 마오쩌둥이 모델로 삼은 소비에트 경제가 집단화를 실시했기 때문이었다.

대약진운동은 소비에트의 모델을 따라 중국 농업을 산업화하고 산업을 집단화하려는 시도에만 그친 것이 아니었다. 중국의 전통적 신념과 행동 양식에 대한 체계적인 공격이기도 했다. 전통적인 농업 문화의 신념들은 1949년 공산주의자들이 승리한 이래로 늘 포위당해 왔지만 대약진운동과 그 뒤를 이은 문화대혁명으로 거의 완전히 파괴되었다. "전통적인 믿음과 관련이 있는 모든 것은 대약진운동으로 쓸려 없어졌다."[32]

중국 전통은 대약진운동에 이어 1966년~1976년의 문화대혁명 때 다시 한 번 대대적인 공격을 받았다. 역사상 최대 격변이라 할 만한 문화대혁명에서 책, 화폐, 문서, 문화재 등에 구현된 '네 가지 옛 것(구 문화, 구 사상, 구 풍습, 구 관습)'이 공격을 받았다. 시몽 레이스는 이렇게 설명했다. "'문화대혁명'은 내전에 가까웠다. 중국의 추정치에 따르면 적극적인 동조자로든 아니면 피해자로든 문화대혁명 시기의 폭력에 관련된 사람이 1억 명은 되는 것으로 보인다."[33]

문화대혁명은 중국의 경제와 교육을 한 세대 후퇴시켰고 대약진운동에서 겨우 살아남은 중국의 전통문화를 뿌리째 뽑았다. 그리고 심리적 · 사회적으로 깊은 상처를 남겼다. 문화대혁명은 스탈린 치하의 러시아에서보다도 심하게 중국의 사회적 결속을 약화시켰다. 아마도 가족만이 사회적 제도로서 되살아날 수 있었는데 그마저도 많이 손상된 상태였다.

대약진운동과 문화대혁명의 전통 파괴는 자연 파괴와 함께 진행됐다. 모든 병충해를 제거하겠다는 목적으로 진행된 마오쩌둥의 오만한 기획에서 참새에 대한 전쟁이 선포되었다. 참새 박멸은 참새가 천적 역할을 하던 벌레들을 통제 불가능할 정도로 증식시켜서 곡물에 큰 피해를 입혔다.

소비에트식 '자연에 대한 전쟁'은 또 다른 파괴적인 정책들로도 계승되었다. 중국 전역에서 댐이 지어졌다. 대부분은 곧 무너졌고 몇 개는 1970년대까지 버텼다. 허난성의 댐 붕괴(1975년 반차오 댐 붕괴)는

역사상 최악의 댐 붕괴 사고였는데 거의 25만 명이 숨졌다.[34]

마오주의는 러시아보다도 심한 환경 파괴를 남겼다. 인구 문제까지 더해졌기 때문이다. 마오쩌둥 체제 동안에 벌어진 환경 파괴의 규모는 바츨라프 스밀Vaclav Smil의 저서 『나쁜 지구: 중국의 환경 파괴 *The Bad Earth: Environmental Degradation in China*』[35]에 잘 기술돼 있다.

맬서스적 문제를 인식한 중국 정부는 한 자녀 정책을 폈다. 이러한 정책은 마오주의로부터의 근본적인 이탈을 의미한다. 하지만 그런 프로그램이 있더라도 중국의 인구는 앞으로 20년간 25퍼센트(3억 명)가 증가할 것으로 보인다. 이는 마오쩌둥 시절에 식구가 많은 가족을 독려하면서 인구가 증가한 결과이기도 하다.

방글라데시와 이집트를 제외하면 중국은 다른 어느 개발도상국에 비해도 경작 가능한 토지가 적다. 중국 영토의 10분의 1이 인구의 3분의 2와 생산의 4분의 3을 감당하고 있는데, 이곳들은 주요 강의 범람 지역보다 지대가 낮다. 인구 증가는 희소한 토지의 사용에 직접적으로 영향을 미치고 토지를 더 희소하게 만들 것이다. 스밀은 이렇게 지적했다. "중국에서 지난 40년간 토양 침식, 사막화, 에너지 프로젝트(수력발전소, 석탄 광산 등), 주거지와 산업 단지 개발 등으로 곡물 생산지의 3분의 1이 사라졌다. 이러한 손실을 새로운 토지로 보충한다 해도(그럴 수 있는 가능성은 점점 줄고 있다), 인구 증가만으로도 1인당 경작 가능 토지는 1990년대 동안에 10퍼센트 이상 줄 것이다. 그리고 2025년이 되면 15퍼센트가 감소할 것이다."[36]

21세기 초가 되면 중국은 지구온난화의 가장 큰 주범이 될지 모른다. 2010년이 되면 중국은 온난화 기체를 가장 많이 배출하는 나라가 될 것으로 보인다. 다른 나라에 미치는 영향은 둘째 치더라도, 기후변화는 중국이 가뭄과 홍수에 대처하는 능력을 약화시킬 것이다.[37]

환경적 제약이 갖는 경제적인 함의는 정신이 번쩍 들 만큼 심각하다. "중국의 인구 규모와 그것이 환경에 가하는 압력을 보면, 중국이 일본이나 더 작은 아시아의 용 국가들을 따라 할 수 있을 것이라는 단순한 예측이 불가능해진다. 중국은 일본처럼 화석연료의 98퍼센트를 수입할 수도 없고 한국처럼 식량과 사료 곡물의 75퍼센트를 수입할 수도 없다. 세계시장에는 그렇게 많은 연료와 식량이 존재하지 않는다."[38] 이러한 한계들은 중국이 어떤 정책을 펴더라도 큰 제약 요인이 될 것이다. 중국에서 환경문제가 이렇게 심각해진 데는 '중국에는 맬서스적 문제가 결코 있을 수 없다'는 마오쩌둥의 마르크스주의적 상황 부정이 한 요인이었다.

마오쩌둥은 후대의 중국 지도자들에게 환경적 재앙, 식량 자급자족이 점점 어려워지는 국가, 그리고 황폐화된 사회를 남겼다. 로더릭 맥파쿠하Roderick MacFarquhar가 언급했듯이 "마오쩌둥은 유토피아를 추구했지만 중국은 거의 '자연 상태'로 귀결되었다."[39] 덩샤오핑의 개혁에 이르러서야 중국에서 토착 자본주의에 기반한 안정적인 근대화가 시작되었다.

중국식 자본주의와 화교 자본주의

다른 경제 문화에서처럼 중국의 자본주의는 더 큰 사회의 네트워크와 가치들에 뿌리를 박고 있다. 오늘날 중국 본토 자본주의의 특징 중에는 지난 세기 중국의 정치사에서 나온 것들도 있다. 하지만 중국 자본주의의 핵심적이고 지속적인 특징은 전 세계에서 화교들이 수행하는 사업에서 볼 수 있다. 이 경제 문화는 중국에서 가족이 신뢰 관계의 핵심 역할을 하고 있음을 반영한다. 해외의 화교 자본주의는 중국에서 이뤄진 시장 개혁이 성공하는 데 핵심 동력이었다. 화교 자본주의는 중국 본토에서 떠오르고 있는 토착 자본주의에 가장 좋은 지침이 된다.

고든 레딩Gordon Redding은 저서 『중국 자본주의의 정신The Spirit of Chinese Capitalism』[40)]에서 중국 경제 문화의 핵심 특징에 대해 설명한 바 있다. 레딩과 리처드 휘틀리Richard Whitley가 요약한 바에 따르면 중국 경제 문화의 특징은 다음과 같다.

1. 상대적으로 단순한 소규모 조직 구조
2. 일반적으로 하나의 제품이나 시장에 집중한 뒤, 기회를 보아 다각화를 함
3. 한 명의 지배적인 관리자에게 막중하게 의존하는 중앙집권화된 의사 결정
4. 소유, 통제, 가족의 연결
5. 가부장적인 조직 분위기
6. 개인의 인맥을 통해 주변 환경과 연결
7. 비용과 재무 효율성에 대해 매우 높은 민감도
8. 자재 조달과 마케팅 등의 핵심 기능을 관리할 때, 서로 관련은 있되 법적으로는 독립적이고, 강하게 연결되어 있되 비공식적으로 연결되어 있는 조직들에 의존

9. 광범위한 시장에서 브랜드 인지도를 얻는 데는 상대적으로 취약

10. 높은 수준의 전략적 적응과 조정[41]

홍콩, 싱가포르, 타이완, 인도네시아, 말레이시아, 필리핀에 4,000만 명가량의 중국인이 있다. 그들이 생산한 것을 합하면 1,500억~2,000억 달러에 달한다.

이러한 국가들에서 화교 기업은 대체로 소규모이고 내외부적 관계가 가족이나 개인 중심이다. 협력 업체와는 공식적인 계약에 의한 관계가 아니라 장기적인 협상과 비공식 상호 의무에 의한 관계, 즉 '꽌시'에 의존한다. 중국 기업은 대규모가 되어도 가족 기업으로 남아 있는 경우가 많으며 중요한 의사 결정은 가장인 아버지가 한다. 타이완과 중국 본토 모두 대기업은 국영기업이다. 가족 소유인데도 대규모인 곳이 있다면 정치적인 보호를 받기 때문이거나 해운업·부동산업처럼 특정 산업이나 시장에 특화되었기 때문이다.

중국 자본주의는 전 세계에 뻗어 있지만 특히 홍콩과 타이완에서 가장 발달했다. 타이완의 경우는 특히 흥미로운데, 중국 본토에서는 최근에야 시작된 토착적 근대화를 이미 해냈다고 주장할 수 있기 때문이다.

1950년대와 1960년대에 타이완은 대대적인 토지개혁을 통해 소농 중심의 농촌 경제를 만들었다. 그리고 역시 대대적인 민영화를 1950년대부터 진행해서 국영기업을 57퍼센트에서 20퍼센트 이하로 줄였다. 타이완 경제는 소규모 가족 기업들로 구성되어 있으며 한국이나 일본에서 볼 수 있는 대기업 집단은 찾아보기 어렵다. 타이완 경제의

성장률은 지난 40년간 평균 9퍼센트 정도였다.

타이완의 경제 근대화가 이룩한 한 가지 결과는 "소득 분배 면에서 타이완이 자본주의 국가들 중 가장 평등한 나라"[42]가 된 것이었다. 이러한 성과는, "타이완은 중국에 중국식 근대화 모델을 제시해 주었다"[43]는 딕 윌슨Dick Wilson의 평가를 뒷받침한다.

중국 자본주의의 핵심인 가족 기업은 서구의 기업 이론에 잘 맞지 않는다. 레딩과 휘틀리는 이렇게 언급했다. "법적 의무가 있는 기업이 경제활동의 기본 단위라는 앵글로색슨식 개념은 재벌이나 중국 가족 기업을 설명하기에 부적절하다. 둘 다 의사 결정에 영향을 미치는 복잡한 외부 연결 고리들을 가지고 있다."[44] 중국 기업의 구조나 작동 모두가 서구 이론이 보편적으로 타당하다고 가정하는 경제 합리성 모델과는 맞지 않는다.

일본의 경제 문화처럼 중국의 기업도 (일본 기업과는 매우 다른 방식으로이기는 하지만) 막스 베버 등 서구 사회학자들이 이야기한 자본주의 발전 이론에 반례를 제기한다. 서구의 일반적인 설명에 따르면 자본주의는 경제활동의 중심에서 가족적이고 개인적인 관계를 제거하면서 발전한다. 경제를 수익-손실 분석이 지배하는 독립적이고 자동적인 영역으로 만들고, 신뢰 관계가 아니라 법적이고 계약적인 의무 관계에 의해 연결되는 영역으로 만들어야 한다는 것이다. 이런 일반적인 설명에 따르면 자본주의는 그것이 속한 사회로부터 스스로를 분리함으로써 발달한다.

이 이론은 영국처럼 긴 개인주의의 역사를 가진 곳에서는 자본주의 발전을 잘 설명할 수 있었다. 하지만 그런 나라들에서도 이 이론은 시장이 작동하는 환경을 만드는 데 국가권력이 수행하는 역할(법, 재산권 보호 등의 틀을 만드는 것)을 간과했다. 그리고 중국 자본주의에는 이런 이론이 거의 적용되지 않는다. 중국 자본주의의 성공은 가족 간 신뢰라는 원천에 크게 의존한다.

중국 기업 문화의 가족 중심주의는 중국 사회가 친족 범위 이외로는 신뢰가 거의 확장되지 않는 가족 중심 문화임을 반영한다. 이러한 핵심적인 특성에서, 중국의 경제 문화는 미국의 자유시장과 다른 만큼이나 일본의 자본주의와도 다르다. 일본에서는 신뢰와 의무의 관계가 가족을 넘어서까지 확장된다. 이는 근대와 봉건 시대의 일본에서도, 또 앵글로색슨 국가들의 개인주의적 사회에서도 마찬가지였는데, 중국에서만큼은 가족 이외의 범위에서 신뢰 관계가 약했거나 존재하지 않았다. 일본 자본주의를 특징 짓는 거대 다국적기업은 강한 기업 문화와 높은 충성도를 가지고 있고 정부의 지침을 받는 것에 열려 있으면서도 전략 수립에서는 높은 수준의 자율성을 가지고 있는데, 이는 중국 기업에서는 보기 어려운 일이다.[45]

중국 자본주의는 한국과도 다르다. 한국은 재벌이라고 불리는 대기업 집단이 경제를 지배하고 있다. 10대 재벌은 수출의 절반 이상을 차지하고 30대 재벌은 생산의 75퍼센트 정도를 차지한다.[46] 한국 재벌은 세습적이어서 창업자 가족이 주요 의사 결정을 담당한다. 하지만 (종종 독과점적 시장 지배를 위한) 재벌의 협력 관계는 가족의 범위를 훨씬 넘어선다.

지금은 달라지고 있지만, 재벌은 정부와 긴밀한 관계를 맺고 있고 이 관계가 전반적인 전략을 결정하는 데 종종 영향을 미친다. 경영은 세습이 일반적이고 보상은 개인화된다. 기본적인 급여 이외의 보상은 일의 유형에 따라서가 아니라 수행된 일에 대한 상급자의 판단에 달려 있다. 또 기업들 사이에 지역적 종파나 라이벌 관계가 존재한다. 그리고 대부분의 한국 기업에서 종신 고용은 약속되지 않는다.[47]

중국의 자본주의는 강하게 가족 중심적인 기업이라는 측면에서 한국의 경제 문화나 미국의 자유시장, 일본의 자본주의보다는 오히려 이탈리아 자본주의와 공통점이 많다.

중국이 겪은 20세기의 역사 때문에 본토의 자본주의는 화교 자본주의와 다른 점도 있다. 중국 본토는 완전한 자본주의 경제가 아니다. 중국 본토의 엄청난 성장률은 노동자의 협상력이 약해서 비슷한 경제 발달 단계에 있는 다른 나라보다 임금이 크게 낮다는 데서도 기인한다. 정확히 측정할 수는 없지만 덩샤오핑의 중국에서 경제 불평등은 자본주의 경제인 타이완보다 훨씬 더 클 것이다.

그래도 중국 본토의 경제 문화가 화교 문화와 수렴한다면 미래의 중국 자본주의는 오늘날보다 더 전통적인 모습을 띠게 될 것이다. 딕 윌슨은 이렇게 언급했다. "중국 어디를 가 보더라도 화교가 전체 또는 일부를 소유한 공장이나 기업들을 볼 수 있다. 이 공장이나 기업을 운영하는 사람들은 마오쩌둥의 탄압으로 지하로 자취를 감추다시피 한 전통문화의 가치들을 모르는 새에 다시 들여오고 있다."[48] 성장하고 있는 민간경제에 자금을 대는 데 화교가 매우 중요한 역할을 하고 있기 때문에, 덩샤오핑의 시장 개혁은 마오쩌둥의 실패한 근대화로 황폐화된 중국의 사회적 삶을 부분적으로나마 다시 전통화하는 효과를 가져왔다.

본토의 경제 문화가 화교 문화에 한층 더 수렴하면 중국은 자생 모델에 따른 자본주의를 더 완전하게 발전시킬 수도 있을 것이다. 하지만 그러려면 수세대의 경제 발전이 필요할 것이고 정치 격변, 환경 재앙, 전쟁 등이 없어야 할 것이다.[49]

중국의 경로에 대한 서구 기업의 낙관론은 이러한 사실을, 특히 중국 역사 내내 국가가 붕괴하는 시기가 많이 있어 왔다는 사실을 간과하는 경향이 있다. 중국을 방대한 시장으로 보는 사람들에게 중국의 환경 문제는 일시적인 어려움으로만 인식된다. 중국이 근대화를 더 진전시킬 수 없게 만드는 근본적인 원인이 될 수도 있다는 점을 생각하지 못하는 것이다.

〈모건 스탠리 자산 관리Morgan Stanley Asset Management〉의 회장인 바턴 빅스Barton Biggs는 환경 파괴는 경제성장을 위해 치러야 하는 비용이라며 중국이 기꺼이 이를 치를 준비가 되어 있다고 말했다.[50] 많은 중국 사람들이 오염을 참을 준비가 되어 있다는 것은 빅스의 말이 맞을지 모르지만 그 비용이 얼마나 높을 것인지, 그리고 기술적인 수단으로 고칠 수 있는 문제인지에 대해 중국의 지도층은 이 태평한 낙관론에 동의하지 않는다. 중국의 지도층은 빅스와 달리 중국이 경제 초강대국이 되지 못할지도 모른다는 점을 알고 있다.

중국의 환경 문제가 극복된다고 해도, 그리고 덩샤오핑이 시작한 경제 근대화가 성공적으로 이뤄진다고 해도, 중국은 21세기 후반이 될 때까지는 완전히 발달된 사회가 되기는 어려울 것이다.

1979년 이후 중국의 경제 근대화

마오쩌둥의 근대화가 실패하면서 그 이후의 중국 근대화는 더 어려워졌다. 덩샤오핑 시기(1976~1997)의 시장 개혁은 대약진운동과 문화대혁명이 일으킨 파괴에 대한 대응으로 나타났다. 하지만 마오쩌둥의 유토피아 실험이 중국의 사회적 조직과 자연환경에 야기한 피해들을 되돌리지는 못했다.

덩샤오핑 경제 개혁의 기원은 불분명하다. 이 경제 개혁은 1979년 7월에 네 개의 경제특구를 만들면서 시작됐다. 주하이, 선전, 산터우, 샤먼이 선정되었는데, 외국 자본에 가깝고 접근이 쉽다는 이유에서였다. 산터우와 샤먼은 영국이 지배한 제국주의 기간 동안 조약항이 있던 곳이다. 경제특구라는 개념은 광동 출신의 관료 두 명이 덩샤오핑에게 제안한 것으로 보이지만, 이 제안을 내는 데 덩샤오핑이 직접 관여했을 수도 있다.

마오쩌둥 이후에 중국의 정책은 정치적인 통제력은 전반적으로 강하게 유지하면서 경제를 근대화하는 것이었다. 덩샤오핑은 '개방' 정책으로 마오쩌둥의 소비에트 모델을 해체하고 경제 근대화를 위해 외국 자본과 기술을 동원했다. 지역에 대한 중앙의 통제를 느슨하게 했지만 분리주의적인 움직임은 절대 허용하지 않았다.[52] 덩샤오핑은 경제활동을 나서서 조정하려 하기보다는 경제에 방해가 되는 것을 제거하려 했다. 국가의 통제를 완화했지만 이는 여전히 마오쩌둥이 건설한 레닌주의 국가의 틀 안에서 이뤄졌다.

경제적으로 보면 이 정책은 불균등하지만 성공적이었다. 연안 지역의 경제성장률은 연간 10퍼센트를 넘었다. 성공의 핵심 요인은 중국이 소비에트 모델이나 그 밖의 서구 모델과 조언을 거부했다는 데 있었다. 중국에는 충격요법이 없었다. 시장 개혁은 점진적이었고 부분적이었으며 원칙에 의한 것이었다기보다는 실용적인 고려에 의한 것이었다. 중국의 개혁가들이 다른 나라에서 무언가를 배웠다면, 싱가포르나 타이완, 그리고 그보다 비중은 작지만 일본이나 한국에서 배웠을 것이다. 어떤 서구 사회도 여기에서 모델로 상정되지 않았다.

중국의 경제 개혁은 작동하는 시장경제를 만드는 것이었지 자유시장을 건설해 내는 것이 아니었다. 그리고 그 시장경제는 중국이 가진 강점을 기초로 했다. 러시아와 달리 중국에는 봉건적 잔재의 부담이 없었고 농업 집단화 때 파괴되지 않고 살아남은 농촌의 전통이 있었다. 덩샤오핑의 개혁은 이러한 강점을 활용했다.

덩샤오핑의 뒤를 이은 장쩌민은 덩샤오핑이 시작한 계획경제 해체를 더 진전시키려는 것으로 보인다. 1997년 8월에 『인민일보』는 이렇게 선언했다. "우리는 옛 시스템에 그저 시장경제를 더하기만 해서는 안 된다. 옛 시스템의 전체적인 수정이 필요하다."[53] 덩샤오핑처럼 장쩌민도 계획경제를 만든 레닌주의적 국가를 유지하는 한에서, 계획경제의 제도들을 해체하고자 한다.

정권의 공식적인 이데올로기인 마르크스-레닌주의가 오래전에 신뢰를 잃은 상황에서 중국 정권이 정치적 정당성을 어떻게 획득할 수 있을까? 중국 정치인들이 처한 주된 딜레마는 공산당의 강령으로 아직 남아 있는 마르크스주의 이데올로기, 그리고 대중 정당성을 얻기 위해 그들이 점점 더 의존하고자 하는 '중국적 특성' 및 유교 문화 사이의 갈등에서 나온다. 전통과의 전쟁을 통해 근대화를 하려 했던 마오주의 정권의 직접적인 계승자가 전통적 가치를 근대화에 동원해 낼 수 있을 것인가?

이데올로기에 대해 말하자면, 오늘날의 중국은 공동화된 정권이다. 생활수준이 상승하는 동안에는 이것이 심각한 약점은 아닐 것이다. 하지만 경제가 침체되고 여기에 지역 간 불균등과 환경 위기가 합쳐지면, 정권이 일관된 이데올로기를 갖지 못했다는 것은 불안정성의 원천이 될 수 있다.

중국은 자연환경이 심각하게 파괴된 상황에서, 그리고 맬서스적 인구 문제를 겪고 있는 상황에서 근대화를 해야 한다. 그리고 토착 자본주의를 기초로 근대화를 시도할 때, 중국은 마오쩌둥의 실패한 근대화가 남긴 가장 깊은 영향이 전통문화를 상당 부분 붕괴시킨 것이라는 점을 기억해야 한다.

최근 중국의 빠른 경제성장은 출발점 자체가 매우 낮았다는 데서도 기인한다.[54] 국내총생산을 측정하기는 쉽지 않다. 사실들은 확증하기 어렵고 계산법에 대해서도 논란이 있다. 하지만 구매력 평가보다 유엔의 국민 계정 통계 방식을 사용한다면 (홍콩은 제외하고) 중국의 경제 규모는 스페인과 이탈리아 사이쯤 된다. 이와 대조적으로 홍콩의 국내총생산은 중국 본토의 4분의 1 정도다. 이러한 격차를 만든 원인에는 중국의 방대한 인구도 있지만 임금이 매우 낮다는 것도 한 요인이다. 중국은 빠르게 성장하고 있는 개발도상국이지 성숙한 자본주의 경제가 아니다.

현재의 국내총생산이 얼마이든 간에 현 정권의 정당성이 빠른 경제

성장을 지속하는 데 크게 의존하리라는 것은 분명하다. 성장이 지속되더라도 혜택은 불균등하게 분배되고 중국의 상당 부분은 빈곤 속에 정체되어 있을 것이다. 1992년에 〈세계은행〉에 따르면 상하이와 광동은 1인당 소득이 8백 달러 이상이었지만 내륙의 구이저우는 226달러 정도였다. 남동부 연안은 인구가 훨씬 많은 중부와 남부보다 1인당 소득이 두 배다.[55]

이러한 불평등은 증가할 것이다. 국내 이주 노동자가 중국 인구의 10퍼센트(약 1억 2천만 명 정도)를 차지하는 것으로 추정된다.[56] 중국 노동부는 2000년이면 실업 인구가 전체 인구의 5분의 1인 2억 6천7백만 명에 달할 것이라고 추정한다.[57] 게다가 이러한 수치는 1997년 말에 중국 국영기업의 사유화 정책이 발표되기 전에 나온 것이다.[58] 시장 개혁이 불러올 사회적 · 경제적 혼란은 중국 정부의 정당성에 의문을 불러일으키기에 충분할 것이다.

중국의 국가기구들은 경제 자유화의 영향으로 점점 약해지고 있다. 부패도 만연했다. 군대를 포함해 모든 제도가 공식적으로든 비공식적으로든 상업화되어 있다. 명령 체계는, 러시아에서만큼 망가지지는 않았지만, 거의 모든 것을 돈으로 살 수 있다는 믿음(어느 정도 사실이기도 하다)이 팽배해지면서 약화되고 있다.

경제성장은 매우 불균등할 것이므로 정권의 안정을 위해 의지할 수 있는 유일한 원천이 되기에는 부족하다. 어느 영역의 호황으로 다른 영역은 파산하기도 한다. 1996년에 상하이에서 경제성장률은 14퍼센트였지만 상하이의 섬유 공장이나 다른 국영기업은 부채에 허덕였다.[59] 게다가 중국 저축량의 4분의 3이 국영 은행의 투자를 통해 국영

기업들에 연동되어 있는데 그 국영기업들이 손실을 입고 있다. 로더릭 맥파쿠하는 이렇게 언급했다. "금융적·정치적 재앙이 배양되는 중이다."[60]

하지만 중국은 국가의 결속을 유지하는 데 놓인 심각한 문제가 러시아보다는 적다. 티베트나 신장에서의 독립운동은 무자비하게 진압되었고, 특히 티베트에서 자행된 진압은 20세기 어느 사례에 견주어서도 잔혹했다. 중국인의 90퍼센트 이상은 한족이고 20명 중 1명만이 소수민족에 속한다. 중국은 인종적으로 동질적인 나라에 가깝다. 역사적으로 볼 때 중국은 국가의 분열을 자주 겪었다. 하지만 지금으로서는 중국이 홉스적 문제를 겪고 있지는 않다.

중국 체제는 현재 '이행'하고 있지만, '민주적 자본주의'라기보다는 서구와 소비에트식 과거로부터 중국의 전통과 필요와 환경에 더 잘 맞는 형태의 근대국가로 이행하고 있다.

자유민주주의는 오늘날 중국 앞에 놓인 역사적 의제가 아니다. 자원의 희소성이 환경 재앙과 정치적 위기를 유발하지 않게 하려면 인구를 효과적으로 통제하는 정책이 꼭 필요하고, 중국 지도자들은 이를 잘 알고 있다. 그런데 현재도 잘 지켜지지 않는 한 자녀 정책이 자유민주주의로 가면 살아남을 수 있을지 의심스럽다.

대부분의 중국인들은 양차 세계대전 사이에 외세와 맞닥뜨려 겪은 망국과 무력감을 기억하고 있다. 그래서 포스트-소비에트 러시아에서와 같은 아나키 상태를 가져올 위험이 있는 정치적 자유주의 실험은 그것이 무엇이든 의심하거나 두려워할 것이다. 중국인들은 국가의 붕괴를 가장 심각한 악으로 본다. 현 정권은 그런 재앙을 아직까지 막아

내고 있다는 점에서 상당한 대중적 정당성을 확보하고 있다.

비교적 온건한 반半전체주의 국가에서 권위주의 국가로 가는 길은 중국으로서는 해가 될 것 없는 시나리오다. 그것이 꼭 독재를 의미하는 것은 아니다. 개인적인 안전과 지속적인 경제성장에 필요한 정치적 조건은 부패하지 않은 법의 지배와 정부가 책무성을 지게 하는 제도들이다. 책무성에 대해서는, 지방정부에서 이미 변화가 시작되고 있다. 1987년에 마을 사람들이 지방단체장과 위원회를 선출할 수 있게 하는 법이 제정됐다. 이제 4백만 명이 넘는 마을 당국자들이 당에 의해 지명되는 것이 아니라 지역민에 의해 선출된다.[61] 정부가 책무성을 다하게 한다는 것이 꼭 서구식 다당제를 들여오는 것을 의미하지는 않는다. 중국으로서는 독립적인 법의 지배라는 조건을 마련하기가 더 어려울 테지만 그것 없이는 정치적 안정성도, 안정적인 경제성장도 보장될 수 없을 것이다.

중국의 상황이 다른 국가들과 매우 다르기 때문에 중국 경제나 정치적 발전에 유일한 모델로 삼을 만한 것은 없다. 타이완의 토착 자본주의 실험도 많은 교훈을 주지만, 그다음으로는 싱가포르가 중국이 따라 할 만한 모델이 될 것이다. 물론 탈자유주의 도시국가 싱가포르에는 중국에 없는 많은 장점이 있다. 규모의 차이, 역사와 인종 구성의 차이 등은 자명하다. 하지만 법의 지배하에서 이뤄지는 국가 주도 자본주의라는 싱가포르의 특징은 중국에 필요한 교훈 중 하나다.

싱가포르의 성공을 중국에서 되풀이하는 일이 완전히 실현 가능하지는 않을 것이다. 하지만 전체주의적 레닌주의의 유산을 벗어 버리고 근대화한 신권위주의 국가가 된다면, 중국은 정치적 정당성을 유

지할 수 있을 것이다. 싱가포르를 모델로 한 중국은 서구 민주주의에
못 미치는 차선책이 아니라 일본에 필적하는 토착적 근대화의 사례가
될 것이다.

근대화된 아시아와 서구의 후진성?

일반적인 '서구' 자본주의라는 것이 없듯이 '아시아' 자본주의라는
것도 없다. 각각의 자본주의는 그것이 뿌리를 두고 있는 특정한 문화
를 드러낸다. 미국의 개인주의적 가치를 표현하고 있는 자유시장도
마찬가지다. 아시아에서도 각 유형의 자본주의들은 각자의 장점과 비
용을 가지고 있다.

아시아의 다양한 자본주의들은 서로 수렴하지 않을 것이다. 기저가
되는 문화가 늘 다른 채로 남아 있을 것이기 때문이다. 그리고 서구의
시장경제를 닮아 가거나 서구의 정치적 발전으로 수렴하지도 않을 것
이다.

경제적 번영이 자유민주주의를 가져올 것이라는 믿음은 근거 있는
연구의 결과가 아니라 신념일 뿐이다. 이는 자본주의의 발달이 중산
층을 성장시킬 것이라는 마르크스주의 개념이 신자유주의적으로 변
형된 것에 불과하다. 최근에 여러 국가의 사례는 그와는 또 다른 마르
크스주의 개념을 증명해 준다. 통제되지 않은 자본주의는 중산층을
가난하게 만들고 중산층의 규모도 줄어들게 만든다는 것이다.

경제 발전이 중산층의 증가를 가져왔다는 것이 사실이라 해도 그

이유로 아시아에서 경제성장이 자유민주주의를 가져온다고 말할 수는 없을 것이다. 다른 사람들도 그렇듯이 아시아의 중산층은 민주적 제도 말고도 필요로 하는 것이 많다. 그들은 경제적 리스크가 통제되어서 자신의 가족이 생계의 여건에 대해 더 많은 통제력을 가지기를 원한다. 양질의 공공서비스를 원한다. 그리고 사회에 소속감과 참여의식을 가질 수 있는 공동체적 제도를 원한다. 그러한 요구들을 만족시키는 체제라면 그것이 민주주의든 아니든 정당성을 가질 것이고, 그렇지 못한 체제는 아무리 민주적이더라도 허약하거나 불안정할 것이다.

아시아 자본주의와 서구 자본주의와의 깊은 차이는 시간이 가도 줄어들지 않을 것이다. 이 차이에는 가족 구조뿐 아니라 각 자본주의들이 뿌리를 두고 있는 문화의 종교적 차이도 반영되어 있다. 북서유럽에서 프로테스탄트 정신과 자본주의의 발전 사이에 관련성이 있다는 것을 포착한 점에서 자본주의를 연구한 사회학자 막스 베버의 설명은 옳았다.

서구의 사회사상가와 경제학자들은 자본주의가 모든 곳에서 영국, 스코틀랜드, 그리고 네덜란드와 독일 일부의 개인주의적 경제 문화를 닮아 갈 것이라고 보는 오류를 저질렀다. 하지만 프랑스와 이탈리아에서는 그렇게 되지 않았다. 또 우리 시대에 정교회 문화인 구공산권 국가의 자본주의는 '서구' 프로테스탄트나 가톨릭 국가들과는 다를 것이다. 정교회 문화에서는 세속적인 시민사회도, 서구 국가식의 제한적인 정부도 발달하지 않았다. 또한 러시아 자본주의는 정교회 문화권의 다른 자본주의들이 독특한 만큼이나 러시아식으로 독특할 것이다.

아시아 자본주의에 대해서도 마찬가지로 말할 수 있다. 인도 자본
주의는 주된 종교가 유교이거나 불교이거나 이슬람교인 나라의 자본
주의와 수렴하지 않을 것이다. 카스트제도는 불교, 유교, 이슬람과 비
종교적인 〔영국〕 페이비언 사회주의의 도전을 겪으면서도 오래도록 살
아남은 사회 시스템이며 인도 자본주의의 토착적 발전 경로에 근본적
으로 영향을 미칠 것이다.

동아시아 국가의 새로운 자본주의들은 서구가 라이벌 경제체제와
원칙 논쟁을 벌여야 했던 것과 같은 부담을 갖고 있지 않다. 부분적으
로는 동아시아의 종교 전통이 배타적인 주장을 하지 않기 때문이다.
분파적인 주장을 하지 않는다는 점은 경제정책에 대한 실용적인 접근
에 적합하다.[62]

아시아 문화에서 시장 제도는 수단으로 여겨진다. 부를 만들고 사
회적 결속을 만들어 내는 수단이지 그 자체가 목적처럼 여겨지지는
않는다. '아시아적 가치'가 갖는 호소력 중 하나는 경제에 대해 실용
적인 접근을 하기 때문에 경제정책을 원칙론적 투쟁의 장으로 만드는
서구의 집착을 피할 수 있다는 점이다. 경제 이론으로부터 자유롭다
는 아시아의 특성은 시장 제도가 얼마나 사회의 안정성과 가치에 악
영향을 덜 미치면서 잘 작동하는가를 기준으로 판단되고 개선될 수
있게 해 준다.[63]

아시아 자본주의들이 사회의 결속을 보호하려 하는 한, 전 지구적
자유방임주의 체제와는 충돌할 수밖에 없다. 이런 충돌에서 더 후진
성을 보이는 쪽은 서구의 자유방임주의 체제다.

아시아 국가들이 경제 불안정성과 환경 위험, 혹은 글로벌 시장이 야기하는 문화적 혼란을 비켜 갈 수 있으리라는 말이 아니다. 1997년 말의 외환 위기와 막대한 오염을 일으킨 산불 등은 이 나라들의 취약성을 보여 준다. 더 근본적으로 아시아 국가들이 전속력으로 추구하는 경제 근대화는 중대하고도 어쩌면 치명적인 맥락에서, 즉 자연 세계와의 관계라는 측면에서 서구의 가치를 받아들였다. 아시아에서도 자연을 소비 가능한 자원으로 보는 근대 서구식 자연관이 지배적이다. 아시아에서 이루어질 경제성장은 생태학적 한계점을 끝내 넘어서게 될지도 모른다.

이 시대에 서구는 저물고 있다. 모든 아시아 국가가 번영한다거나 모든 서구 국가가 쇠락한다는 의미가 아니다. '서구'의 정체성을 '근대화'와 동일시하는 연결이 끊어진 시대라는 의미다. '서구'라는 개념 자체도 이미 구식이 되었다. 동양과 서양이라는 오래된 이분법은 오늘날의 다양한 문화와 체제를 설명하지 못한다.

'단일한 아시아'라는 개념은 '서구 문명'만큼이나 환상이다. 세계 시장의 가차 없는 확장은 보편 문명을 발전시키지 않는다. 그것은 서로 다른 문화의 상호 침투가 전 지구적 조건이 되도록, 그것도 되돌릴 수 없는 조건이 되도록 만든다.

False Dawn

8장

자유방임의 종말

현재의 상황은 지난 세기말과 비견될 만하다. 그때도 오늘날처럼 자유방임 시장이 특징인 자본주의의 황금기였다. 하지만 그때는 더 안정적이었다. 그때는 영국이라는 제국적 권력이 시스템의 주된 수혜자로서 갖는 이해관계 때문에 시스템을 유지하기 위해서라면 세계 어느 곳에라도 함대를 파견할 의지가 있었다. 오늘날의 미국은 세계의 경찰 노릇을 하고 싶어 하지 않는다. 또 이전에는 금본위제가 있었는데 오늘날에는 주요 통화가 변동하고 대륙판처럼 충돌한다. 하지만 백 년 전에 우세했던 자유시장은 1차 세계대전으로 파괴됐다. 전체주의 이데올로기들이 전면에 나섰고 2차 세계대전이 끝날 무렵에는 국가 사이에 자본 이동이 거의 없었다. 이런 과거의 경험에서 교훈을 얻지 않는다면 오늘날의 체제도 무너질 것이다.

조지 소로스[1]

우리는 역사를 되돌릴 수 없다. 하지만 세계가 다양한 색상으로 비교적 평화롭게 덮여 있고 각 부분은 각자의 독특한 문화적 정체성에 따라 발전하며 서로에 대해 관용을 가질 수 있다는 것이 유토피아적 꿈이 아니라는 믿음은 버리고 싶지 않다.

이사야 벌린Isaiah Berlin[2]

세계경제의 성장

진정으로 전 지구적인 경제는 자유시장의 확산이 아니라 신기술의 확산에 의해서 펼쳐지고 있다. 기술이 모방되고 흡수되고 변용되면서 모든 경제가 변화하고 있다. 어떤 국가도 이 창조적 파괴의 물결을 피할 수 없다. 그 결과는 보편적인 자유시장이 아니라 국가들, 경쟁하는 자본주의들, 국가 없는 지역들이 각축하는 아나키 상태다.

이전 사회주의 블록의 명령 경제는 자본주의의 기술적 역량에 맞설 수 없었다. 마르크스는 이렇게 언급했다. 자본주의와 비교하면 "이전의 모든 생산양식은 본질적으로 보수적이다."[3] 20세기 계획경제와 관련해서도 이는 치명적으로 맞는 말로 판명되었다. 방위산업과 우주선 분야(미사일 프로그램의 일환으로 진행됐다)를 제외하면 계획경제 체제는 자본주의의 창의적 역량에 필적할 수 없었고 스스로를 혁신하고 생산성의 토대 자체를 끊임없이 바꿔 내는 자본주의의 능력을 갖고 있지 못했다. 계획경제는 석탄과 철강 같은 옛날의 중공업을 해체하지 못했고 새로운 정보기술로 넘어가는 데는 너무 더뎠다. 그 결과, 현재 자본주의의 대안은 존재하지 않고 계속 변형하는 자본주의의 변종들만 존재한다.

엄격하게 정의하면 자유시장경제도 지역적이고 특수한 것으로서, 다른 자본주의보다 위와 같은 점에서 더 자유롭지 않다. 조지프 슘페터Joseph Schumpeter는 자본주의의 이러한 측면을 놀라울 만큼 명료하게 인식했다. "국내와 해외에서 새로운 시장을 열고, 공방과 공장에서 〈US스틸US Steel〉과 같은 거대 기업으로 조직을 발달시키는 것 모두가, 생물학적 표현을 빌리면, 산업 돌연변이의 과정이다. 경제구조가 끊임없이 안으로부터 혁명을 하면서 옛것은 계속 파괴되고 새로운 것이 계속 생겨난다. 이러한 창조적 파괴의 과정은 자본주의의 본질적인 사실이다."[4]

세계경제의 성장은 스미스나 마르크스가 생각했던 것과 달리 보편 문명을 일으키지 않는다. 세계경제의 성장은 토착적 종류의 자본주의들을 성장시킨다. 이 자본주의들은 자유시장의 이상과도 다르고, 또 서로 간에도 매우 다르다. 이 자본주의들은 서구를 모방해서가 아니라 자신의 문화적 전통을 재생해서 근대화를 달성한다. 근대화에는 여러 가지가 있으며, 근대화에 실패하는 방법에도 여러 가지가 있다.

다원적인 글로벌 경제는 근대 서구 사상의 가장 강력한 사조 하나가 종말을 고하게 만든다. 마르크스와 존 스튜어트 밀은 근대 사회들이 서구 사회의 복제품이 될 것이라고 보았다. 이들에 따르면, 서구는 불가피하게 '모델'이 될 것이며 서구로부터 모방되는 것은 세속적이고 계몽주의적 문화일 터였다. 경제생활은 친족이나 개인적 관계망에서 분리될 것이었다. 자본주의는 어느 곳에서든 개인주의와 합리적 계산을 촉진할 것으로 기대됐다. 그리고 사회주의가 성립된다면 그것은 자본주의가 개척해 놓은 합리적 경제를 발전시킬 터였다. 그들에게 근대성과 단일한 세계 문명의 발달은 하나이고 동일한 것이었다.

역사는 이 계몽주의적 신념에 이미 반례를 제시했다. 근대 사회는 다양한 형태로 올 수 있다. 19세기 일본처럼, 중국, 러시아, 싱가포르, 타이완, 말레이시아는 서구 모델을 거부하는 동시에 서구 사회로부터 필요한 것들을 선택적으로 받아들이면서 발전하고 있다. 중국 등 아시아에서 일어나고 있는 토착적 자본주의는 미국식 자유시장을 재생산하기 위해 고안된 틀 안에 담길 수 없다. 이런 국가의 정부는 자신의 경제를 문화로부터 떼어 놓고 통제 불가능하게 만들 정책들을 받아들이려 하지 않을 것이다.

세계경제의 성장은 인류의 위대한 진전이 될 수도 있었다. 다양한 문화와 체제가 지배나 전쟁 없이 상호작용하고 협력하는 다원적 세계가 시작될 수 있었을지도 모른다. 하지만 보편적인 자유시장의 헛된 시도 속에서 우리가 현재 목도하고 있는 세계는 그런 것이 아니다.

시장 요인이 어떤 전반적인 규제나 제약에 복속되지 않는 세계에서는 평화가 계속 위험에 처하게 된다. 자원을 남용하는 자본주의는 환경을 훼손하고 천연자원을 둘러싼 갈등을 촉발시킨다. 경제에 정부 개입을 최소화하는 작은 정부 지향적 정책이 실질적으로 가져올 결과는 시장뿐만 아니라 생존을 위해서도 국가들이 서로 경쟁하는 상황일 것이다. 현재 조직되고 있는 대로의 전 지구적 시장은 세계 각국이 조화롭게 공존하는 것을 허용하지 않는다. 오히려 각국이 자원을 둘러싸고 경쟁하면서 그와 동시에 자원을 보존할 방법은 제도화하지 못하게 만든다.

전 지구적 자유방임주의의 개혁은 가능한가?

현재로서 글로벌 시장들은 사회를 분열시키고 국가를 약화시키는 방향으로 작동하고 있다. 고도로 경쟁력 있는 정부나 강하고 복원력 있는 문화를 가진 나라들은 사회적 결속을 유지하는 방향으로 행동할 수 있는 여지를 어느 정도 가지고 있다. 하지만 이런 역량이 부족한 곳에서는 국가가 무너졌거나 효과성을 잃었고 사회는 통제할 수 없는 시장의 압력으로 황폐화됐다.

역사는 자유시장이 자기 조절적이지 않음을 증명했다. 자유시장은 내재적으로 불안정한 제도이고 투기적인 경기변동을 타기 쉽다. 케인스의 사상이 영향력 있던 시기에는 자유시장이 매우 불완전한 제도라는 것이 잘 인식되고 있었다. 시장이 잘 작동하려면 규제뿐 아니라 적극적인 관리가 필요하다. 전후 시기에 세계시장은 각국 정부에 의해, 그리고 국제적인 협력에 의해 안정적으로 유지되었다.

케인스 이전 시기의 사상이 정설로 되살아난 것은 아주 최근의 일이다. 그 사상이란, 분명하고 잘 지켜지는 게임의 규칙이 있다면 자유시장은 참여자들이 미래에 대해 구성하는 합리적 기대를 구현할 수 있으리라는 믿음을 가리킨다.

실제로는 시장 자체가 인간의 기대에 의해 형성되는 것이니 만큼 시장의 행동은 합리적으로 예측될 수 없다. 시장을 추동하는 요인들은 기계적인 인과 과정이 아니라 조지 소로스가 '반응적 상호작용'이라고 부른 과정을 통해 작용한다.[5] 시장은 믿음들 간의 매우 불안정한 상호작용으로 구성되기 때문에 자기 조절적이 될 수 없다.

경제 이론에서는 기계의 작동을 이해하듯이 경제를 이해한다. 하지만 인간 사회는 영원히 변동하며 요동친다. 사회제도들은 인간의 믿음들에 의해 구성된다. 작은 종이 조각은 우리가 그것을 화폐라고 믿는 한에서만 화폐이지 그렇지 않으면 그냥 종이다. 시장을 기계로 간주하는 이론은 시장에 대한 가장 중요한 사실 하나를 놓치고 있다. 시장이 인간의 상상과 기대의 산물이라는 사실 말이다.

특히 금융시장에서는 미래에 대한 기대들이 서로서로 반사 작용을 일으킨다. 금융시장들은 균형 상태로 향하는 경향을 보이지 않는다. 비정상적인 급등락이 정상적인 여건이다. 규제받지 않은 금융시장의 불안정성은 자유시장 시스템으로 조직된 세계경제를 근본적으로 불안정하게 만든다.

자유시장이 우리가 미래에 대해 합리적 기대를 형성하도록 해 줄 것이라고 믿는 사람들은 1980년대 초부터 현재까지 이어진 미국의 긴 경제 호황을 근거로 들면서 경기변동은 야만의 시기에나 존재했던 유물이라고 말한다. 그들은 워싱턴 컨센서스의 요구를 따르는 경제는 과거 같은 갑작스런 붕괴나 긴 침체를 걱정하지 않아도 된다고 주장한다.

경기변동이 구시대의 유물이 되었다고 생각하는 기만에 미국〈연방준비제도이사회〉의 앨런 그린스펀 의장도 동참했다. 1989년까지 그린스펀 역시 자유시장이 인간 본성에 속하며 인류가 자유시장을 받아들이지 못하게 막는 것은 압제뿐이라고 믿었다. 하지만 1997년 6월에〈우드로윌슨 센터〉에서 있었던 연설에서 그는 1989년 이후에 "우리가 자유시장 시스템에 대해 당연하다고 생각한 많은 것들이 자연스러운 본성이 아니라 문화적으로 구성된 것임을 깨달았다"고 고백했다. "중앙 계획 체제의 붕괴는 〔시장경제를〕 자동적으로 만들어 내지 않는다.⁶⁾ 그린스펀은 자유시장을 지탱하는 문화적 규범의 중요성을 인식했다. 하지만 안정적인 성장의 '신경제 시대'도 신화에 불과하다는 것을 그린스펀이 믿게 되기까지 또 어떤 사건들이 더 있어야 할까?

전 지구적 자유방임 시장은 세계 주식시장과 금융기관들의 통제 불가능한 위기로 망가질지 모른다. 거대하고 알 수 없는 파생금융 상품의 가상 경제는 시스템 붕괴의 위험을 높인다. 미국처럼 분열된 사회가 1990년대 초에 일본에서 벌어졌던 것과 같은 주식시장 붕괴에 어떻게 대처할 수 있을 것인가? 오늘날 그 정도 규모의 붕괴는 미국에서 어마어마한 경제적 · 사회적 혼란을 초래할 수 있다. 그런 일이 일어나면, 다른 건 몰라도 아마 더 이상 전 지구적 자유시장을 운운하는 사람은 없어질 것이다. 자유시장의 국제 체제는 그것의 중심지에서 벌어지는 경제적 혼란을 버텨 낼 수 없다.

자유시장 경제가 자기 안정적인 시스템이라는 것은 고릿적의 개념이다. 계몽주의 시대 합리주의의 흥미로운 유물 중 하나다. 역사의 흐름에서 자신들은 예외라고 생각하는 투자자들에게 시장이 그들 역시 역사의 반복에 처하게 될 운명임을 상기시켜 줄 때가 되어서야 그 유물은 버려질 것이다.

하지만 시장의 붕괴가 현재의 자유방임주의 시대를 끝내는 시나리오 중에서 가장 있을 법한 일은 아니다. 그보다 더 있을 법한 시나리오는 신흥 국가들이 미국의 패권에 도전하면서 세계경제가 뒤흔들리는 것이다. 1914년 이전의 국제 자유주의 경제 질서처럼 전 지구적 자유시장은 효과적인 글로벌 강대국이 뒷받침해 주는 한에서만 작동할 수 있다. 오늘날 미국은 영국이 벨 에포크 시기에 수행했던 것과 비슷한 제국적 권력의 부담을 지려는 의사가 없으며, 아마 그럴 역량도 없을 것이다.

20세기 말의 미국은 탈군사 사회다. 물론 미국은 유일하게 전 세계에 미치는 권력을 가진 나라이기도 하다. 최신 군사기술에 막대한 투자를 하는 미국은 어느 나라보다도 군사적인 우위를 점하고 있다. 그렇더라도 미국은 많은 사상자를 낼 우려가 있거나 장기전이 될 가능성이 있는 곳에서는 군사적 개입을 지속할 수 없다. 걸프 전쟁 때처럼 기술력으로 전략적 우위를 가지는 곳에서라면 미국이 전쟁을 수행할 수 있다. 하지만 소말리아처럼 정부의 기능을 대신해야 하고 사상자 발생 등의 비용을 오래 감당해야 하는 곳에서는 미국의 헤게모니란 환상이라는 것이 이미 드러났다.

신기술이 계속해서 널리 퍼지고 일반화되면서 후기 근대 시기의 권력의 원천이 서구 국가들에서 빠져나가고 있다. 전前 산업사회였던 국가들은 자신만의 자본주의를 발달시켜 나가면서 워싱턴 컨센서스로부터 점점 더 발을 빼고 있다. 중국이 경제 근대화에 성공한다면 미국식 자유무역을 자국에 강제하려는 초국가 기구들에 강하게 반발하게 될 것이다. 러시아도 마찬가지다. 확장되는 세계경제의 힘은 전 지구적 자유시장의 제도를 깨뜨리면서 나아갈 것이다.

전 지구적 자유방임 시장은 떠오르는 세계경제의 역사에서 하나의 순간이지 종착점이 아니다. 현재의 체제는 그것을 만든 사람들이 거의 상상해 보지도 않았고 분명 의도하지도 않았을 무언가가 되어 가거나, 아니면 그 체제의 제도들이 무용해지거나 영향력이 없어질 것이다. 더 다원적인 세계의 다양성을 반영하지 않는다면 전 지구적 자유방임 시장을 구현한 초국가 기구들은 그나마 있던 권위마저 잃게 될 것이다. 그러다 곧 전간기의 〈국제연맹League of Nations〉처럼 힘없는 기관이 될지도 모른다.

마찬가지로, 강력하게 떠오르는 신흥 경제권들의 필요에 맞게 규칙이 개혁되지 않으면 전 지구적 자유시장은 뒤흔들리고 말 것이다. 중국이 저작권 등 지적재산권을 침해하면서 이미 그런 일이 벌어지고 있다. 초국가 기구가 인정하는 재산권을 강제할 수 없는 세계경제는 자유시장이 아니라 아나키다.

유일하게 남은 글로벌 강대국으로서 미국이 가진 역량도 자유시장을 전 세계에 투사한다는 목표를 달성할 수 있게 해 주지는 않을 것이다. 하지만 전 지구적 자유방임 시장을 개혁하려는 움직임에 거부권을 행사하기에는 충분할 것이다.

사회들의 결속을 촉진하고 국가들을 온전한 상태로 유지하려면 세계시장을 관리하는 전 지구적 거버넌스 체제가 필요하다. 환율, 자본 이동, 무역, 환경보호 등에 대한 전 지구적인 규제의 틀이 있어야만 세계경제의 창조성이 인간의 필요에 맞게 사용되도록 할 수 있다.

현재의 논의에서 중요한 것은 새로운 글로벌 체제의 필요성을 인식하는 것이다. 구체적으로 어떤 정책들이 도입되어야 하는지는 그보다 덜 중요하다. 제임스 토빈James Tobin이 제안한 것과 같은 외환 투기에 대한 글로벌 조세[7]는 세계시장을 더 안정적이고 생산적으로 만들 수 있을 법한 규제의 한 사례일 수 있다.

그러한 정책이 잘 작동할 것인지는 불확실하다. 의심할 여지가 없는 것은, 세계경제가 하나의 전 지구적 자유시장으로 조직되면 불안정성이 커지게 되리라는 사실이다. 그렇게 되면 신기술과 제한 없는 자유 교역이 유발하는 비용을 노동자들이 지게 된다. 이 체제는 전 지구적인 환경 균형을 위험에 빠뜨리는 행동을 막을 수 있는 수단도 가지고 있지 않다. 지구온난화가 실제로 존재하는 위협이라 해도 전 지구적 자유시장은 그것을 다룰 수 있는 제도가 없다. 세계경제를 보편적인 자유시장으로서 조직하는 것은, 제약 없이 각자 이익을 추구하다 보면 이런 엄청난 위험들이 저절로 해결되리라고 믿는 것과 같다.

이보다 더 무모한 도박은 없을 것이다.

하지만 현재로서 전 지구적 자유방임 시장을 관리된 세계경제 체제로 바꾸는 것은 보편 자유시장만큼이나 유토피아처럼 들린다. 그러한 체제는 세계의 경제 열강들이 합심하여 조화를 이뤄야만 가능한데, 이해관계가 서로 다르기 때문에 극명한 위기 관리의 수준을 넘어서는 목적을 위해서는 협력이 불가능할 것이다. 가령 인구 통제나 환경보호에 대해 필요한 합의는 이룰 수 없을 것이다.

국제경제를 개혁하는 핵심 조건은 세계에서 가장 중요한 강대국, 즉 미국의 참여다. 미국이 적극적이고 지속적으로 지지하지 않으면 유효한 전 지구적 거버넌스 제도는 존재할 수 없다. 하지만 전 지구적 자유시장에서 미국은 그러한 개혁에 거부권을 행사할 것이다. 미국의 정책이 워싱턴 컨센서스에 영향을 준 자유방임 이데올로기에 기초를 두고 있는 한, 세계경제를 개혁할 수 있는 희망은 없다.

워싱턴 컨센서스의 종말?

워싱턴 컨센서스에 영향을 준 '작은 정부'라는 이상은 시대착오적이다. 작은 정부라는 이상은 전체주의 국가가 자유와 번영에 주된 위협이던 시절에 속하는 것이다. 오늘날 인간과 사회의 후생을 주로 위협하는 것은 붕괴됐거나 쇠약해진 국가이다.

개혁은 근대국가를 복원하는 것에서 시작한다. 21세기에는 불량 국가의 행위보다 소말리아와 같은 국가의 조건이 인간의 후생에 더 큰 위협일 것이다. 세계에는 소말리아처럼 효과적인 정부가 부재하는 나라가 많다. 라이베리아, 알바니아, 타지키스탄, 파키스탄, 콜롬비아, 시베리아, 체첸 등에서 평화와 경제발전에 위협이 되는 것은 전제적 국가나 확장적 국가가 아니다. 위협은 어떤 종류이든 효과적인 정부가 부재한다는 데서 온다.

세계의 많은 지역에서 근대국가가 뿌리 내리지 못했거나 무너졌다. 그런 나라들에서는 평화와 경제 발전, 그리고 노동과 천연자원 사용의 인간적인 기준을 마련하는 데 가장 필수적인 전제 조건이 없다. 세계의 대부분의 지역에서 '근대국가'는 그 존재를 당연히 여길 수 있는 제도가 아니다. 대다수의 인류에게는 홉스가 말한 불안(폭력적인 죽음의 위험)이 일상이다. 홉스적 문제가 해결될 때까지 인간의 후생에 대해서는 아무리 작은 가능성일지라도 안심하고 확신할 수 없을 것이다.

전쟁 수단을 통제하는 근대국가 없이는 평화가 달성될 수 없다. 클라우제비츠식이 아닌 전쟁은 국가 간 전쟁보다 문명에 더 막대한 장애가 될 것이다. 그런 전쟁은 분쟁을 끝낼 수 있는 제도를 갖고 있지 않기 때문이다. 클라우제비츠식 전쟁이 사라지면서 평화는 실행 가능한 것이 아니게 되었다.

인간이 자연환경에 미치는 영향을 점검하고 천연자원이 책무성 없는 이해관계 때문에 낭비되는 것을 막기 위해서도 효과적인 정부가 필요하다. 러시아에서 전체주의 국가가 일으켰던 환경 파괴는 이제 강도 자본주의에 의해 벌어지고 있다. 홉스적 문제가 해결될 때까지 러시아의 자연환경은 계속 파괴될 것이다.

워싱턴 컨센서스는 질서 유지에 대한 홉스적 문제가 이미 해결되었다고 가정한다. 그럼으로써 약하거나 붕괴된 국가에서 살아가는 사람 대부분이 처해 있는 조건을 외면하고 있다. 그뿐 아니라 규제받지 않는 세계시장이 사회의 결속을 위협하고 정부의 안정성을 위협할 수 있다는 가능성도 무시하고 있다.

싱가포르, 말레이시아, 일본, 네덜란드, 영국, 스웨덴, 노르웨이 등 소수 국가는 글로벌 경쟁에 반응하면서도 사회적 결속을 유지할 여력이 있을 것이다. 하지만 대부분의 나라는 너무나 약하고, 부패했고, 경쟁력이 없다. 실제로 존재하는 국가들 대부분은 전 지구적 시장의 요구를 사회 결속과 환경보호라는 필요와 조화시킬 수 없다.

국가 발전을 촉진하는 방향으로 전 지구적 시장을 개혁할 수 있을까? 전 지구적 자유시장을 기획한 초국가 기구들도 국가 재건의 필요성을 인정하기 시작했다는 징후는 있다. 예를 들어, 워싱턴 컨센서스를 만든 〈세계은행〉은 작은 정부에 대한 지지를 철회하면서, 효과적인 근대 정부 없이는 안정적인 경제 발전이 불가능하다는 점을 인정했다.

〈세계은행〉의 1997년 세계 개발 보고서 『변화하는 세계에서의 국가 *The State in a Changing World*』는 이렇게 시작한다. "분명히 국가 주도의 발전은 실패했다. 하지만 국가 없는 발전도 실패했다. (…) 좋은 정부는 사치품이 아니라 필수품이라는 것을 역사는 계속해서 보여 주었다. 효과적인 정부가 없으면 경제적으로든 사회적으로든 지속 가능한 발전은 불가능하다."[8] 이 보고서는 이렇게 덧붙였다. "1651년에 『리바이어던*Leviathan*』에서 토머스 홉스Thomas Hobbes는 질서를 유지하는 효과적인 국가가 없는 곳에서의 삶은 외롭고, 가난하고, 어지럽고, 잔인하고, 짧을 것이라는 통찰을 보여 주었다."[9]

〈세계은행〉이 작은 정부라는 신조를 거부한 것은 환영할 일이지만 우리에게 필요한 정도로까지 사상을 재정립하는 데는 아직 한참 못 미친다. 물론 홉스적 문제를 풀지 못하는 국가는 어디에서도 정당성을 갖지 못한다. 하지만 사람들이 정부에 사회 무질서나 범죄적인 폭력으로부터의 안전만을 요구하는 것은 아니다. 사람들은 빈곤, 실업, 사회경제적 배제로부터의 보호도 원한다. 국가의 보호적 기능이 이런 위험들을 통제하는 방향으로까지 확장되지 않는다면 정부는 국민으로부터 정당성을 얻지 못할 것이다.

〈세계은행〉은 다음과 같이 지난 십 년간의 통념에서 벗어나지 못한 말을 하고 있다. "핵심적인 공공 재화와 서비스의 종합적인 목록은 다음과 같다. 법질서의 기초, 안정적인 거시 경제, 기본적인 공공 의료, 보편 초등교육, 적절한 교통 인프라, 최소한의 안전망."[10]

이러한 설명에서 국가의 정당한 기능은 공공 경제학 이론에서 말하는 것 이상이 아니다. 물론 이러한 식으로 설명할 수 있는 국가 기능이 존재하고, 근대 시장경제의 어떤 전제 조건들은 보편적인 속성이 있다. 모든 근대 경제는 부패하지 않은 사법당국, 잘 규정된 재산권, 환경을 보호하기 위한 정책 등이 있어야 인간의 필요에 복무할 수 있다.

하지만 〈세계은행〉의 설명에는 사회의 결속을 보호하고 육성하기 위해 국가가 맡고 있는 경제적 역할에 대한 인식이 빠져 있다. 이러한 역할을 염두에 두고 수립되는 정책은 경제 이론의 보편 진리에서 도출할 수 있는 것이 아니다. 그런 정책은 서로 다른 문화적 전통과 서로 다른 종류의 자본주의에 따라 다양한 모습을 띨 것이다.

〈세계은행〉은 서로 다른 문화, 체제, 자본주의가 국가의 경제적 역할을 결정하는 데서 중요성이 미미하다고 취급하면서 여전히 워싱턴 컨센서스에 충실하게 남아 있다. 이러한 차이들은 결정적이지만, 〈세계은행〉은 현재의 자본주의가 다양하다는 점을 받아들이지 못하거나 인식하지 못하고 있다.

두 개의 사례를 보자. 일본 자본주의의 정치적 정당성은 완전고용 문화를 받치고 있는 사회적 계약을 되살리는 것에 달려 있다. 하지만 일본의 고용 실태는 초국가 기구들로부터 위장된 보호무역주의라고 공격받는다. 독일도 비슷한 딜레마에 처해 있다. 전후 독일의 합의적 자본주의에서 핵심 요소는 높은 수준의 사회적 보호였다. 독일 국가는 완전고용을 최종적으로 보장하는 역할을 버릴 수 없을 것이다. 하지만 미국식 노동 유연성을 강제한다면 이를 달성할 수 없을 것이다. 그런데도 국제경제의 정통 교리는 독일이 앵글로색슨 자유시장의 유연한 노동시장을 받아들여야 한다고 주장한다. 〈세계은행〉도, 전 지구적 자유시장 건설에 가담한 다른 초국가 기구들도, 아직 이러한 교훈들을 받아들이지 않았다. 하지만 글로벌 규제는 체제, 문화, 경제의 다양성을 불변 조건으로 인정해야만 지속적으로 작동할 수 있다.

진정으로 전 지구적인 경제에서 우리에게 필요한 규제는, 늘 상이하게 존재할 다양한 자본주의들 사이의 공존을 촉진하는 것이어야 한다. 교역을 생각해 보자. 미국식 자본주의를 보편 기준으로 간주하는 무역 규제는 다양성을 존중하지 않는다. 자국 사회의 결속과 자신이 발달시켜 온 독자적인 자본주의를 보호하려는 정부의 행동을 가로막는 규제는 자유로운 교역을 위한 틀을 제공하지 않는다. 그것은 다른 자본주의들과의 경쟁에서 한 종류의 자본주의에만 특권을 부여한다.

정부가 자국의 경제 문화가 가진 독특한 특성과 가치를 보호할 수 있게 하는 교역의 틀이 필요하다.

보호무역 정책이 필요하다는 말이 아니다. 사회민주주의처럼 보호무역주의도 지나간 시대에 속한다. 주권국가는 앞으로도 전략적으로 중요한 산업을 보호할 것이다. 하지만 고전적인 보호무역 정책은 전 세계적으로 적용되면 작동하지도 않을 것이고 생산적이지도 않을 것이다. 기업이 생산 시설을 세계 어느 곳으로도 옮길 수 있고 정보기술을 통해 서비스를 먼 나라에 아웃소싱할 수도 있으며 금융자산이 사이버 공간에서 거래되는 상황에서, 보호무역 정책은 막다른 골목에 있다.

하지만 독특한 문화와 생존 조건을 지키기 위한 정책을 모조리 보호무역주의로 낙인찍는 규제는 세계 여러 경제들 간의 조화를 증진할 수 없다. 그러한 규제는 경제들 사이의 장기적인 협력을 불가능하게 만든다. 그러한 규제들이 개혁되지 않는다면 떠오르는 새 경제 대국들은 그런 규제를 무시해 버릴 것이다.

초국가 기구들은 모든 경제를 미국 자본주의에서 나온 하나의 모델에 끼워 맞추려고 하면서 자국의 역사나 필요에 맞지 않는 경제정책을 받아들이도록 각국에 강제한다. 하지만 초국가 기구들도 자유로운 행위자는 아니다. 그것들은 특정한 국가의 목적과 철학에 복무한다. 오늘날 모든 초국가 기구는 미국 외교정책의 근간인 신윌슨주의적 철학을 강제하고 있다. 국제 관계에 대한 이러한 접근은 세계의 모든 국가들이 곧 '민주적 자본주의'를 받아들일 것이라는 가정에 기반하고 있다.

미국은 세계경제를 혁명적으로 고치려는 일에 나서고 있다. 미국의 무역과 경쟁 정책은 모든 다른 경제 문명을 경멸하면서 사라져야 한다고 말한다. 일본의 소규모 공방이나 가게, 바나나에 대한 유럽의 시장 보장 등이 경쟁을 제한하는 것으로 판단된다면 미국의 자유시장적 관점은 그것들이 금지되어야 한다고 말한다. 사회적 결속에 기여하는 바가 무엇이든지 말이다. 미국의 정책 입안자들과 논평가들은 다른 나라들이 미국의 상황을 어떻게 인식할지에 대해서는 생각해 보지 않은 것 같다. 왜 미국의 상황이 유럽과 아시아에서는 의심스럽거나 공포스러운 것으로 여겨지는지, 왜 미국의 보편 주장들이 경멸과 불신을 받으며 거부되는지에 대해서 말이다.

세계의 모든 경제를 미국식 자유시장에 복속시킨다는 결심은 성공할 수 없다. 그것은 세계의 경제 열강들 사이에 갈등과 분쟁을 심화시킬 것이다. 그리고 미국이 이끄는 초국가 기구에서 각국이 이탈하려는 시도를 촉발시킬 것이다. 1997년에 몇몇 아시아 국가들이 〈국제통화기금〉을 독립적인 아시아 기금으로 대체하자고 논의했듯이 말이다. 미국의 정책이 남길 가장 장기적인 결과는 일부 국가나 지역이 전 지구적 자유시장을 추진하는 초국가 기구에서 떨어져 나오는 것일지 모른다.

미국은 워싱턴 컨센서스를 지원하며 단일한 하나의 경제 문명을 모든 인류에 부과하고자 하지만, 그러면서 국가들 간의 다룰 수 있는 차이를 다룰 수 없는 분쟁으로 바꾸는 위험을 초래한다. 워싱턴 컨센서스가 영원히 지속되지는 않을 것이다. 그것은 경제적 충격과 지정학적 변동으로 흔들릴 것이다. 워싱턴 컨센서스는 냉전 이후에 미국이 정체성을 찾으려는 과정에서 생긴 한 에피소드에 불과하다. 미국의 다른 견해나 정책이 영구적이지도 않았고 오래도록 안정적이지도 않았듯이 워싱턴 컨센서스도 마찬가지일 것이다. 〈세계은행〉의 입장이 바뀐 데서 알 수 있듯이, 이미 워싱턴 컨센서스에 대해 문제가 제기되고 있다.

그래도 자유시장을 세계에 이식한다는 프로젝트는 당분간 계속될 것으로 보인다. 미국이 자유방임 철학을 버리고 자신의 독보적인 힘을 전 지구적 거버넌스를 위한 조건을 만드는 데 사용하게 하려면 세계가 중대한 위기(경제적이든 환경적이든 군사적이든)를 겪어야만 하는 것일까?

자유방임 이후

냉전 직후의 세계는 '신세계 질서New World Order' 라는 환상적 전망에 사로잡혀 있었다. 하지만 그 시기는 이제 끝났다. 21세기의 국제적 풍경은 아주 희미하게밖에 그려 볼 수 없지만, 분쟁의 주된 원천은 지금도 볼 수 있다. 고전적인 인종·영토 분쟁이 천연자원의 희소성과 대량 살상 무기에 의해 더 악화된 상황 말이다.

중앙아시아와 동아시아에서 '그레이트 게임〔열강들이 석유를 놓고 싸우는 것〕' 이 다시 벌어질 위험에 처했다는 것은 우리 앞에 닥친 운명의 전조일지 모른다. 20세기 말에 중국의 에너지 소비가 남미 국가들의 수준에 도달한다면 중국의 석유 소비는 OECD의 유럽 국가들을 합한 것보다 많아진다. 중국이 한국의 에너지 소비 수준에 도달한다고 해도 오늘날 미국 에너지 소비량의 두 배가 넘는다. 1995년에 중국은 필리핀 인근의 석유가 풍부한 해역에 대해 영유권을 주장했다. 중국, 타이완, 일본, 말레이시아, 브루나이, 인도네시아, 베트남은 모두 동중국해와 남중국해에서 영토 분쟁에 연관되어 있다. 거의 대부분 석유 등 희소한 천연자원과 관련이 있다. 동아시아가 지역적인 군비 확장 경쟁에 이미 돌입했다는 것은 놀랄 일이 아니다.[11]

냉전은 끝났지만 평화에 대한 위협이 사라지지는 않았다. 전쟁의 속성이 달라졌을 뿐이다. 아나키적인 글로벌 경제가 가져온 결과 중 하나는 무기로 넘쳐나는 세상이다. 이전의 소비에트 군산복합체는 무기 장터로 바뀌었다. 핵무기 사용의 위험도 줄지 않았다. 아니 더 커졌을 것이다. 규제되지 않은 핵발전이 확산되면서 소규모 국가나 정치 조직들이 핵 장치를 획득할 가능성이 더 커졌기 때문이다.[12] 국제적으로 조직범죄가 크게 확장되면서 핵 테러의 위험은 더 높아졌다. 개방된 세계경제는 이처럼 예기치 못한 결과를 낳았고, 워싱턴 컨센서스가 허약한 국가들을 만들어 내면서 위험은 더 악화됐다.

우리가 세계화라고 부르는 세계사적인 움직임은 가차 없는 추동력으로 전진하고 있다. 우리는 전 지구적 경제를 이끄는 기술들의 능란한 지배자가 아니다. 그러한 기술들은 우리로서는 파악할 엄두도 못 낼 수많은 방법으로 우리에게 영향을 미친다. 기술의 위험한 부수 효과를 살피거나 막을 수 있는 제도는 부족하다. 후기 근대의 어떤 사회라도 기술 발전을 제약할 수 있을 것 같지는 않다. 인간의 필요에 해로운 결과를 미칠 기술이라 해도 말이다. 후기 근대 사회는 기술의 가치를 확실히 알지도 못할 뿐더러 지구를 인간을 위해 소비되어도 그만인 자원으로 이해하는 접근이 너무 뿌리 박혀 있어서 그런 위대한 과업을 시도하기 어렵다.

발명과 과학 지식의 조류를 되돌리고자 했던 러다이트와 근본주의자들은 자신이 거부한다고 주장하는 근대 세계의 핵심 특징 하나를 드러낸다. 바로 인류의 병폐를 인간의 의지로 고칠 수 있다고 생각한 것이다.

세계경제를 밀어붙인 발명의 물결은 우리가 이득만 취하는 방식으로 통제하는 것이 불가능하다. 많은 경우에 신기술의 해악을 신기술이 제공하는 이득에서 분리할 수 없다. 하지만 기술의 효과가 인간의 후생에 해를 덜 미치도록 균형추를 조금이나마 기울이는 것은 기대해 봄직하다.

과학과 기술은 인류 공통의 유산을 형성한다. (이사야 벌린의 말을 빌리면) "많은 색상으로 비교적 평화롭게 덮여 있는 세계", 즉 다양한 문화들이 함께 살아가는 다원적 세계를 만드는 데 과학과 기술이 사용되는 세상을 그려 보는 일은 한 번도 실현된 적이 없는 이상을 말하는 것이 아니다. 계몽주의 사상과 모든 종교와 모든 철학이 공통으로 가지고 있는 관용의 이상을 말하는 것이다. 그런데 자기 조절적인 전 지구적 단일 자유시장의 전망은 이러한 평화로운 공존의 비전을 유토피아로 만든다. 그 결과 우리는 자유시장주의자들이 투사하는 풍요로움의 세계가 아니라 아나키적인 시장의 힘과 줄어드는 천연자원이 국가들을 더욱 위험한 경쟁으로 몰아가는 비극적 시대를 향해 가고 있다.

교훈은 명백하다. 현재와 같이 조직된다면 전 지구적 자본주의는 희소성이 심해지는 세계에서 고질적인 지정학적 분쟁의 위험을 다루는 데 적합하지 않다. 그런데도 공존과 협력을 위한 규제의 틀은 현재 어떤 정치적 의제에도 존재하지 않는다.

전 지구적 시장 경쟁과 기술혁신은 서로 상호작용하면서 아나키적인 세계경제를 만들었다. 그러한 경제는 지정학적 분쟁의 장이 될 가능성이 크다. 전 지구적 자유시장이 만드는 세계에 대해 더 믿을 만한 지침을 주는 쪽은 스미스와 하이에크가 아니라 홉스와 맬서스다. 선의의 경쟁에서 이뤄지는 조화로운 세계가 아니라 전쟁과 희소성의 세계인 것이다.

아마도 자유방임 체제는 개혁되지 않을 것이다. 그보다는 분절되고 갈라질 것이다. 자원의 희소성과 이해관계의 충돌이 강대국 간 국제 협력을 더 어렵게 해서 세계의 아나키 상태가 더 심화될 것이다.

계몽주의에서 물려받은 합리성에 힘입어 우리가 계몽주의의 마지막 프로젝트로 생겼거나 악화된 무질서에 대처할 수 있게 될까? 아니면 우리가 살아가고 있는 전 지구적 아나키 상태는 우리로서는 너무 무력해서 아무리 애를 써도 극복할 수 없는 역사적 운명일까? 계몽주의적인 세계 문명의 기획이, 국가들이 (그리고 비국가 조직들도) 생존에 필요한 것을 두고 싸우는 혼돈으로 귀결되는 것은 역사의 가장 암울한 아이러니 중 하나일 것이다.

신기술의 확산은 인간의 자유를 증진시키는 방향으로 작동하지 않는다. 그것은 시장의 힘을 사회적·정치적 통제에서 풀어놓는 결과를 낳았다. 우리는 세계시장에 그러한 자유를 허용하면서, 글로벌 시대 역시 예속의 역사 안에서 또 한 차례 굴러간 시대로 기억되게 만들었다.

우리가 처한 세계

전 지구적 자유시장의 미래

현재와 같은 방식으로 구성된 전 지구적 자본주의는 내재적으로 불안정하다. 과거의 국가 내 자유시장이 자기 조절적이지 않았듯이 세계적인 자유시장도 자기 조절적이지 않다. 십 년밖에 안 된 전 지구적 자유시장은 이미 위험한 불균형을 포함하고 있다. 급진적으로 개혁되지 않으면 세계경제는 1930년대의 정치 격동, 경제 붕괴, 경쟁적인 통화 평가절하, 무역 전쟁 등을 비극이자 동시에 희극으로 반복하면서 무너져 내릴 것이다.

모든 나라에서 주류 정당은 전 지구적 자유시장에 대안이 없다고 주장한다. 이 책은 그러한 경제철학을 반박한다. 영국에서 1998년 봄에 이 책이 처음 출간되었을 때 좌우를 막론하고 모든 정치 세력으로부터 공격을 받았다. 현재의 형태로는 전 지구적 자본주의가 근본적으로 불안정하다는 주장은, 종말론까지는 아니더라도, 너무 비관적인 것으로 여겨졌다. 하지만 1년도 안 되어서 이 책의 주장은 대체로 타당성이 입증되었다.

이 책에 대해 사람들이 보인 반응은 내가 이 책에서 펼친 핵심 주장 중 하나를 뒷받침해 주었다. 정치, 언론, 기업계 모두에서 현대의 논평가들은 인간의 실제 상태와 여건에서 너무나 동떨어져서 유토피아와 현실을 더 이상 구분할 수 없게 되었다. 그래서 우리가 목도하고 있는 고질적인 분쟁들, 비극적인 선택들, 망가진 환상들과 함께 역사가 되돌아오는 것에 준비가 되어 있지 못하다.

이 책이 출간되고 얼마 안 돼서 벌어진 사건들은 나의 분석을 뒷받침할 추가적인 증거를 제공해 주었다. 아시아에서 지금 벌어지고 있는 경제적 문제가 어디 먼 나라의 국지적 어려움이 아닐지 모른다는 우려가 공식적으로 언급되기 시작했다. 아시아 자본주의의 위기라고 여겨진 것이 사실은 전 지구적 자본주의의 위기이며 이 위기는 빠르게 커지고 있다는 사실에 곧 직면하지 않을 수 없게 될 것이다. 국제 경제 시스템이 혼돈에 다가가고 있다는 것은 이제 더 이상 의심할 수 없다. 1, 2년 후에는 전 지구적 자유시장 체제를 자신이 지지했었다고 인정하는 사람이 아무도 없을 것이다. 주류 견해는 아직도 전 지구적 자유시장이 불변할 것이라고 주장하고 있지만 말이다.

이 책에서 나는 전 지구적 자유시장이 역사 발전의 절대 법칙이 아니라 정치적 기획이라고 주장했다. 전 지구적 자유시장 기획의 오류는 불필요한 고통을 이미 많이 만들어 내었다. 하지만 앵글로색슨식 자유시장에 기반한 글로벌 경제는 〈국제통화기금〉 같은 초국가 기구들이 충성을 맹세한 목표다. 글로벌 시장은 창조적 파괴의 동력이다.

이전의 시장들도 그랬듯이 글로벌 시장은 부드럽고 안정적인 물결처럼 나아가지 않고 벼락 호황과 불황의 급격한 경기변동, 투기적 광기, 금융 위기 등을 통해 나아간다. 과거의 자본주의와 마찬가지로 전 지구적 자본주의도 옛 산업, 옛 직업, 옛 삶의 방식을 파괴함으로써 엄청난 생산성을 달성하고 있다. 과거의 자본주의와 다른 점은 그 규모가 전 지구적이라는 점이다.

조지프 슘페터는 20세기의 다른 어떤 경제학자보다도 자본주의를 잘 파악했다. 슘페터는 자본주의가 사회의 결속을 보존하는 방향으로 작동하지 않는다는 것을 간파했다. 그 자체로 내버려 두면 자본주의는 자유주의 문명을 파괴한다. 그래서 그는 자본주의가 길들여져야 한다는 점을 인정했다. 슘페터는 자본주의의 역동을 사회의 안정성과 조화시키기 위해 정부의 개입이 필요하다고 보았다. 이는 전 지구적 자본주의에 대해서도 마찬가지다.

오늘날의 전 지구적인 자유방임 시장을 믿는 사람들은 슘페터를 이해하지 못한 채로 그의 말을 따라 한다. 그들은 자유시장이 경제 번영을 촉진해서 자유주의 가치들을 증진할 것이라고 믿으면서, 전 지구적 자유시장이 (새로운 엘리트들 또한 만들어 내었다 하더라도) 국수주의와 근본주의의 변종들을 새로이 만들어 내었음을 보지 못한다. 부르주아 사회의 기반을 갉아먹고 개발도상국에 대대적인 불안정성을 강제하면서, 전 지구적 자본주의는 자유주의 문명을 위험에 빠뜨리고 있다. 또한 서로 다른 문명들이 평화롭게 공존하는 것도 더 어렵게 만들고 있다.

전 지구적 자유방임 시장은 국가들 간의 평화에 위협 요인이 되었다. 현재의 국제경제 시스템은 천연자원을 보호할 수 있는 효과적인 제도를 가지고 있지 않다. 점점 줄어드는 천연자원을 놓고 국가들이 투쟁하게 되는 상황이 올 수도 있다. 국가 간에 벌어지던 이데올로기 경쟁이 21세기에는 맬서스적 희소성이 촉발한 전쟁으로 대체될 것이다.

아시아의 위기는 전 지구적 자유시장이 통제 불가능해졌다는 신호다. 미국에서는 대대적으로 거품이 터졌고 일본에서는 디플레이션이 만성적인 상태가 되었으며 중국에서는 디플레이션이 시작됐고 인도네시아와 몇몇 작은 아시아 국가에는 불황이 왔고 러시아에서는 금융 및 경제의 위기와 함께 정권 교체까지 겹쳐지고 있다. 이러한 것들은 안정성의 전조가 아니라 세계경제가 전반적으로 불안정함을 보여 주는 징후다.

〔1999년〕 개정판에 덧붙이는 이 후기에서 내 주장을 확증해 주는 최근의 몇 가지 사건에 대해, 그리고 미래에 대한 몇 가지 시나리오와 우리가 해야 할 일에 대해 언급하고자 한다. 현재의 아시아 위기는 서구 국가들이 흔히 생각하는 것처럼 아시아식 자본주의 모델에 종지부를 찍게 될까? 일본은 독특한 경제 문화를 유지할 수 있을까? 새로운 단일 통화를 장착한 유럽연합은 글로벌 시장의 충격에서 스스로를 보호할 수 있을까? 독일 자본주의는 되살아날 수 있을까? 거품경제가 꺼져도 미국은 자유시장에 계속 헌신할 수 있을까?

이상은 이 책이 처음 출간된 이후로 벌어진 사건들이 제기하는 질문들이며, 이 후기에서 이를 논하고자 한다. 하지만 그 전에 먼저 이 책의 중심 주장을 다시 한 번 짚어 보는 것이 도움이 될 것이다. 이 책의 핵심 주장은 크게 여덟 가지다.

이 책의 여덟 가지 주장

오늘날의 경제철학이 가정하는 것과 달리 자유시장은 시장 교환에 정치적 개입이 제거되면 자동적으로 오게 되는 자연스런 상태가 아니다. 장기적이고 넓은 역사적 시각에서 보면 자유시장은 드물고 수명이 짧은 변종이다. 규제된 시장이 더 일반적이었고, 모든 사회에서 자생적으로 생겨난 것도 규제된 시장이었다. 자유시장은 국가권력이 건설한 인공물이다. 자유시장과 작은 정부가 함께 간다는 개념은 뉴라이트 사상의 핵심이지만 진실과는 반대다. 사회의 자연적인 경향은 시장을 제약하게 되어 있으므로 자유시장은 중앙집중적 국가권력 없이는 만들어질 수 없다. 자유시장은 강한 정부의 창조물이고 강한 정부 없이는 존재할 수 없다. 이것이 이 책의 첫 번째 주장이다.

19세기 자유방임 시장의 짧은 역사가 이 점을 잘 보여 준다. 자유시장은 빅토리아시대 중기 영국의 극도로 우호적인 환경에서 구성되었다. 다른 유럽 국가와 달리 영국에는 오랜 개인주의 전통이 있었다. 수백 년 동안 자영농이 경제의 기본이었다. 하지만 의회가 권력을 사용해 공유지를 사유화하는 인클로저 등으로 옛 재산권을 파괴하고 새로운 재산권을 만들지 않았더라면 대토지에 기반한 농업 자본주의는 존재할 수 없었다.

자유방임 시장은 우호적인 영국의 역사적 여건들과 영국 민중 대다수를 대표하지 않는 의회의 막강한 권력이 결합되어서 생겨날 수 있었다. 19세기 중반이 되면 인클로저, 신빈민법 제정, 곡물법 폐지 등을 통해 토지, 노동, 식량이 모두 여타 상품과 다를 바 없는 상품이 되면서 자유시장은 경제의 핵심 제도가 되었다.

하지만 영국에서 자유시장은 기껏 한 세대 정도 지속되었다.(어떤 역사학자들은 자유방임의 시대라는 것이 존재하지 않았다고까지 말할 정도다.) 1870년대부터 도입된 여러 가지 법들은 자유시장을 점진적으로 소멸시켰다. 1차 세계대전 무렵이면 시장은 공공 보건과 경제 효율성을 위해 거의 대부분 다시 규제되었고 정부는 교육과 같은 주요 서비스를 제공하는 것에 적극적으로 나섰다. 영국은 계속해서 매우 개인주의적인 자본주의를 운영했고 자유시장은 대공황의 재앙이 닥칠 때까지 살아남기는 했다. 하지만 경제를 정치적으로 통제할 필요가 있다는 주장이 다시 제기됐다. 자유시장은 원칙에만 입각한 과도한 것, 혹은 시대착오적인 것으로 여겨졌다. 1980년대에 뉴라이트로 부활하기 전까지는 말이다.

뉴라이트가 권력을 얻은 나라들에서 정치적·경제적 삶은 되돌릴 수 없이 바뀌어 버렸다. 하지만 뉴라이트는 원했던 만큼의 패권을 얻지는 못했다. 영국, 미국, 호주, 뉴질랜드에서, 그리고 멕시코, 칠레, 체코 등에서 정부는 자유시장 개념에 강하게 영향을 받아 조합주의적이거나 집단주의적인 유산을 상당히 많이 해체했다. 하지만 이 모든 경우에서, 자유시장 정책을 정치적으로 가능하게 했던 초기의 연합은 그 동일한 정책의 중기적 효과로 와해됐다.

대처 정책의 핵심 중 하나인 공공 임대주택의 매입 유도는 주택 가격이 오르는 동안에는 성공적이었다. 하지만 주택 가격이 폭락하고 수백만 명이 역자산(negative eguity, 담보 잡힌 주택 가격보다 대추금 액수가 더 높은 상황)에 묶이게 되면서 이 정책은 정치적 부담이 되었다. 공공 자산을 민영화하고 시장을 자유롭게 하는 것은 경제가 호황이어서 불안정성의 심화를 가릴 수 있는 한에서만 정치적으로 성공할 수 있었다. 불황으로 사람들이 불안정성을 체감하게 되자 뉴라이트 정부는 권력을 유지하기 어려워졌다.

대부분의 국가에서 신자유주의 경제 개혁의 정치적인 수혜자는 온건 좌파로 판명되었다. 19세기 말에도 그랬듯이 20세기 말에도 자유시장이 사회에 미치는 파괴적인 영향들은 자유시장이 정치적으로 지탱되지 못하게 했다.

이는 이 책의 두 번째 주장으로 이어진다. 민주주의와 자유시장은 동반자라기보다는 경쟁자다. 신보수주의자들은 모든 곳에서 '민주적 자본주의'라는 말을 목청 높여 외치지만 사실 그것은 매우 문제적인 관계를 말하는, 아니 가리는 것이다. 자유시장에 정상적으로 따르는 것은 안정적인 민주 정부가 아니라 경제적 불안정성의 정치다.

과거에도 지금도, 거의 모든 사회에서 시장은 안정성과 안전을 원하는 인간의 기본적인 욕구를 심각하게 저해하지는 않도록 제약받았다. 후기 근대의 맥락에서, 자유시장은 민주적 정부에 의해 길들여지는 것이 일반적이었다. 빅토리아시대 중기 시대에 존재했던 순수한 형태로서의 자유시장이 사라진 것은 참정권의 확대와 함께 이뤄졌다. 영국의 자유방임 시장은 민주주의가 진전하면서 후퇴했고 다른 국가들에서도 1980년대의 지나친 자유방임은 민주주의 국가에서 벌어지는 정당 간 경쟁의 압력으로 이후 정부들에서 조정되었다. 하지만 글로벌 수준에서 보면 자유시장은 아직 규제되지 않은 채로 남아 있다.

시장경제와 민주 정부를 융합하려 했던 역사적 프로젝트 하나가 이제 최종적으로 후퇴하는 것처럼 보인다. 유럽의 사회민주주의는 실제로 존재하는 정권으로서 계속 남아 있긴 하다. 하지만 성공적이었던 전후 시기에 가지고 있었던 경제에 대한 영향력은 잃었다. 세계 채권 시장은 사회민주주의 정부들이 부채를 과도하게 늘리도록 허용하지 않을 것이다. 케인스주의 정책들은 자본이 맘대로 빠져나갈 수 있는 개방경제에서는 효과적일 수 없다. 또 생산 시설의 세계적인 이동은 기업이 규제와 조세의 부담이 적은 곳으로 옮겨 가게 만든다.

사회민주주의 정부들은 더 이상 사회민주주의적 방식으로 목적을 추구할 수 있는 자원을 가지고 있지 않다. 그 결과 대부분의 대륙 유럽 국가들은 속수무책으로 대량 실업 문제를 겪고 있다. 가끔 특수하게 운이 좋아서(가령 노르웨이가 유전에서 이득을 보는 것처럼) 사회민주주의 정권의 수명이 연장되는 경우도 있었다. 하지만 일반적으로 사회민주주의와 전 지구적 자유시장의 충돌은 화합할 수 없는 것으로 보인다.

오늘날에는 효과적으로 글로벌 경제를 규율하는 거버넌스 제도가 거의 없다. 그리고 조금이나마 민주적인 글로벌 거버넌스 제도는 아예 없다. 정부와 시장경제 사이에 인간적이고 균형 잡힌 관계를 달성하는 것은 여전히 먼 꿈이다.

셋째, 경제체제로서 사회주의는 회복될 수 없이 망가졌다. 인간적으로도 경제적으로도 사회주의 계획경제가 남긴 유산은 폐허였다. 소비에트는 '많은 사람들이 희생되긴 했지만 빠르게 성장을 이뤄 낸 경제'가 아니었다. 수백만 명의 목숨을 앗아 가거나 삶을 망가뜨리고 천연자원까지 막대하게 파괴한 전체주의 국가였다. 방대한 방위산업 영역과 일부 공공 보건 영역을 제외하면 소비에트는 경제적·사회적 성과를 거의 내지 못했다. 그리고 마오쩌둥 치하의 중국에서는 국가가 일으킨 기근과 공포정치, 천연자원의 파괴 등을 통한 손실이 소비에트에서보다도 더 심했을 것이다.

21세기가 어떻게 펼쳐지든 간에 사회주의의 붕괴는 되돌릴 수 없는 것으로 보인다. 우리가 예견해 볼 수 있는 미래에, 세상에는 두 개의 경제체제가 존재하는 게 아니라 자본주의의 변종들만이 존재할 것이다.

넷째, 마르크스주의 사회주의의 붕괴를 두고 서구 국가들(특히 미국)은 자유시장 자본주의의 승리라며 환영했지만, 구공산권 국가들이 서구의 경제 모델을 받아들이지는 않았다. 서구의 어떤 모델이든지 간에 말이다.

러시아와 중국 모두에서 공산주의의 붕괴는 토착 자본주의를 되살렸다. 그러나 토착 자본주의는 공산주의 시기의 영향 때문에 일그러진 형태로 되살아났다. 러시아 경제는 범죄적인 조합주의 형태가 지배하고 있다. 이 특이한 경제 시스템의 가장 가까운 기원은 소비에트의 불법 경제다. 하지만 제정 말기에 번성했던, 거침없는 기업가 정신과 국가 주도의 거대 기업이 섞여 있는 자본주의와도 비슷한 점이 많다. 한편 중국의 자본주의는 전 세계에서 화교들이 수행하는 자본주의와 비슷하다. 특히 기업 활동에서 친족 관계가 갖는 역할이 그렇다. 하지만 역시 부패가 만연해 있고 군대를 포함해 공산주의 시대로부터 물려받은 제도들의 상업화도 심각하다.

흔히 공산주의의 붕괴를 서구의 승리라고 여긴다. 하지만 마르크스주의 사회주의는 전형적인 '서구' 이데올로기다. 러시아와 중국에서 마르크스주의가 해체된 것은 모든 서구 근대화 모델이 무너졌음을 의미한다. 소비에트와 중국에서 중앙 계획경제가 붕괴·해체된 것은 19세기 자본주의 공장의 근대화 모델에 따른 실험이 끝났음을 보여 준다.

다섯째, 마르크스-레닌주의가 말하는 합리성과 자유시장 경제가 말하는 합리성은 각각 다른 경제체제를 지지하지만 공통점도 많다.

마르크스-레닌주의의 합리주의와 자유시장 경제의 합리주의 모두 자연에 대해 프로메테우스적 태도를 가지고 있고 경제 발달이 일으키는 피해에는 관심을 기울이지 않는다. 둘 다 인간 문화의 역사적인 다양성을 하나의 보편 문명으로 대체하려는 계몽주의 기획이다. 전 지구적 자유시장은 그러한 계몽주의 기획의 가장 최근, 그리고 아마도 가장 마지막 형태일 것이다.

오늘날 벌어지고 있는 논쟁을 보면 많은 이들이 수백 년 동안 진행되어 온 역사적 과정으로서의 세계화를 전 지구적 자유시장이라는 짧은 정치적 기획과 헛갈리고 있다. 제대로 이해한다면, 세계화는 멀리 떨어져 있는 곳들의 경제와 문화적 삶이 점점 더 연관되는 것이다. 이 과정은 유럽 열강들이 제국주의 정책으로 세계 곳곳에 뻗어 나간 16세기로 거슬러 올라간다.

오늘날 세계화 과정을 추동하는 주된 동력은 지리적 거리를 좁히는 새로운 정보기술의 확산이다. 많은 사상가들이 세계화가 보편 문명을 만들고 그것을 통해 서구, 더 구체적으로는 앵글로색슨의 가치와 행동 양상을 확산하는 경향이 있다고 생각한다. 하지만 세계경제의 발달은 그와 다른 방향으로 이뤄졌다. 오늘날의 세계화는 1차 세계대전 이전의 40년~50년 동안 유럽 제국주의의 비호를 받으며 성립되었던 개방된 국제경제와는 다르다. 오늘날의 글로벌 시장에서는 어떤 서구 강대국도 영국이나 다른 유럽 열강이 그때 가졌던 권력을 갖고 있지 않다. 장기적으로는, 신기술이 일반화되면서 서구의 권력과 가치를 잠식하고 있다. 핵무기 기술이 반反서구 체제로 확산되는 것은 이러한 큰 경향을 보여 주는 많은 징후 중 하나다.

세계화된 시장은 앵글로 아메리카식 자유시장을 전 세계에 투사하지 않는다. 세계화된 시장은 모든 종류의 자본주의를 변화의 물살에 던져 놓으며, 자유시장의 변종들도 여기에서 예외가 아니다. 아나키적인 글로벌 시장은 옛 자본주의들을 파괴하고 새 자본주의들을 내어 놓으며, 그러면서 그 모두를 그치지 않는 불안정성으로 몰아넣는다.

보편 문명이라는 계몽주의 사상이 미국만큼 강한 곳은 없을 것이다. 미국에서는 보편 문명이 서구, 그러니까 미국의 가치와 제도를 받아들이는 것을 의미한다.[1] 미국이 곧 보편 모델이라는 생각은 오랫동안 미국 문명에서 특징적인 개념이었다. 그리고 1980년대에는 미국의 우파가 '미국의 세계 임무'라는 이 오랜 개념에 올라타서 이를 자유시장 이데올로기를 촉진하는 데 활용했다. 오늘날 미국의 공공 담론에서 미국 기업 권력의 세계적인 확장과 보편 문명이라는 이상은 동일한 것이 되었다.

하지만 미국이 세계의 모델이라는 주장은 다른 나라에서는 받아들여지지 않는다. 미국의 경제적 성공은 참지 못할 수준으로까지 치솟은 사회적 분열(범죄, 투옥, 인종과 민족 분쟁, 가족과 공동체 붕괴 등)을 가져왔다. 서구 문화권이 확장되고 있으며 그것을 미국이 이끌고 있다는 생각은 사실과 반대다. 오늘날 '서구'는 더 이상 명확한 의미로 규정할 수 있는 범주가 아니다. 미국에서만은 명확한 의미를 가진 것으로 보이는데, 미국에서 '서구'는 다문화주의적인 인류 불변의 현실에 대한 시대착오적 저항을 의미한다.

미국의 국내외 정책 중에 다른 서구 사회와 융화되지 않는 것이 점점 많아지고 있다. 사회가 극도로 분열돼 있고 자유시장에 대해 전투적으로 헌신한다는 점에서 미국은 독특하다. 유럽과 미국은 공통의 이해관계도 많지만 가치와 문화 면에서 서로 멀어지고 있다. 되돌아보면, 2차 세계대전 이후부터 냉전 직후까지 미국과 유럽이 긴밀히 협력했던 시기가 미국-유럽 관계에서 예외적인 것이었다고 보아야 한다.

자신의 문명은 독특하며 구세계와는 공통점이 별로 없다고 보는 미국의 개념은 오랜 역사를 가지고 있는데, 이 개념이 오히려 사실로 드러나는 듯하다. 미국이 곧 보편 모델이라는 신보수주의자들의 주장이 미국을 더 이상 유럽적 '서구' 국가가 아니게 만드는 과정을 가속화하고 있으니, 퍽 흥미로운 아이러니다.

미국 예외주의가 자유시장 이데올로기와 결합했다는 것이 이 책의 여섯 번째 주장이다. 전 지구적 자유시장은 미국의 프로젝트다. 어떤 맥락에서 미국 기업은 여기에서 이익을 얻었다. 이제까지는 보호받던 경제들에 자유시장이 침투했기 때문이다. 하지만 전 지구적 자유방임 시장이 미국 기업의 이익을 합리화하는 것에 불과하다는 말은 아니다.

전 지구적 자유시장에서는 장기적인 승자가 있을 수 없다. 더 이상 미국 경제의 이익에만 특히 더 유리하게 작동하는 것도 아니다. 오히려 세계시장이 대대적으로 혼란에 빠지면 미국 경제는 다른 나라 경제보다 위험에 더 많이 노출될 것이다.

전 지구적 자유방임 시장은 기업의 나라 미국의 음모가 아니라 20세기에 일어난 여러 차례의 비극 중 하나다. 교만한 이데올로기가 그것이 파악하지 못한 인간의 불변하는 욕구 위에서 좌초된 비극인 것이다. 자유시장이 무시하는 인간 욕구 중 하나는 사회적 정체성과 안정성에 대한 욕구다. 예전에는 부르주아 사회의 직업 구조가 이 욕구를 어느 정도 충족시켜 주었다. 하지만 부르주아 문명의 전제 조건과 전 지구적 자본주의의 명령 사이에 충돌이 벌어지고 있다. 이것이 이 책의 일곱 번째 주장이다. 후기 근대 자본주의의 만성적인 불안정성은 부르주아적 삶의 몇몇 핵심 제도와 가치들을 잠식한다. 특히 가장 해악적인 자유시장 자본주의에서 더욱 그렇다.

잠식되는 사회제도 중에 가장 주목할 만한 것은 직업 경력career이다. 전통적인 부르주아 사회에서 대부분의 중산층은 자신이 사회생활을 하나의 직업에서 영위하게 될 것이라고 기대할 수 있었다. 하지만 오늘날에는 그런 희망을 가진 사람이 거의 없다. 경제적 불안정성이 미친 깊은 영향은 단지 각 개인이 일생 동안 거쳐 가는 직업의 숫자가 많아졌다는 데서만 그치지 않는다. 직업 경력이라는 것 자체가 무의미한 것이 되어 버렸다.

대다수 노동인구의 삶에서 옛날식의 직업 경력, 즉 오랜 직업 생활에서 오는 보상과 통상적인 생애 주기가 잘 맞아떨어지는 방식의 직업 경력은 이제 추억 속에나 존재할 뿐이다. 그 결과 중산층의 삶과 노동자 계급의 삶 사이의 익숙한 대조는 점점 더 현실과 거리가 멀어지고 있다. 전후의 부르주아화 경향은 뒤집혔다. 그리고 노동인구 중 상당수가 어느 정도 재프롤레타리아화되었다.

'탈부르주아화'가 미국에서 유독 심하게 진행되었을 수는 있지만, 경제적 불안정성은 세계의 거의 모든 경제에서 벌어지고 있다. 부분적으로는 전 지구적 자유시장의 부수 효과다. 전 지구적 자유시장의 작동은 사회적 책무성이 있는 종류의 자본주의를 점점 더 지탱되기 어렵게 만들면서 그레셤의 법칙("악화가 양화를 몰아낸다")을 모방한다. 자본과 생산의 전 세계적 이동성은 '바닥으로의 경주'를 촉발한다. 더 인간적인 종류의 자본주의 경제들은 규제를 완화하고 세금을 감면하고 복지 혜택을 줄이도록 압력을 받는다. 이러한 새로운 경쟁에서, 모든 종류의 자본주의는 변형된다.

이 책의 여덟 번째 주장은 우리가 무엇을 이룰 수 있는가와 관련이 있다. 미국은 보편적 자유시장을 단기적으로라도 실현할 패권을 가지고 있지 않다. 하지만 세계경제를 개혁하는 데 거부권을 행사할 권력은 있다. 미국이 전 지구적 자유방임에 대한 워싱턴 컨센서스에 헌신하는 한, 세계시장 개혁은 이룰 수 없을 것이다. '토빈세'(투기성 외환거래에 부과하는 세금으로, 제안자인 미국 경제학자의 이름을 딴 것이다)와 같은 제안들은 사문으로 남게 될 것이다.

개혁이 없는 상태로 불균형이 한계에 달하면 세계경제는 조각날 것이다. 무역 전쟁은 국제 협력을 더 어렵게 만들 것이다. 세계경제는 경제 블록들로 쪼개지고 각각은 지역적 패권을 놓고 투쟁하게 될 것이다.

열강들이 한 세기 전에 중앙아시아의 석유를 놓고 벌였던 '그레이트 게임'이 21세기에 다시 일어날지도 모른다. 국가들이 희소한 천연자원을 확보하기 위한 경쟁에 돌입할 때 군사적 충돌은 피하기 더 어려워질 것이다. 허약한 권위주의 체제들은 군사적 모험으로 정권을 지탱하려 할 것이다. 유고슬라비아의 남아 있는 부분을 이끌고 있는 신공산주의 지도자 슬로보단 밀로셰비치Slobodan Milosevic는 어쩌면 다른 곳에서도 권위주의 선동가의 전형이 될지 모른다.

전 지구적인 자유방임 시장이 깨어지면서 국제적인 아나키 상태가 심화되는 것이 인류가 처한, 매우 가능성 높은 미래일 것이다.

아시아의 불황과 미국의 거품경제
: 전 지구적 자유방임주의의 종말이 시작되었는가?

서구 국가들은 아시아의 경제 위기가 자유시장이 글로벌 경제에서 살아남을 수 있는 유일한 종류의 자본주의임을 증명해 주었다고 여겼다. 아시아 자본주의가 경제 발전의 초기 단계에서 엄청난 위업을 달성했다는 것을 부인하는 사람은 거의 없다. 하지만 대부분의 사람들이 오늘날에는 아시아 자본주의가 한물갔다고 생각한다. 아시아가 지금 겪는 문제들은 더 이상 아시아 자본주의가 앵글로 아메리카식 자본주의의 대안이 될 수 없음을 증명하는 것이라는 견해가 서구에서 받아들여지는 정설이다.

이런 주장을 펴는 사람들 중 상당수가 1년~2년 전만 해도 아시아 자본주의를 서구 국가들이 본보기로 삼을 만한 사례라며 칭송했다. 서구 여론에서 벌어졌던 그 에피소드는 이제 잊혀졌다. 하지만 자유시장의 승리도 이처럼 찰나적일 것이고 빠르게 잊혀질 것이다.

우리는 주류 이론과 정책이 거칠게 거부되는, 역사적 불연속의 순간에 진입하고 있다. 2차 세계대전 이후 케인스주의가 승리한 순간도 그런 불연속의 순간이었다. 1930년대의 경제 신조를 대공황과 2차 세계대전이 깨뜨렸듯이 현재 아시아의 위기가 그와 비슷한 영향을 자유시장 이데올로기에 미치고 있는 것 같다.

아시아의 위기가 진행되는 동안 서구의 논평가나 정책 입안자들은 한 번도 그 위기의 중요성을 인식하지 못했다. 단일한 전 지구적 시장이라는 기획에 사로잡힌 초국가 기구들은 계속해서 헛다리를 짚었다. 먼저 그들은 동아시아의 문제가 주로 금융기관들의 문제이며 심각한 경제적 파장은 없을 것이라고 보았다. 그러한 해석을 더 이상 유지할 수 없게 되자 이제는 아시아가 구조적인 문제 때문에 경기 후퇴를 겪고 있다고 주장했다.

이 수정된 견해조차도 위기의 규모를 제대로 감지하지 못하고 있다. 1998년 하반기 무렵이면 서구 은행들은 그해 말까지 국내총생산이 인도네시아에서 20퍼센트 이상, 태국에서 11퍼센트 이상, 한국에서 7.5퍼센트가량 떨어질 것이라고 예측하고 있었다.[2] 인도네시아에서는 그해 말까지 실업이 2천만 명을 넘어서 인구의 절반 이상이 빈곤 상태가 될 것으로 추정됐다.

일반적으로 이 정도 규모로 경제활동이 감소하는 것은 경기 후퇴의 신호가 아니라 심각한 불황의 신호다. 아시아에서 벌어지고 있는 불황의 규모가 이제서야 막 인식되기 시작했지만 그것의 원인과 세계경제에 주는 시사점은 아직 이해되지 못하고 있다.

아시아의 불황은 규제받지 않는 자본의 전 지구적 이동이 경제 안정성에 재앙적인 결과를 가져올 수 있음을 보여 주는 첫 번째 사건이다. 아시아 시장에서 자본이 빠져나간 것은 하룻밤 사이였지만, 이 자본 이탈이 실물경제에 미칠 영향은 수십 년, 수세대에 이어질 것이다. 투기적인 자본 이동이 촉발한 경제 위기의 사회적·정치적 상처는 오래도록 남을 것이다.

1990년대 말의 아시아 외환 위기는 그 영향이 금방 흡수되어 없어진 일시적 금융 변동으로 기록되지 않을 것이다. 그것은 글로벌 위기의 초기 징후로 여겨질 것이다. 서구는 1930년대 이래로 본 적이 없는 규모로 일어나는 동아시아의 경제적·사회적 혼란에서 전간기 유럽에서 벌어졌던 것과 같은 정부와 체제의 격변은 없을 것이라고 기대하지만 이러한 견해는 역사에 대한 무지를 보여 줄 뿐이다. 아시아 경제 위기가 낳을 법한 가장 가능성 있는 결과는 아시아의 정치적 불안정성이 장기화되는 것이다. 아시아의 불황이 진전되면서 서구에 반대하는 민족주의 운동이 다시 살아나고, 급격한 정권 교체, 인종 분쟁의 재점화, 대규모 인구 이동, 권위주의적인 독재의 새로운 실험 등이 발생해 아시아의 정치적 풍경을 바꾸어 놓게 될 것이다. 이러한 과정에서 자유 시장이라는 서구의 개념은 거의 아무 역할도 하지 못할 것이다.

아시아의 위기는 앵글로 아메리카식 자본주의가 유일하게 가능한 경제체제임을 보여 주는 것이 아니다. 설령 다른 시스템이 다 무너진다 해도 앵글로 아메리카식 자본주의가 지금과 같은 형태로 혼자 살아남지는 않을 것이다. 그런 해석은 역사에 대한 무지와 서구 중심적 인종주의 속에서만 믿을 만해 보이는 해석이다. 아시아의 위기는 현재 모든 종류의 자본주의가 변화의 물결 속에 던져졌음을 보여 준다.

아시아의 경제는 다른 모든 경제와 마찬가지로 사회적 결속과 정치적 안정성에 예측할 수 없는 결과들을 내면서 끊임없이 변형되고 있다. 자유시장 경제라고 그러한 변동에 딱히 더 면역이 되어 있지는 않다. 아시아의 위기는 자유시장의 보편적 승리를 의미하기는커녕 전 지구적 자본주의가 유발하는 커다란 혼란의 시기가 올 것임을 의미하는 징후다.

이러한 변화에 대해 오늘날의 인식은 놀랄 만큼 준비가 되어 있지 못하다. 미국에서는 더 심각하다. 아시아 위기에 대한 미국의 인식은 흥미로운 모순을 담고 있다. 미국은 동아시아의 경제적 어려움을 아시아 자본주의가 최종적인 위기에 있음을 보여 주는 징후로 여기면서 환영했다. 그런데 그것이 사실이라면 이는 세계사적인 거대 규모의, 그리고 장기적인 변동으로 여겨져야 한다. 아시아의 경제는 거대하고 때로는 다룰 수 없는 문제들에 봉착해 있다. 하지만 그것이 결국에는 자유시장을 받아들이는 것으로 귀결될 과정상의 한 단계인 것은 아니다. 아시아 자본주의는 아시아 국가들의 정치, 종교적 역사와 사회구조, 가족 구조 등을 표현한다. 그것들은 초국가 규제 기구의 의지로 바꿀 수 있는 시스템이 아니라, 지역의 역사와 전통에 깊이 영향을 받으면서 작동하는 사회적 · 문화적 제도들이다.

역사에 무지한 사람(〈국제통화기금〉의 정책을 짜는 사람들이다.)만이 아시아 국가가 그러한 유산을 벗어 버릴 것이라고 상상할 수 있다. 역사에서 교훈을 얻는다면, 아시아의 자본주의들이 현재의 위기를 겪고서 서구 모델에 기반해 재구성되기보다는 예측 불가능하게 바뀐 모습으로 나타나리라고 예상할 수 있을 것이다. 설령 아시아 자본주의들이 '서구'의 자본주의들로 수렴한다 해도 그 과정은 수세대에 걸쳐 심대한 문화적·정치적 변화를 일으킬 충격적인 과정일 것이다.

최근까지 미국에서는 그런 장기적이고 대대적인 변형이 벌어지더라도 미국은 그냥 하던 대로 하면 될 것이라는 확신이 지배적이었다. 아시아의 경제 붕괴가 미국에 미치는 영향은 미미하거나 심지어 긍정적일 것이라고 기대됐다. 하지만 그와 동시에 미국의 정책 입안자들은 세계화된 시장에서는 어느 한 곳의 변화도 다른 모든 곳의 경제에 영향을 미친다는 것을 인식했으며 그렇게 주장하기까지 했다.

이러한 상충되는 예측들은 세계에 대한 매우 불안정한 견해를 보여 준다. 미국은 자신이 세계화의 동력이라고 믿었다. 그와 동시에 세계화의 무질서에서 자신은 어떻게든 보호받을 것이라고 믿었다. 미국은 자본주의가 전 지구적이 되면 그것이 수반할 불안정성도 불가피하게 전 지구적이 된다는 것을 이해하지 못했다.

'신경제'의 사도들은, 과거를 볼 때는 자본주의가 파괴적이면서 창조적이라는 점을 인식했다. 필적할 데 없이 높은 생산성은 기존 산업을 흔들고 기존의 사회적 삶의 형태를 뒤엎음으로써 달성되었다. 그런데 현재와 미래를 볼 때는 이런 불쾌한 사실을 용케 간과해 버린다. 그들은 자본주의의 엄청난 생산성이 항상 그에 수반됐던 고통과 혼란 없이 올 것이라고 기대하고 약속한다.

미국의 견해가 기대하는 바와 실제 역사적 사실 간의 불일치는 비현실적인 자신감을 만들어 냈다. 이 자신감은 미국 경제의 취약성을 보여 주는 작은 증거만 나타나도 쉽게 깨질 것이다.

미국의 주식시장 호황은 경제 구조 조정이 그 유일한 원인도, 주된 원인도 아니었다. 미국에서 정보기술의 발달이 경제의 경쟁력을 향상시킨 것은 분명하다. 1990년대의 무자비한 인력 감축과 구조 조정도 미국 기업에 상당한 비용 우위를 주었다. 그러한 면에서 미국의 호황은 경제 효율성의 실질적인 이득을 반영한다.

하지만 미국 주식시장의 과도한 고평가를 지탱해 준 요인이 또 있었다. 높은 주가는 미국이 전략 지정학적으로 역사적인 승리를 거뒀다는 자신감을 반영했다. 공산주의의 붕괴, 유럽 경제의 약화, 아시아 경제의 위기와 같은 변화가 불과 십 년 사이에 일어나면서, 미국인들은 '미국의 신조'가 최종적으로 증명됐다고 생각했다.

1990년대 말이면 미국 여론은 미국적 가치가 전 세계로 빠르게, 그리고 되돌릴 수 없이 퍼지고 있다고 확신했다. 경기변동이라는 것은 이제 옛말이 되었다는 환상적인 개념이 정설이 되었다. 유럽이나 아시아에서와 달리 미국에서는 '역사의 귀환'이라는 전망이 고려되지 않거나 가치절하됐다. 미국의 긴 호황은 국가적 교만의 덧없고 얄팍한 분위기로 부풀려진 투기적 거품이 되어 있었다.

그 거품은 언제라도 꺼질 수 있었다. 한 가지 이유는 그 거품이 미국의 군사적 패권을 가정하고 있는데 그 가정이 이미 아시아에서 일어난 여러 가지 사건들로 흔들리고 있었다는 점이다. 인도 아대륙에서의 핵무기 경쟁은 그 자체로는 미국 안보를 직접적으로 위협하지는 않는다. 하지만 인도와 파키스탄의 핵 경쟁은 미국이 주도하는 핵 확산 방지의 국제적 노력을 갉아먹고 세계를 더 위험하게 만들었다.

남아시아에서 핵무기 경쟁을 저지하기 위해 미국이 가능한 모든 힘을 기울였다는 것은 분명해 보인다. 하지만 그 노력이 실패했다는 데 대해서도 의심의 여지는 별로 없다. 핵무기 확산을 막으려고 애쓰면서 미국은 불쾌한 사실에 직면했다. 세계화는 미국의 권력을 강화하지 않고 오히려 제한한다는 사실 말이다. 미국은 여전히 세계 최고의 군사 강국이지만 오늘날 군사적 효율성의 기반인 기술의 확산에 대해서는 통제력이 거의 없다.

마찬가지로 미국의 경제 권력도 제한되고 있다. 중국의 경쟁적인 통화 평가절하는 동아시아에 재앙이 되고 미국에도 악영향을 미칠 것이다. 동아시아에서 디플레이션을 심화시키고 미국에서는 보호무역주의적인 보복을 촉발할 것이다. 주식시장에 미치는 영향도 재앙적일 것이다. 이를 막는 것에 미국의 이해관계가 많이 걸려 있지만 그러기 위해 미국이 할 수 있는 일은 별로 없다.

때로 중국은 아시아의 위기 한복판에 있는 안정성의 낙원으로 서구에서 찬사를 받는다. 이 말이 어느 정도 사실이라면 그것은 중국이 전 지구적 자유시장에서 어느 정도 벗어나 있었기 때문이다. 중국 정부는 경제에 상당한 통제력을 행사하고 있다. 중국을 칭송하는 서구 국가들은 중국의 상대적인 안정성이 서구의 견해와 조언을 일관되게, 그리고 충분한 근거를 가지고 거부한 결과임을 간과하고 있다.

중국의 경제정책은 대체로 국내 정치 요인에 의해 결정될 것이다. 미국 정부는 증가하는 실업이 중국 지도자들에게 미치는 압력을 능가할 만한 유인을 중국에 제공할 수 없다. 현재 중국에서는 농촌에서 도시로 역사상 매우 큰 규모의 인구 이동이 벌어지고 있다. 실업은 이미 1억 명 이상이다. 많은 국영기업을 파산하게 만든 정책 때문에 실제 실업률은 더 높을 것이다. 중국 정부의 전략은 이들 중 일부를 수출 산업에 다시 고용하는 것이다. 중국 경제의 여러 영역에서 디플레이션이 시작되었다는 불길한 징후가 있다. 이러한 상황에서 실업의 증가를 막는 것은 정치적 생존을 위해 무엇보다 절박한 과제다.

서구는 중국의 현 정권이 심각한 어려움 없이 아시아의 위기를 견딜 것이라고 확신한다. 하지만 중국의 지도자들도 이 확신을 공유하고 있는지는 알 수 없다. 그들은 러시아에서 견고하던 전체주의 정권이 무너지는 것을 목격했다. 또한 그만큼이나 견고하던 권위주의 정권이 인도네시아에서 경제 위기로 몇 달 만에 무너지는 것도 목격했다. 중국 지도자들은 이와 같은 일이 중국에서는 일어나지 않으리라는 환상을 갖고 있지 않다.

중국 지도자들은 역사 감각을 가지고 있다는 점에서 대부분의 서구 정부와 다르다. 중국 지도자들은 중국이 아시아 국가들을 집어삼킨 불황에서 살아남는다면 이는 역사상 가장 대단한 국정 운영 성과로 여겨야 할 정도의 일임을 잘 알고 있는 듯하다. 이들은 정권을 유지하기 위해 어떤 조치라도 취할 것이다. 경쟁적인 통화 평가절하는 경제 여건이 악화되고 사회적·정치적 불안이 증가하면 중국 정부가 의존하게 될 여러 가지 절박한 전략 중 하나다. 천안문 사태 같은 일이 또 일어날 수 있다고 보는 것이 합리적이다.

동아시아의 경쟁적인 통화 평가절하는 세계경제의 구조적 위기를 촉발할 수 있는 여러 가지 사건 중 하나일 뿐이다. 1998년 8월의 평가절하에 이은 러시아 루블화의 폭락도 같은 결과를 가져올 수 있다. 러시아 경제가 두 번째로 붕괴하면 그 결과는 정부 교체라기보다는 체제 변화가 될 것이다. 그러한 변화가 '서구'에 미칠 영향은 심대할 것이다. '서구'는 러시아가 민주주의로 가는 것이 불가역적인 흐름이라고 본다. 러시아에서 전제 정치가 부활하는 시나리오에 준비가 되어있지 않은 서구 국가들은 그러한 변화를 국제 시스템에 대한 위협으로 여길 것이다. 마찬가지로 새로운 러시아 체제는 서구와 초국가 기구들이 러시아에 자본주의를 심으려 했던 섣부른 시도가 남긴 악영향들을 활용해 반反서구 감성을 불러일으키려 할 것이다. 러시아에서 체제 변화가 벌어진다면, 구체적인 결과는 예측할 수 없더라도 과거보다 국제적인 경제 협력이 훨씬 더 어려워지는 결과를 가져오리라는 점만큼은 확실히 예측할 수 있다.

러시아의 체제 변화와 경제 붕괴, 일본의 디플레이션 심화와 재정 악화에 따른 미국 국채 매각, 브라질이나 아르헨티나의 금융 위기, 미국의 주식시장 붕괴, 이 중 어느 것이라도 벌어진다면, 혹은 예견할 수 없는 또 다른 큰 변화가 발생한다면, 글로벌 경제의 혼란이 촉발될 것이다. 그런 일이 일어난다면 미국에서 가장 먼저 보호무역을 요구하는 여론이 증가할 것이다.

미국 국민은 장기화되는 경제 충격을 견딜 준비가 되어 있지 않다. 연방 복지국가의 해체는 증가하는 실업을 지탱할 수 없게 만들고 있다. 뮤추얼 펀드를 가지고 있는 1억 명 이상의 사람들이 자산을 잃게 되면 보호무역으로 선회해야 한다는 여론은 되돌릴 수 없이 확고해질 것이다.

복지 체제가 없으면, 복지 체제가 있는 나라보다 국제적 경제 위기 때에 보호무역주의에 의지할 가능성이 더 높다. 아시아의 불황이 심화되면 이런 일이 분명히 일어날 것이다. 이는 경제사에서 일반적으로 드러나는 양상이다.

현재 미국에서 개인 부채와 파산은 역사적인 수준이다. 많은 미국인들이 현재의 소비 수준을 유지하려면 주식시장이 높은 수준에서 유지되기만 해서는 안 되고 계속해서 더 올라야만 한다. 주식시장이 꺾이기 시작하면 미국인들은 상당히 가난해졌다고 느끼게 될 것이고 실제로 상당히 가난해질 것이다. 반복되는 대중 투기의 심리에 지정학적 승리감까지 더해 보라. 이러한 열병의 분위기에서 연착륙은 거의 불가능하다. 교만은 일부분만 교정하는 것이 불가능하다.

1980년대 말에 일본에서 일어났던 것과 비슷한 규모로 미국에서 주가가 폭락한다면(당시 일본에서 주가는 3분의 2 이상 떨어졌다) 미국 중산층 중 일부는 빈곤으로 떨어질 것이다. 주식시장에서 만들어진 부의 상당 부분이 갑자기 사라지면 중산층의 불안정성이 극명하게 드러날 것이다. 그리고 원래 가난했던 사람들에게 미치는 영향은 더욱 클 것이다. 존 스타인벡John Steinbeck이 1930년대에 묘사한 것처럼 하루 벌어 하루 먹고사는 떠돌이 빈민들이 미국에서 다시 나타나는 상황은 그저 상상만이 아닐 수 있다.

미국 경제의 대규모 침체가 미칠 정치적인 영향은 예견할 수 없다. 하지만 자유시장에 대한 미국의 헌신이 오래가지 않으리라는 점은 확실하다. 자유시장에 대한 집착은 미국의 긴 역사에서 예외적 시기에 불과하다. 역사적으로 볼 때 미국에서 계속 나타났던 것은 보호무역주의였다.

지난 20년간 이루어진 신보수주의적 정치 합의를 미국 대중들 사이에서 합의된 확신으로 해석한다면 잘못일 것이다. 1990년대 초 공화당 우파의 빠른 상승과 더 빠른 추락은 미국 유권자들의 변덕과 성숙함을 함께 보여 준다.

심각하고 깊고 장기적인 경제 위기는 미국의 정치에서 자유시장에 대한 신앙이 저지른 파괴를 증명하게 될 것이다. 갑자기 미국에 자유시장 대신 경제적 국수주의가 들어서게 되면, 미국 정책 입안자들이 최근에 자유시장에 헌신을 보였던 것을 생각할 때, 퍽 아이러니한 역사의 전환일 것이다.[3]

미국 경제가 어떻게 개혁되어야 하는지를 처방하는 것은 나의 목적이 아니다. 내가 잘할 수도 없거니와 그것은 미국인들이 해야 할 몫이다. 이 책에서 내가 주장하려는 바는 어떤 형태의 자본주의도 '보편적으로 바람직' 하지는 않다는 것이다. 각 문화는 각자의 변종을 만들 수 있어야 하며 다른 자본주의들과 화합하며 공존해야 한다.

미국이 유럽이나 아시아 자본주의의 어느 한 형태를 본뜨려 한다면 잘못일 것이다. 자국 경제체제를 다른 나라에 이식하려고 하는 것이 잘못인 것과 마찬가지다. 경제 개혁은 각 문화의 토착적 가치들에 따라 이뤄져야 한다. 미국은 유럽이나 아시아 사회보다 더 개인주의적인 가치를 가지고 있다. 전혀 다른 문화권에서 성공한 경제 운용 방식을 미국이 수입해야 한다는 것은 내가 주장하려는 바가 아니다.

미국의 임무는 자유시장의 대안을 만들어 내는 것이 아니라 자유시장을 인간적인 욕구와 필요에 더 부합하도록 만드는 일일 것이다. (역설적이지만 미국의 개혁 의제에는 현재 금지된 영역에 자유시장을 확장하는 것이 포함되어야 한다. 마약과 관련된 거대한 지하경제 말이다.) 시장이 대규모로 폭락하면 미국의 경제 국수주의에 불이 댕겨질 가능성이 크다. 그렇게 되면 반드시 해야만 하는 섬세하고 신중한 경제 개혁이 불가능해질 것이다.

이 책의 초판이 출간되기 전인 1997년 말에 나는 이렇게 언급한 적이 있다. "서구 자유시장주의자들이 아시아 국가의 경제적 어려움을 보고 우쭐해한다면 근시안적이고 교만하다는 것을 스스로 드러낼 뿐이다. 그들이 이러는 게 처음은 아니지만 말이다. 분명 몇몇 아시아 경제들은 대대적인 개혁이 필요하다. 하지만 아시아의 금융 위기는 자유시장의 보편적인 확산을 강화해 주지 않는다. 그보다는 전 지구적인 디플레이션 위기의 전조라고 보는 편이 타당할 것이다. 그 과정에서 미국 또한 자신이 아시아와 나머지 세계에 강제하고자 하는 자유무역과 규제 없는 시장 체제를 피하려 하게 될 것이다."[4] 이 진단은 아직도 유효하다.

일본은 독특한 경제 문화를 유지할 수 있을까?

일본은 아시아의 유일한 강대국이고 앞으로도 상당 기간 동안 그 지위를 유지할 것이다. 아시아에서 최초로 산업화를 한 나라로서, 그리고 세계에서 가장 큰 신용 대부자로서, 일본은 다른 아시아 국가들이 가지지 못한 이점을 가지고 있다. 높은 교육 수준과 방대한 자본 보유량은 21세기의 지식 기반 경제를 (아마 서구 국가들보다 더) 잘 준비할 수 있는 여건을 마련해 주었다. 하지만 일본은 자신의 독특한 경제 문화를 위태롭게 하는 금융·경제 위기에 직면해 있다.

일본 경제가 안고 있는 문제에 해결책을 찾지 못한다면 아시아 위기는 더 악화될 것이다. 그렇게 되면 세계경제는 일본을 따라 디플레이션과 불황으로 갈 수 있다. 현재 일본은 1930년대에 미국 등이 겪었던 것과 비슷한 규모의 자산 가치 폭락과 경제 침체를 겪고 있다. 일본이 디플레이션을 해소할 수 없다면 나머지 아시아 국가들과 세계가 디플레이션을 피할 수 있을 가능성은 크지 않다.

일본 경제 문제에 대한 서구의 처방은 상충하는 조언들을 담고 있다. 초국가 기구들은 예나 지금이나 일본이 금융 제도와 경제 제도를 서구, 더 정확하게는 미국 모델에 맞게 구조 조정해야 한다고 주장한다. 일본 경제 위기의 해결책은 전면적인 미국화라는 것이다. 그들이 보기에 일본은 일본이기를 포기해야 경제 문제를 해결할 수 있다. 때로 이러한 견해는 매우 직설적으로 표현된다. 미국 신보수주의 저널의 한 필자는 긍정적인 어조로 이렇게 언급했다. "미국은 페리 제독이 한 일을 하기 위해 〈국제통화기금〉을 가지고 있다."[5]

이런 식의 강요된 서구화 정책은 고유하고 대체할 수 없는 문화를 깨뜨리는 결과를 낳는 데서만 그치지 않을 것이다. 지난 반세기간 일본에서 놀라운 경제적 성공과 함께 유지됐던 사회적 결속도 파괴하게 될 것이다. 그러면서도 일본이 직면하고 있는 디플레이션은 해결하지 못할 것이다.

다른 한편으로 서구 국가들은 일본이 케인스주의적 정책을 받아들여야 한다고 요구한다. (선진국 중에는 일본 하나에만 이렇게 요구하는 것 같다.) 서구의 합의된 견해에 따르면 일본은 세금을 줄이고 공공 사업을 확장하고 적자 재정을 편성해야 한다. 그와 동시에, 서구의 초국가 기구들은 일본이 지난 50년간 완전고용을 유지했던 노동시장을 와해해야 한다고 주장한다. 일본이 이러한 요구들에 항복한다면 일본의 문제는 하나도 해결하지 못하면서 서구 사회의 해결 불가능한 난제들만 들여오는 결과를 낳게 될 것이다.

서구 국가들이 일본에 강요하는 형태의 케인스주의 정책은 심화되는 디플레이션을 막기에 효과적이지 않다. 우선, 그런 정책들은 불확실성에 처하면 저축을 늘리려 하는 일본의 문화적 성향을 감안하지 않고 있다. 현재 상황에서 세금 감면으로 돈이 풀리면 소비되지 않고 저축으로 들어가 버릴 것이다. 널리 퍼진 경제 불확실성은 일본에서 가뜩이나 높은 저축 수준을 이미 더 높였다. 사람들이 세금 감면이 지속되리라고 믿더라도, 세금 감면은 더 높은 저축률로 이어질 것이다.

세금 감면으로 늘어난 소득이 생산적으로 투자된다 해도 아마 해외로 투자될 것이다. 적자 재정도 경제에 바람직한 효과를 내지 못할 것이다. 자본이 전 지구적으로 이동하면 정부 부채를 늘려도 국내 경기 부양의 효과가 있으리라는 보장이 없다. 케인스도 언급했듯이, 적자 재정 정책은 닫힌 경제에 적용될 때만 효과가 있고 자본의 이동이 자유로울 때는 효과가 적다. 그러므로 일본은 케인스주의 정책으로는 해결할 수 없는 유동성 함정에 빠질 것이다. 서구 국가들은 자신들이 수십 년간 일본에 강요해 온 자유로운 자본 이동과 금융 규제 완화가 역시 자신들이 지금 일본에 강요하고 있는 케인스주의적 정책을 효과가 없게 만들었음을 인식하지 못하고 있다.

일본이 노동시장의 규제를 완화하라는 서구의 압력에 굴복하면 상황이 더 악화될 가능성이 크다. 일관되게 적용될 경우, 서구 모델에 따라(특히 미국의 모델에 따라) 일본 노동시장에서 규제를 완화하면 실업이 두세 배 증가하게 될 것이다. 물론 그것이 바로 이 정책이 의도하는 바다. 하지만 그러면 노동 대중들 사이에서 경제적 불안정성이 심화되고 그에 따라 저축 성향이 강화될 것이다. 그러면 소비 진작이라는 감세의 목적도 달성할 수 없게 될 것이다.

일본 정부가 소비를 진작시킬 수 있는 방법으로는 인플레이션을 일으켜 저축이 수익성 없어지게 만드는 것이 아마도 유일한 방법일 것이다. 하지만 다른 나라의 경우를 보면 저축을 많이 하는 사람들은 인플레이션 시기에 (설령 돈을 잃더라도) 저축을 늘리는 것으로 반응했다. 일본이라고 다를 이유는 없다. 어느 경우든 그런 정책의 불가피한 결과는 엔화의 폭락일 것이다. 그러면 아시아 국가들(특히 중국)의 보복성 평가절하를 유발할 것인데, 이는 서구 국가들이 무엇보다 피하고 싶은 상황일 것이다.

서구의 정책 입안자들은 자신들이 일본 노동시장에 강요하려고 하는 유연성이 역시 자신들이 일본 정부에 요구하는 케인스주의적 정책과 상충된다는 것을 모르고 있다. 또한 그들은 일본에서 수요를 진작시키는 데 가장 효과적일 법한 정책을 펴면 아시아 국가들이 경쟁적으로 통화를 평가절하하게 만들고 그럼으로써 미국과 유럽에서 보호무역주의를 촉발하게 되리라는 것도 생각하지 못하고 있다.

노동시장의 규제 완화가 가져올 실업 증가는 서구 국가들보다 일본에서 사회적 혼란을 더 심하게 일으킬 것이다. 복지국가가 아닌 나라에서 벌어질 것이기 때문이다. 서구 국가들의 경험에서 볼 수 있었듯이 복지국가는 하룻밤에 세워질 수 있는 것이 아니다.

일본이 서구와 비슷한 수준의 대규모 실업을 들여온다면 서구식 복지국가 제도를 들여오라는 압력이 점차적으로 높아질 것이다. 하지만 정작 서구 정부들은 복지 정책이 반사회적 최하층계급을 만든다는 이유로 복지국가에서 멀어지고 있다. 이 점에서도 일본은 어떤 서구 사회도 해결하지 못한 문제를 수입하라고 강요받고 있는 셈이다.

일본이 서구식 복지국가를 만들든 만들지 않든 간에 실업의 증가는 경제 불평등을 심화시킬 것이다. 초국가 기구들은 일본에 완전고용을 포기하라고 강요함으로써 이제까지 사회적 결속을 잘 유지해 온 더 평등한 종류의 자본주의를 포기하라고 요구하고 있다.

주주의 이익이 최우선인 서구 국가들과 달리 일본 자본주의는 경제의 고용 창출 역량으로 정치적·사회적 정당성을 얻는다. 일본 정부가 초국가 기구의 압력 때문에 도입한 몇몇 정책은 이러한 일본식의 자본주의가 지탱되기 어렵게 만들고 있다.

'금융 빅뱅'으로 불리는 1998년의 금융 규제 완화는 치명적인 조치였다. 금융 규제 완화는 고용 위주의 자본주의를 유지하는 것과 상충된다. 외국 투자 기관들은 일본 기업의 성과를 평가할 때 고용 수준이 유지되었는가보다는 주주의 이익이 지켜졌는가라는 기준을 적용하게 될 것이다. 일본과 서구 기업이 함께 투자한 합작 회사는 앵글로 아메리카식의 생산성 기준을 적용하라는 압력을 받게 될 것이다. 금융 규제 완화가 계획대로 진행된다면 일본에서 완전고용을 지탱했던 은행과 기업의 네트워크는 점점 흔들리게 될 것이다.

이러한 압력이 끼치는 장기적 영향은 서구와 같은 대규모 실업이 일본에서도 발생하는 상황일 것이다. 그러한 변화는 1950년대 이후로 사회적 · 산업적 갈등을 억제해 왔던 암묵적 사회계약이 끝나는 것을 의미한다. 그 계약이 새롭고 유지 가능한 형태로 되살아나지 않는다면 일본 사회의 독특한 결속은 분열되기 시작할 것이다. 일본이 아시아의 다른 국가들이 겪는 것과 같은 정치 불안정으로 빠져들지도 모른다. 그 시점이 되면 (지금 보기에는 먼 미래 같지만) 갑작스럽고 대대적인 국가 방향성의 변화를 배제할 수 없을 것이다.

일본 경제가 처한 문제의 해결책은 토착적인 경제 문화를 개혁하는 것이어야지 그것을 와해하는 것이어서는 안 된다. 서구가 내리는 처방에 끊임없이 붙어 다니는 오류는 일본이 서구 국가라고, 혹은 곧 서구 국가가 되리라고 가정한다는 데 있다. 그러한 기대를 뒷받침하는 어떤 증거도 일본 역사에서 찾을 수 없다. 역사적으로 일본에 국가 정책의 급격한 변동이 몇 차례 있었지만 어느 것도 토착 문화를 버리는 것을 포함하지는 않았다. 메이지 시대 일본의 근대화는 토착적인 것이었기 때문에 성공할 수 있었다. 이와 비슷하게 오늘날의 경제 근대화도 서구화를 강요하는 것이 '아닌' 한에서만 성공할 수 있을 것이다.

사회적 결속을 희생시킬 위험이 있는 경제 개혁은 일본 유권자들에게 정당성을 얻을 수 없을 것이다. 일본의 노동시장이 직업 불안정성을 크게 증가시키지 않으면서 더 유연해질 수 있을까? 일본이 경제 성장을 다시 하려면 다른 선진 산업사회를 모방해야 할까? 혹은 경제 성장의 개념 자체가 재화, 용역, 생활양식의 질적 성장을 의미하는 것으로 재정의되어야 할까? 일본에서 앞으로 질문하고 답해야 할 것들이다. 하지만 이런 것들이 현재의 위기에 대한 해결책을 담고 있지는 않다.

심화되는 일본의 디플레이션이 세계 불황을 촉발할 수 있다는 전망은 더 이상 먼 미래의 일이거나 가설에 불과한 일이 아니다. 그것은 현실이며 가까이에 와 있다. 현재의 상황은 서구 정부들이 일본에 디플레이션을 극복하는 방향이 아니라 2차 세계대전 이래로 사회적 결속과 정치적 안정성을 가져다주었던 사회계약을 해체하는 방향으로 고안된 정책을 받아들이라고 압력을 넣고 있다는 점에서 위험하다.

시장 규제를 풀라는 서구의 압력은 일본 정부에 선택의 여지를 거의 남겨 두지 않았다. 그리고 어떤 선택의 여지를 취한다 해도 세계경제에 막대한 위험을 유발하게 될 것이다.

유럽의 사회적 시장경제에는 미래가 있는가?

글로벌 금융 제도의 시스템적 위기는 유럽 단일 통화(유로)의 출발을 방해할 수 있다. 하지만 유로가 살아남는다면 단일 통화는 유럽연합이 세계시장에서 전에는 갖지 못했던 영향력을 행사할 수 있게 해 줄 것이다. 유로에 대한 현재까지의 논의는 글로벌 경제에 대한 시사점보다는 유로의 성공을 가로막는 내부적인 장애물에 초점이 맞춰져 있었다.[6] 하지만 전자의 문제가 더 근본적인 문제다.

단일 통화가 유럽연합이 세계시장으로부터 스스로를 보호할 수 있게 해 주지는 않을 것이다. 하지만 미국과 대등하게 협상할 수 있는 경제권력을 갖게 해 줄 수는 있을 것이다. 현재의 유럽연합 회원국이 모두 참여한다면 유로권은 세계에서 가장 큰 경제권이 되고 유로는 세계의 핵심 통화로서 미국 달러의 지위를 위협할 것이다. 유로가 믿을 만한 통화로 자리 잡으면 달러가 붕괴할 가능성이 커진다. 더 진전되면 유로는 미국이 더 이상 세계의 최종 대출자 노릇을 하며 번성하지 못하게 만들 것이다. 시간이 지나면, 아마도 꽤 빠르게, 세계경제의 권력 균형이 바뀌게 될 것이다.

새로운 단일 통화가 성공적으로 유통되기 위해 필요한 내부적 조건들이 아직 자리 잡지 못한 것은 맞다. 단일 금리 체제가 되면 어떤 국가와 지역이 번성하는 동안 어떤 곳은 위축될 것이다. 유럽연합은 미국이 이러한 불균등에 적응할 수 있었던 조건들을 가지고 있지 않다. 현재로서 유럽은 대륙을 아우르는 노동 이동성이 부족하고 유럽의 침체된 지역들에서 대규모 실업이 발생하는 것을 막을 재정 메커니즘도 가지고 있지 않다.

유로가 통용되면 유럽연합의 제도는 그러한 문제들을 고치라는 압력을 받게 될 것이다. 유럽은 단일 통화 체제가 부과하는 제약과 의무에 더 유연하게 반응할 수 있는 경제를 만들도록 강요될 것이다. 하지만 유럽은 미국이 아니며 앞으로도 아닐 것이라는 점 또한 인식하게 될 것이다. 제각기 오랜 역사를 갖고 있는 공동체들이 존재하는 유럽에서는 미국에서만큼의 노동 유연성이 불가능하고 바람직하지도 않다. 또 미국의 연방정부와 같은 권력을 가진 범유럽 체제가 생겨나지도 못할 것으로 보인다. 유럽의 제도들은 진화하겠지만 여전히 혼합형으로 남을 것이다. 유럽은 앞으로도 국가 정부와 초국가 기구들 사이의 권력 균형이 달라지는 것으로부터 크게 영향을 받을 것이다.

유럽 자본주의들은 앞으로도 미국 자유시장과 크게 다를 것이다. 어떤 유럽 국가도, 심지어 영국도, 미국에서 자유시장이 만든 정도의 사회적 병폐를 참을 준비가 되어 있지 않다. 국가와 시민사회의 경계는 과거와 마찬가지로 앞으로도 상호침투적이고 협상 가능한 상태일 것이다. 역사에 대한 기억과 자신의 터전에 대한 애착은 미국 모델에서와 같은 큰 노동 이동성을 막을 것이다. 이러한 이유들을 볼 때, 유럽 국가에서 자유시장은 사회적 시장을 대체하지 않을 것이다.

하지만 유럽의 사회적 시장은 현재의 형태로는 살아남을 수 없다. 우선, 그대로 지속되기에는 실업이 위험한 수준이다. 유럽연합 전체적으로 실업률이 11퍼센트가 넘는다. 인구가 전반적으로 노령화되는 상황에서 실업이 재정에 미칠 영향은 정신을 번쩍 들게 한다. 하지만 대규모 실업은 재정 문제보다 더 위험한 문제도 일으킨다.

유럽에서 대규모 실업은 사회적 배제와 정치적 소외를 악화시켰다. 대부분의 유럽 국가에는 영향력 있는 극우 정당이 있다. 프랑스, 오스트리아에는 사회적으로 배제된 집단으로부터 지지를 받는 극우 정당들이 중도 정당의 정치적 입지에 중요한 영향을 미친다. 이러한 국가들에서 정치의 중심은 더 이상 자유주의적 가치가 규정하지 않고 반反 자유주의적인 정당들이 규정한다.

단일 통화 초기에 유럽연합의 제도들이 직면할 위험은 사람들이 대량 실업과 유럽연합을 동일시하는 상황일 것이다. 유럽연합의 제도들을 이런 식으로 인식하는 유권자는 극우 정당에 쉽게 현혹될 수 있다. 가까운 미래에 급진 우파가 정권을 잡을 수 있을 것 같지는 않지만 중도파 정부의 정책 환경에 크게 영향을 미칠 수는 있을 것이다.

유럽연합이 아닌 곳까지 포함하면 유럽에서 극우 정당은 더 많은 권력을 가질 수 있다. 국가가 약한 곳에서는 발칸화가 쉽게 벌어진다. 상당한 소수민족이 존재하는 국가들은 민족주의와 인종주의로 피해를 보게 될 것이다. 구공산권 일부 지역에서 벌어진 사건들은 유럽에 무질서를 야기할 힘이 여전하다는 점을 보여 주었다.[7]

글로벌 자유시장에서 경제적 참여로부터 배제된 사회 집단은 극단주의 운동의 지지자가 되어 정치 무대에 들어온다. 지그문트 바우만 Zygmunt Bauman은 이렇게 설명했다. "세계화 과정의 핵심 중 하나는 공간적 분절화, 분리, 배제가 진전되는 것이다. 세계화의 목적을 무엇으로 여길 것인가에 대해 각자의 경험을 반영하고 정교화하면서 새로운 부족주의와 근본주의가 대두되는 것이, 이제까지 널리 이야기되어 온 상위 문화(세계화된 상위 문화)의 '하이브리드화' 만큼이나 있을 법한 세계화의 결과일 것이다."[8]

사회민주주의자들은 유럽의 사회적 시장이 전 지구적 자유방임의 틀에서도 새로 만들어질 수 있다고 본다.[9] 하지만 자본의 세계적인 이동성은 과거에 사회민주적 정권이 완전고용을 위해 의지했던 케인스주의적 정책을 무용하게 만든다.[10] 글로벌 자유무역은 사회적으로 책임을 지는 자본주의가 규제와 조세의 비용을 지탱하는 것을 더 어렵게 한다. 이러한 조건들이 우세하게 존재하는 한, 유럽의 사회적 시장은 글로벌 시장의 압력을 받게 될 것이고 따라서 사회적 배제와 정치적 소외의 위험은 계속될 것이다.

라인 강 자본주의 모델이 사라질 운명이라는 이야기는 아니다. 독일 자본주의는 통일의 충격을 딛고 유럽의 강력한 경제 권력으로 부상했다. 라인 강 모델의 관건은 주주의 이해관계를 다른 이해 당사자들의 이해관계보다 계속해서 아래에 둘 수 있느냐다. 전 지구적 자유방임주의의 규칙이 도전받지 않는 한, 답은 '할 수 없다'일 것이다.

그것을 시도하는 기업은 글로벌 시장이 주가를 가차 없이 낮출 것이다. 단일 통화권의 유럽에서도 독일의 사회적 시장은 오늘날의 형태로 남아 있지는 못할 것이다. 물론 독일에서도, 유럽 다른 나라에서도, 사회적 시장은 앵글로색슨 자유시장으로 수렴하지는 않을 것이다. 그렇더라도 한 세대가 지나면 유럽의 사회적 시장은 크게 달라질 것이다.

단일 통화는 유럽을 수 세기간 이어져 온 세계화로 심화된 경쟁의 압력에서 보호해 주지 못한다. 전 지구적 자유방임주의가 사라지고 오랜 시간이 흘러도 유럽은 세계화로 바뀐 세계에서 여전히 자신의 자리를 찾아야 할 필요가 있을 것이다.

단일 통화는 유럽이 이웃한 다른 나라 경제 붕괴에 영향을 받아 휘청거리는 것을 막아 줄 수도 없다. 러시아가 루블화 폭락으로 침체된다면 유럽연합 국가에 미칠 직접적인 경제적 영향은 완전히 손쓸 수 없는 정도는 아닐 것이다. 하지만 사회적 · 정치적 영향은 막대할 것이다. 폴란드 같은 나라가 동쪽 국경에서 대규모로 인구가 밀려 들어오는 위험에 어떻게 대처할 수 있을 것인가? 또 그러한 대규모 난민 위기는 동쪽으로 확장하려는 유럽연합의 전략에 어떤 영향을 미치게 될 것인가?

단일 통화는 유럽이 그런 문제를 해결하는 데는 도움이 별로 안 될 것이다. 하지만 유럽연합이 전 지구적 자유시장의 더 큰 위기에 대응하는 데는 강력한 이점을 줄 것이다. 세계시장이 더 이상 감당할 수 없는 압력으로 깨어지기 시작한다면 유럽은 가장 큰 경제 블록이 될 것이다. 유럽의 크기와 부의 규모는 자본의 이동을 제약하는 방향으로 개혁의 압력을 행사할 수 있게 해 줄 것이다. 향후 몇 년간의 격동에서 살아남는다면 유로의 지위는 유럽의 투기적 통화 거래를 규제해야 한다는 목소리에 힘을 실어 줄 수 있을 것이다. 1930년대와 같은 전 지구적 불황이 와도 유럽은 미국이나 아시아 국가들보다 영향을 덜 받을 것이다.

유럽에서는 자유시장이 영어권에서만큼 지배적인 위치를 차지하지 않았다. 유럽연합이 전 지구적 자유방임 시장의 붕괴에 이어 세계경제의 새 틀을 짜는 일을 주도하게 되는 것이 아주 가능성 없지는 않다.

우리가 할 수 있는 일이 있을까?

세계경제가 위기라는 데 아직 의견이 일치되고 있지 않다. 초국가 기구들과 주류 정치 정당들은 아시아의 불황이 다른 곳으로 퍼지지 않게 제한할 수 있다고 주장한다. 세계경제를 급진적으로 개혁해야 할 필요성은 인식되지 않고 있다. 여전히 확고한 이런 견해는 미래를 비관하게 만드는 이유가 된다.

이 견해에 따르면 아시아의 위기는 발생할 수 없는 것이기 때문에, 그 위기가 아직 파악되지 못하고 있다. 이러한 세계관에서 자본의 자유로운 이동은 최대의 경제적 효율성을 촉진한다. 인도네시아처럼 그 결과로 경제가 전반적으로 폐허가 된 경우에도 말이다. 우리 시대의 지배적 견해에서 경제 효율성은 인간의 후생과 분리되어 있다.

경제철학의 근본적인 변화가 필요하다. 시장의 자유는 그 자체로 목적인 것이 아니라 인간의 목적을 위해 인간이 고안한 것이다.[11] 시장은 인간에게 복무하도록 만들어진 것이지 인간이 시장에 복무하도록 만들어진 것이 아니다. 그런데 전 지구적 자유시장에서 경제 도구들은 위험할 정도로 사회적 통제와 정치적 거버넌스에서 자유롭게 풀려났다.

초국가 기구들 사이에서 자유시장 원리주의에 대해 의문을 제기하는 징후가 보이고 있다. 자본은 속박 없이 이동할 수 있어야 한다는 생각, 그리고 워싱턴 컨센서스에 나오는 그와 비슷한 주장들은 때때로 비판을 받는다. 그럼에도 앵글로색슨식 자유시장은 여전히 모든 곳의 경제 개혁 모델이다. 세계경제가 하나의 보편 시장으로서 조직되어야 한다는 개념은 아직 도전받지 않고 있다.

어떤 경제 이론도 자유시장이 가진 절대적 힘을 명쾌하고 설득력 있게 설명하고 있지는 않다. 자유시장의 힘에 대한 설명도 〔경제 이론이 아니라〕 서구 문명에서 계속해서 나타난 유토피아주의에서 찾아볼 수 있다. 세계적인 자유시장은 보편 문명이라는 서구의 계몽주의 이상을 담고 있다. 그래서 자유시장이라는 개념이 (특히 미국에서) 인기가 있는 것이다. 또한 그 때문에 현재 그것은 독특한 위험에 처해 있다.

세계화, 즉 지리적 거리를 무의미하게 만드는 신기술의 전 세계적 전파는 서구적 가치를 보편적 가치로 만들지 않는다. 세계화는 되돌릴 수 없는 다원적인 세계를 만든다. 세계의 여러 경제권이 점점 더 긴밀히 상호 연결된다는 것은 단일한 경제 문명이 발달하고 있다는 의미가 아니다. 늘 서로 다르게 존재할 여러 경제 문화들 간에 조화로운 공존이 필요하리라는 것을 의미한다.

초국가 기구의 임무는 다양한 시장경제들이 번성할 수 있는 규제의 틀을 고안하는 것이어야 한다. 현재는 그 반대로 가고 있다. 세계의 다양한 경제 문화들을 강제로 뜯어고치려 하고 있는 것이다.

역사에서 얻을 수 있는 증거는 전 지구적 자유방임 시장이 쉽게 개혁될 수 있으리라는 희망을 뒷받침해 주지 않는다. 과거에 서구 정부들이 자유시장 교리에서 벗어나기 위해서는 대공황과 2차 세계대전이라는 재앙이 있어야 했다. 이제까지 겪은 것보다 더 대대적인 경제 위기가 있기 전까지 전 지구적 자유방임 시장에 대해 현실적인 대안이 나오리라고 기대하기는 어렵다. 아시아의 불황이 세계의 상당한 지역에 확산되고서야 전 지구적 자유시장을 지지하는 철학이 비로소 폐기될 수 있을 것이다.

미국의 정책이 근본적으로 바뀌지 않으면 전 지구적 시장 개혁안은 모두 사산해 버리고 말 것이다. 현재로서 미국은 전 세계적 사법 관할권을 갖는 듯한 보편주의와 미국의 주권만이 절대적이라는 주장을 결합한 정책을 갖고 있다. 이런 접근은 오늘날 세계화가 만들어 내고 있는 다원화된 세계에 맞지 않는다. 미국이 취하는 정책이 실질적으로 가져올 결과는, 전 지구적 시장이 참을 수 없게 되었을 때 다른 강대국들이 각자 일방적으로 행동하게 되는 상황일 것이다. 그때가 되면 전 지구적 자유방임주의라는 날림 구조물은 무너지기 시작할 것이다.

전 지구적 자유시장은 실패할 운명이다. 그것은 20세기의 유토피아적 사회공학인 마르크스주의를 닮았다. 둘 다 인간의 진보는 단 하나의 문명을 목적으로 해야 한다고 믿었다. 둘 다 근대 경제가 여러 다양한 변종을 가질 수 있음을 부인했다. 둘 다 세계에 하나의 비전을 부여하기 위해 인간이 막대한 고통을 치르게 할 준비가 되어 있었다. 둘 다 인간의 생명과 직결된 욕구에 좌초해 무너졌다.

역사에서 배운다면, 우리는 전 지구적 자유시장이 돌이킬 수 없는 과거에 속한다는 사실을 알 수 있을 것이다. 다른 20세기 유토피아들도 그랬듯이 전 지구적 자유방임 시장과 그것이 야기한 피해는 역사의 기억 속으로 삼켜질 것이다.

1999년
존 그레이

감사의 글

많은 분들의 도움 덕에 이 책이 나올 수 있었다. 닐 벨턴의 격려가 없었더라면 이 책을 끝내기는커녕 시작도 못 했을 것이다. 벨턴의 지칠 줄 모르는 지원와 예리한 비판은 집필의 모든 단계에서 큰 역할을 했다. 그보다 더 좋은 편집자는 어디에도 없을 것이다.

데이비드 배런, 닉 버틀러, 콜린 클라크, 토니 기든스, 윌 허턴, 제임스 셰르, 제프 스미스, 조지 윌든 등 원고를 읽고 의견을 주신 분들에게 감사를 전한다. 그들과 나눈 대화 덕분에 이 책의 내용에 대해 다양한 관점에서 숙고할 수 있었다. 교정 교열 단계에서 많은 도움을 준 제인 로버트슨에게도 감사를 전한다.

책에 제시된 주장, 내용, 오류 등에 대한 책임 소재와 관련해, 원고를 읽은 사람들이 제시한 의견을 내가 모두 다 받아들인 것은 아니며 그들 역시 내 주장 전체에 모두 동의하는 것은 아님을 밝혀 둔다.

*

지난 판본처럼 초판 내용을 수정 없이 실었다. 핵심 주장을 수정할 필요가 없다고 판단했기 때문이다. 다만 2007년에 터진 금융 위기를 분석에 포함시키기 위해 새 서문을 추가했다. 〈그란타 출판사〉의 새러 홀러웨이가 제시해 준 의견과 제안에 감사를 전한다. 새 서문을 포함해 책의 내용에 대한 책임은 여전히 모두 내게 있다.

2009년 8월

존 그레이

미주

서문

1. F. Scott Fitzgerald, *The Great Gatsby*, London: Penguin Classics, 2000, pp. 171~172.
2. 유토피아적 개념이 학문 영역에서 공항 서점의 경제경영서 코너로 옮겨 가게 된 과정에 대해서는 내가 쓴 다음 글을 참고하라. 'The World Is Round,' *Gray's Anatomy: Selected Writings*, London: Penguin Books, 2009, 18장.
3. Blaise Pascal, *Pensées*, trans. A. J. Krailsheimer, London: Penguin Books, 1966, p. 230.
4. Nassim Nicholas Taleb, *The Black Swan*, London: Penguin Books, 2007, pp. 225~226.
5. 이라크 전쟁의 기원과 영향은 내가 쓴 다음 책을 참고하라. *Black Mass: Apocalyptic Religion and the Death of Utopia*, London: Penguin Books, 2007, 4장과 5장.
6. 중국이 글로벌 헤게모니를 향해 부상하고 있다는 견해에 대해서는 다음을 참고하라. Martin Jacques, *When China Rules the World: The Rise of the Middle Kingdom and the End of the Western World*, London: Allen Lane/Penguin Books, 2009.
7. James Lovelock, *The Vanishing Face of Gaia*, London: Penguin Books, pp. 46~56.

1장

1. George Soros, *Soros on Soros*, New York: John Wiley, 1995, p. 194.
2. Karl Polanyi, *The Great Transformation: The Political and Economic Origins of Our Time*, Boston: Beacon Press, 1944, p. 140.
3. 같은 책.
4. 계몽주의 기획에 대해서는 내가 쓴 다음 책에서 논한 바 있다. *Enlightenment's Wake: Politics and Culture at the Close of the Modern Age*, London and New York: Routledge, 1995.
5. Barrington Moore, *Social Origins of Dictatorship and Democracy: Lord and Peasant in the Making of the Modern World*, Harmondsworth: Penguin Books, 1991, pp. 21~22, p. 25.
6. E. J. Hobsbawm, *Industry and Empire*, Harmondsworth: Penguin, 1990, pp. 88~89.
7. D. Ricardo, *Principles of Political Economy and Taxation*, London: Everyman, p. 1.
8. A. J. Taylor, *Laissez-Faire and State Intervention in Nineteenth Century Britain*, London:

Macmillan, Economic History Society Monograph, 1972, p. 43.

9. 같은 책, p. 57.

10. 같은 책, p. 57.

11. Alan Macfarlane, *The Origins of English Individualism*, Oxford: Basil Blackwell, 1978, p. 199.

12. 같은 책, p. 202.

13. 빅토리아시대 중기 자유시장 경제가 유발한 사회적 비용과 경제적 이득에 대한 균형 잡힌 평가는 다음을 참고하라. R. A. Church, *The Great Victorian Boom 1850-1873*, London: Macmilan, Studies in Economic and Social History, 1975.

14. 1870년의 초등교육법에 대한 논의는 다음에서 온 것이다. Arthur J. Taylor, *Laissez-Faire and State Intervention in Nineteenth Century Britain*, London: Macmillan, Economic History Society Monograph, 1972, p. 57.

15. Corelli Barnett, *The Collapse of British Power*, Stroud, Glos: Alan Sutton Publishing, 1984, p. 493.

16. Karl Polanyi, 앞의 책, p. 69.

2장

1. Karl Polanyi, *The Great Transformation: The Political and Economic Origins of Our Time*, Boston: Beacon Press, 1944, p. 140.

2. 다음을 참고하라. Roderic Ai Camp, *Politics in Mexico*, Oxford and New York: Oxford University Press, 1996, pp. 219~220.

3. A. V. Dicey, *Lectures on the Relationship between Law and Public Opinion in England during the Nineteenth Century*, London, 1905, p. 306.

4. 다음을 참고하라. Simon Jenkins, *Accountable to None: the Tory Nationalization of Britain*, London: Hamish Hamilton, 1995.

5. 「스테핑 스톤」에 대해서는 마거릿 대처를 다룬 다음 책을 참고하라. Hugo Young, *One of Us*, London: Pan Books, 1993, pp. 115~118.

6. 〈방문 간호사 협회〉가 실시한 전국 조사로, 다음에 보도되었다. *Independent*, 25 November 1996, 'Dickensian Disease Return to Haunt Today's Britain.'

7. *Transition and Transformation: Employee Satisfaction in the 1990s*, London: ISR International Survey Research, 1996.

8. 이러한 자료를 볼 수 있는 조사 중 하나가 다음에 실려 있다. Ruth Lister, 'The Family and Women.' 다음에 수록됨. D. Kavanagh and A. Seldon, *The Major Effect*, London: Macmillan, 1994.

9. 노동시장의 유연성과 가족제도의 약화 사이의 관계를 보여 주는 영국 도시 스윈든의 사례는 다음을 참고하라. Matthew D' Aancona, *The Ties That Bind*, London: Social Market

Foundation, 1996.

10. 런던정경대학의 폴 그레그Paul Gregg와 조나단 와즈워드Jonathan Wadsworth가 수행한 조사로, 다음에 보도되었다. *Observer*, 10 January 1997, p. 10.

11. 출처: 하원 도서관, 피터 헤인Peter Hain이 수집한 자료로, 다음에 보도되었다. *Independent*, 23 December 1996.

12. *Financial Times*, Editorial, 27 August 1996.

13. 다음을 참고하라. A. Sked and C. Cook, *Post-War Britain: A Political History*, Harmondsworth: Penguin, 1990, p. 354.

14. T. Morris, 'Crime and Penal Policy.' 다음에 수록됨. Kavanagh and Seldon, eds. *The Major Effect*, 앞의 책, p. 313.

15. Sked and Cook, 앞의 책, p. 354.

16. T. Morris. 다음에 수록됨. Kavanagh and Seldon, eds. *The Major Effect*, 앞의 책, pp. 314~315, 316.

17. *Joseph Rowntree Foundation Inquiry into Income and Wealth*, vol. 1, York: February 1995, Joseph Rowntree Foundation, p. 15.

18. *Joseph Rowntree Report*, 위의 책, vol. 2. p. 23.

19. 다음을 참고하라. Hugo Young, 앞의 책, pp. 435-58.

20. 사회민주주의의 종말에 대해서는 내가 쓴 다음 책을 참고하라. *After Social Democracy*, London: Demos, 1995. 내가 쓴 다음 책에도 게재되었다. *Endgames: Questions in Late Modern Political Thought* , Cambridge: Polity Press, 1996, 2장.

21. F. A. Hayek, *The Constitution of Liberty*, Chicago: Henry Regnery, 1960.

22. Francis Fukuyama, *Trust: The Social Virtues and the Creation of Prosperity*, New York and London: The Free Press, p. 351.

23. 대처 시대 영국 보수주의의 자기 파괴적 경향에 대한 초기 연구로는 내가 쓴 다음 책을 참고하라. *The Undoing of Conservatism*, Social Market Foundation, June 1994. 내가 쓴 다음 책들에도 게재되었다. *Enlightenment's Wake: Politics and Culture at the Close of the Modern Age*, London: Routledge 1995, 7장; John Gray and David Willets, *Is Conservatism Dead?*, London: Profile Books, 1997 (1997년판 후기와 함께).

24. 단기적 접근에 대한 강력한 비판은 다음을 참고하라. Will Hutton, *The State We're In*, London: Jonathan Cape, 1995.

25. Jane Kelsey, *Economic Fundamentalism*, London and East Haven, CT: Pluto Press, 1995, p. 5. 뉴질랜드의 실험에 대한 켈시의 연구에서 많은 도움을 받았다.

26. 같은 책, p. 271.

27. 같은 책, p. 297.

28. 같은 책, p. 275.

29. 이 수사법의 사례로는 다음을 참고하라. Chalres Murray, *Losing Ground: American Social*

Policy, 1950-1980, New York: Basic Books, 1984.

30. 다음을 참고하라. The Economist, 5 November 1994, p. 19.

31. Kelsey, 앞의 책, p. 348.

32. 'Mexico Replays Loan Early,' Financial Times, 16 January 1997, p. 6.

33. Ai Camp, 앞의 책, p. 215; N. Lustig, Mexico: The Remaking of an Economy, Washington: Brookings Institutions, 1992, 2장.

34. Jorge G. Castaneda, The Mexican Shock: Its Meaning for the U. S., New York: The New Press, 1995, p. 34.

35. 같은 책, p. 33.

36. Andres Oppenheimer, Bordering on Chaos: Guerillas, Stockbrokers, Politicians and Mexico's Road to Prosperity, New York and London: Little Brown, 1996, pp. 293~294.

37. Carlos Salinas, 'A New Hope for the Hemisphere,' New Perspective Quarterly, Winter 1991, p. 128.

38. Castaneda, 앞의 책, p. 184.

39. Fernando Perez Correa, 'Modernizacion y Mercado del Trabajo,' Este Pais, February 1995, p. 27. 이 연구 조사는 다음에 인용됐다. Ai Camp, 앞의 책, p. 220.

40. 이러한 연구 중 하나가 다음에 보도된 바 있다. Forbes, Winter 1994.

41. Castaneda, 앞의 책, pp. 35~36, 38.

42. Ai Camp, 앞의 책, p. 212~213.

43. Castaneda, 앞의 책, p. 215.

44. Andres Oppenheimer, 앞의 책, p. 293.

45. 출처: Financial Times, 28 October 1996.

46. 다음을 참고하라. Andres Oppenheim, 앞의 책, pp. 307과 이하.

47. 다음을 참고하라. The Times, p. 15, 'Mexican Drug Lords Aided by Brother of Former President,' 18 February 1997.

48. 멕시코의 마약 단속 담당 고위 당국자가 체포된 일은 다음을 참고하라. Financial Times, 'Top Mexican Official Held over Drugs Link,' 20 February 1997, p. 4. 소노라 주지사에 대한 의혹은 다음을 참고하라. Guardian, 'Governor Aids Mexican Drug Trade,' 24 February 1997, p. 10. 멕시코의 마약 카르텔이 멕시코 당국이 인정하는 수준보다 훨씬 크다는 주장은 다음을 참고하라. Leslie Crawford, 'Drugs Scandal Hits US-Mexico Trust,' Financial Times, February 28 1997.

49. Octavio Paz, 'The Border of Time,' New Perspectives Quarterly, Winter 1991, p. 36.

3장

1. Joseph Schumpeter, 'The Instability of Capitalism,' *Economic Journal*, vol. 38, September 1928, p. 368.

2. David Held, David Goldblatt, Anthony McGrew, Jonathan Perraton, 'The Globalization of Economic Activity,' *New Political Economy*, vol. 2, no. 2, July 1997, pp. 257~277, p. 258. 같은 저자가 쓴 다음도 참고하라. *Global Flows, Global Transformations: Concepts, Theories and Evidence*, Cambridge: Polity Press, 1997. 위 논문을 출판 전에 보여 준 데이비드 헬드에게 큰 도움을 받았다.

3. Anthony Giddens, *The Consequences of Modernity*, Cambridge: Polity Press, 1990, p. 64.

4. John Micklethwaite and Adrian Wooldridge, *The Witch Doctors*, London: Heinemann, 1996, p. 294.

5. Tom Nierop, *Systems and Regions in Global Politics*, London: John Wiley, 1994, 3장.

6. Mickelethwaite and Wooldridge, 앞의 책, p. 245.

7. 다음을 참고하라. Paul Krugman, 'Growing World Trade: Causes and Consequences,' *Brookings Paper on Economic Activity*, No. 1 (1995).

8. 이에 대한 근거는 다음을 참고하라. J. Frankel, *The Internationalization of Equity Markets*, Chicago: University of Chicago Press, 1994; H. Akdogan, *The Integration of International Capital Markets*, London: Edward Elgar, 1995.

9. 주식 가격이 세계시장에서 결정되는 경향에 대해서는 다음을 참고하라. Lowell Bryan and Diana Farrell, *Market Unbound: Unleashing Global Capitalism*, New York: John Wiley, 1996, 2장.

10. GATT, *International Trade 1993-4*, vol. 1, Geneva: GATT, 1994; UN Development Programme, *Human Development Report 1994*, Oxford: Oxford University Press, 1994; UNCTAD, *World Investment Report 1994*, Geneva: UNCTAD, 1994.

11. *Wall Street Journal*, 24 October 1995; Bank of International Settlements, Annual Report, 1995.

12. Michel Albert, *Capitalism against Capitalism*, London: Whurr Publishers, 1993, p. 188.

13. UNCTAD, *World Investment Report*, 1994.

14. Micklethwaite and Wooldridge, 앞의 책, p. 246.

15. W. Ruigrok and R. van Tulder, *The Logic of International Restructuring*, London: Routledge, 1995.

16. Paul Hirst and Grahame Thompson, 'Globalization,' *Soundings*, Issue 4, Autumn 1996, p. 56.

17. 다음을 참고하라. Micklethwaite and Wooldridge, 앞의 책, pp. 243~244.

18. Kenichi Ohmae, *The End of the Nation-State: The Rise of Regional Economies*, London: HarperColins, 1995, p. 7.

19. Paul Hirst and Graham Thompson, *Globalization in Question*, Cambridge: Polity Press, 1996, p. 6. 이와 비슷한 세계화 회의론은 다음에서도 볼 수 있다. P. Bairoch, 'Globalization, Myths and

Realities.' 다음에 수록됨. R. Boyer and D. Drache, *States Against Markets—The Limits of Globalization*, London: Routledge, 1996. 다음도 참고하라. P. Bairoch and R. Kozul-Wright, 'Globalization Myths: Some Historical Reflections on Integration, Industrialization and Growth in the World Economy,' UNCTAD Discussion Paper No. 113.

20. Hirst and Thompson, *Globalization in Question*, 앞의 책, p. 31.

21. Held et al., *New Politcal Economy*, p. 6.

22. Hirst and Thompson, 앞의 책, p. 10.

23. Hirst and Thompson, 앞의 책, p. 163과 이하.

24. Held et al., *New Political Economy*.

25. Kenichi Ohmae, *The End of the Nation-State, The Rise of Regional Economies*, London: HarperColllins, 1995, pp. 15, 19~20.

26. Nicholas Negreponte, *Being Digital*, London: Hodder & Stoughton, 1995.

27. Bryan and Farrell, 앞의 책, p. 1.

28. Robert B. Reich, *The Work of Nations: Preparing Ourselves for 21st Century Capitalism*, New York: Alfred A. Knopf, 1991.

29. John Naisbitt, *Global Paradox*, London: Nicholas Breley Publishing, 1995, p. 40.

30. Ruigrok and Van Tulder, 앞의 책.

31. Hirst and Thompson, 앞의 책, p. 12.

32. 다음에서 큰 도움을 받았다. Scott Lash and John Urry, *The End of Organised Capitalism*, Cambridge: Polity Press, 1987.

33. 다음을 참고하라. Susan Strange, *Casino Capitalism*, Oxford: Basil Blackwell, 1986.

34. 클라우제비츠적 전쟁의 쇠퇴에 대해서는 다음을 참고하라. Martin van Craveld, *On Future War*, London: Brassey, (UK), 1991.

35. 기업을 지식 생산 조직으로 파악한 흥미로운 연구는 다음을 참고하라. Ikujiro Nonaka and Hirotaka Takeuchi, *The Knowledge-Creating Company: How Japanese Companies Create the Dynamics of Innovation*, New York and Oxford: Oxford University Press, 1995.

36. 오늘날 자원의 회소성과 무력 분쟁 사이의 상호작용에 대해서는 다음을 참고하라. T. Homer-Dixon, 'On the Threshold: Environmental Changes as Causes of Acute Conflict,' *International Security*, Harvard and MIT: Boston, Fall 1991.

4장

1. W. Stanley Jevons, *Money and the Mechanism of Exchange*, London: Kegan Paul, Trench Trubner, 1910, p. 81.

2. 전 지구적 자유무역에 대한 비판은 다음에서 도움을 많이 받았다. Herman E. Daly, 'From

Adjustment to Sustainable Development: The Obstacle of Free Trade.' 다음에 수록됨. *The Case Against Free Trade: GATT, NAFTA, and the Globalization of Corporate Power*, San Francisco: Earth Island Press, 1993, pp. 121~132. 다음도 참고하라. Jerry Mander and Edward Goldsmith, *The Case Against the Global Economy and for a Turn Toward the Local*, San Francisco: Sierra Books, 1996.

3. David Ricardo, *On the Principles of Political Economy and Taxation*, Harmondsworth: Penguin, 1971, p. 155.

4. 마이클 포터가 지적했듯이 "(비교우위론이라는) 일반적인 설명은 '규모의 경제'가 존재하지 않으며, 모든 곳에서 기술이 동일하고, 제품이 동질적이며, 각국의 생산요소 구성이 동일하다고 가정한다. 이 이론은 또한 숙련 노동력이나 자본과 같은 생산요소가 국가 간에 이동하지 않는다고 가정한다. 이 모든 가정들은 대부분의 산업에서 실제로 벌어지고 있는 경쟁 상황에서는 적용되지 않는다." 다음을 참고하라. Michael Porter, *The Competitive Advantage of Nation*, London: Macmillan, 1990, p. 12. 비교우위론의 현대적 버전에 대해서는 다음을 참고하라. R. Dornbusch, S. Fisher and Paul Samuelson, 'Comparative Advantage, Trade and Payments in a Ricardian Model with a Continuum of Goods,' American Economic Review, vol. 67, December 1977, pp. 823~839.

5. 이는 제약 없는 전 지구적 자유무역을 주장하는 두 명의 현대 이론가가 사용하는 전략이다. 다음을 참고하라. Douglas A. Irwin, *Against the Tide: An Intellectual History of Free Trade*, Princeton, NJ: Princeton University Press, 1996; Paul Krugman, *Pop Internationalism*, Cambridge, Mass: MIT Press, 1996. 비교우위론의 현대판 이론에 대해서는 다음을 참고하라. Betil Ohlin, *Interregional and International Trade*, Cambridge, Mass: Harvard University Press, 1933.

6. 이러한 비교는 다음을 참고하라. Peter Marsh, 'A Shift to Flexibility,' *Financial Times*, 21 February 1997.

7. 'Come to Low-Wage Wales,' *Independent*, 13 January 1997.

8. 이러한 비교는 다음을 참고하라. Peter Marsh, 'A Shift to Flexibility,' *Financial Times*, 21 February 1997.

9. R. Freeman, 'Are Your Wages Set in Peking?' , *Journal of Economic Perspectives*, 9, Summer 1995.

10. *World Labour Report*, Geneva: International Labour Organisation, 1992.

11. Michael Lind, *The Next American Nation: The New Nationalism and the Fourth American Revolution*, New York: The Free Press, 1995, p. 203.

12. 이 사례들은 다음에서 도움을 받았다. 'Who Competes? Changing Landscapes of Corporate Control,' *The Ecologist*, vol. 26, no. 4, July/August 1996, p. 135.

13. 이 점은 다음을 참고하라. Jeremy Rifkin, *The End of Work: The Decline of the Global Labor Force and the Dawn of the Post-Market Era*, New York: G. P. Putnam, 1995.

14. David Ricardo, *Principles of Political Economy and Taxation*, London: J. M. Dent, 1991, pp. 266~267. 리카도의 견해를 지지하는 최근의 주장에 대해서는 다음을 참고하라. Paul Samuelson, 'Mathematical Vindication that of Ricardo on Machinery,' *Journal of Political Economy*, vol. 96,

1988, pp. 274~282; Paul Samuelson, 'Ricardo Was Right!' 다음에 수록됨. *Scandinavian Journal of Economics*, vol. 91, 1989, pp. 47~62.

15. 다음을 참고하라. Patrick Minford, 'Free Trade and Long Wages—Still in the General Interest,' *Journal des Economistes et des Etudes Humaines*, vol. 7, Number 1, March 1996, pp. 123~129.

16. William Pfaff, 'Job Security is Disappearing around the World,' *International Herald Tribune*, 8 July 1996, p. 8.

17. 다음을 참고하라. Adrian Wood, *North-South Trade, Employment and Inequality-Changing Fortunes in a Skill-Driven World*, Oxford: Clarendon Press, 1994; 'How Trade Hurts Unskilled Workers.' 다음에 수록됨. *Journal of Economic Perspectives*, vol. 9, no. 3, pp. 57~80 다음도 참고하라. P. Mindford et al., 'The Elixir of Growth.' 다음에 수록됨. Snower and de La Dehesa, eds., *Unemployment policy*, London: Centre for Economic Policy Research, 1996. 이에 반대하는 주장은 국가가 자국 노동자를 전 지구적 경쟁에서 보호하기 위해 이주자를 통제해야 한다는 쪽으로 발달되었다. 이런 주장은 특히 서비스 분야에서 이민자 유입을 막는 것의 중요성을 제기한다. 이 견해에 따르면 노동의 세계화는 오늘날보다 19세기 말에 더 많이 진전되어 있었다. 다음을 참고하라. Vincent Cable, *Daedalus*, vol. 124, no. 2, June 1995.

18. 'Living with Tax Rivalry,' *Financial Times*, 14 January 1997.

19. 롤스의 이론에 대한 비판은 내가 쓴 다음 책을 참고하라. *Liberalisms*, London: Routledge, 1989, 6장.

20. 이에 대해 전작에서 더 체계적인 분석을 한 바 있다. 내가 쓴 다음 책을 참고하라. *After Social Democracy*, London: Demos, 1996. 다음에도 게재되었다. *Endgames: Questions in Late Modern Political Thought*, Cambridge: Polity Press, 1997, 2장.

21. '합리적 기대 가설' 이론에 대한 강력한 비판은 다음을 참고하라. G. Shackle' s *Epistemics and Economics*, Cambridge: Cambridge University Press, 1976.

22. George Soros, 'Can Europe Work? A Plan to Rescue the Union,' *Foreign Affairs*, September/October 1996, vol. 75, Number 5, p. 9.

23. Paul Hirst and Grahame Thomospn, 'Globalization,' *Soundings*, Issue 4, Autumn 1996, p. 58.

24. William Greider, *One World, Ready or Not: The Manic Logic of Global Capitalism*, New York: Simon & Schuster, 1996, p. 281.

25. 사회민주주의 국가 스웨덴이 대규모 실업을 피할 수 있었던 이유는 최종 고용주로서 행동하겠다는 국가의 의지이지 적극적인 노동 정책이 아니라는 주장은 다음을 참고하라. R. B. Freeman, B. Swedenborg and R. Topel, *Reforming the Welfare State: Economic Troubles in Sweden' s Welfare State*, Stockholm: Centre for Business and Pilicy Studies, Occational Paper Number 69, 1995.

26. Michel Albert, *Capitalism Against Capitalism*, London: Whurr Publishers, 1993.

27. 같은 책, p. 191.

28. 다음을 참고하라. David Goodhart, *The Reshaping of the German Social Market*, London: Institute

of Public Policy Research, p. 22. 유럽 산업의 현황과 전망은 다음도 참고하라. Olivier Cadot and Pierre Blime, *Can Industrial Europe Be Saved?*, London: Centre for European Reform, 1996.

29. 오르도-자유주의 철학에 대해서는 다음에서 더 체계적이고 광범위한 분석을 한 바 있다. *The Postcommunist Societies in Transition: a Social Market Perspective*, London: Social Market Foundation, 1994. 다음에도 게재되었다. *Enlightenment's Wake*, London: Routledge, 1995.

30. 에르하르트가 두 명의 연합국 경제학자의 조언을 받아 독일의 경제 자유화를 시작했다는 주장이 있는데, 그 두 경제학자는 칼 보드Karl Bode와 나중에 『작은 것이 아름답다 *Small is Beautiful*』를 집필하는 E. F. 슈마허E. F. Schumacher이다. 다음을 참고하라. Neal Ascherson, 'When Soros Debunks Capitalism,' *Independent on Sunday*, 2 February 1997, p. 22.

31. David Goodhart, 앞의 책, p. 80.

32. 다음에 게재된 인터뷰. *The European*, 16 January 1997, p. 28.

33. 독일의 '유연 전문화'에 대해서는 다음을 참고하라. David Goodhart, 앞의 책, pp. 59~62.

34. 오스람-금속노조 간 협상은 다음을 참고하라. Peter Marsh, 'A Shift to Flexibility,' *Financial Times*, 21 February 1997, p. 14.

35. Hirst and Thompson, *Soundings*, 앞의 책.

5장

1. Edmund Stillman and William Pfaff. *The Politics of Hysteria: The Sources of Twentieth Century Conflict*, London: Victor Gollancz, 1964, pp.222~223.

2. Henry Kissinger, *Diplomacy*, New York: Simon & Schuster, 1994, p. 811.

3. 미국에서 보수주의의 부상에 대한 설득력 있는 설명은 다음을 참고하라. Godfrey Hodgson, *The World Turned Right Side Up: A History of the Conservative Ascendancy in America*, Boston and New York: Houghton Mifflin, 1996.

4. David Stockman, *The Triumph of Politics: The Crisis in American Government and How It Affects the World*, New York, 1986, p. 422.

5. Hodgson, 앞의 책, p. 303.

6. 나는 다음 책에서 미국의 자유주의적인 법철학에 대해 좌파적 버전과 우파적 버전들을 모두 고찰했다. *Enlightenment's Wake*, 1장; *Politics and Culture at the Close of the Modern Age*, London, Routlege, 1995; *Endgames: Questions in Late Modern Political Thought*, Cambridge: Polity Press, 1997, 2장.

7. J. K. Galbraith, *The Culture of Contentment*, Harmondsworth: Penguin, 1993, p. 10.

8. *Statistical Abstract of the United States*: 1991, Washington DC, 표 129, 133, pp. 87~88.

9. D. Puga, *The Rise and Fall of Regional Inequalities*, London: Centre for Economic Performance, November, 1996.

10. *The State of Working America*, Washington: Economic Policy Institute, December 1996.

11. Richard Layard, 'Clues to Prosperity,' *Financial Times*, 17 February 1997.

12. Edward Luttwak, 'Turbo-Charged Capitalism and Its Consequences,' *London Review of Books*, 2 November 1995, p. 7.

13. Bureau of Labor Statistics, 29 January 1996; L. Mishel and J. Bernstein, *The State of Working America*, Washington: Economic Policy Institute, 1994.

14. Edward Luttwak, *The Endangered American Dream*, New York and London: Simon & Schuster, 1993, p. 163.

15. Kevin Phillips, *The Politics of Rich and Poor: Wealth and the Electorate in the Reagan Aftermath*, New York: Harper Perennial, 1991, p. 82.

16. Hodgson, 앞의 책, p. 302.

17. 다음을 참고하라. Robert H. Frank and Philip J. Cook, *The Winner-Take-All Society*, London and New York: The Free Press, 1995.

18. Graef Crystal, *In Search of Excess: The Overcompensation of American Executives*, New York: W. W. Norton, 1991, pp. 207~209.

19. Michael Lind, *The Next American Nation: the New Nationalism and the Fourth American Revolution*, New York and London: The Free Press, 1995, p. 189.

20. Richard Layard and John Parker, *The Coming Russian Boom*, New York: The Free Press, 1996, p. 301. "(소비에트 붕괴 이후의 러시아에서) 불평등은 여전히 미국보다는 심하지 않다. 영국과 비슷한 수준이다."

21. Felix Rohatyn, Requiem for a Democrat, 1995년 3월 17일 미국 노스캐롤라이나 윈스톤-살렘 웨이크 포레스트 대학에서 열린 강연. 이에 대한 정보는 다음에서 얻었다. Simon Head, 'The New, Ruthless Economy,' *New York Review of Books*, 29 February 1996, p. 47.

22. "Many seek security in private communities" *New York Times*, 3 September, 1995.

23. *The Times*, 11 December 1995, p. 38.

24. Louise I. Shelley, 'American Crime: An International Anomaly?', *Comparative Social Research*, 1985, pp. 81~89.

25. 'Crime and Punishment,' *Financial Times*, 8-9 March 1997, p. 7.

26. Richard Layard, 'Clues to Prosperity,' *Financial Times*, 17 February 1997.

27. *The Times*, 11 December 1995, p. 38.

28. *New Republic*, 25 May 1992, p. 7.

29. 나는 1990년에 미국이 1990년에 브라질이 겪은 경로를 따라서 가고 있다고 주장했다. 내가 쓴 다음 글을 참고하라. 'The Brazilianiztion of the United States,' *Fortune*, vol. 122, no. 5, 1990.

30. Michael Lind, *The Next American Nation*, 앞의 책, p. 216. 미국에서 보수적인 인종주의의 부활에 대해서는 다음을 참고하라. Michael Lind, *Up from Conservatism: Why the Right is Wrong*

for America, New York: The Free Press, 1996, 8장.

31. 미국 마약 정책을 개혁해야 한다는 주장에 대해서는 다음을 참고하라. George Soros, 'A New Leaf for the Law,' *Guardian*, 22 February 1997.

32. *The Economist*, 22 October 1994, Survey, p. 4.

33. S. M. Lipset, *American Exceptionalism: A Double-Edged Sword*, New York and London: W. W. Norton, 1996, p. 227.

34. Layard and Parker, 앞의 책, p. 150.

35. 출처: Center for Disease Control and Prevention, 'Young America and How It Dies,' *International Herald Tribune*, 8-9 February 1997.

36. Christopher Davis and Murray Feisbach, *Rising Infant Mortality in the USSR in the 1970s*, Series P-25, no. 74, Washington DC: US Bureau of the Census, September 1980.

37. N. D. Kristof and S. Wudunn, *China Wakes: The Struggle for the Soul of a Rising Power*, London: Nicholas Brealey Publishing, 1995, p. 16.

38. *Statistical Abstract of the United States: 1991*, Washington, DC. 표 320, p. 188; 표 2, p. 7; 표 319, p. 188.

39. Lipset, 앞의 책, pp. 227~228.

40. 프랜시스 후쿠야마의 논문 'The End of History'는 다음에 게재되었다. *National Interest*, Summer 1989. 이를 바탕으로 쓴 책 *The End of History and the Last Man*은 1992년에 출판되었다.(Free Press, New York)

41. 후쿠야마의 글에 대한 반론을 담은 1989년 10월 논문에서 나는 이렇게 언급했다. "우리는 고전적인 역사의 시대로 되돌아가고 있으며 후쿠야마가 말한 텅 빈 탈역사적인 시대를 향해 가고 있지 않다. 우리의 시대는, 자유주의이든 마르크스주의이든 간에 정치적인 이념은 영향이 줄어들고 더 오래고 원시적인 요인들, 국수주의적이고 종교적이며 근본주의적이고 아마도 곧 맬서스적인 요인들이 서로 경쟁하는 시대이다. (…) 소비에트가 정말로 무너진다면, 이 은혜로운 재앙은 탈역사적인 조화의 새 시대를 여는 것이 아니라 고전적인 역사의 영역, 즉 열강들의 경쟁, 비밀외교, 민족주의자들의 주장, 그리고 전쟁의 영역으로 우리를 돌아가게 할 것이다." 다음을 참고하라. *National Review*, 27 October 1989, pp. 33~35; 내가 쓴 다음 책에도 게재되었다. *Post-Liberalism: Studies in Political Thought*, London and New York: Routledge, 1993, pp. 245~250, 17장.

42. Samuel P. Huntington, *The Clash of Civilization and the Remaking of World Order*, New York: Simon & Schuster, 1996.

43. 같은 책, p. 28.

44. Robert D. Kaplan, *The Ends of the Earth: A Journey at the Dawn of the Twenty-First Century*, New York: Random House, 1996, p. 270.

45. 반계몽주의에 대한 이사야 벌린의 설명에 대해서는 내가 쓴 다음 책을 참고하라. *Berlin*, London and Princeton, NJ: HarperCollins and Princeton University Press, 1995.

46. 리처드 로티Richard Rorty의 글에서 볼 수 있는 오늘날의 상대주의에 대한 나의 비판은

내가 쓴 다음 책을 참고하라. *Endgames*, 앞의 책, 4장.

47. Huntington, 앞의 책, p. 311.

48. Samuel Huntington, 'The West v. The Rest,' Guardian, 23 November 1996.

49. 다음을 참고하라. 'God's Soldiers Get Political,' *Independent on Sunday*, 27 July 1997, p. 16.

50. Lipset, 앞의 책.

51. Hingtington, 앞의 책, p. 306.

52. 'Hispanic Numbers Explode in US,' Guardian, 31 March 1997, p. 8.

53. '캘리포니아 모델'에 대해서는 다음을 참고하라. Charles Leadbeater, *Britain? The California of Europe*, London: Demos Occasional Paper, 1997.

54. Lind, 앞의 책, pp. 198~199.

6장

1. Betrand Russel, *The Practice and Theory of Bolshevism*, London: George Allen & Unwin, 1920, p. 118.

2. L. Shestov, *All Things Are Possible*, London: Martin Secker, 1920, p. 238.

3. 유럽과 러시아의 지적 조류가 레닌주의에서 합쳐진 것에 대한 설명은 다음을 참고하라. Alain Besancon, *The Rise of the Gulag: Intellectual Origins of Leninism*, New York: Continuum, 1981.

4. Richard Pipes, *The Russian Revolution*, 1890-1919, London: Collins Harville, 1990, pp. 671~672.

5. Orlando Figes, *A People's Tragedy: The Russian Revolution*, 1891-1924, London: Jonathan Cape, 1996, p. 733.

6. 테일러의 삶과 업적에 대한 믿을 만한 해설은 1991년에서야 출판되었다. 다음을 참고하라. Charles D. Wrege and Ronald J. Greenwood, *Frederick W. Taylor: Myth and Reality*, Homewood, Ill.: Irwin, 1991.

7. 다음을 참고하라. Figes, 앞의 책, p. 744.

8. 같은 책, p. 724.

9. 같은 책, pp. 672~673.

10. 같은 책, pp. 695~697.

11. M. Nekrich and A. Heller, *Utopia in Power: The History of the Soviet Union from 1917 to the Present*, New York: Summit Books, 1986, pp. 115~136.

12. 다음에 인용됨. Nekrich and Heller, 앞의 책, p. 120. 인용된 부분의 출처는 다음으로 명기되어 있다. Prokopovich, *Narodnoe Khoziastvo SSR*, 1: 59.

13. J. Becker, *Hungry Ghosts: China's Secret Famine*, London: John Murray, 1996, p. 38.

14. 같은 책, p. 38.

15. Robert Conquest, *Harvest of Sorrow*, Oxford: Oxford University Press, 1986.

16. Michael Ellman, 'A Note on the Number of 1993 Famine Victims,' *Soviet Studies*, 1989. 다음에

인용됨. Becker, 앞의 책, p. 46.

17. 소비에트 전체주의의 마르크스주의적 기원에 대해서는 내가 쓴 다음 글을 참고하라. 'Totalitarianism, Reform and Civil Society', *Post-Liberalism: Studies in Political Thought*, Routledge: London and New York, 1993, 12장.

18. 지노비예프의 설명에 대해서는 다음을 참고하라. *The Reality of Communism*, London: Gollancz, 1984: *Homo Sovieticus*, London: Gollancz, 1985: *Perestroika in Parygrad*, Londoon: Peter Owen, 1990: *Katastroika*, London: The Claridge Press, 1990.

19. Dmitri Volkogonov, *Lenin: Life and Legacy*, London: HarperCollins, 1995, p. 334.

20. 'Russian farm reform' s fruit; a rural underclass,' *International Herald Tribune*, 2 April 1997.

21. 제정러시아 말기에 대해서는 내가 쓴 다음 글을 참고하라. 'Totalitarianism, Reform and Civil Society,' *Post-Liberalism*, 앞의 책, pp. 164~168. 다음도 참고하라. P. Gatrell, *The Tsarist Economy 1850-1917*, London: B. T. Batsford, 1986.

22. John Gray, 'The Risks of Collapse into Chaos,' *Financial Times*, 13 September 1989, p. 25.

23. 1991년의 쿠데타에 대한 나의 평가는 다음을 참고하라. *The Strange Death of Perestroika: Causes and Consequences of the Soviet Coup*, London: Institute for European Defence and Strategic Studies, September 1991.

24. *OECD Economic Survey: The Russian Federation*, Paris: Centre for Cooperation with Economies in Transition, 1995.

25. 내가 쓴 다음 책을 참고하라. *Post-Communist Societies in Transition: A Social Market Perspective*, London; Social Market Foundation, 1994. 내가 쓴 다음 책에도 게재되었다. *Enlightenment' s Wake: Politics and Culture at the Close of the Modern Age*, London and New York: Routlege, 1995, 5장. 충격요법에 대한 비판으로는 다음을 참고하라. Jonathan Steele, *Eternal Russia*, London: Faber, 1994; Marshall Goldman, *Lost Opportunity: Why Economic Reforms in Russia Have Not Worked*, New York: Norton, 1994; M. Ellman 'Shock Therapy in Russia: Failure or Partial Success?', *Radio Free Europe/Radio Liberty Research Report*, 3, April 1992. 제프리 색스Jeffrey Sachs는 내 비판에 대한 반론을 다음에서 폈다. *Understanding Shock Therapy*, London: Social Market Foundation, 1994. 사무엘 브리턴Samuel Brittan은 나의 견해와 제프리 색스의 견해 사이의 차이에 대해 유용한 설명을 다음에서 제시했다. 'Post-communism, the Rival Models,' *Financial Times*, 24 February 1994. 나와 색스의 논쟁에 대한 더 상세한 설명은 다음을 참고하라. Robert Skidelsky, *The World After Communism*, London: Macmillan, 1995, pp. 166~172. 다음도 참고하라. Robert Skidelsky, ed., *Russia' s Stormy Path to Reform*, London: Social Market Foundation, 1995.

26. Jonathan Steele, 'Russia: Boom or Bust,' *Observer*, 29 December 1996, p. 16.

27. B. Russell, 앞의 책, p. 85.

28. Jeffrey Sachs, 'Nature, Nurture, and Growth,' *The Economist*, 14 June, 1997, p. 24.

29. 색스의 견해를 옹호하는 입장에 대해서는 다음을 참고하라. Jeffrey Sachs, *Understanding*

Shock Therapy, 앞의 책.

30. Skidelsky, 앞의 책, p. 152.

31. 러시아의 사유화 프로그램에 대해서는 다음을 참고하라. J. R. Blasi, M. Kroumova and D. Ruse, *Kremlin Capitalism: Privatizing the Russian Economy*, London and Ithaca: Cornell University Press, 1997.

32. James Sherr, 'Russia's Defence Industry—Conversion or Rescue?', *Jane's Intelligence Review*, July 1992, p. 299.

33. 러시아에서 충격요법이 일관되게 적용되지는 않았다는 주장은 다음을 참고하라. Richard Layard and Jon Parker, *The Coming Russian Boom*, New York: The Free Press, 1996, pp. 65와 이하 참고.

34. Peter Truscott, *Russia First: Breaking and the West*, London, I. B. Tauris, 1997, p. 128.

35. Martin Wolf, 'Russia's Missed Chance,' *Financial Times*,18 March 1997, p. 18.

36. *Russian Economic Trends*, London: Whurr Publishers, Monthly Update, 12 June 1996, pp. 5, 16. 다음에 인용됨. Truscott, 앞의 책, pp. 130, 145.

37. Truscott, 같은 책, p. 130.

38. Layard and Parker, 앞의 책, p. 301.

39. I. Birman, 'Gloomy Prospects for the Russian Economy,' *Europe-Asia Studies*, vol. 48, No. 5, 1996, p. 745.

40. *Russian Unemployment and Enterprise Restructuring: Reviving Dead Souls*, Geneva: ILO, 1997.

41. 'Russian GDP Continues to Shrink,' *Financial Times*, p. 2.

42. 다음에 인용됨. *The Economist*, 12 July 1997, Russia Survey, p. 5.

43. 'Grim Jobs Picture Emerges in Russia,' *Financial Times*, 6 February 1997, p. 2.

44. UNICEF, 'Crisis in Mortality, Health and Nutrition: Central and Eastern Europe in Transition,' *Economic Transition Studies*, No. 2 August 1994, 53.

45. Truscott, 앞의 책, p. 139.

46. Report of Russian Presidential Commission on Women, the Family and Demographics. 다음에 보도됨. *Independent*, 15 May 1997.

47. Murray Feisbach and Alfred Friendly Jr., *Ecocide in the USSR: Health and Nature under Siege*, London: Aurum Press, 1992, pp. 4, 9.

48. 소비에트의 자연 파괴와 마르크스주의적 휴머니즘과의 관계에 대해서는 내가 쓴 다음 책을 참고하라. *Beyond the New Right: Markets, Government, and the Common Environment*, London and New York: Routlege, 1993, pp. 130~133.

49. 'Russia's Hidden Chernobyl,' *Guardian*, 15 July 1997, p. 10.

50. Feisbach and Friendly, 앞의 책, p. 4.

51. Layard and Parker, 앞의 책, p. 300.

52. 같은 책, p. 115.

53. 'Russia Death Rate Alarms Doctors,' *The Times*, 9 June 1997. 다음도 참고하라. M. Ellman, 'The Increase in Death and Disease under 'Katastroika',' *Cambridge Journal of Economics*, 1994, pp. 329~355; J. C. Shapiro, 'The Russian Mortality Crisis and Its Causes.' 다음에 수록됨. Anders Aslund, ed., *Russian Economic Reform at Risk*, London: Pinter, 1995.

54. 미국에 있는 〈인구 레퍼런스 서비스〉의 발주로 〈여성, 가족, 인구에 대한 러시아 대통령 위언회가 작성한 보고서〉. 다음에 보도됨. *Independent*, 15 May 1997.

55. *The Economist*, 12 July 1997, Russia Survey, p. 5.

56. Truscott, 앞의 책, p. 131.

57. P. Morvant, 'Alarm over Falling Life Expectancy,' *Transitions*, Prague, 25, October 1995, pp. 44~45. 다음에 인용됨. Truscott, 앞의 책, pp. 132, 145.

58. Stephen F. Cohen, 'In Fact, Russians Are Deep in Terrible Tragedy,' *International Herald Tribune*, 13 Deceber 1996, p. 8.

59. 제정러시아 말기에 대한 상세 내용은 내가 쓴 다음 글을 참고하라. 'Totalitarianism, Reform, and Civil Society,' *Post-liberalism*, 앞의 책, pp. 164~168. 소비에트보다 제정러시아 시절이 압제가 덜했다는 점에 대해서는 다음을 참고하라. John D. Dziak, *Chekisty: A History of the KGB*, Lexington, Mass.: Lexington Books, D.C. Heath, 1988.

60. Layard and Parker, 앞의 책, p. 28.

61. 소비에트 경제가 점진적 개혁이 불가능하다는 주장은 다음을 참고하라. Peter Rutland, *The Myth of the Plan: Lessons of Soviet Planning Experience*, London: Hutchinson, 1985.

62. Alain Besancon, *The Soviet Syndrome*, New York and London: Harcourt Brace Jovanovich, 1978, pp. 30~31.

63. 소비에트 경제와 정부의 범죄화에 대해서는 다음을 참고하라. Valery Chalidze, *Criminal Russia: Essays in Crime in the Soviet Union*, New York: Random House, 1977; Konstantin Simis, *USSR: The Corrupt Society: The Secret World of Soviet Capitalism*, New York: Simon & Schuster, 1982; Arkady Vaksberg, *The Soviet Mafia*, London: Weidenfeld& Nicolson, 1991.

64. David Pryce-Jones, *The War That Never Was: The Fall of the Soviet Empire, 1985-91*, London: Phoenix, 1995, p. 382.

65. Stephen Handelman, *Comrade Criminal*, New Haven and London: Yale University Press, 1995, pp. 335~336.

66. 이 추정치는 다음에서 나온 것이다. British National Criminal Intelligence Service. 다음에 인용됨. Truscott, 앞의 책, p. 138.

67. Handelman, 앞의 책, pp. 18~20.

68. 같은 책, pp. 127~128.

69. 같은 책, pp. 233~234.

70. Yaroslav Golovanov, 'Mech i molet' (The Sword and the Hammer), Vek, 1993. 이 출처는 다음에 인용되었다. Yevgenia Arbats, *KGB: State within a State*, London and New York: I. B. Tauris,

1995, p. 388, 각주 56.

71. Arbats, 앞의 책, pp. 335~336.

72. Truscott, 앞의 책, p. 114.

73. James Sherr, 'Russia: Geopolitics and Crime,' *The World Today*, February 1995, p. 36.

74. Jim Rogers, 'No New Money for an Old Empire,' *Financial Times*, 5 October 1990, p. 2.

75. 공산권 붕괴 이후의 국가들에서 유럽의 사상이 수행한 정치적 역할에 대해서는 다음을 참고하라. Tony Judt, *A Grand Illusion? An Essay on Europe*, London and New York: Penguin Books, 1997.

76. Boris Yeltsin, *Programme of Action for 1996-2000*, 27 May 1996, p. 109. 다음에 인용됨. Truscutt, 앞의 책, p. 8, 각주 9.

77. Prince Nikolai Trubestskoi, George Florovskyand and Pyotr Savitsky, *Iskhod kvostoku (Exodus to the East)*, Sofia, 1921.

78. Layard and Parker, 앞의 책, p. 34.

79. Nekrich and Heller, 앞의 책, p. 178. 유라시아 운동에 대해서는 다음의 내 글에서 간략하게 제시했다. 'Totalitarianism, Reform, and Civil Society.' 다음에 수록됨. *Post-liberalism*, 앞의 책, pp. 177~178.

80. 레온티에프의 사상에 대해서는 다음을 참고하라. N. Berdyaev, *Leontiev*, London: Geoffrey Bles, The Centenary Press, 1940.

81. Truscott, 앞의 책, pp. 2, 5~6.

82. Layard and Parker, 앞의 책, pp. 281~282.

83. Economist Intelligence Unit, *EIU Country Profile 1995-6: The Russian Federation*, 1997, p. 12.

84. 'Attitude is What Gives Russians the Edge,' *Times Educational Supplement*, 1 January 1992.

85. 소비에트 시절 러시아 가족의 견고함에 대해서는 다음을 참고하라. Klaus Mehnert, *Soviet Man and His World*, New York: 1961, '가족과 가정 (Family and Home)' 에 대한 장.

86. Layard and Parker, 앞의 책, p. 106.

7장

1. Lee Kuan Yew, Interview, *New Perspectives Quarterly*, vol. 13 no. 1, Winter 1996, p. 4.

2. Takeshi Umehara, 'Ancient Japan Shows Post-Modernism the Way,' *New Progressive Quarterly*, 9, Spring 1992, p. 10.

3. Qiao Shi, Interview, *New Perspectives Quarterly*, vol. 14, no. 3, Summer 1997, pp. 9~10.

4. Jasper Ridley, *Lord Palmerston*, London: Constable, 1970, p. 387.

5. 싱가포르의 근대화에 대해서는 다음을 참고하라. M. Hill and Lian Kwen Fee, *The Politics of Nation Building and Citizenship in Singapore*, London and New York: Routledge, 1995. 싱가포르 등

아시아의 작은 용들이 이룩한 경제성장에 대한 비판적인 견해는 다음을 참고하라. W. Bello and Stephanie Rosenfeld, *Dragons In Distress: Asia's Miracle Economies in Crisis*, London: Penguin, 1992.

6. 이 독특한 시기에 대한 유쾌한 설명은 다음을 참고하라. Noel Perrin, *Giving Up the Gun: Japan's Reversion to the Sword, 1543~1879*, Boston: Nonpareil Books, 1979.

7. 다음을 참고하라. Arthur Walworth, *Black Ships Off Japan*, New York: Alfred Knopf, 1946.

8. Perrin, 앞의 책, p. 91.

9. 일본이 서구의 사회과학에 많은 반례를 제기한다는 주장에 대해서는 다음을 참고하라. David Williams, *Japan and the Enemies of Open Political Science*, London and New York: Routledge, 1996.

10. Ann Waswo, *Modern Japanese Society 1868~1994*, Oxford: Oxford University Press, 1996, p. 102.

11. Paul Kennedy, *The Rise and Fall of the Great Powers*, London: Fontana, 1988, p. 266.

12. Murray Sayle, 'Japan Victorious,' *New York Review of Books*, 28 March 1985, p. 35.

13. Peter F. Drucker, *Post-Capitalist Society*, Oxford: Butterworth-Heinemann, 1993, p. 117.

14. 일본의 경제체제를 자본주의의 일종으로 볼 수 없다고 주장하는 학자들도 있다. 다음을 참고하라. E. Sakakibara, *Beyond Capitalism: The Japanese Model of Market Economics*, Economic Strategy Institute, Lanham: University Press of America, 1993.

15. R.E. Caves and M. Uekusa, *Industrial Organization in Japan*, Washington, DC: Brookings Institution, 1976, p. 59.

16. Graham Searjeant, 'Economically, Jails Cost More Than Corner Shops,' *The Times*, 11 December 1995.

17. 이 수치들은 1997년 1월의 OECD 보고서에서 가져온 것이다. 다음에 보도되었다. Martin Wolf, 'Too Great a Sacrifice,' *Financial Times*, 14 January 1997.

18. Paul Kennedy, 앞의 책, p. 266.

19. S. Tsuru, *Japan's Capitalism*, Cambridge: Cambridge University Press, 1993.

20. 경제의 정체상태라는 밀의 개념에 대해서는 내가 쓴 다음 책을 참고하라. *Beyond the New Right: Markets, Government and the Common Environment*, London and New York: Routledge, 1993, pp. 140~154.

21. Mao Zedong. 다음에 인용됨. Jasper Becker, *Hungry Ghosts: China's Secret Famine*, London: John Murray, 1996, p. 37.

22. Jonathan D. Spence, *The Search for Modern China*, New York: Norton, 1990, pp. 249~250.

23. Simon Leys, *The Burning Forest: Essays on Chinese Culture and Politics*, New York: Henry Holt, 1983, p. 114.

24. 같은 책, pp. 133~134. 강조는 원문대로.

25. Klaus Mehnert, *Peking and Moscow*, London: Weidenfeld & Nicolson, London, 1963, pp. 104~105.

26. 같은 책, p. 138.

27. 같은 책, p. 87. 메너트가 언급한 연구는 다음이다. John Lossing Buck, *Chinese Farm Economy*, Nanking, 1937 (메너트의 책 p. 493에 각주로 나옴). 벅의 아내 펄 벅Pearl S. Buck은 소설 『대지』로 노벨문학상을 받았다.

28. Jasper Becker, *Hungry Ghosts: China's Secret Famine*, London: John Murray, 1996, p. 37.

29. 같은 책, pp. 28~29.

30. 같은 책, p. 48.

31. Spence, 앞의 책, p. 583.

32. 같은 책, p. 48.

33. Leys, 앞의 책, p. 167.

34. Becker, 앞의 책, p. 77.

35. Vaclav Smil, *The Bad Earth: Environmental Degradation in China*, London: Zed Press, 1983. 다음도 참고하라. Smil, *China's Environmental Crisis: An Inquiry into the Limits of National Development*, Armonk, New England London: M.E. Sharpe, 1992.

36. Vaclav Smil, 'A Land Stretching to Support Its People,' *International Herald Tribune*, 30 May 1994, p. 8.

37. Smil, *China's Environmental Crisis*, 앞의 책, pp. 129~137.

38. Smil, 'A Land Stretching to Support Its People,' 앞의 책.

39. Roderick MacFarquhar, 'Demolition Man,' *New York Review of Books*, 27 March 1997, p. 14.

40. S.G. Redding, *The Spirit of Chinese Capitalism*, Berlin: de Gruyter, 1990.

41. S. Gordon Redding and Richard D. Whitley, 'Beyond Bureaucracy: Analysis of Resource Coordination and Control,' S. R. Clegg and S. G. Redding, eds., *Capitalism in Contrasting Cultures*, Berlin: de Gruyter, 1990, p. 86.

42. Yu-Shan Wu, 'Marketization of Politics, the Taiwan Experience,' *Asian Survey*, 4 April 1989, p. 387. 우Wu의 주장은 다음에 인용됐다. Dick Wilson, *China: The Big Tiger*, London: Little, Brown, 1996, p. 365.

43. 같은 책. 379.

44. Redding and Whitley, 앞의 책, p. 79.

45. 중국 기업과 일본 기업을 이념형으로서 비교한 시도에 대해서는 다음을 참고하라. Simon Tam, 'Centrifugal versus Centripetal Growth Processes: Contrasting Ideal Types for Conceptualizing the Developmental Patterns of Chinese and Japanese Firms.' 다음에 수록됨. Clegg and Redding, 앞의 책, pp. 153~184.

46. H. Koo, 'The Interplay of State, Social Class, and World System in East Asian Development: The Cases of South Korea and Taiwan.' 다음에 수록됨. F. C. Deyo, ed., *The Political Economy of the New Asian Industrialism*, Ithaca, New York: Cornell University Press, 1987, pp. 41~61.

47. N. Woolsey Biggart, 'Institutionalized Patrimonialism in Korean Business.' 다음에 수록됨. M.

Orru, N. Woolsey Biggart and G. G. Hamilton, *The Economic Organization of East Asian Capitalism*, Thousand Oaks, London and Delhi: Sage, 1995, pp. 215~236.

48. Wilson, 앞의 책, p. 394.

49. 동아시아에서의 전쟁의 위협은 현실적으로 존재한다. 이에 대해서는 다음을 참고하라. Kent E. Calder, *Asia's Deadly Triangle: How Arms, Energy and Growth Threaten to Destabilize Asia-Pacific*, London: Nicholas Brealey, 1997.

50. 빅스의 견해에 대해서는 다음을 참고하라. Andrew Serwer, 'The End of the World Nigh—or Is It?' *Fortune*, 2 May 1994. 빅스는 자신의 견해를 로버트 캐플런Robert Kaplan의 다음 책에 대한 논쟁의 맥락에서 풀어 간다. *The Ends of the Earth: A Journey at the Dawn of the 21st Century*, New York: Random House, 1996. 캐플런은 이 책 pp. 297, 300에서 빅스를 인용한다.

51. 덩샤오핑에 대한 연구는 다음을 추천한다. Richard Evans, *Deng Xiaoping and the Making of Modern China*, London: Penguin Books, 1997. 덩샤오핑이 미친 영향에 대한 평가로는 다음을 참고하라. D. S. Goodmanand Gerald Segal, *China Without Deng*, Sydney and New York: Editions Tom Thompson,1997. 다음도 참고하라. D. Shambaugh, ed., *Deng Xiaoping: Portarit of a Chinese Statesman*, Oxford: Oxford University Press, 1995; Deng Maomao, *Deng Xiaoping: My Father*, New York: Basic Books, 1995.

52. 마오쩌둥 시대와 그 이후의 중앙과 지방 사이의 관계에 대해서는 다음을 참고하라. M. Boisoit and J. Child, 'Efficiency, Ideology and Tradition in the Choice of Transactions and Governance Structures: The Case of China as a Modernizing Society.' 다음에 수록됨. Clegg and Redding, pp. 281~314.

53. '"Thoughts of Jiang" spell end to state planning,' *The Times*, 8 August 1997, p. 12.

54. 다음을 참고하라. Ian Little, *Picking Winners: The East Asian Experience*, London: Social Market Foundation, 1996. 5장.

55. Martin Woolf, 'A Country Divided by Growth,' *Financial Times*, 20 February 1996.

56. MacFarquhar, 앞의 책, p. 16.

57. William Pfaff, 'In China, the Interregnum Won't Necessarily Be Peaceful,' *International Herald Tribune*, 25 February 1997.

58. 다음을 참고하라. Teresa Poole, 'China Ready for World's Ultimate Privatization,' *Independent*, 12 September 1997, p. 11.

59. 'Socialism "Leaves Its Post" in Shanghai', *Guardian*, 11 March 1997, p. 11.

60. MacFarquhar, 앞의 책, p. 16.

61. Jim Rohwer, *Asia Rising*, London: Nicholas Brealey, 1996, p. 162.

62. 이슬람주의의 관점에서 아시아의 가치를 옹호하는 주장에 대해서는 다음을 참고하라. Anwar Ibrahim, 'A Global Convivencia vs. The Clash of Civilizations,' *New Perspectives Quarterly*, vol. 14. No. 3, Summer 1997, pp. 31~43.

63. 경제가 해당 사회의 전통문화에 복무해야 한다는 아시아의 견해에 대해서는 다음을 참

고하라. Mahathir Mohamad and Shintaro Isihara, *The Voice of Asia*, Tokyo: Kodansha International, 1995.

8장

1. George Soros, 'The Capitalist Threat,' *The Atlantic Monthly*, September 1996.
2. Nathan Gardels, 'Two Concepts of Nationalism: An Interview with Isaiah Berlin,' *New York Review of Books*, 21 November 1991, p. 21.
3. Karl Marx, *Capital*, vol 1. Moscow, 1961, p. 486, 다음에 인용됨. G. A.Cohen, *Karl Marx's Theory of History: A Defence*, Oxford: Clarendon Press, 1978, p. 169.
4. Joseph Schumpeter, *Capitalism, Socialism and Democracy*, London: Unwin University Books, 1996, p.83.
5. 시장의 반응적 상호작용에 대한 소로스의 설명은 그가 쓴 다음 책들을 참고하라. *The Alchemy of Finance: Reading the Mind of the Market*, New York: Simon & Schuster, 1987, 1부; *Underwriting Democracy*, New York: The Free Press, 1991, 3부. 20세기의 훌륭하지만 잊혀진 경제학자 G. L. S. 셰클G. L. S. Shackle도 비슷한 주장을 폈다. *Epistemics and Economics: A Critique of Economic Doctrines*, Cambridge: Cambridge University Press, 1972.
6. 그린스펀의 인용문은 다음에서 온 것이다. William Pfaff, 'Genuflecting at the Altar of Market Economics,' *International Herald Tribune*, 14 July 1997, p. 8.
7. James Tobin, 'Aproposalfor International Monetary Reform,' *Eastern Economic Journal*, July-October 1978, pp. 153~159.
8. *The State in a Changing World: World Development Report 1997*, World Bank, Oxford: Oxford University Press, 1997, p. ii. 〈세계은행〉의 경제 발전 정책에 대한 비판은 다음을 참고하라. Catherine Caufield, *Masters of Illusion:The World Bank and the Poverty of Nations*, London: Macmillan, 1996.
9. *World Bank*, 앞의 책 p. 19.
10. 같은 책, p. 59.
11. 다음을 참고하라. Kent E. Calder, *Asia's Deadly Triangle: How Arms, Energy and Growth Threaten to Destablize Asia-Pacific*, London: Nicholas Brealey, 1997, pp. 50, 122, 120.
12. 핵의 새로운 위험에 대해서는 다음을 참고하라. Fred Charles Ikle, 'The Second Coming of the Nuclear Age,' *Foreign Affairs*, vol. 75, no. 1. January/February 1996, pp. 119~28.

후기

1. 계몽주의 사상가들 모두가 유럽 중심적인 시각에서 보편 문명을 이해한 것은 아니다. 계몽주의 사상들의 패러다임과의 관련하에서 이점을 풀어낸 논의로는 내가 쓴 다음 책을 참고하라. *Voltaire and Enlightenment*, London: Orion, 1998.

2. 수치들은 래리 엘리엇Larry Elliot으로부터 인용한 것이다. 다음을 바탕으로 했다. Dresdner Kleinwort Benson, 'Fairytale Turns to Horror Story,' *Guardian*, Monday 20 July 1998, p. 19.

3. 미국의 불안정성의 정치에 대한 분석으로는 다음을 참고하라. Richard C. Longworth, *Global Squeeze:The Coming Crisis for First-World Nations*, Chicago: Contemporary Books, 1998, 4장.

4. 'Forget Tigers, Keep an Eye on China,' *Guardian*, 17 December 1997, p. 17.

5. Sebastian Mallaby, 'In Asia's Mirror: From Commoore Perry to the IMF,' *The National Interest*, Number 52, Summer 1998, p. 21.

6. 다음을 참고하라. C. Fred Bergsten, *Weak Dollar, Strong Euro? The International Impact of EMU*, Centre for European Reform: London, 1998.

7. 다음을 참고하라. M. Hunter, 'Nationalism Unleashed: Le Pen Moves East,' Transitions, vol 5. No. 7, July 1998, pp. 18 ~ 28.

8. Zygmunt Bauman, *Globalization: The Human Consequences*, Cambridge: Polity Press, 1998, p. 3.

9. 이러한 사회민주주의 견해에 대해서는 다음을 참고하라. Frank Vandenbrouske, *Globalization, Inequality and Social Democracy*, London: The Institute for Public Policy Research, 1998.

10. 사회민주주의에 대한 더 상세한 내용은 내가 쓴 다음 책을 참고하라. *After Social Democracy*, London: Demos, 1996. 내가 쓴 다음 책에도 게재되었다. *Endgames: Questions in Late Modern Political Thought*, Cambridge: Polity Press, 1997. 2장.

11. 시장과 인간의 후생에 대한 철학적인 탐색은 다음을 참고하라. John O'Neill, *The Market: Ethics, Knowledge and Politics*, London and New York: Routledge, 1998.

12. 경제 진보에 대한 자유시장 철학을 비판한 것으로는 다음을 참고하라. Richard Bronk, *Progress and the Invisible Hand*, London: Little, Brown and Co., 1998.

찾아보기

ㄱ

ㅂ

가짜 여명
전 지구적 자본주의의 환상

지은이_ 존 그레이
옮긴이_ 김승진
펴낸이_ 이명희
펴낸곳_ 도서출판 이후
편집_ 김은주, 홍연숙, 김대한
본문 디자인_ 천승희
표지 디자인_ 김태형

첫 번째 찍은 날 2016년 3월 30일

등록 _1998. 2. 18(제13-828호)
주소 _121-754 서울시 마포구 양화로 156, 1229호(동교동, 엘지팰리스 빌딩)
전화 _대표 02-3141-9640 편집 02-3141-9643 팩스 02-3141-9641
www.ewho.co.kr

ISBN 978-89-6157-085-5 03300